中等职业供热通风与空调专业系列教材

工程建设法律基础

张培新　主编

中国建筑工业出版社

图书在版编目(CIP)数据

工程建设法律基础/张培新主编.—北京:中国建筑工业出版社,2002
(中等职业供热通风与空调专业系列教材)
ISBN 978-7-112-05472-5

Ⅰ.工⋯ Ⅱ.张⋯ Ⅲ.建筑工程-法规-中国-专业学校-教材
Ⅳ.D922.297

中国版本图书馆 CIP 数据核字(2002)第 084503 号

本书是中等职业供热通风与空调专业系列教材之一。全书共分13章,主要内容包括:城市规划与村镇建设、工程建设用地管理、工程的勘察设计、建筑工程管理、工程建设监理、建设工程合同、房地产与物业管理、市政公用事业管理、工程建设与环境保护、工程建设税收管理、工程建设纠纷与法律服务、工程建设相关法律介绍、国外及港澳台地区工程建设法简介等。每章均附复习思考题。

本书适用于建筑类中等职业学校的师生,也可作为高职高专和成人院校及职业资格培训教材和参考用书。

中等职业供热通风与空调专业系列教材
工程建设法律基础
张培新 主编
*
中国建筑工业出版社出版、发行(北京西郊百万庄)
各地新华书店、建筑书店经销
北京市安泰印刷厂印刷
*
开本:787×1092 毫米 1/16 印张:23½ 字数:600 千字
2003 年 7 月第一版 2009 年 1 月第四次印刷
定价:32.00 元
ISBN 978-7-112-05472-5
(14844)

版权所有 翻印必究
如有印装质量问题,可寄本社退换
(邮政编码 100037)

前　言

随着我国社会主义市场经济体制的建立以及"依法治国、建设社会主义法制国家"写进国家根本大法——宪法,特别是加入WTO,与国际接轨,对法制的要求愈加迫切。同样,在工程建设领域,加强法制宣传教育、增强法制观念、依法建设、依法管理成为必然。本教材根据建设部"面向21世纪职业教育课程改革和教材建设规划"研究开发项目的总体部署及要求,建设部中等职业学校供热通风与空调专业教学指导委员会关于新一轮教材编写精神,按照供热通风与空调专业新教育标准和《工程建设法律基础》教学大纲的要求编写而成。

本书以《建筑法》、《招标投标法》、《城市规划法》等工程建设基本法为基础,以工程建设程序为主线,并考虑不同的专业领域,结合相关的法规、规章和司法解释。在编写过程中,编者援引最经典、最"通说"的法学理论,选用最新的法律条文,参考国外及我国港澳台地区工程建设法的一些规定,力求做到科学性、系统性和实用性的统一,以满足工程实际应用和教学需要。

本教材不仅适用于建筑类中等职业学校的课程教学,也可作为高职高专和成人院校及职业资格培训教材和参考用书,对于从事工程建设管理、勘察设计、施工、监理、物业管理等工作的技术和管理人员也极具参考价值。

本书由山东省城市建设学校张培新、王加胜、薛蕾,山东省高速公路有限责任公司李丕明,山东省警官学校李朝霞等同志共同编写。张培新为主编,负责全书的统稿和定稿;李丕明、王加胜为副主编;黑龙江建筑职业技术学院邢玉林主审。具体编写分工如下:

张培新　第一、三、四、五、七、九、十四章;
李丕明　第六、十章,第十二章的第一节;
王加胜　第十一章,第十二章的第二、三、四、五节,十三章;
李朝霞　第八章;
薛　蕾　第二章。

本教材不足之处,恳请广大读者批评指正。

编者

目 录

第一章 导论 ········· 1
第一节 工程建设法概述 ········· 1
第二节 工程建设法律关系 ········· 8
第三节 工程建设法律责任 ········· 13
复习思考题 ········· 18

第二章 城市规划与村镇建设 ········· 19
第一节 城市规划法概述 ········· 19
第二节 城市规划的制定 ········· 23
第三节 历史文化遗产保护 ········· 31
第四节 城市规划的实施 ········· 33
第五节 村镇建设法规概述 ········· 40
典型案例 ········· 44
复习思考题 ········· 45

第三章 工程建设用地管理 ········· 46
第一节 土地管理概述 ········· 46
第二节 土地所有权和使用权制度 ········· 48
第三节 工程建设用地与土地用途管制 ········· 54
第四节 土地使用权的出让与划拨 ········· 59
第五节 土地使用权的转让出租与抵押 ········· 64
典型案例 ········· 68
复习思考题 ········· 70

第四章 工程的勘察设计 ········· 71
第一节 工程勘察设计法概述 ········· 71
第二节 工程勘察设计资质资格管理 ········· 72
第三节 工程勘察设计市场经营管理 ········· 79
第四节 工程勘察设计质量管理 ········· 82
典型案例 ········· 85
复习思考题 ········· 87

第五章 建筑工程管理 ········· 88
第一节 建筑法概述 ········· 88
第二节 建筑许可 ········· 93
第三节 建筑工程的发承包与招投标 ········· 102
第四节 建筑安全生产管理 ········· 112

第五节　建筑工程质量管理 …………………………………………… 117
　　典型案例一 …………………………………………………………… 124
　　典型案例二 …………………………………………………………… 125
　　典型案例三 …………………………………………………………… 126
　　复习思考题 …………………………………………………………… 127

第六章　工程建设监理 ………………………………………………… 128
　　第一节　工程建设监理概述 …………………………………………… 128
　　第二节　工程建设监理资质资格管理 ………………………………… 132
　　第三节　工程建设监理的实施 ………………………………………… 137
　　第四节　工程建设监理合同管理 ……………………………………… 141
　　典型案例 ……………………………………………………………… 144
　　复习思考题 …………………………………………………………… 145

第七章　建设工程合同 ………………………………………………… 146
　　第一节　建设工程合同概述 …………………………………………… 146
　　第二节　建设工程勘察设计合同 ……………………………………… 151
　　第三节　建设工程施工合同 …………………………………………… 151
　　第四节　工程建设监理合同 …………………………………………… 157
　　第五节　工程建设涉及的其他合同 …………………………………… 157
　　第六节　FIDIC合同条件 ……………………………………………… 161
　　典型案例一 …………………………………………………………… 168
　　典型案例二 …………………………………………………………… 169
　　复习思考题 …………………………………………………………… 169

第八章　房地产与物业管理 …………………………………………… 171
　　第一节　房地产法概述 ………………………………………………… 171
　　第二节　房地产开发 …………………………………………………… 175
　　第三节　房地产交易与中介服务 ……………………………………… 182
　　第四节　房地产权属管理 ……………………………………………… 197
　　第五节　物业管理 ……………………………………………………… 204
　　典型案例一 …………………………………………………………… 210
　　典型案例二 …………………………………………………………… 211
　　复习思考题 …………………………………………………………… 213

第九章　市政公用事业管理 …………………………………………… 214
　　第一节　市政公用事业概述 …………………………………………… 214
　　第二节　市政工程管理 ………………………………………………… 215
　　第三节　城市公用事业管理 …………………………………………… 221
　　第四节　城市园林绿化管理 …………………………………………… 232
　　第五节　城市市容和环境卫生管理 …………………………………… 237
　　典型案例一 …………………………………………………………… 242
　　典型案例二 …………………………………………………………… 243

  复习思考题……………………………………………………………………244

第十章　工程建设与环境保护……………………………………………………245
  第一节　环境法概述…………………………………………………………245
  第二节　建设项目环境保护管理……………………………………………249
  典型案例………………………………………………………………………253
  复习思考题……………………………………………………………………254

第十一章　工程建设税收管理……………………………………………………255
  第一节　税法概述……………………………………………………………255
  第二节　工程建设领域的主要税种…………………………………………258
  复习思考题……………………………………………………………………263

第十二章　工程建设纠纷与法律服务……………………………………………264
  第一节　工程建设纠纷概述…………………………………………………264
  第二节　工程建设纠纷的仲裁………………………………………………266
  第三节　工程建设纠纷的行政复议…………………………………………270
  第四节　工程建设纠纷的诉讼………………………………………………274
  第五节　工程建设纠纷的律师实务…………………………………………276
  复习思考题……………………………………………………………………279

第十三章　工程建设相关法律介绍………………………………………………281
  第一节　标准化法……………………………………………………………281
  第二节　公司法………………………………………………………………285
  第三节　劳动法………………………………………………………………291
  第四节　消防法………………………………………………………………293
  复习思考题……………………………………………………………………295

第十四章　国外及港澳台地区工程建设法简介…………………………………296
  第一节　世界各国法律制度概述……………………………………………296
  第二节　德国建筑法…………………………………………………………298
  第三节　法国公共工程法……………………………………………………300
  第四节　美国不动产及相关法律制度………………………………………306
  第五节　香港特别行政区建筑法律制度……………………………………311
  第六节　台湾地区建筑法律制度……………………………………………315
  复习思考题……………………………………………………………………318

附件一　中华人民共和国建筑法……………………………………………………319
附件二　中华人民共和国招标投标法………………………………………………328
附件三　中华人民共和国城市规划法………………………………………………335
附件四　中华人民共和国土地管理法………………………………………………339
附件五　中华人民共和国城市房地产管理法………………………………………350
附件六　中华人民共和国合同法(节选)……………………………………………357
附件七　建设工程质量管理条例……………………………………………………359
参考文献…………………………………………………………………………………368

第一章 导 论

第一节 工程建设法概述

一、我国的法律体系

（一）法律体系的含义

法律体系，是指一国的全部现行法律规范，按照一定的标准和原则，划分为不同的法律部门而形成的内部和谐一致、有机联系的整体。它是一国现行法构成的体系，反映一国法律的现实状况，不包括完整意义的国际法即国际公法，也不包括历史上废止的已经不再有效的法律，一般也不包括尚待制定、还没有制定生效的法律。

（二）法律部门（部门法）的涵义

法律体系可以划分为不同的相对独立的部分，这就是法律部门。法律部门，也叫部门法，是根据一定标准和原则所划定的调整同一类社会关系的法律规范的总称。

（三）当代中国的法律部门

当代中国的法律部门通常包括下列部门：宪法、行政法、民法、商法、经济法、刑法、诉讼法、环境法、劳动法与社会保障法。

1. 宪法

宪法是整个法律体系的基础。它规定我国的各种基本制度、原则、方针、政策，公民的基本权利和义务，各主要国家机关的地位、职权和职责等。宪法部门最基本的规范，主要反映在《中华人民共和国宪法》这样的规范性文件中。除此之外，宪法部门还包括以下几个附属的较低层次的法律。

（1）主要国家机关组织法。这些组织法包括《地方各级人民代表大会和地方各级人民政府组织法》、《人民法院组织法》、《人民检察院组织法》、《国务院组织法》等。

（2）选举法。主要有《全国人民代表大会和地方各级人民代表大会选举法》、《中国人民解放军选举全国人民代表大会和地方各级人民代表大会代表的办法》等。

（3）民族区域自治法。主要是《民族区域自治法》，它是我国实行民族区域自治制度的基本法。

（4）特别行政区基本法。包括《香港特别行政区基本法》、《澳门特别行政区基本法》。

（5）授权法。是指全国人民代表大会及其常务委员会为授权国务院或其他国家机关制定某种规范性文件而颁布的法律。

（6）国籍法和其他公民权利法。主要包括《国籍法》、《义务教育法》、《残疾人保障法》、《未成年人保护法》《妇女权益保障法》等。

宪法是我国的根本大法，具有最高的法律效力，其他任何法律、法规都不能违反宪法，与宪法相抵触。

2. 行政法

行政法是调整国家行政管理活动中各种社会关系的法律规范的总和。它包括规定行政管理体制的规范,确定行政管理基本原则的规范,规定行政机关活动的方式、方法、程序的规范,规定国家公务员的规范等。行政法涉及范围很广,如治安、民政、工商、文教、卫生、税务、财政、建筑、交通、环境、边境等各方面的行政管理法规。我国现行的行政法方面的规范性文件主要有《行政复议法》、《治安管理处罚条例》、《食品卫生法》、《药品管理法》、《邮政法》、《海关法》、《铁路法》、《建筑法》等。

3. 民法

民法是调整作为平等主体的公民之间、法人之间、公民和法人之间的财产关系和人身关系的法律。财产关系是人们在占有使用和分配物质财富过程中所发生的社会关系,民法并非调整所有的财产关系,而只是调整平等主体之间发生的财产关系,如所有权关系、债权关系等。我国民法部门主要由《民法通则》和单行民事法律组成,《民法通则》是民法部门的基本法,单行民事法律主要有《婚姻法》、《继承法》、《收养法》、《合同法》、《商标法》、《专利法》、《著作权法》、《担保法》等。

4. 商法

商法是调整平等主体之间的商事关系或商事行为的法律。我国的商法包括《企业破产法》、《海商法》、《公司法》、《票据法》、《保险法》等。商法是一个法律部门,但民法规定的有关民事关系的很多概念、规则和原则也适用于商法。

5. 经济法

经济法是调整国家在经济管理中发生的经济关系的法律。经济法这一法律部门主要包括有关企业管理的法律规范,如《全民所有制工业企业法》、《中外合资经营企业法》、《外资企业法》、《中外合作经营企业法》、《乡镇企业法》等;有关财政、金融和税务方面的法律、法规,如《中国人民银行法》、《税收征收管理法》等;有关宏观调控的法律法规,如《预算法》、《统计法》、《会计法》、《计量法》等;有关市场主体、市场秩序的法律、法规,如《反不正当竞争法》、《消费者权益保护法》等。

6. 刑法

刑法是规定犯罪和刑罚的法律,是我国法律体系中的一个基本法律部门。刑法这一法律部门中占主导地位的规范性文件是《刑法》,同时还包括《国家安全法》等一些单行法律、法规;另外在有关经济、行政管理的法律(如《商标法》、《专利法》、《枪支管理法》等)中,规定了"依照""比照"刑法的有关规定追究刑事责任的条款,这些法律规范也是刑法的组成部分。

7. 诉讼法

诉讼法,又称诉讼程序法,是有关各种诉讼活动的法律。它从诉讼程序方面保证实体法的正确实施,保证实体权利、义务的实现。诉讼法这一法律部门中的主要规范性文件为《刑事诉讼法》、《民事诉讼法》和《行政诉讼法》;同时,这一法律部门还包括《律师法》、《法官法》、《检察官法》、《仲裁法》、《监狱法》等。

8. 劳动法与社会保障法

劳动法是调整劳动关系的法律,社会保障法是调整有关社会保障、社会福利的法律。这一法律部门的法律包括有关用工制度和劳动合同方面的法律规范,有关职工参加企业管理、工作时间和劳动报酬方面的法律规范,有关劳动卫生和劳动安全的法律规范,有关劳动保险和社会福利方面的法律规范,有关社会保障方面的法律规范,有关劳动争议的处理程序和方法的法律规范等。劳动法与社会保障法这一法律部门的主要规范性文件包括《劳动法》、《工会法》、《矿山安全法》等。

9. 环境法

环境法是当代中国法律体系中的一个新兴法律部门,它是关于保护环境和自然资源、防治污染和其他公害的法律,通常指自然资源法和环境保护法。自然资源法主要指对各种自然资源的规划、合理开发、利用、治理和保护等方面的法律,如《森林法》、《草原法》、《渔业法》、《矿产资源法》、《土地管理法》、《水法》等。环境保护法是保护环境、防治污染和其他公害的法律,如《环境保护法》、《海洋环境保护法》、《水污染防治法》、《大气污染防治法》等。

二、工程建设法的概念和调整对象

(一)工程建设的概念

工程建设有广义和狭义之分。广义的工程建设是指土木工程、建筑工程、线路管道和设备安装工程及装修工程建设。其中,土木工程包括矿山、铁路、公路、隧道、桥梁、堤坝、电站、码头、飞机场、运动场、营造林、海洋平台等工程;建筑工程是指房屋建筑工程,即有顶盖、梁柱、墙壁、基础以及能够形成内部空间,满足人们生产、生活、公共活动的工程实体,包括厂房、剧院、旅馆、商店、学校、医院和住宅等工程;线路、管道和设备安装工程包括电力、通信线路、石油、燃气、给水、排水、供热等管道系统和各类机械设备、装置的安装活动;装修工程包括对建筑物内、外进行以美化、舒适化、增加使用功能为目的的工程建设活动。

按照行业划分,工程建设包括城乡规划、城市建设、房屋建筑、工业建筑、水利工程、电力工程、信息工程、水运工程、公路工程、铁道工程、石油和化工建设工程、矿山工程、人防工程、广播电影电视工程和民航机场工程共十五部分。其中城乡规划包括城市规划和村庄与集镇规划建设;城市建设,也称市政公用事业,包括城市勘察、城市供水排水、城市供热、城镇燃气、城市公共交通、城市道路、城市桥梁、城市环境卫生、城市园林与绿化共九部分。

狭义的工程建设是指城乡规划、城市建设、房屋建设与工业建筑四部分。本书即采用狭义说。

(二)工程建设法的概念及其含义

工程建设法是指国家为了保证建设工程的质量和安全,促进建设行业健康发展而制定的,调整工程建设活动中所发生的社会经济关系的法律规范或法律规定的总称。这个概念包括如下含义:

1. 工程建设法是法的一种。

工程建设法同其他法一样,是国家制定或认可的、用特定形式颁布并以国家强制力保障其实施的行为规则或法律规定。它具有国家强制性、法律规范性等法律基本特征,它既不同于企事业单位的内部规章,也不同于其他非法律文件。

2. 工程建设法是某类法律规范或法律规定的总称或综合体。

工程建设法不是指某一个法律规范或某项法律规定,而是具有共同宗旨、性质相似、相互关联的一系列法律规范或法律规定的集合。共同宗旨,是指保证工程的质量和安全,促进工程建设行业的健康发展。这里的法律规范,是指由国家制定或认可,以国家强制力保障其实施,并由假定、处理、制裁三要素(或行为模式、法律后果两要素)组成的行为规则,包括但不限于由假定、处理、制裁三要素组成的制裁性法律规范。这里的法律规定,是泛指各种法律、法规和国家认可的其他规范性文件中的有关规定,包括实体内容、政策原则、程序性规定和其他规定。

3. 工程建设法调整的是一种特定的社会经济关系,即工程建设活动中所产生的各种社会经济关系。

(三) 工程建设法的特征

1. 调整对象的广泛性

工程建设法调整的是工程建设领域的各种社会经济关系。这种关系既有行政机关或被授权组织与建设单位、勘察设计单位、施工单位、监理单位等"行政相对人"之间的行政管理和被管理关系,又有国家在协调经济运行过程发生的经济关系,包括企业组织管理关系,即企业设立、变更、终止和企业内部管理过程中发生的经济关系;市场管理关系,即在市场管理过程中发生的经济关系;宏观经济调控关系及社会经济保障关系。还有公民个人、法人或法人组织等主体之间的民事、商事关系,如工程建设合同等。

2. 调整范围的特定性

如前所述,工程建设法的调整范围仅限于工程建设领域。工程建设领域虽然涵盖了十五个部分,涉及的范围非常广泛,但是工程建设与其他领域、其他行业有着明显的不同,具有相对独立性,同时也有一定的局限性。

3. 调整手段的多样性

由于工程建设法调整的社会关系具有广泛性,这就决定了其调整手段既要有行政的手段,又要有经济的、民事的、甚至是刑事的手段。

4. 技术性

工程建设与人们生存、进步、发展息息相关,建设产品的质量与人们的生命财产密切相关。这就需要诸如《生活饮用水质标准》、《建筑设计规范》、《城镇燃气管网抢修与维护技术规程》等大量的标准、规范、规程来对工程建设的方方面面进行规范,这些被称为技术规范(或技术标准)。但技术规范不属于工程建设法的范畴,因为技术规范调整的是人与自然的关系,不是社会关系,并不必然涉及人们的交互行为。但如果不遵守技术规范,则可能引起伤亡事故,导致生产效率低下,危及生产、生活秩序和交通秩序,或造成其他严重的损害。此时,不遵守技术规范的行为,就是一个有害的交互行为,为了避免此类行为的发生,将某些技术规范上升为法律规范,称为"技术法规",强迫人们予以遵守。技术法规属于工程建设法的范畴。除了技术法规之外,还需要大量的管理性的法律、法规和规章(简称"管理法规")来规范工程建设行为,当然这些管理法规也会交叉有大量的技术性条文。本书研究的重点是管理法规而非技术法规。

综上所述,工程建设法不是独立的部门法,它涵盖了行政法、经济法、民法、商法、环境法等多个法律部门的诸多内容。但是由于工程建设法自身的特殊性,它已逐渐自成体系,成为我国社会主义法律体系中不可或缺的一部分。

三、工程建设法的渊源(表现形式)

(一) 渊源的涵义

渊源,顾名思义,是指法律规范的来源,即法之源。渊源一般有实质意义上和形式意义上两种不同的解释。在实质意义上,渊源指内容的来源,如法渊源于经济或经济关系。在形式意义上,渊源指法的效力的渊源,即指具有不同法律效力和地位的法的不同表现形式,如宪法、法律、行政法规等。后者为通说。

(二) 工程建设法的渊源

1. 宪法

宪法是国家的根本大法,具有最高的法律效力。宪法是工程建设立法的最高依据,规范和调整工程建设的基本活动。如《中华人民共和国宪法》第九条、第十条、第二十二条第二款、第二十六条第一款等。

2. 法律

法律是指全国人民代表大会及其常委会制定的规范性文件,其地位和效力仅次于宪法。如《中华人民共和国建筑法》、《中华人民共和国招标投标法》、《中华人民共和国城市规划法》、《中华人民共和国土地管理法》、《中华人民共和国城市房地产管理法》等。

3. 行政法规

行政法规是指国务院制定的规范性文件,其地位和效力仅次于宪法和法律。行政法规的名称通常为"条例"、"规定"和"办法"。工程建设领域的行政法规很多,如《建设工程质量管理条例》、《建设工程勘察设计管理条例》、《城市节约用水管理规定》、《国家重点建设项目管理办法》等。

4. 地方性法规与民族自治法规

地方性法规是指一定的地方人大及其常委会制定的只在本行政区域内具有法律效力的规范性文件。根据宪法和《地方各级人民代表大会和地方各级人民政府组织法》的规定,省、自治区、直辖市以及省级人民政府所在地的市和经国务院批准的较大的市的人民代表大会以及常委会有权制定地方性法规。地方性法规在不同宪法、法律、行政法规相抵触的前提下才有效。其名称一般采用"条例"、"规则"、"规定"、"办法"等,如《广东省建设工程质量管理条例》、《上海市居住物业管理条例》、《济南市住房公积金条例》等。

民族自治法规是指民族自治地方的人民代表大会依照当地民族的政治、经济、文化特点制定的自治条例和单行条例,但应报上一级人民代表大会常委会批准后才生效。自制条例是一种综合性法规,内容比较广泛;单行条例是有关某一方面事务的规范性文件。民族自治法规的效力低于宪法、法律和行政法规,它只在本自治区域有效。

5. 规章

规章有两种情况:一是由国务院组成部门及直属机构在他们的职权范围内制定的规范性文件,称为部门规章;另一种是省、自治区、直辖市人民政府以及省、自治区人民政府所在的地市和经国务院批准的较大的市的人民政府依照法定程序制定的规范性文件,称为地方政府规章,简称地方规章。

工程建设领域的规章数量很多,几乎涵盖了工程建设的各个方面。其中部门规章数量最多。其名称多以"条例"、"决定"、"办法"、"命令"等为之。

部门规章的效力低于行政法规;地方规章的效力低于上级和本级的地方性法规,下级地方规章的效力低于上级规章;部门规章之间、部门规章与地方规章之间具有同等效力,在各自的权限范围内施行。

当部门规章与地方性法规对同一事项的规定不一致,不能确定如何适用时,由国务院提出意见,国务院认为应当适用地方性法规时,应当决定在该地方使用地方性法规的规定;认为应当适用部门规章时,应当提请全国人大常委会裁决。

当部门规章之间、部门规章与地方规章之间对同一事项的规定不一致时,由国务院裁决。

6. 其他渊源

经济特区的规范性文件、特别行政区的法律、国际条约、国际惯例等也是工程建设法的渊源;国家或政党的政策、习惯是非正式渊源。

四、工程建设立法概况

1949年中华人民共和国的诞生,标志着中国立法进入历史发展的新时代。中国历史上第一次出现以人民利益为依归的新型立法。这种新型立法在完成民主革命遗留任务,建设新社会,巩固国家政权,保障人民利益,促进体制改革方面,做出了重要贡献。但是由于特殊的历史背景,特殊的国情,中国的立法道路屡经变故。直到近二十年来才迎来转折,走向稳定发展的新时期。工程建设的立法历程当然也不例外。总的说来,我国的工程建设立法可以划分为五个阶段。

(一) 立法的开端(1949~1956年)

这一阶段的立法曾一度颇为活跃,工程建设立法也逐步展开。1950年6月30日《中华人民共和国土地改革法》的颁布,掀开了工程建设法的序幕,之后大量的法规、规章及其他规范性文件相继出台。1950年12月,政务院发布了《关于决算制度、预算审核、投资施工计划和货币管理的决定》,这个文件规定了建筑工程必须先设计后施工的工作程序。1951年3月,政务院财经委员会发布了《基本建设工作程序暂行办法》;1951年8月,颁布了《关于改进与加强基本建设设计工作指示》;1952年1月,又颁布了《基本建设工作暂行办法》,对基本建设的范围、程序等作了全面规定。1952年5月,内务部发布了《关于加强城市公有房地产管理的意见》。1953年11月,政务院发布了《关于国家建设征用土地办法》。1954年6月至7月建筑工程部颁布了《建筑安装工程包工暂行办法》,并制定了一批设计、施工标准和规范。1955年,国务院颁布了《基本建设工程设计任务书审查批准暂行办法》。1956年6月,国务院颁布了《关于加强和发展建筑工业的决定》和《关于加强设计工作的决定》。同期,国家建设委员会和建筑工程部相继颁发了11个建设方面的规范性文件。

上述法律、法规、规章及相关规范性文件的出台,极大地推动了建筑业和相关产业的发展,规范了建设市场秩序,同时,也适应了国家大规模建设和156项重点工程建设的需要,对于稳定和发展国民经济,保证第一个五年计划建设项目的完成起了重大作用。

(二) 曲折发展(1957年~1965年)

1957年开始的"大跃进"运动,使刚刚起步的工程法制建设受到很大冲击。据不完全统计,当时有关工程质量和安全方面的规章制度仅81项,但却废除了38项,即使未废除而保留下来的也未认真执行,甚至连勘察设计程序、设计制图标准、图纸审核标准等最基本的技术制度也不去执行,以致工程质量事故、伤亡事故大幅度上升。国务院有关部门及时觉察到这一问题,于1958年12月在杭州召开了全国基本建设工程质量现场会议,会后专门组织力量检查前一阶段规章制度的改革情况,并集中力量抓了设计、施工的标准定额及规章制度的修订工作。

20世纪60年代初,我国对国民经济实行"调整、巩固、充实、提高"的方针,工程建设的规章、制度得到一定的恢复和发展。1961年9月建筑工程部制定了《关于贯彻执行〈国营工业企业工作条例〉(草案)的规划》,1962年3月颁布了《建筑安装企业工作条例(草案)》(即

"施工管理100条"),之后又颁布了《建筑安装工程验收标准规范修订原则》等综合规范性文件,同时,国家建委、计委、建工部等部门还制定了一系列有关建设程序、设计、施工、现场管理、建筑标准定额、财务资金及技术责任等方面的规范和制度。

(三)跌入低谷(1966~1976年)

1966年,文化大革命开始,此时,阶级斗争成为国家和社会发展的主要杠杆,人治思想和行为占据主导地位,法制建设成为一句空话,原有的一些法律、法规、制度等也被破坏殆尽。工程建设立法更是无从谈起。从1966年至1974年12月的近十年间,作为最高立法机关的全国人大未曾开过一次会议,除了1975年初匆匆炮制了一部历史上最差的宪法之外,没有制定一部法律,中国的法制状况由此可见一斑。

(四)立法的恢复(1977~1992年)

粉碎"四人帮"以后,特别是十一届三中全会以来,我国的法制建设逐步得到恢复和发展,工程建设立法工作也在有条不紊地进行。1977~1982年,国家建委等部门颁布了一系列关于基本建设程序、勘察设计、施工、科研、工程承包等方面的规范性文件。1983年,建设部召开了全国建设工作会议,制定了建筑业改革大纲,并于第二年提出了建筑领域系统改革的纲领性文件《发展建筑业纲要》,同年9月,国务院颁发了《关于改革建筑业和基本建设管理体制若干问题的暂行规定》。这两个文件是建筑业全面改革的纲领性文件,也为建筑业立法工作走向体系化的道路奠定了基础。此后,随着建筑业改革的深化,有关部门相继颁布了关于建设投资、城市规划、城乡建设、建设勘察、建筑设计、建筑市场、建设监理、招标投标、企业资质管理、城市公用事业管理、建筑环境保护、城市房地产管理、建设税收等一系列法规、规章。这样,工程建设法律体系初步形成。

1986年《中华人民共和国土地管理法》、1988年《楼堂馆所建设管理暂行条例》、1989年《中华人民共和国城市规划法》、1991年《城市房屋拆迁管理条例》、1992年《城市市容和环境卫生管理条例》等法律、法规的颁布实施使工程建设法律体系进一步完善。

(五)蓬勃发展(1992年至今)

1992年10月,党的十四大做出了"我国经济体制改革的目标是建立社会主义市场经济"的伟大战略决策。1993年3月,八届全国人大将"国家实行社会主义市场经济"和"国家加强经济立法"载入我国的根本大法—宪法。从此,我国的社会主义现代化建设步入一个新的时代—市场经济时代。而加强立法,健全法制,则成为当务之急。

众所周知,"市场经济就是法制经济。"市场经济条件下的各种经济关系、各类市场体系、各类市场主体、企业的经营机制、政府职能转换、对外开放等方方面面都必须有严密的法律来规范和调整。同时,市场经济条件下的法律和以前计划经济下的法律也有根本的区别。因此,加强和完善立法工作成为重中之重。工程建设领域的立法,正是在这种背景下蓬勃发展的。1993年9月,《经济合同法》和《反不正当竞争法》,6月的《村庄和集镇规划建设管理条例》,12月的《公司法》;1994年7月,《劳动法》和《城市房地产管理法》;1995年9月的《注册建筑师条例》和10月的《建筑企业资质管理规定》;1996年6月的《城市道路管理条例》和《国家重点建设项目管理办法》;1997年11月的《建筑法》;1998年6月《土地管理法》的修订,7月的《城市房地产开发经营管理条例》和11月的《建设项目环境保护管理条例》;1999年3月的《合同法》,4月的《住房公积金管理条例》,8月的《招标投标法》,2000年3月的《立法法》,2000年1月的《建设工程质量管理条例》和9月的《建设工程勘察设计管理条例》等有关工程建设的法律、法规的规定,同时还制定和修订了大量的建设规章和地方法规、规章。这样我国的工程建设法律体系不仅在数量上,而且在质量上、效力上都比计划经济时期有了质的飞跃和发展。整个的工程建设法律体系日趋完善。

值得一提的是,1997年11月1日颁布的《中华人民共和国建筑法》,它是建筑业的基本法律之一,是工程建设立法史上的里程碑,是工程建设法律体系逐步完善的标志。随着立法进程的不断加快,相关的工程设计法、市政公用事业法、住宅法等工程建设基本法将陆续出台,一个完备的、严谨的、适应市场经济要求的工程建设法律体系将呈现在我们面前。

五、学习工程建设法的目的和意义

(一) 学习工程建设法的目的

1. 了解工程建设行业的基本内容,掌握工程建设法所涉及的基本法理。
2. 熟悉工程建设的基本法律、法规和规章,并能在实践中逐渐加深对其理解和选用。
3. 明确工程建设法在建设活动中的地位、作用和如何实施,并能及时掌握我国新颁布的相关法律、法规和规章。
4. 树立法制观念,形成依法从事建设活动和依法管理的法制意识。

(二) 学习工程建设法的意义

在社会主义市场经济体制下,各种经济活动必须在法制的框架下进行,工程建设活动也不例外。工程建设法是一切工程建设活动的依据和指针,作为工程建设的从业人员必须知法、学法,并在实施具体建设活动和管理中,依法进行勘察、设计、施工、监理和监督,以保证工程的质量和安全,维护建设市场秩序,维护国家、企业和人民的利益,促进我国工程建设事业的健康发展。

第二节 工程建设法律关系

一、工程建设法律关系的概念

法律关系是指在法律规范调整一定社会关系的过程中所形成的人们之间的权利义务关系,是法律规范在实际生活中的体现。工程建设法律关系是法律关系的一种,它是指人们在工程建设活动中所发生的各种关系,这种关系受工程建设法律规范调整。简言之,工程建设法律关系是工程建设法律规范在调整人们在工程建设活动中所发生的权利义务关系。

二、工程建设法律关系的构成要素

工程建设法律关系是由主体、内容、客体三个基本要素构成。

(一) 工程建设法律关系主体

工程建设法律关系主体是指工程建设法律关系的参加者,即在法律关系中一定权利的享有者和一定义务的承担者。它通常包括国家机关、企事业组织、公民个人和国家。

1. 国家机关

(1) 权力机关

权力机关是指全国人民代表大会及其常务委员会(国家权力机关)和地方各级人大及其常委会(地方权力机关)。

国家权力机关。其参加工程建设法律关系的职能是审查批准国家建设计划和预决算,制定和颁布建设法律,监督检查国家各项建设法律的执行。

地方权力机关。是指省级人大及其常委会、省级政府所在地的市及国务院批准的较大的市的人大及其常委会,其参加工程建设法律关系的职能是有权制定和颁布工程建设地方性法规,并监督检查其实施。

(2) 行政机关

行政机关是依照国家宪法和法律设立的依法行使国家行政职权,组织管理国家行政事务的机关。它包括国务院及其所属各部委、地方各级人民政府及其职能部门。

国务院。其职能是根据宪法和法律制定和颁布建设行政法规,统一领导和管理、监督全国的工程建设工作。

建设部。为工程建设的业务主管机关,其职能是依据法律和行政法规制定工程建设的部门规章,对城乡建设、建筑业、房地产业、市政公用事业等进行组织管理和监督。

国家建设其他业务主管机关。如交通部、水利部、电力部等机关,其职能是管理属于本部门、本行业的工程建设工作。

地方人民政府及其职能部门。省级人民政府和省级政府所在地的市、国务院批准的较大的市的人民政府制定和颁布工程建设的地方性规章,并同其职能部门管理和监督本行政区域的工程建设工作。

(3) 司法机关

包括人民法院(审判机关)和人民检察院(检察机关)。其参加工程建设法律关系的职能是监督和保护工程建设法律关系,制裁和惩罚违法的工程建设关系。

2. 企事业组织

作为工程建设法律关系主体的企事业组织可以是法人,也可以是非法人单位。法人是具有民事权利能力和民事行为能力,依法独立享有民事权利和承担民事义务的组织。根据《民法通则》第 37 条的规定:"法人须依法成立;有必要的财产和经费;有自己的名称、组织机构和场所;能够独立承担民事责任。"

(1) 建设单位

建设单位是指投资进行工程建设的机关或企事业单位。它是建设市场的重要责任主体,是工程建设过程和建设效果的负责方,拥有按照法律、法规规定选择勘察、设计、施工、监理单位,确定建设项目的规模、功能、外观、使用材料设备等权利,在工程建设各个环节负责综合管理工作,居于主导地位。

(2) 勘察、设计单位

勘察设计单位是指从事工程勘察设计工作的各类设计院所等。我国有勘察设计合一的机构,也有分立的勘察和设计机构。

城乡建设勘察单位,其业务是为城乡建设规划和工业与民用建筑任务而从事的工程地质、岩土工程、水文地质及工程测量等工作。国家根据勘察单位的技术条件授予甲、乙、丙、丁不同等级资格的证书,并规定取得不同等级资格证书的勘察单位的业务范围,城乡建设勘察单位必须严格遵照执行。

建筑工程设计单位,可以是综合的,也可以是专业性的。综合性单位可以成套承包建筑工程设计,专业性单位只能承包本专业工程范围内的设计,配有建筑专业的单位可以总包工程设计,其他专业工程可分包。国家根据建筑工程设计单位的技术条件,将其分为甲、乙、丙、丁四级,授予等级资格证书,并规定取得不同等级资格证书的设计单位的业务范围,建筑工程设计单位必须严格遵照执行。

市政工程设计单位,主要从事城市给水、排水、燃气、热力、道路、桥梁、隧道、防洪及公共交通、园林绿化、环境卫生等工程的设计,有综合性,也有专业性的。国家根据市政工程设计单位的技术条件,将其划分为甲、乙、丙、丁四级,授予等级资格证书,并规定取得不同等级资格证书的设计单位的业务范围,市政工程设计单位必须严格遵照执行。

城市规划设计单位,其业务是进行城镇建设总体规划、详细规划及建设项目选址、可行性研究等。国家根据城市规划设计单位的技术条件和资质,将其分为甲、乙、丙、丁四级,授予等级资格证书,并规定取得不同等级资格证书的设计单位的业务范围,城市规划设计单位必须严格遵照执行。

(3) 施工单位

施工单位是指有主管部门批准并在工商行政管理部门登记注册的依法从事建设工程施工活动的企业。包括建筑施工企业、市政工程施工企业、建筑装饰施工企业等。

建筑施工企业。一般又可分为建筑、设备安装、机械施工企业三类。

1) 建筑企业。国家根据建筑企业应具备的资质条件,将其划分为四个等级,并明确不同等级企业相应的业务范围,建筑企业必须严格遵照执行。

2) 设备安装企业。国家根据设备安装企业应具备的资质条件,将其划分为三个等级,并明确不同等级企业相应的业务,设备安装企业必须严格遵照执行。

3) 机械施工企业。国家根据机械施工企业应具备的资质条件,将其划分为三个等级,并明确不同等级企业相应的业务范围,机械施工企业必须严格遵照执行。

4) 市政工程施工企业。主要承担市政建设工程施工任务,国家根据市政工程建设施工企业应具备的资质条件,将其划分为四个等级,并明确不同等级企业相应的业务范围,市政工程建设企业必须严格遵照执行。

5) 建筑装饰施工企业。主要从事各种建筑装饰工程的设计和施工,国家根据企业应具备的资质条件,将其划分为三个等级,并明确不同等级企业相应的业务范围,建筑装饰施工企业必须严格遵照执行。

(4) 工程监理单位

工程监理单位是指受建设单位或项目法人的委托,依据国家批准的工程项目建设文件、有关工程建设的法律、法规和工程建设监理合同及其他工程建设合同,对建设项目各阶段进行监督和管理的组织。国家根据工程监理单位的技术和资质条件,将其划分为甲、乙、丙三个等级,并明确不同等级单位的业务范围,工程监理单位必须严格遵照执行。

3. 公民个人

公民个人有时也可以成为工程建设法律关系的主体。如在家庭装饰活动中,允许个体经营者从事,但必须凭有关部门的证明,经过职业培训,考核合格,取得主管部门颁发的资格证书,持证上岗。再如,建设企业职工与所在企业签订劳动合同时,也可成为工程建设法律关系主体。

4. 国家

在特殊情况下,国家可以作为一个整体成为法律关系主体。但在多数情况下,则是由国家机关或其授权的组织作为代表参加法律关系。

(二) 工程建设法律关系的内容

工程建设法律关系的内容是指主体所享有的权利和应承担的义务。

工程建设法律关系是靠主体权力的行使和义务的履行来实现的。这里所说的权利是指工程建设法律关系的主体依法享有的某种权益，它可以表现为权力的享有者有权为一定行为，如工程监理单位有权代表建设单位依法对承包单位实施监督；也可以表现为权利人有权要求他人为一定行为或不为一定行为，如工程监理单位发现工程施工不符合设计要求时，有权要求施工企业改正，等等。这里提及的义务是指工程建设法律关系主体依法所承担的某种行为的责任。它可以表现为义务人必须按照权利人的要求做出一定行为，即作为的义务，如工程监理单位应当根据建设单位的委托，客观、公正地执行监理任务；也可以表现为义务人必须按照权利人的要求不为一定的行为，即不作为的义务，如工程监理单位不得转让工程监理业务。

权利和义务作为构成法律关系内容的要素，是紧密联系、不可分割的，他们共处于法律关系的统一体中。没有无义务的权利，也没有无权利的义务。同时，权利和义务又有各自的范围和限度，权利超出了限度，就可能构成"越权"或"滥用职权"，属于违法行为，而要求义务人做出超出义务范围的行为，同样是法所禁止的。

（三）工程建设法律关系客体

工程建设法律关系的客体是指工程建设法律关系中权利和义务共同指向的对象。它通常包括物、行为、智力成果和某些特定权利。

1. 物

法律意义上的物是指法律关系主体支配的、在生产和生活上所需要的客观实体。在工程建设法律关系中表现为物的客体一般是建筑材料、机械设备、建筑物或构筑物等有形实体；某个建设项目本身也可以成为工程建设法律关系的客体；货币有时也可成为某些工程建设法律关系的客体，如贷款合同的客体（标的）即为一定数量的货币。

2. 行为

法律意义上的行为是指人的有意识的活动。在工程建设法律关系中，行为多表现为完成一定的工作，如勘察设计、施工安装、检查验收等活动。如勘察设计合同的标的（客体），即为完成交付的勘察设计任务这一行为；建筑工程承包合同的标的，即为完成一定质量要求的施工行为。

3. 智力成果

智力成果是人类通过脑力劳动在某种物体（如书本、纸张、磁盘等）或人脑记载下来并加以流传的思维成果。智力成果是一种非物质财富，它通常表现为著作权、专利权、商标权、企业名称等知识产权。在工程建设法律关系中，如设计单位提供的具有创造性的设计图纸，该设计单位或设计人享有著作权，使用单位未经允许，不能擅自使用。

4. 特定权利

某些特定的权利在某些法律关系中也可以成为客体。在工程建设法律关系中，如土地使用权转让合同，其标的（客体）即为土地使用权这种特定的权利，而非土地本身。

三、工程建设的法律事实

（一）工程建设法律关系的产生、变更和终止

1. 工程建设法律关系的产生

是指工程建设法律关系的主体之间依法形成了一定的权利义务关系。如某建设单位与

某监理单位签订了工程监理合同,双方产生了相应的权利和义务,此时工程监理合同这种法律关系即告成立。

2. 工程建设法律关系的变更

广义的变更是指法律关系的主体、内容、客体分别变更或同时变更。一般所说的变更是指法律关系的内容发生变更,即双方的权利义务发生变更,如某工程监理合同价金的增减、履行期限的变更、结算方式的改变等等。

3. 工程建设法律关系的终止

也称工程建设法律关系的消灭,是指主体之间的权利义务不复存在。终止有三种情况:一是指主体之间的权利义务终止并不因此产生新的权利义务关系,如工程监理合同,因双方均已履行完成而告终止,因双方同意解除合同而告终止等,这是法律关系终止的最通常的情况;二是指主体之间的原权利义务终止,但在双方之间产生新的权利义务,如工程监理合同中由于一方违约而使原合同终止,但是由于违约而使双方产生新的债权债务关系(如赔偿损失);三是指原主体之间的权利义务关系终止,但原权利义务仍存在,只是存在于原主体一方与第三人之间,或者完全存在于第三人之间。

(二) 工程建设的法律事实的概念

工程建设的法律事实是指由工程建设法律规范所规定的、能够引起工程建设法律关系产生、变更和终止的客观情况或现象。

任何的法律关系都不会自然而然的产生,也不会无缘无故的消灭,它需要具备一定的条件,其中最主要的条件有二:一是法律规范;二是法律事实。法律规范是法律关系产生、变更和终止的法律依据。没有一定的法律规范就不会有相应的法律关系,但法律规范的规定只是主体权利和义务关系的一般模式,还不是现实的法律关系本身。只有一定的法律事实出现,才能引起法律关系的产生、变更和终止。

工程建设法律关系也不例外,即工程建设法律关系的产生、变更和终止,是工程建设法律事实所产生的法律后果。

(三) 工程建设法律事实的分类

根据客观事实是否与人的主观意志有关,可将工程建设法律事实分为两类:

1. 法律事件

法律事件是法律规范规定的,不以人的意志为转移而引起法律关系产生、变更和终止的客观事实。法律事件又分成社会事件和自然事件两种,前者如革命、政府禁令等,后者如人的生老病死、自然灾害、意外事故、时间的经过等。

2. 法律行为

行为是指人的有意识的活动,是法律关系主体意志的表现,包括合法行为和违法行为,两种行为均能引起法律关系的产生、变更和终止,但违法行为主要引起法律责任,故在法学理论上,法律行为仅指合法行为。在工程建设法律关系中法律行为主要表现为下面几种:

(1) 民事法律行为

民事法律行为是指公民、法人或非法人组织设立、变更和终止民事权利和民事义务的合法行为。如建设单位和承包单位、监理单位签订工程承包合同、工程监理合同的行为。

(2) 行政法律行为

行政法律行为是指行政机关或其授权组织实施的产生行政法律效力的行为。如国家建设管理机关下达基本建设计划、执行工程项目建设程序、制定和发布标准及定额的行为。

(3) 立法行为

立法行为是指享有立法权的机关依法制定、修改、废止工程建设规范性文件的活动。如国家制定、颁布法律、法规、规章的行为。

(4) 司法行为

司法行为是指司法机关依法实施的法律监督、审判、调解等活动。如人民法院对建设工程纠纷案件做出判决或调解的行为。

第三节　工程建设法律责任

一、工程建设违法行为

(一) 工程建设违法行为的概念

违法行为是指人们违反法律的具有社会危害性的、主观上有过错的活动。工程建设违法行为是指行为人违反工程建设的法律规定，从而给社会造成某种危害的有过错的行为。这种行为可以表现为做工程建设法所禁止的行为，也可以表现为不做工程建设法所要求做的事情，从而破坏了工程建设法所调整的社会关系和工程建设程序。

(二) 工程建设违法行为的构成要件

1. 社会危害性

工程建设违法行为必须是侵犯了工程建设法所保护的国家、集体或公民的合法权益的行为，并具有一定的社会危害性。如超越资质等级承揽工程的行为，不仅侵害了发包方的利益，而且破坏了我国的资质等级制度，扰乱了建设市场秩序，具有很大的社会危害性。

2. 违法性

即工程建设法律关系主体，在从事工程建设活动中，必须遵守工程建设法律、法规的规定，否则，就构成违法行为。一般而言，法律规定禁止做的，做了是违法，即作为的违法，如建筑法中规定"禁止将建筑工程肢解发包"，那么，肢解发包的行为就是违法行为；法律规定必须或应当做的，没有做也是违法，即不作为的违法，如招标投标法中规定"大型基础设施、公用事业等关系社会公共利益、公共安全的项目必须招标"，那么不招标即构成违法。违法性是社会危害性的法律表现，社会危害性是违法性的根据。

3. 主观上有过错

工程建设违法行为必须是行为人出于故意或过失，即行为人主观上有过错而实施的行为。如果行为人没有主观上的过错，而是由于不可抗力或者其他意外事故引起的，则不构成违法。

4. 违法行为的主体

工程建设违法行为必须是具有法定责任能力的自然人、法人、国家机关及其工作人员做出的。自然人只有根据法律的规定，达到法定责任年龄和具有责任能力时，才能成为违法行为的主体。如民法通则中规定"10周岁以下的未成年人和不能辨认自己行为的精神病人所从事的民事行为不构成违法行为"；刑法中规定"14周岁以下的未成年人，其任何行为均不构成犯罪"。对于法人、国家机关及其工作人员，只有根据法律的规定，才能够成为违法行为的主体。

二、工程建设法律责任

违法必究,是社会主义法制的基本要求,对于任何单位和个人的违法行为,都必须追究相应的法律责任。法律责任是工程建设法的重要内容。工程建设法律责任是指违法者对其工程建设违法行为所应承担的具有强制性的法律后果。工程建设法律责任与工程建设违法行为紧密相连,只有实施违法行为的人,才承担相应的法律责任,即违法行为是承担法律责任的前提,法律责任是违法行为的必然结果。工程建设法律责任同其他法律责任一样,也是由工程建设法律法规明确加以规定,以国家强制力保证其实施,由国家授权机关依法追究的不同于其他社会责任的法律后果。

工程建设法律责任主要有行政责任、民事责任、刑事责任三种形式。

(一) 工程建设行政责任

1. 工程建设行政责任的概念

行政责任有普通行政责任和法律上的行政责任之分。普通行政责任不涉及法律问题,只涉及人们的道义责任和职业责任。法律上的行政责任则涉及法律关系中的地位和义务,是指违背了法律上的义务时在法律上必须承担的相应后果。本节所述的行政责任是指法律上的行政责任。

工程建设行政责任,是指工程建设法律关系主体在违反有关工程建设的行政法律规范时应依法承担的法律后果。工程建设行政法律关系主体有两类:一类是行政机关或其授权组织,称为行政主体;另一类是建设单位、勘察设计单位、施工单位等企事业单位或公民个人,称为行政相对人。这两类主体所承担的行政责任形式是不同的。

2. 行政主体的行政责任

其主要形式有下面几种:

(1) 承认错误,赔礼道歉。行政主体的违法行为损害相对人的权益时,应向相对人承认错误,赔礼道歉。

(2) 恢复名誉,消除影响。行政主体的违法行为造成相对人名誉上的损害,并造成不良影响时,应通过一定形式为相对人恢复名誉,消除不良影响。

(3) 履行职务。当行政主体不履行法定义务或不积极履行法定义务时,相对人可以向法定机关申请要求其履行法定义务。

(4) 撤销违法行为。指法定有权机关撤销行政主体的违法行为。

(5) 返还权益,恢复原状。指行政主体非法剥夺了相对人的权益后,在撤销或变更该行政行为时,必须返还相对人的权益,导致相对人的物品损坏的,应同时恢复原状。

(6) 行政赔偿。由于行政主体的违法行为导致相对人遭受经济损失的,该行政主体应当依行政赔偿法进行赔偿。

(7) 通报批评。是行政主体的上级机关对其违法行为所做的一种书面形式的处罚。

(8) 行政处分。是行政主体对其所属人员的违法或违纪行为给予的一种法律制裁。行政处分的方式有警告、记过、记大过、降级、降职、撤职、开除留用察看、开除等8种。

3. 行政相对人的行政责任

其主要形式有下面几种:

(1) 警告。即行政主体对违法的相对人所进行的批评教育、谴责和警戒。

(2) 罚款。即行政主体强制违法的相对人向国家缴纳一定数额的款项的经济处罚。

(3) 行政拘留。是指公安机关对违法的相对人实施的短期限制人身自由的处罚。
(4) 没收。指行政主体对相对人从事违法行为的器具或非法所得予以强制收缴。
(5) 降低或取消资质等级。指主管机关对违法的相对人的从业资质的一种处罚。
(6) 吊销营业执照。是指工商行政管理机关取消违法相对人的营业资格。
(7) 消除危险、排除障碍、恢复原状、赔偿损失等。

(二) 工程建设民事责任

1．工程建设民事责任的概念

民事责任是指进行了违法行为的人在民法上承担的对其不利的法律后果。民事责任分为违约责任和侵权责任两大类。违约责任是指合同关系中的债务人违反合同的规定，侵犯债权人的债权而应承担的民事责任。侵权责任是指侵犯债权之外的其他权利，如人身权、所有权、抵押权、知识产权等而应承担的民事责任。

工程建设民事责任是指从事工程建设活动的平等主体如建设单位、施工单位等在工程建设中因违反合同、侵权等而应承担的法律责任。工程建设民事责任既有违约责任，又有侵权责任。

2．工程建设违约责任

(1) 工程建设违约责任的承担条件

在工程建设活动中，行为人要承担违约责任，须具备下列条件：第一，行为人须有违约行为，即不履行合同或延迟履行合同的行为；第二，给对方当事人造成损失，包括直接损失和间接损失；第三，违约行为与损失之间存在因果关系。上述三个条件，缺一不可。

(2) 工程建设违约责任的承担方式

根据我国合同法和相关工程建设法的规定，工程建设违约责任的承担方式主要有：

支付违约金。违约金是指由当事人在合同中约定的，当一方违约时，应向对方支付一定数额的货币。违约金具有补偿性，约定的违约金视为违约的损害赔偿，损害赔偿额应相当于违约造成的损失，但约定的违约金过分高于或低于造成的损失的，当事人可以请求人民法院或仲裁机构予以适当减少或增加。违约金是违约责任中最常见的一种责任方式。

支付赔偿金。赔偿金是指合同当事人因违约行为给对方造成损失而合同又未约定违约金时，应支付给对方的款项。赔偿金应相当于违约造成的损失，包括合同履行后可以获得的利益，但不得违反合同一方订立合同时应当预见到的因违反合同可能造成的损失。

强制履行。是指经一方当事人请求由法院做出实际履行判决或下达特别履行命令，强迫违约方在指定期限内履行合同义务。违约方强制履行后，还有其他损失的，对方可以请求赔偿损失。但是，当法律上或事实上不能履行，或债务的标的不适于强制履行或履行费用过高的，或债务的标的在市场上不难获取的，或者债权人在合同期限内未请求履行的，不适用强制履行。

支付价金及逾期利息。当合同中涉及支付价金时，对方当事人可以请求违约方支付价款或报酬，若违约方迟延支付价款或报酬，则还应支付价款或报酬的逾期利息。

修理、重建或解除合同。当工程质量不符合法律规定和合同约定时，受害方可以根据情况，请求修理、重建或解除合同。有其他损失的，受害方还可以请求赔偿损失。

(3) 工程建设违约责任的免除

是指法律明文规定或当事人有特别约定，当事人对其不履行合同或延迟履行合同不承担违约责任。常见的违约时可以免除责任的情形有：

不可抗力。不可抗力是指当事人在订立合同时不能预见,对其发生和后果不能避免而且不能克服的自然事件(如地震、洪水等)和社会事件。当由于不可抗力而使当事人违约时,可免除其违约责任。但是,不可抗力发生后,不可抗力遭受方应及时将情况通知对方,以免给对方造成更大的损失,同时还应在合理期限内提供有关机关出具的证明。

对方当事人的过错。如果违约是由于对方当事人的过错而导致的,则违约方不承担违约责任。

合同有特别约定。合同订立时,当事人有特别约定,当发生合同不能履行或不适当履行中又符合这些免责条款时,通常也可免除违约人的责任。但是,在标准合同中,免责条款须特别明示,同时也不能免除合同当事人的主要义务,否则此条款无效。另外,免责条款与法律规定相抵触的也视为无效。

3. 工程建设侵权责任

(1) 工程建设侵权责任的承担条件

在工程建设活动中,要承担侵权责任须具备四个条件:第一,有侵权行为;第二,有损害事实;第三,侵权行为与损害事实之间有因果关系;第四,行为人主观上有过错。

(2) 工程建设侵权责任的承担方式

侵权责任的承担方式主要有:停止侵害、排除障碍、消除危险、恢复原状、返还财产、赔偿损失、赔礼道歉等。

(3) 工程建设侵权责任的特殊归责方法

一般情况下,侵权责任的承担是以当事人的主观过错为必备要件,即当事人主观上有故意或过失,才承担侵权责任,没有故意或过失则不承担责任,这在法律上称为过错责任原则。同时,在证明当事人主观上是否有过错时,采用"谁主张,谁举证"的原则,即当事人一方有提出证据证明侵权方主观上有过错的义务,若举不出证据,则对方不承担侵权责任。但是,在工程建设活动中,下面几种情况例外：

高度危险作业致人损害。《民法通则》第123条规定:"从事高空、高压、易燃、易爆、剧毒、放射性、高速运输工具等对周围环境有高度危险的作业造成他人损害的,应当承担民事责任;如果能够证明损害是由受害人故意造成的,不承担民事责任"。本条规定说明,在从事高度危险作业时,不管作业人在操作过程中主观上是否有过错,只要造成了他人的损害,就应当承担民事责任。但是,如果损害是由受害人故意造成的,作业人就不承担民事责任;即使受害人对于损害的发生有过失,作业人也要承担责任。

地面施工致人损害。《民法通则》第125条规定:"在公共场所、道旁或者通道上挖坑、修缮安装地下设施等,没有设置明显标志和采取安全措施造成他人损害的,施工人应当承担民事责任"。在本条规定的情况下,不管施工人对于他人的损害主观上是否有过错,只要没有设置明显标志和采取安全措施,就必须承担责任。

建筑物致人损害。《民法通则》第126条规定:"建筑物或者其他设施以及建筑物上的搁置物、悬挂物发生倒塌、脱落、坠落造成他人损害的,它的所有人或者管理人应当承担民事责任,但能够证明自己没有过错的除外"。这种情况下,建筑物的所有人或者管理人必须举出证据证明自己没有过错,如果不能举证,则推定其有过错,并承担责任。

(三) 工程建设刑事责任

1. 工程建设刑事责任的概念

工程建设刑事责任，是指在工程建设活动中，因实施严重危害社会、依照刑事法律的规定构成犯罪的行为所应承担的法律后果。刑事责任是犯罪行为引起的必然法律后果。承担刑事责任的方式主要是受刑罚处罚，如管制、拘役、有期徒刑、罚金、没收财产等。

2. 工程建设犯罪的特点

实施犯罪行为是承担刑事责任的前提。工程建设犯罪是指违反工程建设法律法规，造成人身健康或生命财产的严重损害，应受刑罚处罚的行为。这类行为较之普通犯罪有自己的特点：

（1）工程建设领域的犯罪行为一般后果严重、损失巨大。如工程重大安全事故罪，是指建筑工程在建设中及交付使用后，由于达不到质量标准或者存在严重问题，导致楼房倒塌、桥梁断裂等，致人伤亡或造成重大经济损失的行为。

（2）工程建设犯罪的主体多为法人。在实践中，从事工程建设活动的主体多为企业法人，而法人的工作人员的职务行为，也视为法人的行为。

（3）工程建设犯罪多为过失犯罪。在工程建设犯罪行为中，存在故意的情况，但大多是盲目追求经济效益，降低成本，而忽视质量和安全的结果，因而以过失犯罪为主。

（4）工程建设犯罪大多附带有民事责任。工程建设犯罪行为往往会造成巨大的经济损失，受害者可能是国家，也可能是公民和集体。根据刑法、民法通则及工程建设法的规定，对于造成损失的，犯罪人不但要承担刑事责任，同时还应承担赔偿损失的民事责任。

3. 工程建设犯罪的主要罪名及刑罚

（1）重大责任事故罪、重大劳动安全事故罪和工程重大安全事故罪

重大责任事故罪，是指工厂、矿山、林场、建筑企业或者其他企事业单位的职工，由于不服管理、违反规章制度或者强令工人违章冒险作业，因而发生重大伤亡事故或者造成其他严重后果的行为。根据刑法典第134条的规定，构成本罪的，处3年以下有期徒刑或者拘役；情节特别恶劣的，处3年以上7年以下有期徒刑。

重大劳动安全事故罪，是指工厂、矿山、林场、建筑企业或者其他企事业单位的劳动安全设施不符合国家规定，经有关部门或单位职工提出后，对事故隐患仍不采取措施，因而发生重大伤亡事故或者造成其他严重后果的行为。根据刑法典第135条的规定，对直接责任人员处以3年以下有期徒刑或者拘役；情节特别恶劣的，处3年以上7年以下有期徒刑。

工程重大安全事故罪，是指建设单位、勘察设计单位、施工单位、工程监理单位违反国家规定，降低工程质量标准，造成重大安全事故的行为。根据刑法典第137条的规定，对直接责任人员处以5年以下有期徒刑或者拘役，并处罚金；后果特别严重的，处5年以上10年以下有期徒刑，并处罚金。

（2）串通投标罪

是指投标人相互串通投标报价，损害招标人或者其他投标人的利益，情节严重的行为；或者投标人与招标人串通投标，损害国家、集体、公民的合法权益的行为。根据刑法典第223条、第231条的规定，犯串通投标罪的，处3年以下有期徒刑或者拘役，并处或者单处罚金；单位犯本罪的，对单位判处罚金，并对其直接负责的主管人员和其他直接责任人员，依照上述规定处罚。

（3）有关土地资源的犯罪

包括非法转让、倒卖土地使用权罪(刑法典第228条、231条),毁坏耕地罪(刑法典第342条、346条),非法批准征用、占用土地罪和非法低价出让国有土地使用权罪(刑法典第410条)。

(4) 有关工程建设的其他犯罪

如工程建设行政机关及其工作人员的玩忽职守、徇私舞弊犯罪,贪污贿赂罪,挪用公款罪等等。

复习思考题

1. 简述我国法律体系的构成。
2. 什么叫工程建设法?其特征是什么?
3. 工程建设法的表现形式有哪些?
4. 简述工程建设法律关系的构成要素。
5. 什么叫工程建设违法行为?其构成要件有哪些?
6. 什么叫工程建设法律责任?其表现形式有哪些?

第二章 城市规划与村镇建设

第一节 城市规划法概述

一、城市规划

(一) 城市规划的概念

城市规划是为了实现一定时期内城市的经济和社会发展目标,确定城市性质、规模和发展方向,合理利用城市土地,协调城市空间布局和进行各项建设的综合布置和全面安排。城市规划是建设城市和管理城市的基本依据,是确保城市空间资源的有效配置和土地合理利用的前提和基础,是实现城市经济和社会发展目标的重要手段之一。

(二) 城市规划的主要任务

城市规划的主要任务体现在:1.从城市的整体和长远利益出发,合理和有序地配置城市空间资源;2.通过空间资源配置,提高城市的运作效率,促进经济和社会的发展;3.确保城市的经济和社会发展与生态环境相协调,增强城市发展的可持续性;4.建立种种引导机制和控制规划,确保各项建设活动与城市规划目标相一致;5.通过信息提供,促进城市房地产市场的有序和健康运作。

二、城市规划法

(一) 城市规划法的概述

狭义的城市规划法,即指全国七届人大常委会第一次会议于1989年12月26日通过的《中华人民共和国城市规划法》(简称《城市规划法》);从广义角度讲,还包括与城市规划有关的法规、规章等,如国务院颁布的《中华人民共和国城市规划法实施条例》、建设部颁布的《城市规划编制单位资质管理规定》等。

(二)《城市规划法》的立法背景和重要意义

1. 立法背景

《中华人民共和国城市规划法》是在1979年,由国家建委和国家城建总局开始起草的。1980年,国务院在批转全国城市规划工作会议纪要中明确指出:"为了彻底改变多年来形成的只有人治,没有法治的局面,国家有必要制定专门的法律,来保证城市规划稳定地、持续地、有效地实施。"1982年,原城乡建设环境保护部将《城市规划法》(送审稿)报送国务院审查。但鉴于当时城市各项改革工作刚刚起步,一些重要的经济关系和管理体制有待通过实践进一步理顺,1983年11月经国务院常委会议讨论,决定先以行政法规形式付诸实施。1984年1月5日,国务院颁布了《城市规划条例》,它是我国城市规划工作开始纳入法制轨道的重要标志。随着改革开放的深入发展,1986年5月,六届全国人大四次会议的代表提出尽快制定《城市规划法》的议案,并迅速纳入全国人大和国务院的立法计划。1989年10月13日国务院常务会议通过了《城市规划法》(送审稿),并报全国人大,1989年12月26

日,七届全国人大常委会第一次会议通过《城市规划法》并正式颁布,并于1990年4月1日起正式施行。

2.《城市规划法》的重要意义

这是我国城市规划领域的第一部法律,科学地总结了40年的经验,是我国城市规划法制建设的重要里程碑。

它使各级政府可以运用法律的手段,科学、合理地制定城市规划,稳定、连续、有效地实施城市规划,从而推动我国经济和社会的协调发展。

它既是我国各级政府和城市规划行政主管部门工作的法律依据,也是人们在城市建设活动中必须遵守的行为准则。它的颁布实施,有力地推动了我国城市规划的建设事业在法制的轨道上健康发展。

(三)《城市规划法》的基本框架

1.第一章——总则

主要阐明了立法的目的和本法的适用范围;规定了有关城市规划、建设和发展的基本方针,明确了国家和地方的规划管理体制与外部关系的协调。

2.第二章——城市规划的制定

主要明确了各级人民政府组织编制城镇体系规划、城市总体规划和城市详细规划的职责;阐明了编制城市规划应当遵循的原则,阶段划分和主要内容;规定了编制和调整城市规划的审批程序。

3.第三章——新区开发和旧区改建

主要阐明在实施城市规划过程中,新区开发和旧区改建应当遵循的基本原则以及建设项目选址、定点和各项建设合理布局的基本要求。

4.第四章——城市规划的实施

主要确立了城市规划行政主管部门对城市规划区内土地使用和各项建设实行统一的规划管理的基本原则;明确实行"一书两证"制度;制定了对各项建设工程从可行性研究、选址定点、设计审查、放线验线、竣工验收全过程进行规划管理的基本内容和程序。

5.第五章——法律责任

阐明了违反本法规定的单位和个人应承担的法律责任;对违法占地和违法建设的处理以及对有关当事人员的处罚规定,执行行政处罚的法律程序;同时对城市规划行政主管部门工作人员渎职行为的处罚也做出了法律规定。

6.第六章——附则

阐明了国务院城市规划主管部门和省、自治区、直辖市人大常委会为贯彻执行《城市规划法》可以制定实施条例和实施办法,并规定了本法开始实施的时间。

三、城市规划、建设和发展的基本方针

(一)国家实行严格控制大城市规模,合理发展中等城市和小城市的方针。促进生产力和人口的合理分布,逐步形成大、中、小城市协调发展的城镇体系。严格控制大城市规模,主要是控制市区人口与用地规模的无限制扩展,缓解由于人口过度膨胀造成的交通、居住、环境等矛盾,而不是控制大城市社会经济的发展和功能的发挥。

(二)城市规划必须符合我国国情和城市的市情,正确处理近期建设和远景发展的关系。既要充分考虑远景发展的需要,具有一定的弹性,留有一定余地;又要与国家和地方的经济技术发展水平相适应,避免盲目扩张和急于求成。

(三)城市各项建设都必须坚持适用、经济的原则,贯彻勤俭建国的方针。要统一规划,分期建设,量力而行,逐步实施,避免脱离实际,盲目攀比,造成人力、物力、财力和土地的浪费。

四、城市规划的原则

(一)城市规划应当满足发展生产、繁荣经济、保护生态环境,防止污染和其他公害,促进科技文教事业发展,加强精神文明建设等要求,统筹兼顾,综合部署,力求取得经济效益、社会效益和环境效益的相统一。

(二)城市规划应当贯彻有利生产、方便生活,促进流通、繁荣经济的原则,改善投资环境,提高居住质量,优化城市布局结构,适应改革开放需要,促进经济和社会持续、稳定、协调发展。

(三)城市规划应当满足城市防火、防爆、抗震、防洪、防泥石流以及治安、交通管理和人民防空建设等要求,保障城市安全和社会安定,特别是在可能发生强烈地震和洪水灾害的地区,必须在规划中采取相应的抗震和防洪措施。

(四)城市规划应注意保护优秀历史文化遗产,保护具有重要历史意义、革命纪念意义、科学和艺术价值的文物古迹、风景名胜和传统街区,保护民族传统和地方风貌,充分体现城市各自特色和自然景观。

(五)城市规划应当贯彻合理用地、节约用地的原则。根据国家和地方有关技术标准、规范以及实际使用要求,合理利用城市土地,提高土地开发经营的综合效益;在合理用地的前提下,重视节约用地,城市的建设和发展用地尽量利用荒地、劣地,少占耕地、菜地、园地和林地。

五、城市规划的作用

城市规划的作用是通过对城市空间尤其是土地使用的分配和安排,来实现对城市发展的指导和控制。它主要通过对城市未来发展目标的确定,制定实现这些目标的途径步骤和行动纲领,并通过对社会实践的引导和控制来干预城市的发展。

城市规划的作用主要是从国家宏观调控的手段、政策形成和实施的工具、城市未来空间架构的引导三个层面来体现的。

(一)城市规划作为国家宏观调控的手段

城市规划是国家对城市发展进行宏观调控的手段之一,是依据社会利益融合进市场经济的运行,并对个体利益进行约束的过程,即在鼓励市场满足经济行为者对利益极大追求的同时,又避免对社会造成并由社会承担的不经济。具体说来,就是在保障必要的城市基础设施和一些基本的城市服务设施的集体供应的同时,也试图减少一些资本的运行所产生的会导致其他部门损失的消极外部性。其作用主要体现在:1.提供城市社会发展的保障措施;2.在修正市场失败的基础上支持土地和房地产市场;3.保证土地在总体利益下进行分配、使用和开发;4.以政府干预的方式保证土地使用符合社区利益。

(二)城市规划作为政策形成和实施的工具

城市规划要对有关城市建设和发展的决策提供背景框架和整体引导,通过有意识地努力来系统地限定问题,并对此进行思考,以改进决策的质量。这样可以使涉及城市各个部门的城市建设决策保持在同一的方向上,并且这些决策之间的相互作用也保持协同关系。因此可以说,城市规划是政策形成和实施过程中的工具,其作用主要是由政策引导和信息供应来支撑的。无论是公共部门还是私人部门,只要它们本身需要发展或者它们处于发展的环境之中,它们就需要有城市规划这样的政策框架来作为它们自身发展决策的依据,它们需要据此来调整自身发展的策略。

在这样的意义上,城市规划的目的就在于:1.实现国家的发展政策;2.为中央和地方政府的官员提供有关发展控制的引导;3.协调各类开发(无论是私人的还是公共的);4.考虑财产所有者估价规划政策对他们的利益的影响;5.告知公众规划政策。

(三)城市规划作为城市未来空间架构的引导

城市规划的主要对象是城市的空间系统,尤其是作为城市社会、经济、政治关系形态化和作为这种表象载体的城市土地使用关系,城市规划的核心内容亦即城市规划实施的主要工具,是城市土地使用的规划和管理。城市规划以城市土地使用的配置和安排为核心,建立起城市未来发展的空间结构,反映国家的意志和政策。同时,通过社会所赋予的权力,运用控制性的手段对城市建设项目进行直接的管理,限定城市中各项未来建设的空间区位和建设强度,并将它们纳入法定所确立的未来发展方向上。在具体的建设过程中,城市规划担当了"监督者"和执行者的作用,使各类建设活动都成为实现既定目标的实施环节。

城市规划通过对城市建设的引导和控制来实施对城市未来发展的空间架构并保持了城市发展的整体连续性。城市规划的引导作用主要通过分类计划(如土地使用分类、建筑形式划分等)、规范化的准则、对可能的严重问题的描述、对综合引导的阐述以及对行动的可能结果进行处理等来实现。城市规划的控制作用通常是由国家城市规划法以及各城市地方规划法所明确规定的方式来运作的,因此其作用是支配性的。在我国主要是通过"一书两证"制度来得到保证的。

六、城市规划的管理体制

(一)城市规划管理的概念

城市规划管理是组织编制和审批城市规划,并依法对产生土地的使用和各项建设的安排实施控制、引导和监督的行政管理活动。

城市规划管理是政府的一项行政职能,具有行政管理的性质,必须遵循行政管理的一般原则,并负有行政责任。

(二)城市规划管理的目的和任务

1.保障城市规划建设法律、法规的施行和政令的畅通。
2.保障城市综合功能的发挥,促进经济、社会和环境的协调发展。
3.保障城市各项建设纳入城市规划的轨道,促进城市规划的实施。
4.保障公共利益,维护相关方面的合法权益。

(三)城市规划管理的基本工作内容

根据城市规划管理的概念,城市规划管理包括了三方面的工作,即城市规划的组织编制和审批,城市规划实施管理,城市规划实施的监督检查。

城市规划编制所提供的城市规划方案和文本,只有经过法定程序的批准方才成为具有法律效力的城市规划,才能成为城市规划实施管理的依据;城市规划作为一项城市政府的职能,规划的编制成果必须体现政府的意志,其编制工作须置于政府的组织之下,即必须进行城市规划组织编制和审批管理工作。城市规划实施的监督检查以批准的城市规划和城市规划实施管理的决策为依据,并为规划编制的组织、规划编制及其审批和规划实施管理的决策提供反馈。

（四）城市规划管理体制

国务院城市规划行政主管部门——建设部主管全国的城市规划工作,县级以上地方人民政府城市规划行政主管部门主管本行政区域内的城市规划工作。

地方城市规划行政主管部门是同级地方人民政府领导下的一个工作部门。地方人民政府的行政权限和责任要高于部门行政的主体。

第二节 城市规划的制定

一、城市规划的编制

（一）城市规划编制的层次

编制城市规划一般分为总体规划和详细规划两个阶段。在正式编制总体规划前,可以由城市人民政府组织制定城市总体规划纲要,对总体规划需要确定的主要目标、方向和内容提出原则性意见,作为总体规划的依据。根据城市的实际情况和各自需要,大城市和中等城市可以在总体规划基础上编制分区规划,进一步控制和确定不同地段的土地用途、范围和容量,协调各项基础设施和公共设施的建设。详细规划根据不同的需要、任务、目标和深度要求,可以分为控制性详细规划和修建性详细规划两种类型。

（二）城市规划中各层次规划之间的相互关系

城市总体规划纲要的任务是研究城市总体规划的重大原则问题,城市总体规划纲要经城市人民政府同意后,作为编制城市总体规划的依据。市（县）域行政区范围内的城镇体系规划是城市总体规划的重要组成部分。分区规划属于城市总体规划阶段,是在城市总体规划的基础上对城市土地利用、人口分布和公共设施、基础设施的配置做出进一步的规划安排,为详细规划和规划管理提供依据。

（三）城市规划组织编制的主体

城市规划组织编制主体是城市人民政府,这是因为城市规划特别是城市总体规划涉及城市建设和发展的大局,要通盘考虑城市的土地、人口、环境、工业、农业、科技、文教、商业、金融、交通、市政、能源、通信、防灾等方面的内容,必须站在城市发展整体利益和长远利益的立场上,统筹安排综合布置。因此,需要收集多方面的发展资料,协调多方面的关系。这样一件综合性很强的重要工作必须在城市人民政府直接领导和组织下,委托具有相应规划设计资格的规划设计单位联合其他有关部门共同完成。

1. 城市总体规划组织编制主体

直辖市和市城市总体规划由城市人民政府负责组织编制。县级以上人民政府所在地镇的总体规划,由县级人民政府负责组织编制。建制镇的总体规划和详细规划由镇人民政府组织编制。

2. 城市详细规划组织编制主体

城市详细规划的组织编制主体是城市人民政府,但在实际工作中,由于详细规划覆盖面比较广,组织工作量比较大,专业技术要求比较高,因此,一般由城市人民政府委托或法律授权城市规划行政主管部门进行具体的组织编制工作。

（四）城市规划中各层次规划编制的任务和主要内容

1. 城市总体规划纲要的任务和主要内容

城市总体规划纲要的任务是研究总体规划的重大原则问题，结合国民经济长远规划、国土规划、区域规划，根据当地自然、历史、现状情况，确定城市地域发展的战略部署。城市总体规划纲要经城市人民政府同意后，作为编制城市规划的依据。主要内容如下：

（1）论证城市国民经济和社会发展条件，原则确定规划期内城市发展目标。

（2）论证城市在区域发展中的地位，原则确定市（县）域城镇体系的结构与布局。

（3）原则确定城市性质、规模、总体布局，选择城市发展用地，提出城市规划区范围的初步意见。

（4）研究确定城市能源、交通、供水等城市基础设施开发建设的重大原则问题，以及实施城市规划的重要措施。

2. 市域、县域城镇体系规划的任务和主要内容

（1）分析区域发展条件和制约因素，提出区域城镇发展战略，确定资源开发、产业配置和保护生态环境、历史文化遗产的综合目标。

（2）预测区域城镇水平，调整现有城镇体系的规模结构、职能分工和空间布局，确定重点发展的城镇。

（3）原则确定区域交通、通讯、能源、供水、排水、防洪等设施的布局。

（4）提出实施规划的措施和有关技术经济政策的建议。

3. 城市总体规划的任务和主要内容

城市总体规划的任务是根据城市总体规划纲要，综合研究和确定城市性质、规模、容量和发展形态，统筹安排城乡各项建设用地，合理配置城市各项基础设施并保证城市每个阶段发展目标、发展途径、发展程序的优化和布局结构的科学性，引导城市合理发展。

城市总体规划的期限一般为20年，但应同时对城市远景发展进程及方向做出轮廓性的规划安排，对某些必须考虑更长远的工程项目应有更长远的规划安排。近期规划是总体规划的一个组成部分，应当对城市近期的发展布局和主要建设项目做出安排，规划期限一般为5年。

主要内容如下：

（1）对市和县辖行政区范围内的城镇体系、交通系统、基础设施生态环境、风景旅游资源开发进行合理布置和综合安排；

（2）确定城市性质和发展方向，划定城市规划区范围；

（3）提出规划期内城市人口及用地发展规模，确定城市建设与发展用地的空间布局、功能分区，以及城市中心、区中心位置；

（4）确定城市对外交通系统的布局以及车站、铁路枢纽、港口、机场等主要交通设施的规模、位置，确定城市主、次干道系统的走向、断面、主要交叉口形式，确定主要广场、停车场的位置、容量；

（5）综合协调并确定城市供水、排水、防洪、供电、通讯、燃气、供热、消防、环卫等设施的发展目标和总体布局；

（6）确定城市河湖水系的治理目标和总体布局，分配沿海、沿江岸线；

（7）确定城市园林绿地系统的发展目标及总体布局；

（8）确定城市环境保护目标,提出防治污染措施;

（9）根据城市防灾要求,提出人防建设、抗震防灾规划目标和总体布局;

（10）确定需要保护的风景名胜、文物古迹、传统街区,划定保护和控制范围,提出保护措施,历史文化名城要编制专门的保护规划;

（11）确定旧区改建,用地调整的原则、方法和步骤,提出改善旧城区生产、生活环境的要求和措施;

（12）综合协调市区与近郊区村庄、集镇的各项建设,统筹安排近郊区村庄、集镇的居住用地、公共服务设施、乡镇企业、基础设施和菜地、园地、牧草地、副食品基地,划定需要保留和控制的绿色空间;

（13）进行综合技术经济论证,提出规划实施步骤、措施和方法的建议;

（14）编制近期建设规划,确定近期建设目标、内容和实施部署。

建制镇总体规划的内容可以根据其规模和实际需要适当简化。

4．分区规划的任务和主要内容

分区规划的任务是在总体规划的基础上,对城市土地利用、人口分布和公共设施、基础设施配置做出进一步的规划安排,为详细规划和规划管理提供依据。其主要内容如下:

（1）原则规定分区内土地使用性质、居住人口分布、建筑用地的容量控制指标;

（2）确定市、区级公共设施的分布及其用地范围;

（3）确定城市主、次干道的红线位置、断面、控制点坐标和标高,以及主要交叉口、广场、停车场的位置和控制范围;

（4）确定绿化系统、河湖水面、供电高压线走廊、对外交通设施、风景名胜的用地界线和文物古迹、传统街区的保护范围,提出空间形态的保护要求;

（5）确定工程干管的位置、走向、管径、服务范围以及主要工程设施的位置和用地范围。

5．详细规划的任务和主要内容

详细规划的任务是以总体规划或分区规划为依据,规定建设用地的各项控制指标和规划管理要求,或直接对建设项目做出具体的安排和规划设计。在城市规划区内,应根据旧区改建和新区开发的需要,编制控制性详细规划,作为城市规划管理和综合开发、土地有偿使用的依据。主要内容如下:

（1）详细规定所规划范围内各类不同使用性质用地的界线,规定各类用地内适建、不适建或有条件地允许建设的建筑类型;

（2）规定各地块建筑高度、建筑密度、容积率、绿地率等控制指标;规定交通出入口方位、停车泊位、建筑后退红线距离、建筑间距等要求;

（3）提出各地块的建筑体量、体型、色彩等要求;

（4）确定各级支路的红线位置、控制点坐标和标高;

（5）根据规划容量,确定工程管线的走向、管径和工程设施的用地界线;

（6）制定相应的土地使用与建筑管理规定。

在面临开发的地区,应编制修建性详细规划。主要内容如下:

（1）建设条件分析及综合技术经济论证;

（2）做出建筑、道路和绿地等的空间布局和景观规划设计,布置总平面图;

（3）道路交通规划设计;

(4) 绿地系统规划设计;
(5) 工程管线规划设计;
(6) 竖向规划设计;
(7) 估算工程量、拆迁量和总造价,分析投资效益。

二、城市规划的审批

(一) 城市规划审批的主体

根据《城市规划法》第二十一条的规定,城市规划实行分级审批。我国城市规划的审批主体是国务院、省、自治区、直辖市和其他城市人民政府或其城市规划行政主管部门。按照法定的审批权限,各层次规划的审批主体如下:

1. 城市总体规划的审批主体

(1) 国务院审批直辖市、省和自治区人民政府所在地城市及其他城市人口在50万以上的城市的总体规划;

(2) 省、自治区、直辖市人民政府审批其管辖范围内除上述城市以外的设市城市和县级人民政府所在地镇的总体规划;市人民政府审批市管辖的县级人民政府所在地镇的总体规划;

(3) 县级人民政府审批其他建制镇的总体规划;

(4) 城市人民政府审批城市分区规划。

城市人民政府和县级人民政府在向上级人民政府报请审批城市总体规划前,须经同级人民代表大会或者其常务委员会审查同意。

2. 城市详细规划的审批主体

城市详细规划一般由城市人民政府审批,编制分区规划的城市的详细规划,除重要地区的详细规划由城市人民政府审批外,其他一般地区的详细规划可以由城市人民政府城市规划行政主管部门审批。

(二) 城市专业系统规划的审批

城市的专业系统规划一般是纳入城市总体规划并报批。确因特殊情况,也可以单独编制和审批。单独编制的专项规划,一般由当地的城市规划行政主管部门会同专业主管部门,根据城市总体规划要求进行编制,报城市人民政府审批。

1. 单独编制的城市人防建设规划的审批

(1) 直辖市要报国家的人民防空委员会和建设部审批;

(2) 一类人防重点城市中的省会城市,要经省、自治区人民政府和大军区人民防空委员会审查同意后,报国家人民防空委员会和建设部审批;

(3) 一类人防重点城市中的非省会城市及二类人防重点城市需报省、自治区人民政府审批,并报国家人民防空委员会、建设部备案;

(4) 三类人防重点城市报市人民政府审批,并报省、自治区人民防空办公室、建委(建设厅)备案。

2. 单独编制的国家级历史文化名城保护规划的审批

(1) 由国务院审批其总体规划的城市,报建设部、国家文物局审批;

(2) 其他国家级历史文化名城报省、自治区人民政府审批,并报建设部、国家文物总局备案;

(3) 省、自治区、直辖市级历史文化名城的保护规划由省、自治区、直辖市人民政府审批。

(三) 城市规划的调整

所谓城市规划的调整,是指城市人民政府根据城市经济建设和社会发展所产生的新情况和新问题,按照实际需要对已经批准的城市规划所规定的空间布局和各项内容进行局部的或重大的变更。城市规划的调整,同样需要按照法定的程序进行审批。

城市规划的重大变更是指,由于城市发展的外部环境和内部原因发生了较大的变化,使得原来已经批准的城市规划的性质、布局和各项控制要素明显不适应城市发展的需要,需要对城市规划进行系统性或整体性的改变。

城市规划的局部变更是指,在不影响规划的整体格局和基本原则的前提下,只对规划的一些局部的或具体的控制要素进行改变。

1. 城市总体规划的调整程序

(1) 对城市总体规划的局部变更,应由城市人民政府审批,并报同级人民代表大会常务委员会和原批准机关备案;

(2) 当涉及对城市性质、规模、发展方向和总体布局产生重大影响的调整,则必须经同级人民代表大会或者其常务委员会审查同意后,报原批准机关审批。

2. 城市详细规划的调整程序

(1) 对城市详细规划中的局部变更如局部用地性质的变更,可以在征得原规划批准机关同意后,以专题的形式进行报批;

(2) 对于重大的规划调整,应当征得原批准机关的同意后,重新编制详细规划,并按照法定的程序报原批准机关审批。

三、城市规划行业管理制度

(一) 城市规划设计单位资格管理

为了加强城市规划设计单位的管理,提高城市规划设计质量,促进技术进步,维护城市规划设计市场正常秩序,国家建设部针对以往城市规划设计管理中存在的问题,决定实行城市规划设计资格单独的许可证制度,制定了《城市规划设计单位资格管理办法》,并于1992年10月27日颁布实施。1993年2月17日国家建设部在该《办法》的基础上,结合管理中出现的一些新问题,颁布了《城市规划设计单位资格管理补充规定》,对原《办法》作了补充规定,以上两个规定主要内容如下:

1.《办法》的适用范围。本办法适用于全国专业城市规划设计单位和事业、企业单位下属承担城市规划设计任务的单位。

2.《城市规划设计证书》及分级标准。凡从事城市规划设计活动的单位,必须按照规定申请资格证书,经审查合格并取得《城市规划设计证书》后方可承担规划设计任务。

城市规划设计资格分为甲、乙、丙、丁四级,其分级标准如下:

(1) 甲级

1) 甲级城市规划设计单位应是技术力量雄厚、专业配置齐全。单位专业技术人员级配合理,高级技术职称与其他技术人员比例不小于1:5,其中城市规划专业有2名以上高级技术职称人员,建筑、经济、道路交通、园林绿化、给排水、电力、电讯、煤气热力、区域规划、环保等专业至少有15名具有大专以上学历,从事规划设计15年以上的技术骨干。

2）单位独立承担过两次20万人口以上城市总体规划编制(含个性或调整)任务。

3）单位专业技术具有国内同行业先进水平，近5年内有过下列成就之一者：获得两项部、省级以上优秀城市规划设计奖；具有一定科研力量，近5年内获得两项以上部、省级以上科技进步奖；近5年内承担过国家、部级标准、规范、定额的编制工作。

4）单位有先进的技术准备，其中计算机及配套辅助设备齐全，并有一定计算机软件开发能力。

5）单位有健全的技术、质量、经营、财务管理制度，有较高的综合管理水平，持有省、部级全面质量达标验收合格证书和财务管理达标。

（2）乙级

1）乙级城市规划设计单位应是技术力量强，专业配置齐全，专业技术人员级配合理，高级技术职称与其他技术人员比例不小于1∶6，其中城市规划专业有2名以上高级技术职称人员，建筑、经济、道路交通、园林绿化、给排水、电力、电讯、煤气热力、区域规划、环保等专业至少有10名具有大专以上学历，从事规划设计10年以上的技术骨干。

2）单位独立承担过两次设市城市总体规划编制(含修改或调整)任务。

3）单位近5年内有过下列成就之一者：获得一项省级以上优秀城市规划设计奖；近5年内承担过国家、部级标准、规范、定额的编制工作。

4）单位有较先进的配套技术装备和计算机应用设备。

5）单位有一定的综合管理水平，持有市以上全面质量达标验收合格证书和财务管理达标。

（3）丙级

1）丙级城市规划设计单位具有较强的技术力量，专业较齐全，单位专业技术人员25人以上，其中城市规划专业有2名以上中级技术职称人员，建筑、经济、道路交通、园林绿化、给排水等专业至少有6名从事城市规划设计实践7年以上的技术骨干。

2）单位独立承担过两次以上建制镇总体规划编制(含修改或调整)任务。

3）单位有必要的技术装备。

4）单位有一定的管理能力，能按全面质量管理要求进行质量管理，有必要的质量、技术、财务、行政管理制度。

（4）丁级

1）丁级城市规划设计单位应有一定的技术力量，专业技术人员10人以上，其中至少有3名从事城市规划设计5年以上的技术骨干。

2）单位独立承担过城市规划设计任务。

3）单位有必要的技术手段，有质量、技术管理制度。

3.《城市规划设计证书》的适用范围

（1）取得甲级证书的城市规划设计单位，承担规划设计任务的范围不受限制。

（2）取得乙级证书的城市规划设计单位，可以承担下列规划设计任务：

1）受本省或本市委托承担本省或本市规划设计任务范围不受限制；

2）20万人口以下城市总体规划和各项专项规划的编制(含修改或调整)；

3）各种详细规划；

4）研究拟定大型工程项目选址意见书。

(3) 取得丙级证书的城市规划设计单位,可以承担下列规划设计任务:

1) 当地及建制镇总体规划编制和修订;

2) 中、小城市的各种详细规划;

3) 当地各种专项规划;

4) 中、小型工程项目选址的可行性研究。

(4) 取得丁级证书的城市规划设计单位,可以承担下列规划设计任务:

1) 小城市及建制镇的各种详细规划;

2) 当地各中小型专项规划设计;

3) 小型工程项目选址的可行性研究。

4. 城市规划设计单位的资格申请与审批

(1) 申请《城市规划设计证书》必须具备以下基本条件:

1) 有符合国家规定、依照法定程序批准设立机构的文件;

2) 有明确的名称、组织机构、法人代表和固定的工作场所、健全的财务制度;

3) 符合分级标准

(2) 城市规划设计单位的资格审批。

城市规划设计资格,实行分级审批制度:

1) 国家城市规划行政主管部门审批甲、乙级规划设计单位的资格;

2) 省、自治区、直辖市的城市规划行政主管部门审批丙、丁级城市规划设计资格。

5. 资格证书的使用。持有城市规划设计资格证书的单位应承揽与本单位资格等级相符的规划设计任务;跨省、自治区、直辖市承揽规划设计任务的单位应持证书副本到任务所在地的省一级城市规划行政主管部门进行申报,认可后即可承担规划设计任务。城市规划设计证书是从事城市规划设计的资格凭证,只限持证单位使用,不得转让,不得超越证书规定范围承揽任务。

6. 高等院校、工程勘察设计单位申请城市规划设计资格的要求。

(1) 对高等院校的要求。高等院校申请城市规划设计资格必须成立经上级行政主管部门批准的独立的城市规划设计单位,有固定的专职规划设计人员(其中:教学人员参加规划设计控制在该单位固定在编技术人员的30%以内),该规划设计单位必须纳入城市规划设计单位的行业管理。

(2) 对工程勘察设计单位的要求。工程勘察设计单位申请城市规划设计资格,单位内必须有独立机构,其规划设计人员必须是专职的、固定的;该设计单位必须同时纳入城市规划设计行业管理。

7. 对离退休城市规划设计人员的管理。离退休城市规划设计人员,能坚持正常工作,经原单位出具证明,应聘并固定在一个城市规划设计单位工作,可以作为单位的技术力量申报设计资格。

(二) 注册城市规划师制度

1. 概述

注册城市规划师是指通过全国统一考试,取得注册城市规划师执业资格证书,并经注册登记后从事城市规划业务工作的专业技术人员。注册城市规划执业资格制度属职业资格证书制度范畴,纳入专业技术人员执业资格制度的统一规划,由国家确认批准。

为了加强城市规划专业技术人员的执业准入控制,保障城市规划工作质量,维护国家、社会和公众的利益,根据《中华人民共和国城市规划法》以及职业资格证书制度的有关规定,国务院于1999年4月7日发布实施了《注册城市规划师执业资格制度暂行规定》。人事部、建设部共同负责全国城市规划师执业资格制度的政策制定、组织协调、资格考试、注册登记和监督管理工作。

2．考试与注册

(1) 考试

注册城市规划师执业资格考试实行全国统一大纲、统一命题、统一组织的办法。凡中华人民共和国公民,具备下列条件之一者,可申请参加注册考试:

1) 取得城市规划专业大专学历,并从事城市规划业务工作满6年。

2) 取得城市规划专业大学本科学历,并从事城市规划业务工作满4年;或取得城市规划相近专业大学本科学历,并从事城市规划业务工作满5年。

3) 取得通过评估的城市规划专业大学本科学历,并从事城市规划业务工作满3年。

4) 取得上述专业硕士学位,并从事城市规划业务工作满3年。

5) 取得城市规划专业硕士学位或相近专业博士学位,并从事城市规划业务满2年。

6) 取得城市规划专业博士学位,并从事城市规划业务工作满1年。

7) 人事部、建设部规定的其他条件。

注册城市规划师执业资格考试合格者,由省、自治区、直辖市人事部门颁发人事部统一印制、人事部和建设部用印的中华人民共和国注册城市规划师执业资格证书。

(2) 注册

注册城市规划师执业资格考试合格,建设部及各省、自治区、直辖市规划行政主管部门负责注册城市规划师的注册管理工作,各级人事部门对注册城市规划师的注册情况有检查、监督的责任。

取得注册城市规划师执业资格证书申请注册的人员,须同时具备以下条件。

1) 遵纪守法,恪守注册城市规划师职业道德;

2) 取得注册城市规划师执业资格证书;

3) 所在单位考核同意;

4) 身体健康,能坚持在注册城市规划师岗位上工作。

经批准注册的申请人,由建设部核发《注册城市规划师注册证》。

注册城市规划师每次注册有效期为三年。有效期满前三个月,持证者应当重新办理注册登记。

注册后有下列情况之一的,应由有关部门撤销注册:

1) 完全丧失民事行为能力的;

2) 受到刑事处罚的;

3) 脱离注册城市规划师岗位连续2年以上;

4) 因在城市规划工作中的失误造成损失,受到行政处罚或者撤职以上行政处分的。

被撤销注册的当事人对撤销注册有异议的,可以在接到撤销注册通知之日起15日内向建设部申请复议。

3．权利和义务

（1）注册城市规划师应严格执行国家有关城市规划工作的法律、法规和技术规范，秉公办事，维护社会公众利益，保证工作成果质量。

（2）注册城市规划师对所经办的城市规划工作成果的图件、文件以及建设用地和建设工程规划许可文件有签名盖章权，并承担相应的法律和经济责任。

（3）注册城市规划师有权对违反国家有关法律、法规和技术规范的要求及决定提出劝告。

（4）注册城市规划师应保守工作中的技术和经济秘密。

（5）注册城市规划师不得同时受聘于两个或两个以上单位执行城市规划业务。不得准许他人以本人名义执行业务。

（6）注册城市规划师按规定接受专业技术人员继续教育，不断更新知识，提高工作水平。参加规定的专业培训和考核，并作为重新注册登记的必备条件之一。

第三节　历史文化遗产保护

一、历史文化遗产保护的意义

（一）历史文化遗产的几个概念

1．文物的概念

在我国境内，受国家保护的具有历史、艺术、科学价值的文物有下列五类：

（1）具有历史、艺术、科学价值的古文化遗址、古墓葬、古建筑、石窟寺和石刻；

（2）与重大历史事件、革命运动和著名人物有关的，具有重要纪念意义、教育意义和史料价值的建筑物、遗址、纪念物；

（3）历史上各时代珍贵的艺术品、工艺美术品；

（4）重要的革命文献资料以及具有历史、艺术、科学价值的手稿、古旧书资料等；

（5）反映历史上各时代、各民族社会制度、社会生产、社会生活的代表性实物。

以上五类经过鉴定并通过一定的程序确定需要保护的文物，按国家文物保护法及实施细则规定实施保护。

2．历史风貌地区的概念

历史风貌地区是指城市中文物古迹比较集中连片或能完整体现一定历史时期的传统风貌和民族特色的街区或地段。

3．历史文化名城的概念

历史文化名城是指经国务院或省级人民政府核定公布的，保存文物特别丰富，具有重大历史价值和革命意义的城市。

（二）历史文化遗产保护的意义

1．保护历史文化遗产是抢救我国濒危历史文化资源的需要。

2．保护历史文化遗产是对人民群众和子孙后代进行爱国主义教育和历史唯物主义教育的需要。

3．保护历史文化遗产是发展旅游业的需要。

4．保护历史文化遗产是延续历史文脉、实现社会稳定和可持续发展的需要。

二、我国历史文化遗产的保护体系

我国历史文化遗产保护体系的建立,经历了形成、发展、完善三个历史阶段,即:以文物保护为中心内容的单一保护体系的形成时期,以历史文化名城保护为重点的双层保护体系的发展时期,以及以历史街区、历史地段为重心的历史环境保护的多层次保护体系的完善时期。

三、历史文化遗产保护的内容

（一）历史文化名城保护的内容

历史文化名城保护的内容分为物质形态和非物质形态两大类。

物质形态保护主要有:1.文物古迹、优秀历史建筑的保护;2.历史地段的保护;3.城市形态特征的保护。

非物质形态的保护主要有:1.语言文字;2.城市文化传统、民众风情、生活方式、礼仪习俗、道德伦理、审美观念、地方曲艺等;3.特色民间工艺、技术等。

（二）历史风貌地区保护的内容

历史风貌地区保护以物质形态方面为主,可以概括为三个要素:1.自然地理景观环境;2.独特的街道空间格局;3.历史建筑实体。

（三）文物和历史建筑保护的内容。

文物和历史建筑保护的内容主要是建筑物实体和环境两方面。

建筑实体主要是包括国家级、省市级、县级文物建筑,各级政府批准公布的优秀近现代建筑物、构筑物。

环境是指保护建筑所处的一定范围的历史环境。

四、历史文化名城及历史风貌地区保护规划的编制

（一）历史文化名城保护规划的编制

1．保护规划与总体规划的关系

历史文化名城这一概念反映了该城市的性质。因此,保护的指导思想和原则应当在名城总体规划中体现出来,并对整个城市形态、布局、土地利用,环境规划设计等各方面产生重要影响。

保护规划是属于城市总体规划范畴的专项规划,单独或作为城市总体规划的部分审批后,具有与城市总体规划同样的法律效力,在调整或修订总体规划时,应相应调整或深化保护规划的内容。

2．名城保护规划的主要内容

(1) 历史文化遗产资源普查、分析、鉴定、评估;

(2) 历史建筑类别、等级确定;

(3) 历史地段保护区范围的划定;

(4) 视觉景观分析、建筑高度分区控制;

(5) 历史风貌、空间特色的保护规划;

(6) 历史环境更新、整治及再开发利用;

(7) 历史保护相关法规、政策的制定;

(8) 公众参与、宣传、教育及文化活动的开展。

（二）历史风貌地区保护规划的编制

1. 保护规划编制的原则

(1) 历史风貌地区保护规划必须以城市总体规划、分区规划为依据。历史文化名城还必须以历史文化名城保护专项规划为依据。

(2) 历史风貌地区保护规划编制的内容和深度要求应不低于现行详细规划，有条件的，可一次做到修建性详细规划的深度。

2. 保护规划的主要内容

(1) 现状基础资料；
(2) 制定地区风貌保护目标；
(3) 确定保护的原则和要求；
(4) 划定历史风貌地区核心保护范围和风貌协调区(或建设控制区)范围；
(5) 制定建筑和环境整治规划；
(6) 编制历史风貌地区重点街区的城市设计；
(7) 制定近期实施计划(包括投资计划及资金筹措)；
(8) 制定历史风貌地区保护规划管理规定。

第四节 城市规划的实施

一、城市规划实施的概念

城市规划编制的目的是为了实施，即把预定的计划变为现实。城市规划的实施是一个综合性的概念，它既是指政府的工作，也涉及公民、法人和社会团体的行为。

(一) 政府实施城市规划

城市人民政府依法律授权负责组织编制和实施城市规划。所以，政府在实施城市规划方面居主导地位，体现为依职权的主动行为和依申请的控制、引导行为。

(二) 公民、法人和社会团体与城市规划的实施

公民法人和社会团体实施城市规划的作用体现在两个方面：

1. 公民、法人和社会团体根据城市规划的目标，可以主动有所为，如对城市规划中确定的公益性和公共性项目进行投资，关心并监督城市规划的实施等。

2. 公民、法人和社会团体即使是完全出于自身利益的投资和置业等活动，只要遵守城市规划和服从城市规划管理，客观上既有助于城市规划目标的实现，也就可视为是对城市规划的实施。

二、城市规划公布制度

根据《城市规划法》第二十八条规定，城市规划经批准后，城市人民政府应当公布，以便开发单位和群众了解、参与和监督。

三、建设项目选址意见书制度

(一) 建设项目选址规划管理的概念

建设项目选址规划管理，是城市规划行政主管部门根据城市规划及其有关法律、法规对建设项目选址进行确认或选择，保证各项建设按照城市规划安排，并核发建设项目选址意见书的行政管理工作，是城市规划实施的首要环节。《中华人民共和国国家标准(GB/T 50280—98)》把建设项目选址意见书定义为"城市规划行政主管部门依法核发的有关建设

项目的选址和布局的法律凭证"。发放目的是为了保障建设项目的选址和布局科学合理,符合城市规划的要求,实现经济效益、社会效益、环境效益的统一。

《城市规划法》第三十条规定:"城市规划区内的建设工程的选址和布局必须符合城市规划。设计任务书报请批准时,必须附有城市规划行政主管部门的选址意见书"。也就是说城市规划行政主管部门参与建设项目建议书阶段的选址工作,并提出规划建设意见;参与建设项目任务书(可行性研究报告)阶段的选址工作,并核发选址意见书。项目建议书、设计任务书(可行性研究报告)的报批,应当附有城市规划行政主管部门的规划建设意见和选址意见。

(二)建设项目选址意见书的内容

建设部、国家计委1991年8月23日发布的《建设项目选址规划管理办法》规定建设项目选址意见书应当包括下列内容:

1．建设项目的基本情况

主要是建设项目名称、性质、用地与建设规模,供水与能源需求量,采取的运输方式与运输量,以及废水、废气、废渣的排放方式和排放量。

2．建设项目规划选址的主要依据

(1)经批准的项目建议书;

(2)建设项目与城市规划布局的协调;

(3)建设项目与城市交通、通讯、能源、市政、防灾规划的衔接与协调;

(4)建设项目配套的生活设施与城市生活居住及公共设施规划的衔接与协调;

(5)建设项目对于城市环境可能造成的污染影响,以及与城市环境保护规划和风景名胜、文物古迹保护规划的协调。

3．建设项目选址、用地范围和具体规划要求。

(三)建设项目选址规划管理的程序

1．选址申请

建设单位在编制项目设计任务书时,应向建设项目所在地县、市、直辖市人民政府城市规划行政主管部门提出建设项目选址申请。申请选址时,建设单位应向城市规划行政主管部门提交下列文件:一是已批准的项目建议书;二是建设单位建设项目选址意见书申请报告;三是该项目有关的基本情况和建设技术条件要求、环境影响评价报告等文件。

2．参加选址

城市规划行政主管部门与计划部门、建设单位等有关部门一同进行建设项目的选址工作,包括现场踏勘、共同商讨,对不同的拟建地址进行比较分析,听取各有关部门、单位的意见。

3．选址审查

城市规划行政主管部经过调查研究、条件分析和方案比较论证,根据城市规划要求对该建设项目选址进行审查,必要时应组织专家论证会进行慎重研究,重要的由城市政府和市长研究决定。

4．核发选址意见书

城市规划行政主管部门经过选址审查后,核发选址意见书。对于特别复杂的建设项目,可委托城市规划设计院编制建设项目选址意见书的报告,然后城市规划行政主管部门根据报告核发选址意见书。

（四）建设项目选址规划的分级管理

《建设项目选址规划管理办法》规定,建设项目选址意见书,按建设项目计划审批权限实行分级管理。

1．县人民政府行政主管部门审批的建设项目,由县人民政府城市规划行政主管部门核发选址意见书。

2．地级、县级市人民政府计划行政主管部门审批的建设项目,由该人民政府城市规划行政主管部门核发选址意见书。

3．直辖市、计划单列市人民政府计划行政主管部门审批的建设项目,由直辖市、计划单列市人民政府城市规划行政主管部门核发选址意见书。

4．省、自治区人民政府计划行政主管部门审批的建设项目,由项目所在地县、市人民政府城市规划行政主管部门提出审查意见,报省、自治区人民政府城市规划行政主管部门核发选址意见书。

5．中央各部门、公司审批的小型和限额以下的建设项目,由项目所在地县、市人民政府城市规划行政主管部门核发选址意见书。

6．国家审批的大中型和限额以上的建设项目,由项目所在地县、市人民政府城市规划行政主管部门提出审查意见,报省、自治区、直辖市、计划单列市人民政府城市规划行政主管部门核发选址意见书,并报国务院城市规划行政主管部门备案。

四、建设用地规划许可证制度

（一）建设用地规划管理的概念

建设用地规划管理就是根据城市规划法规和批准的城市规划,对城市规划区内建设项目用地的选址、定点和范围的规定、总平面审查、核发建设用地许可证等各项管理工作的总称。建设用地规划许可证是经城市规划行政主管部门依法确认其建设项目位置和用地范围的法律凭证。

《城市规划法》第三十一条规定:"在城市规划区内进行建设需要申请用地的,必须持国家批准建设项目的有关文件,向城市规划行政主管部门申请定点,由城市规划行政主管部门核定其用地位置和界限,提供规划设计条件,核发建设用地规划许可证。建设单位或者个人在取得建设用地规划许可证后,方可向县级以上地方人民政府土地管理部门申请用地,经县级以上人民政府审查批准后,由土地管理部门划拨土地"。

（二）建设用地规划管理的程序及操作要求

1．认定建设用地定点申请

建设用地单位向城市规划行政主管部门提出定点申请,城市规划行政主管部门要严格审查建设项目有关文件,如设计任务书(可行性研究报告)、批准投资文件、城市规划行政主管部门核发的选址意见书等,如果符合受理申请条件和要求,则予以受理,否则不予受理。受理后签订建设用地定点申请表。

2．根据需要征求有关部门意见

建设项目用地,必然要涉及周围不少单位,要发生业务联系、协作关系、生活联系、邻里关系等,还会产生种种矛盾和互相干扰或影响。因此,城市规划行政主管部门应根据该建设项目用地的性质、规模、发展情况,决定向哪些部门、单位征询意见。如污染较严重的,要征求环保部门的意见;易燃、易爆的要征求公安消防部门的意见;需要征用土地的,则需要征询土地管理部门的意见等。填好建设用地征询意见表。

3．核定建设用地位置和界线

根据城市规划要求和征询有关部门、单位意见的情况，城市规划行政主管部门对建设用地单位提出的用地申请的位置和界线进行核定，初步划出该建设项目用地地址和红线范围。

4．提供规划设计条件

建设用地位置和红线范围初步拟定后，城市规划行政主管部门应当向建设用地单位提供规划设计条件，以便为进行该建设项目总平面规划设计提供依据。

5．审查建设用地总平面布置

建设用地单位根据规划设计条件通知书的要求进行建设项目总平面布置（一般委托规划设计单位提出总平面布置图），然后交城市规划行政主管部门审查。主要审查其用地性质、规模和布局方式、运输方式是否符合规划要求，建筑与工程设施的布置是否合理用地、节约用地和符合规划设计条件通知书所规定的要求。

6．核发建设用地规划许可证

经有关领导审查批准后，城市规划行政主管部门正式确定该建设用地的位置、面积和界限，核发建设用规划许可证。

建设用地单位取得城市规划行政主管部门核发的建设用地规划许可证后，才能到土地管理部门办理建设用地征用划拨手续。

（三）建设用地规划批后管理

建设用地规划管理的批后监督、检查工作包括建设征用划拨土地的复核、用地情况监督检查和违章用地的检查处理等。

1．用地复核

在征用划拨土地的过程中，如果有所变动，应经城市规划行政主管部门对征用划拨土地进行验证。

2．用地检查

建设用地单位在使用土地的过程中，城市规划行政主管部门根据规划要求应进行监督检查工作，随时发现问题，杜绝违章占地情况。

3．违章处理

凡是未领得建设用地许可证的建设用地、未领得临时建设用地许可证的临时用地、擅自变更核准的位置、扩大用地范围的建设用地和临时用地、擅自转让、交换、买卖、租赁或变相非法买卖租赁的建设用地和临时用地、改变使用性质和逾期不交回的临时用地等，都属于违章占地。城市规划行政主管部门发现违章占地行为，都要发出违章占地通知书，责令其停止使用土地，进行违章登记，并负责进行违章占地处理。违章占地处理，包括没收土地，拆除地上、地下设置物，罚款和行政处分等。

五、建设工程规划许可证制度

（一）建设工程规划管理的概念

《城市规划法》第三十二条规定："在城市规划区内新建、扩建和改建建筑物、构筑物、道路、管线和其他工程设施，必须持有关批准文件向城市规划行政主管部门提出申请，由城市规划行政主管部门根据城市规划提出的规划设计要求核发建设工程规划许可证。建设单位或个人在取得建设工程规划许可证和其他有关批准文件后，方可申请办理开工手续。"

城市建设工程规划管理是一项工作量很大的经常性工作,建设工程类型繁多,性质各异。归纳起来可以分为建筑工程、市政管线工程和市政交通工程三大类。这三类建设工程形态不一,特点不同,城市规划管理需有的放矢,分别管理。建设工程规划管理包括建筑工程规划管理、市政管线规划管理和市政交通规划管理。

建设工程规划许可证是城市规划行政主管部门依法核发的有关建设工程的法律凭证。

(二)建设工程规划管理的程序及操作要求

1. 认定建设工程申请

建设单位向城市规划行政主管部门提出建设申请,城市规划行政主管部门要严格审查建设工程有关文件,如建设用地规划许可证、土地使用证、批准投资文件以及批准的设计任务书(可行性研究报告)等,如果符合受理申请条件和要求,则予以受理,否则不予受理。受理后填写建设工程申请登记表。

2. 根据需要征求有关部门意见

城市规划行政主管部门认为必要时,需要征询有关专业管理部门的书面同意意见。比如:

(1) 关于兴建高层建筑,大型公共建筑或锅炉房等易燃、易爆危险性工程的消防安全部门签署的意见;

(2) 关于有污染工程的环境保护部门的意见和环境质量影响鉴定书;

(3) 关于兴建配电房、变电站时经供电部门签署的意见;

(4) 关于涉及文物古迹、园林绿化和河道的保护范围时文物、园林、河道管理等部门签署的意见;

(5) 关于涉及航空、高压线走廊、无线电收发、人防等时航空、电力、电讯、人防等部门签署的意见;

(6) 关于涉及卫生防疫时经卫生防疫部门签署的意见。

3. 提出规划设计要求

城市规划行政主管部门可提供地形图、该建设工程建设地段规划道路红线图,并对该建设工程提出规划设计要求,征询有关部门的意见后,综合确定规划设计要求,核发规划设计要求通知书,以便建设单位按规划设计通知书的要求委托设计部门进行方案设计工作。

4. 审查设计方案

建设单位提供设计方案(一般报审的设计方案不应少于两个)文件、图纸(包括模型)后,城市规划行政主管部门对多个方案进行审查比较,审查其总平面布置与交通组织情况、工程周围环境关系、个体设计体量、层次、造型、色彩、风格等,进行方案选择和技术经济指标的分析,确定设计方案和提供规划设计修改意见,核发审定设计方案通知书,以便建设单位据此委托设计部门进行施工图设计,重要的设计方案应由市政府组织有关部门和专家进行审定。

5. 审查施工图后,核发建设工程规划许可证。

建设单位持注明勘察设计证号的总平面图、单体建设设计平面图、立面图、剖面图、基础图、地下室平面图、剖面图等施工图纸,交城市规划行政主管部门进行审查。经审查批准后,城市规划行政主管部门核发建设工程规划许可证。建设单位获得建设工程规划许可证后方可开工。

6. 放线验线

建设单位按照建设工程规划许可证和批准的施工图放线后,应向城市规划行政主管部门申请验线并报告开工日期,城市规划行政主管部门现场验线无误,做好验线记录,同意开工后,该建设工程方可破土动工。

(三) 关于临时建设和临时用地的有关规定

临时建设是指必须限期拆除、结构简易、临时性的建筑物、构筑物、道路、管线或其他设施;临时用地是指由于建设工程施工、堆料或其他原因,需要临时使用并限期收回的土地。批准临时建设和临时用地的使用期限一般不超过两年。

《城市规划法》第三十三条规定:"在城市规划区内进行临时建设,必须在批准的使用期限内拆除。临时建设和临时用地具体规划管理办法由省、自治区、直辖市人民政府制定。禁止在批准临时使用的土地上建设永久性建筑物、构筑物和其他设施。"任何单位和个人需要在城市规划区内临时使用土地或进行临时建设都应当征得城市规划行政主管部门的同意,不得影响城市规划的实施。

六、建设工程的规划验收

(一) 建设工程规划验收的内容

建设工程的规划验收是建设工程批后管理的重要组成部分,也是防止工程项目在建设过程中出现违法行为的重要保证。

城市规划行政主管部门参加建设工程的竣工验收,主要是监督检查该建设工程是否符合规划设计要求,根据城市规划行政主管部门核发的建设工程规划许可证(包括规划设计条件以及经批准的建设项目相关的施工图),逐项进行验收,验收合格者发给建设项目竣工规划验收合格证,验收不合格者视情节轻重,提出处理意见。具体内容包括:

1. 平面布局

建设工程的用地范围、位置、坐标、平面形式、建筑间距、管线走向及管位、出入口位置与周围建筑物、构筑物等的平面关系等是否符合城市规划设计要求。

2. 空间布局

建设工程的地下设施与地面设施的关系、层数、建筑密度、容积率、建筑高度与周围建筑物或构筑物等的空间关系是否符合城市规划设计要求。

3. 建筑造型

建筑物和构筑物的建筑造型形式、风格、色彩、体量与周围环境的协调等是否符合城市规划设计要求。

4. 工程质量与标准

建筑工程有关技术经济指标、建设标准和工程质量是否符合城市规划设计要求。

5. 室外设施

室外工程设施,如道路、绿化、花台、围墙、大门、停车场、雕塑、水池等是否按照规划要求施工的。检查其所有的施工用临时建筑是否按规定的期限拆除,并清理现场。

(二) 建设工程竣工资料的报送

《城市规划法》第三十七条规定,城市规划行政主管部门有权对城市规划区内的建设工程是否符合规划要求进行检查。《城市规划法》第三十八条规定,城市规划行政主管部门可以参加城市规划区内重要建设工程的竣工验收,城市规划区内的建设工程,建设单位应当在竣工验收后六个月内向城市规划行政主管部门报送竣工资料。

七、违反城市规划的处罚

（一）违法用地的界定与查处

1．违法用地的界定

违法用地指未取得建设用地规划许可证而占用土地和不按建设用地规划许可证的规定占用土地。

2．违法用地的查处依据

《城市规划法》第三十九条规定："在城市规划区内，未取得建设用地规划许可证而取得建设用地批准文件、占用土地的，批准文件无效，占用的土地由县级以上人民政府责令退回。"

3．违法用地的查处内容

一般情况下，非法占用土地只有在开始进行建设活动时才能确定。因此，城市规划行政主管部门一经发现，首先必须责令其停止违法活动，并按规划法的规定进行处理。对建设前期改变原有的地形、地貌的活动，城市规划行政主管部门应当会同土地管理部门，责令其恢复原有的地形、地貌，并赔偿由此造成的损失。同时，对在违法用地上进行的建设，按处理违法建设的法律法规，根据不同情况做出处理。

（二）违法建设的界定和查处

1．违法建设主要指以下几种情况：

(1) 在未取得建设用地规划许可证和未经批准的临时用地上进行的建设；

(2) 未取得建设工程规划许可证的建设工程；

(3) 未经批准的临时建设工程；

(4) 违反建设工程规划许可证的规定或擅自变更批准的规划设计图纸的建设工程；

(5) 违反批准文件规定的临时建设工程；

(6) 超过规定期限拒不拆除的临时建设工程；

(7) 城市规划行政主管部门不按照法律规定批准建设的项目。

2．违法建设的查处原则

(1) 依法：严格按照国家和地方的法律、法规办事。

(2) 及时：一经发现违法建设行为，应当从速查处，责令违法建设单位或个人立即停止建设活动，以避免造成不必要的损失。

(3) 准确：即违法建设事实清楚，证据确凿，对违法情节的分析、判断得当，处罚公正。

(4) 公开：处罚的全过程公开、开放、接受社会监督。

(5) 处罚与教育相结合。

3．违法建设的查处程序

(1) 制止和立案登记：对于各类违法建设活动一经发现，就应当及时下达停工通知书，责令停止施工。同时，对违法建设活动进行立案登记，将违法建设活动的项目名称、所在具体位置、建设规模、发现时间、停工通知书的送达时间等记录在案，并采取措施（包括法律、法规授权行使的强制性措施）制止违法建设行为。

(2) 做出处罚决定：在做好现场勘察记录和对违法当事人的询问笔录、确定违法建设活动对于城市规划的影响程度后，依法告知当事人进行行政处罚的事实、理由和依据，并及时做出行政处罚决定。当事人依法享有陈述权、申辩权、申请行政复议权、提起行政诉讼权、申请听证权。在作出行政处罚决定时,一定要做到证据确凿、运用法律准确、符合法定程序,防止越权和滥用职权处罚。

(3) 申请强制执行:行政处罚决定做出后,在法定期限内,当事人逾期不申请复议,也不向人民法院起诉,又不履行处罚决定的,城市规划行政主管部门应当申请人民法院强制执行。

4. 违法建设行为的行政责任

在城市规划区占用土地和进行建设的一切单位,单位的有关责任人员以及居民,只要违反《城市规划法》有关规定,构成违法行为的,就必须承担行政责任。违法建设行为的行政责任的具体形式,是由法律规定的国家行政机关给有关责任者以行政处罚或行政处分。

《城市规划法》第四十条规定:"在城市规划区内,未取得建设工程规划许可证或者违反建设工程规划许可证的规定进行建设,严重影响城市规划的,由县级以上地方人民政府城市规划行政主管部门责令停止建设、限期拆除或者没收违法建筑物、构筑物或者其他设施;影响城市规划,尚可采取改正措施的,由县级以上地方人民政府城市规划行政主管部门责令限期改正,并处罚款。"

《城市规划法》第四十一条规定:"对未取得建设工程规划许可证或者违反建设工程规划许可证的规定进行建设的单位的有关责任人员,可以由其所在单位或者主管机关给予行政处分。"

《城市规划法》第四十二条、第四十三条还分别对行政复议和有关刑事责任进行了规定。

第五节 村镇建设法规概述

一、村镇规划

(一) 村镇的特点

村镇是乡村居民点的总称,它包括村庄和集镇。

1. 村庄的特点

村庄是村民居住和从事各种生产的聚居点,它是在血缘关系和地缘关系相结合的基础上形成的,以农业经济为基础的相对稳定的一种居民点形式,它的形成与发展同农业生产紧密联系在一起。因此,具有以下特点:

(1) 点多面广,结构比较松散;
(2) 职能单一,自给自足性强;
(3) 人口密度低,且相对稳定;
(4) 依托土地资源,家族血缘关系浓厚。

2. 集镇的特点

集镇是指乡、民族乡人民政府所在地和经县级人民政府确认由集市发展而成的作为农村一定区域经济、文化和生活服务中心的非建制镇。集镇是介于村庄和城市之间的居民点,其人口结构、经济结构、空间结构具有亦城亦村、城乡结合、工农结合的特征,是联结城乡的结合部。

集镇的分布和发展与一定地区经济发展水平、社会、历史、自然条件密切联系,纵观我国农村集镇一般具有以下几个特点:

(1) 历史悠久,交通便利;
(2) 集镇是一定区域内政治经济、文化和生活服务的中心;
(3) 星罗棋布,服务农村;
(4) 吸收农业剩余劳动力,节制人口外流。

(二) 村镇规划的概念

村镇规划是为实现村镇发展建设目标,依据区域和自身发展条件而建立的具有区域综合性的动态连续的系统控制,是一定时期内村镇发展与各项建设的综合性部署和村镇建设的依据。

村镇规划的基本任务是在一定的规划期限内,从区域的角度,宏观上研究确定村镇各级居民及相互间的联系,村镇的性质与发展规模,合理组织村镇各项建设用地,妥善安排各项建设项目,以便科学地、有计划地进行建设,适应农业现代化建设和广大农民生活水平不断提高的需要。

二、村庄与集镇规划建设管理条例

为了加强村庄和集镇规划建设管理,改善村庄,集镇的生产、生活环境,促进农村经济社会发展,1993年6月29日国务院以第116号令颁布《村庄与集镇规划建设管理条例》,并于同年11月1日起施行。

《村庄与集镇规划建设管理条例》共分七章,四十八条,其基本框架如下:

1. 第一章　总则　说明了立法目的,规定了《条例》的适用范围;村庄和集镇建设的基本方针和管理体制。

2. 第二章　村庄与集镇规划的制定　规定了编制村镇规划的主要内容,编制原则,确定了村庄集镇的规划编制、调整和修改变更的审批程序。

3. 第三章　村庄和集镇规划的实施　规定了村庄、集镇进行农民住宅、乡镇企业、村镇公共设施及公益事业的建设程序。

4. 第四章　村庄和集镇建设的设计、施工管理　规定了在村庄、集镇内建筑的设计和施工应当遵循的原则、程序和对建筑的质量要求,以及各类建设的开工程序和竣工验收制度。

5. 第五章　房屋、公共设施、村容镇貌和环境卫生管理　对村庄、集镇的房屋产权、产籍的管理和村庄、集镇内基础设施和公共设施的建设、使用及维护等作了规定,同时还对如何维护村容镇貌和环境卫生作了规定。

6. 第六章　罚则　对违反《条例》的行为应当受到的处罚作了规定。

7. 第七章　附则　主要规定了《条例》的解释机关和实施日期。

三、村镇规划的编制

(一) 村镇规划的编制原则

根据《村庄与集镇规划建设管理条例》第九条规定,村庄、集镇规划的编制,应当遵循下列原则:

1. 根据国民经济和社会发展计划,结合当地经济发展的现状和要求,以及自然环境、资源条件和历史情况等,统筹兼顾、综合部署村庄和集镇的各项建设;

2. 处理好近期建设与远景发展、改造与新建的关系,使村庄、集镇的性质和建设的规模、速度和标准,同经济发展和农民生活水平相适应;

3. 合理用地,节约用地,各项建设应当相对集中,充分利用原有建设用地,新建、扩建工程及住宅应当尽量不占用耕地和林地;

4. 有利生产,方便生活,合理安排住宅、乡(镇)村企业、乡(镇)村公共设施和公益事业等的建设布局,促进农村各项事业协调发展,并适当留有发展余地;

5. 保护和改善生态环境,防治污染和其他公害,加强绿化和村容镇貌、环境卫生建设。

(二)村镇规划的编制主体

《条例》第八条规定:"村庄、集镇规划由乡级人民政府负责组织编制,并监督实施。"

(三)村镇规划的编制阶段及主要内容

1. 《条例》第十一条规定:"编制村庄、集镇规划,一般分为村庄、集镇总体规划和村庄、集镇建设规划两个阶段进行。"

村镇规划的两个阶段的划分是切合我国村镇的具体情况的。根据我国村镇群体中村镇的分布行政组织,经济发展、生活服务等特点,既需要对村镇群体内的所有村镇进行总体协调,又需要对每个村镇进行详细安装。就某一村镇而言,它并不是孤立存在的,而是村镇群体中的一部分。在编制一个村镇的建设规划时,必须全面了解这个村镇在村镇群体中的地位、职能作用、发展趋势以及具体的建设要求,并以此作为建设规划的依据,而这些依据应当在总体规划中显现出来。因此,村镇总体规划是建设规划的依据,建设规划是总体规划的深入和具体化。两者的关系是整体和局部的关系,是相辅相成的,互相衔接的两个阶段。

2. 《条例》第十二条规定:"村庄、集镇总体规划,是乡级行政区域的村庄、集镇布点规划及相应的各项建设的整体部署。"

村镇总体规划的主要内容包括:乡级行政区域的村庄、集镇布点,村庄和集镇的位置、性质、规模和发展方向,村庄和集镇的交通、供水、供电、邮电、商业、绿化等生产和生活服务设施的配置。

村庄、集镇规划的编制,应当以县域规划、农业区划、土地利用总体规划为依据,并同有关部门的专业规划相协调。具体来说,应做好以下几方面的工作:

(1) 确定乡域经济发展方向及经济发展目标

区域经济对村镇个体的发展有关举足轻重的影响。它的发展方向和发展目标将决定村镇建设和发展的速度。因此,在村镇总体规划阶段,必须对乡域经济进行认真调查和分析,从乡域经济的全局出发,合理调整经济结构,确定主导经济,发展地方特色和地方优势。

(2) 对乡域人口发展构成、转化进行预测,以确定人口空间、时间上的转移和分布,提出农业剩余劳动力的安排途径。

(3) 确定规划期限

规划期限是指完全实现规划方案所需的年限,村镇规划的期限一般应与当地经济、社会发展目标规定的期限相适应,通常规划期限为10~20年,村镇近期建设规划为3~5年。

(4) 确定乡域村镇分布结构,职能分工

在村镇总体规划中,对规划范围内现有的自然村和集镇要统一考虑,合理确定所需新建、改建、合并和搬迁的村镇,统一进行村镇选点、布点。结合我国现有的行政体制,确定各个农村居民点的结构层次和职能分工。

(5) 确定村镇的性质、规模和发展方向

在村镇总体规划中应根据村镇在乡域范围内的地位、所起的作用以及现状条件、特点和优势,拟定主要村镇的性质、规模和发展方向。

(6) 拟定主要公共建筑的配置

村镇主要公共建筑物的配置,是解决乡域范围内各个村庄和集镇的主要公共建筑物的合理分布问题。因为在一个乡管辖范围内,村镇的数量较多,而且规模大小、所处的位置等都不同,不可能在每个村镇都自成系统的配置和建设齐全、成套的公共建筑,特别是主要的公共建筑,要有计划的配置和合理的分布,既要做到使用方便,适应村镇分布的特点,又要尽量达到充分利用,经营管理合理的目的。

(7) 确定村镇间交通运输规划

村镇间的交通规划,主要是道路联系和水路运输,解决好村镇之间的货流和人流的运输问题。

(8) 确定电力电讯系统规划

村镇电力电讯系统的规划,主要是合理地把各村镇在电力供应、通讯联系方面,通过线路联系起来,保证每个村庄和集镇有可靠的电力供应条件,保证有线电话、有线广播、联系能正常可靠的工作。

(9) 确定各村镇的供水设施的选型和规划方案

从总体上分析各村庄和集镇的供水设施的技术可行性,经济合理性,提出科学的选型方案。

(10) 凡有风景旅游资源、历史文物、名胜古迹的地区,提出开发和保护设想,进行环境保护规划。

(11) 汇总环境保护、综合防灾的规划方案,进行综合部署。

3.《条例》第十三条规定:"村庄、集镇建设规划,应当在村庄、集镇总体规划指导下,具体安排村庄、集镇的各项建设。"

集镇建设规划的主要内容包括:住宅、乡(镇)村企业、乡(镇)村公共设施、公益事业等各项建设的用地布点、用地规模、有关的技术经济指标,近期建设工程以及重点地段建设具体安排。

村庄建设规划的主要内容,可以根据本地区经济发展水平,参照集镇建设规划的编制内容,主要对住宅和供水、供电、道路、绿化、环境卫生以及生产配套设施做出具体安排。

村庄、集镇建设规划相当于详细规划阶段。

四、村镇规划的审批

《条例》第十四条规定:"村庄、集镇总体规划和集镇建设规划,须经乡级人民代表大会审查同意,由乡级人民政府报县级人民政府批准。"

"村庄建设规划,须经村民会议讨论同意,由乡级人民政府报县级人民政府批准。"

五、违反村镇规划的处罚

《条例》第三十六条规定:"在村庄、集镇规划区内,未按规划审批程序批准而取得建设用地批准文件,占用土地的,批准事件无效,占用的土地由乡级人民政府责令退回。"

《条例》第三十七条规定:"在村庄、集镇规划区内,未按规划审批程序批准或者违反规划的规定进行建设,严重影响村庄、集镇规划的,由县级人民政府建设行政主管部门责令停止建设,限期拆除或者没收违法建筑物、构筑物和其他设施;影响村庄、集镇规划,尚可采取改正措施的,由县级人民政府建设行政主管部门责令限期改正,处以罚款。"

农村居民未经批准或者违反规定建住宅的,乡级人民政府可以依照前款规定处罚。"

《条例》第四十条规定:"擅自在村庄、集镇规划区内的街道、广场、市场和车站等场所修建临时建筑物、构筑物和其他设施的,由乡级人民政府责令限期拆除,并可处以罚款。"

《条例》第四十四条规定:"当事人对行政处罚决定不服的,可以自接到处罚决定通知之日起15日内,向做出处罚决定机关的上一级机关申请复议;对复议决定不服的,可以自接到复议决定之日起15日内,向人民法院提起诉讼。当事人也可以自接到处罚决定通知之日起15日内,直接向人民法院起诉。当事人逾期不申请复议,也不向人民法院提起诉讼,又不履行处罚决定的,做出处罚决定的机关可以申请人民法院强制执行或者依法强制执行。"

典型案例:不执行城市规划局的处罚决定,违法建筑被拆除案

【案情】

原告:贵州省电子联合康乐公司(以下简称康乐公司)

被告:贵阳市城市规划局(以下简称规划局)

1992年8月2日,原告康乐公司为了在贵阳市主干道瑞金北路南端西面修建一幢儿童乐园大楼,向贵阳市城市管理委员会和云岩区城市管理委员会提出申请,8月5日和6日,市、区城管委分别签署了"原则同意,请规划局给予支持,审定方案,办理手续"的意见。8月7日,原告将修建计划报送被告贵阳市城市规划局审批。但原告在被告尚未审批,没有取得建设工程规划许可证的情况下,于8月23日擅自动工修建儿童乐园大楼。同年12月9日,被告和城管委的有关负责人到施工现场,责令原告立即停工,并写出书面检查。原告于当日向被告做出书面检查,表示愿意停止施工,接受处理。但实际上原告并未停止施工。

1993年2月20日,被告根据《中华人民共和国城市规划法》第32条、40条,《贵州省(中华人民共和国城市规划法)实施办法》第35条,及《贵阳市城市建设规划管理办法》第23条、24条的规定,做出违法建筑拆除决定书,限令原告在1993年3月7日前自行拆除违法修建的儿童乐园大楼。原告不服,向贵州省城市建设环境保护厅申请复议。贵州省城市建设环境保护厅于1993年4月7日做出维持规划局的违法建筑拆除决定。(在复议期间,原告仍继续施工,致使建筑面积为1730平方米的六层大楼主体工程基本完工)原告不服,于1993年5月3日向贵阳市中级人民法院提起诉讼。

原告诉称:被告规划局做出的令其限期拆除违法建筑决定所依据的事实不清,适用法律、法规错误,其所修建的儿童乐园大楼曾经贵阳市城市管理委员会同意,且报送给被告审批,该工程虽然修建手续不全,但不属于"严重"违反城市规划的情形。请求法院撤销被告的限期拆除建筑物的决定。诉讼中,原告又改变诉讼请求,要求法院变更被告的拆除决定为罚款、保留建筑物。

【审判】

贵阳市中级人民法院经审理认为,原告所建儿童乐园大楼虽经城管部门原则同意,并向被告申请办理有关建设规划手续,但在尚未取得建设工程规划许可证的情况下,即动工修建,违反了《中华人民共和国城市规划法》第32条"建设单位或者个人在取得建设工程规划许可证件和其他有关批准文件后,方可办理开工手续"的规定,属违法建筑。规划局据此做出限期拆除违法建筑的处罚决定并无不当。鉴于该违法建筑位于贵阳市区主干道一侧,属城市规划区的重要地段,未经规划部门批准即擅自动工修建永久性建筑物,其行为本身就严重影响了该区域的整体规划,且原告在被告责令其停止施工并做出处罚决定后仍继续施工,

依照《贵州省〈中华人民共和国城市规划法〉实施办法》和《贵阳市城市建设规划管理办法》的有关规定,亦属从重处罚情节,故对原告的请求不予支持,维持规划局所做出的限期拆除违法建筑的决定。

一审宣判后,原告不服,以"原判认定的事实不清,适用法律有错误"为由,向贵州省高级人民法院提出上诉,请求撤销原判,改判为罚款、保留建筑物,并补办修建手续。被告方提出答辩,认为本案事实清楚,适用法律法规正确,符合法定程序,一审判决并无不当,应依法维持原判。

二审期间,原告申请撤回上诉。贵州省高级人民法院经审查认为:上诉人无证修建儿童乐园大楼属于违法建筑的事实存在,被上诉人做出限期拆除建筑物的决定合法。上诉人自愿申请撤回上诉,依照《中华人民共和国行政诉讼法》第51条的规定,于1993年11月1日做出如下裁定:准许上诉人撤回上诉,双方当事人按照贵阳市中级人民法院的一审判决执行。至1994年2月,原告康乐公司修建的儿童乐园大楼全部拆除。

【评析】

本案是建设单位违反《中华人民共和国城市规划法》,未取得城市规划许可证,违法建筑被拆除的一个典型案例。本案在事实上没有太大的争议,原告对违法进行建筑施工是有认识的,在被告责令其立即停工并写出书面检查时,原告也表示愿意停止施工,接受处理,但原告在明知违法的情况下仍继续施工。这说明原告法制观念不强,对执法的严肃性没有足够的认识。这也与我国有些地方执法不严有关,当事人总抱有侥幸的心理,认为通过"走走关系"或者采取其他一些手段就可以蒙混过去。但是,法律是无情的,违法的结果只能是自食其果。本案中儿童乐园大楼的造价近一百万元,拆除后建设单位的损失可想而知。所以,建设单位在建设施工前,一定要办理规划许可证及其他相关法定手续,否则后果是非常严重的。拆除违法建筑物比罚款等其他行政处罚要严重得多,罚款一般都有一个最高额限制,罚款最高额一般不过几万、几十万元等,而现在的工程造价动辄几百万、几千万甚至上亿元,因此拆除一个违法建筑,其损失就不言而喻了。所以,建设单位必须引起足够的重视。

复 习 思 考 题

1. 什么叫城市规划?城市规划的作用有哪些?
2. 简述《城市规划法》的主要内容。
3. 进行城市规划时应遵循哪些原则?
4. 城市规划的编制分几个层次?各层次规划编制的任务和主要内容是什么?
5. 城市规划的审批有哪些特殊规定?
6. 简述我国的注册城市规划师制度。
7. 城市规划中对历史文化遗产如何进行保护?
8. 试述城市规划实施中的"一书两证"制度。
9. 简述村镇规划的概念和特点。
10. 违反城市规划和村镇规划应负哪些法律责任?

第三章 工程建设用地管理

第一节 土地管理概述

一、我国的土地制度

英国经济学家威廉·配第指出:"土地是财富之母,劳动是财富之父"。在人类历史上,土地的占有支配和利用与人类的命运息息相关。土地为人们提供生存的空间、发展的场所以及维持生命的必备要素。正是有了土地,人们才能够在其上面劳动、耕耘、繁衍生息、发展开拓,创造出无数的财富,创造出一个又一个繁荣时代。可以说,土地是人类最宝贵的资源,是生存和发展的源泉。所以,古往今来,土地制度一直是一个国家法律制度的不可或缺的内容。

长期以来,我国土地制度的基本模式是土地公有,即国家所有和集体所有。城市及其郊区的土地、山脉、矿地、草原以及河流、交通要道等土地属于国家所有,农村耕地及宅基地基本上是农村集体所有。土地上的权利也比较单一,除了所有权及宅基地使用权外,法律上很少设定其他土地上的权利。土地的使用一般都是无偿的,或分配,或划拨,不体现商品价值规律,而且使用者在使用某块土地时,往往都没有期限的限制。这种土地制度是我国长期高度集中的计划经济体制的产物,在实践中出现了种种弊端,具体表现在:第一,土地资源大量闲置、浪费,资源的优化配置不能实现;第二,土地所有者——国家的利益部分或全部不能实现,国家所有权呈一种虚位现象,实际上形成了单位所有或小集体所有;第三,土地隐形市场大量存在,买卖土地、非法出租等现象层出不穷,严重破坏了国家正常的经济秩序;第四,不合理占地和违章建设现象严重,不仅严重影响城市规划的实施,而且实际上侵害了国家的土地所有权。

上述土地制度由于诸多弊端,已严重阻碍了社会经济的发展,特别是随着改革开放的深入及社会主义市场经济体制的建立,上述现象愈加严重。为此,我国先后制订了一系列法律、法规,对土地制度进行改革。1986年6月,第六届全国人大常委会审议通过了《中华人民共和国土地管理法》,并于1988年12月和1998年8月进行了两次全面修订;1986年的民法通则也专门对土地所有关系和流转关系作了规定,使土地成为民法的调整对象;1987年4月国务院颁布了《中华人民共和国耕地占用税暂行条例》,1988年9月又颁布了《中华人民共和国城镇土地使用税暂行条例》和《国家土地开发建设基金管理试行办法》,同年11月发布了《关于国家建设用地审批工作的暂行规定》;1990年5月颁布了《中华人民共和国城镇国有土地使用权出让和转让暂行条例》和《外商投资开发经营成片土地暂行管理办法》;1991年1月颁布了《中华人民共和国土地管理法实施条例》;1993年2月颁布了《全国土地利用总体规划纲要》,同年12月颁布了《中华人民共和国土地增值税暂行条例》;1994年8月颁布了《基本农田保护条例》。1998年8月对土地管理法的全面修订和同年12月国务院颁布的《中华人民共和国土地管理法实施条例》使我国新型的土地制度初步确定,那就是:坚持土地所有权的国家所有,坚持土地所有权与使用权、经营权相分离,使土地使用权商品化,并合理流动,运用价值规律和市场机制,通过土地市场来调节土地的供求关系,合理配置土地资源,完善用地结构,提高土地利用效益,达到最大限度的节约用地的目的,同时增加国家及城市财政收入,创造良好的公平竞争的条件和环境,促进国民经济的发展。

二、土地管理法

(一)土地管理法的概念

土地管理法是指调整土地的开发、利用、保护、整治、土地归属的确定以及土地管理过程中所发生的各种社会关系的法律规范的总称。狭义的土地管理法是指1986年6月25日全国人大常委会通过,经过1988年12月29日和1998年8月29日两次全面修订的《中华人民共和国土地管理法》(以下简称《土地管理法》)。广义的土地管理法除包括《土地管理法》之外,还包括与之相配套的法规、规章等。

(二)土地管理法的主要内容

《土地管理法》共八章,八十六条。

第一章 总则。规定了土地管理法的立法目的和依据,基本原则和制度,及我国的土地管理体制。

第二章 土地的所有权和使用权。主要规定了:各类土地所有权的归属,国有土地和农民集体所有的土地可以依法确定给他人使用的原则,依法登记的土地所有权和使用权受法律保护,土地承包经营权和经营期限,土地所有权和使用权争议的处理。

第三章 土地利用总体规划。内容包括:土地利用总体规划的编制、审批、执行以及土地利用计划的编制、审批和执行。

第四章 耕地保护。主要规定了:占用耕地补偿制度,保证耕地数量、保持耕地总量动态平衡的制度,基本农田保护制度,国家鼓励土地整理的制度,土地复垦制度,和非农业建设用地的原则、土地开发的原则,以及对荒芜、闲置土地的处理和国有荒山、荒地、荒滩、复垦土地的开发利用。

第五章 建设用地。本章主要规定了农用地转用审批制度、土地征用制度、国有建设用地有偿使用制度等基本制度,以及国家对建设用地的具体管理措施。

第六章 监督检查。本章主要规定了土地行政主管部门对土地违法案件的监督检查的职责可以采取的措施,土地违法行为的单位和个人的权利和义务。

第七章 法律责任。主要规定了买卖或者以其他形式非法转让土地、破坏土地、非法占用土地等九类违法行为和土地行政主管部门的工作人员玩忽职守、滥用职权、徇私舞弊的法律责任以及行政处罚决定的执行。

第八章 附则。规定了土地管理法适用范围的补充性规定和本法的生效期。

(三)土地管理法的立法宗旨

1. 加强对土地的管理

随着社会经济的发展和市场经济体制的建立,我国的土地管理工作出现了很多新问题。具体表现为:第一,建设用地大量增加,造成耕地面积锐减;第二,违法用地情况严重,难以有效查处;第三,原来的分级限额审批制度,难以控制建设用地总量;第四,管理措施和制约手段不够完善;第五,对国有土地管理规定不够明确,致使大量国有土地流失。要解决上述问题,必须采取措施加强管理。

2. 维护我国土地的社会主义公有制

我国的经济制度是社会主义公有制,土地作为重要的生产资料,也必然实行公有制。而实行公有制的目的,是为了让社会和广大公众占有、支配、合理利用土地,使土地的经济性达到最优化。但是,由于诸多原因,国有土地长期被部门和单位无偿、无期限地使用,不仅使土地的国家所有权在经济上无法实现,而且也不能合理利用土地。因此国家立法对土地的所有权和使用权分离,实行国有土地使用权出让转让制度,明确了土地所有者和使用者之间的租赁关系,使土地所有者的所有权在经济上的表现通过收取土地出让金、土地使用费得到实现,从而使国家对土地有了名副其实的所有权,土地的社会主义公有制得到了巩固。

3. 保护开发土地资源,合理利用土地,切实保护耕地

土地管理法中确立了土地有偿使用制度、占用耕地补偿制度、基本农田保护制度等一系列保护利用土地的制度,并采取许多措施,如通过编制土地利用总体规划控制城市建设用地规模,提高征用耕地补偿标准,鼓励综合整治土地,禁止破坏闲置和荒芜耕地等,其目的就是为了保护开发有限的土地资源,合理利用土地,并切实保护好耕地。

4. 促进社会经济的可持续发展

土地是宝贵的资源和资产,十分珍惜和合理利用每寸土地,切实保护耕地是我国的基本国策。在人均耕地数量少,总体质量水平较低,后备资源不富裕的情况下,只有严格保护耕地,不断提高耕地质量,开发耕地,才能扭转在人口不断增长,建设用地还要增加,耕地大量减少的失衡趋势。土地管理法正是通过加强对土地的宏观管理,严格建设用地审批管理,严格控制城市建设用地规模,加强农村集体土地管理,加强对国有土地资产管理,加强土地的执法监督检查,真正达到管好土地,用好土地的。只有这样,才能促进社会经济的可持续发展。

(四) 我国的土地管理体制

国务院土地行政主管部门统一负责全国土地的管理和监督工作。县级以上人民政府土地管理部门的设置及其职责,由省、自治区、直辖市人民政府根据国务院有关规定确定。

第二节 土地所有权和使用权制度

一、土地所有权

(一) 土地所有权的概念

土地所有权是指土地所有者依法占有使用处分土地,从土地上取得收益,并排除他人干涉的权利。土地所有权是土地所有制在法律上的体现,一定社会的所有权法律制度,是一定社会形态的所有制经济制度在法律上的反映。

我国社会主义经济制度的基础是生产资料的社会主义公有制,即全民所有制和劳动群众集体所有制。土地作为一种最重要的国民经济的生产资料,宪法中明文规定(第十条)只能属于国家和集体所有,这是我国实行土地公有制的宪法依据。据此,土地管理法第二条规定:"中华人民共和国实行土地的社会主义公有制,即全民所有制和劳动群众集体所有制。"第八条规定:"城市市区的土地属于国家所有。农村和城市郊区的土地,除由法律规定属于国家所有的以外,属于农民集体所有;宅基地和自留地、自留山,属于农民集体所有。"我国由

此在社会主义土地公有制基础上建立了社会主义的土地所有权制度。

(二) 土地所有权的法律特征

土地所有权是一种物权。所谓物权是指直接支配一定的物并享受其利益的排他性财产权。和其他物权相比，同时也由于我国实行的土地公有制，我国的土地所有权具有如下特征：

1. 土地所有权是自物权，具有自权性。

物权分为自物权和他物权。前者指对自己的物所享有的权利，后者则指对他人的物所享有的权利。土地所有权作为一种自物权，使得权利人能够在合法范围内对其土地进行全面的自主的支配，按照自己的意思直接地不经任何中介地享有占有、使用、收益和处分其土地的权利。

2. 土地所有权是一种绝对权与独占权，具有绝对性和独占性。

任何人均负有不得侵犯和妨碍所有人行使土地权利的义务土地所有权遭受他人侵害时，所有人可依法请求司法机关责令侵权行为人承担停止侵害赔偿损失等的民事法律责任。

3. 土地所有权是完全物权，具有完全性。

它赋予权利人全面支配土地的一切可能性，除了法律和公序良俗，不受任何限制。

4. 土地所有权主体的特定性。

根据宪法和土地管理法的规定，土地所有权属于国家和集体。这里的集体指农村劳动群众集体组织，不包括城市集体组织。国家和集体作为土地所有权的主体，并不一一亲自去经营和使用土地，一般情况下，都是交由企事业单位或集体、个人占有使用，但这并不减损国家与集体的土地所有者的地位。

(三) 土地所有权的内容

土地所有权是一个概括权利，它的具体内容包括占有权、使用权、收益权和处分权四个方面，也称四项权能。土地所有权的权能能够与所有权分离，成为独立的权利，这也使得权能的划分及对各项权能内容的界定成为必要。

1. 占有权

占有权是指权利主体依法对土地进行实际控制的权利。它是行使土地所有权和使用权的基础，作为所有权的一项权能，占有权既可以由所有权人行使，也可以通过一定方式转移给非所有人行使，这样就产生了土地所有权与占有权的分离。对于土地所有人来说，占有本身并不是最终目的，将占有权分离出去，是为了发挥土地财产的经济效益，这对所有人来说，也是有利的或必要的。

2. 使用权

使用权是指按照土地的性能和用途加以利用，从而实现土地所有人权益的权利。拥有所有权的目的，在绝大多数情况下，正是为了对土地加以利用，这是土地所有人实现其对土地的利益的最主要方式。为了使用土地，首先要以占有为前提。农村劳动群众集体组织在其拥有的耕地上种植农作物，就是使用权行使的一种方式。当使用权从所有权中分离出去，即交由非所有人行使，成为非所有人的使用权时，它就成为一种相对独立的民事权利，但此时所有人并不因此而丧失对土地的所有权。

3. 收益权

收益权就是基于对土地的权利而取得经济收入或孳息的权利。收益往往是因为对财产的使用而产生,因此与使用权联系紧密,但是收益权本身又是一项独立的权能,使用权并不能包括收益权。所有人有时不行使使用权,但仍可以享有对土地的收益权。如国家将土地使用权出让而收取出让金,集体经济组织将土地使用权发包给承包者而收取承包费等。

4. 处分权

处分权是土地所有者依法对土地进行处置的权利。它是所有权的核心权能,一般情况下,只能由所有人亲自行使,但所有权人也可以将自己的处分权部分或全部授权非所有权人行使。所有权的各项权能与所有权的分离,也是所有权人行使其处分权的一种方式。土地管理法对土地的处分权有严格的限制,如规定禁止买卖土地或以其他方式非法转让土地。

(四)土地所有权的种类

1. 国家土地所有权

国家土地所有权是指国家对属于全民所有的土地享有占有、使用、收益和处分的权利。国有土地归国家全体人民共同所有,但这种所有只是一种名义上的所有,因为全体人民无法共同行使所有权。因此,国家土地所有权由国家的代表——政府来行使,具体地说,国家土地所有权是由全民或国家授权县级以上人民政府的土地行政主管部门作为国有土地所有人代表,代为行使所有权。

国家土地所有权的客体为国有土地,具体包括:第一,城市市区的土地;第二,农村和城市郊区中依法没收征用征收征购收归国有的土地(依法划定或确定为集体所有的除外);第三,国家未确定为集体所有的林地、草地、山岭、荒地、河滩地以及其他土地;第四,国家依法确定由机关、团体、企事业单位和个人使用的土地;第五,依法规定属于国家所有的其他土地。

2. 集体土地所有权

集体土地所有权是指农村集体经济组织对属于集体所有的土地享有占有、使用、收益和处分的权利。作为集体土地所有权主体的农村集体经济组织有三个层次:乡(镇)农民集体经济组织、村农民集体经济组织和村内部分农民组成的集体经济组织,各级主体分别对其全书范围内的土地享有所有权。

集体土地所有权的客体为集体所有的土地,其范围包括:第一,农村和城市郊区的土地,除法律规定属于国家所有的之外,属于集体所有;第二,集体所有的耕地;第三,集体所有的森林、山岭、草原、荒地、滩涂等占用的土地;第四,集体所有的建筑物、水库、农田水利设施和教育、科学、文化、卫生、体育设施所占用的土地;第五,集体所有的农、林、牧、渔场以及工业企业使用的土地;第六,农民使用的宅基地和自留地、自留山。

(五)土地所有权的限制

土地所有权的范围,一般包括其地上和地下的权利。但是,这一土地权利在我国的法律规定中是不完全的,要受到一定的限制,主要表现在以下两个方面:

1. 在行使土地所有权时受到限制。

如宪法第十条第四款规定,土地不得侵占、买卖和非法转让,这是对土地所有人处分权的限制;又如土地管理法中规定,土地所有人应依法使用土地,不得擅自改变土地的用途,土地使用要符合土地规划和经济建设的要求;再如,集体所有的土地不得出让,不得用于经营性房地产开发,也不得转让、出租用于非农业建设,集体所有的荒地,不得以拍卖、租赁等方式进行非农业建设,集体所有的土地只有被国家依法征用,成为国有土地后,才能进行非农业建设。这是因为,国家在规定土地所有权的行使时,并不仅仅考虑土地所有人的利益和需要,同时也考虑社会整体利益和需要。所以,对土地权利进行一定的限制是必要的。

2. 土地所有权人享有的土地权利有一定的范围规定,超过一定的范围则受到限制。

如土地权利的范围有深度和广度的限制。依照我国矿产资源法的规定,在地下可以铺设石油管道,土地所有人不得妨碍;地下的矿藏归国家所有,任何单位和个人未经国家有关部门批准,不得开采国家的矿藏,包括在矿藏上面享有土地所有权的人。再如我国水法规定,水资源属于国家所有,国家对直接从地下或江河、湖泊中取水的,实行取水许可证制度;单位或个人可以在土地所有范围内取少量的水,但是,使用大量的水,必须取得许可,并缴纳水资源费。这些都说明土地所有人的权利是受到一定限制的。

(六) 土地所有权的保护

1. 国家土地所有权的保护

国家土地所有权因其性质特殊,属于全民所有,受到特殊保护,主要表现在以下几个方面:第一,国家所有的土地被他人非法占有,不问占有是直接占有还是间接占有,是恶意占有还是善意占有,一经发现国家均有追索的权利;第二,不受诉讼时效的限制,根据我国法律的规定,对国有土地的非法占有不管占有时间经过多久,国家的所有权不因时效的经过而消灭;第三,对土地的所有权有争议或不明确的,均可推定为国家所有。

2. 集体土地所有权的保护

集体所有的土地,由县级以上人民政府登记造册,核发证书,确认所有权后,依法受到保护,任何单位和个人不得侵犯。集体土地所有权遭到侵害时,不能受到法律的特殊保护,只能以一般诉讼主体请求法院依法保护。人民法院通过适用确认产权、排除妨碍、返还占有、恢复原状、赔偿损失等方式保护集体土地所有权。

二、土地使用权

(一) 土地使用权的概念

土地使用权是指土地使用者对其所使用的土地,依法享有实际利用和取得收益的权利。土地使用权是我国土地使用制度在法律上的体现。民法通则第 80 条第一款规定:"国家所有的土地可以依法由全民所有制单位使用,也可以依法由集体所有制单位使用,国家保护它的使用、收益的权利,使用单位有管理、保护、合理利用的义务。"土地管理法第 9 条规定:"国有土地和集体所有的土地,可以依法确定给单位或者个人使用。使用土地的单位和个人,有保护、管理和合理利用土地的义务。"可见,我国法律确立了土地所有权与土地使用权相分离的土地经营制度。

土地使用权从土地所有权中分离出来成为独立物权,与作为土地所有权权能的使用权不论在内涵上还是外延上都是不同的,它是由合法的非土地所有权人即土地使用权人行使。

(二) 土地使用权的法律特征

1. 土地使用权是一种他物权,具有派生性。

土地作用权是从土地所有权中派生出来的一种权利,这使它的内容和行使方式必然受到土地所有权人通过合同所加的限定,是一种限制物权。

2. 土地使用权具有独立性。

土地使用权虽派生于土地所有权,但并不从属于土地所有权。使用权人对土地享有排他的支配权,除已由法律和合同的限制外,所有权人不得干预使用权人权利的行使,因而土地使用权是一种独立的物权。

3. 土地使用权内容的完整性。

土地使用权也具有占有、使用、收益和处分四项权能,但与土地所有权的四项权能不完全一样。土地使用权的占有是使用权人对土地实行控制的权利,它是产生使用权的前提和基础;使用是指使用权人对土地的利用和运用的权利,这一权利的使用必须依照法律和合同的规定进行,不得改变土地的用途,也不得危害他人的合法权益;收益是指土地使用权人基于使用土地而取得经济上的收入,使用者对土地的占有、使用的目的就是通过使用和经营土地而获取一定的利益;处分是指土地使用权人可以依照法律和合同的规定转让、出租、抵押土地的使用权,但是使用者没有对土地的最终处分权。

4. 土地使用权主体的广泛性。

土地所有权的主体只限于国家和农村集体经济组织,而土地使用权的主体却广泛包括了法人、非法人组织、公民个人及外国的组织和个人。土地使用权既可以单独享有,也可以共有。

5. 土地使用权的流通性。

土地所有权不得买卖和非法转让,而土地使用权则可以像其他商品一样进入流通领域,可以依法转让、出租和抵押,这样就激活了土地市场,有利于开发、经营、合理利用土地,使土地这种资源得到有效的、最优化的配置。

6. 土地使用权客体的局限性。

作为客体的土地,其使用权限于地上,而对地下的矿藏、埋藏物、地下水等,使用权人并不享有权利。

(三)土地使用权的种类

1. 国有土地使用权

国有土地使用权是指公民、法人或非法人组织依法对国有土地所享有的使用权。根据使用人的不同,国有土地使用权又可分为以下几种:第一,全民所有制单位的国有土地使用权;第二,集体所有制单位的国有土地使用权;第三,公民个人的国有土地使用权;第四,中外合资企业、中外合作企业、外商独资企业享有的国有土地使用权;第五,其他主体所享有的国有土地使用权;如有限责任公司、股份有限公司享有的国有土地使用权。

2. 集体土地使用权

目前,农村集体所有的土地主要有以下几种土地使用权形式:第一,农村宅基地使用权;第二,自留地、自留山的使用权;第三,土地承包经营权;第四,乡镇企业用地的使用权;第五,其他形式的集体土地使用权,如农村集体经济组织以其土地使用权作为出资与全民所有制单位、集体所有制单位、公民个人或者外国企业和个人等成立的企业而享有的土地使用权。

(四)土地使用权的设立

土地使用权的设立,是指依照法定条件和程序,在特定的国有土地或集体土地上,第一次设立(或取得)土地使用权的法律行为。根据我国有关法律规定,土地使用权的设立有以下几种形式:

1. 以行政划拨的方式设立

即由国家土地行政主管部门无偿将国有土地划拨给用地单位使用,用地单位取得土地使用权。这是长期以来在国有土地上设立土地使用权的主要方式。

2．以土地作用权出让合同的方式设立

这是指国家土地行政主管部门以土地所有人的身份与土地使用人签订合同,将一定年限内的国有土地使用权让与土地使用人,而土地使用人则向国家支付一定数额的出让金。这是目前广泛采用的一种方式。

3．经国家批准使用,再以合同方式设立

是指土地使用人在国家主管机关批准的基础上与国家签订土地使用合同,从而取得土地使用权。这种方式主要适用于中外合资企业、中外合作企业和外商独资企业。

4．以批准农业开发土地的方式设立

土地管理法第40条规定:"开发未确定使用权的国有荒山、荒地、滩涂用于农、林、牧、渔业生产的,经县级以上人民政府批准,可以确定给开发单位或者个人长期使用。"这种方式主要适用于农村集体经济组织或者个人为开发国有土地而取得土地使用权。

5．以集体土地所有人同意、政府批准的方式设立

这种设立方式适用于农村居民建住宅用地、乡(镇)村企业建设用地、回原籍乡村落户者建住宅用地等情况。首先,用地者须向乡(镇)或县级人民政府提出申请,然后根据不同情况分别由乡(镇)或县级人民政府批准后取得土地使用权。

6．以订立承包经营合同的方式设立

即农民集体所有的土地,由村或村内集体经济组织与村民签订承包经营合同的方式承包给农民使用,农民因此取得土地使用权,这种土地使用权又叫承包经营权。

7．以承认的方式设立

在土地管理法颁布实施以前,公民拥有合法产权的私房占用的土地、外国组织或个人在中国境内拥有的合法房屋占用的土地,国家承认房屋主人对其房屋基地的使用权。

(五)土地使用权的变更

土地使用权的变更,是指土地使用权设立后,由于某种法定事实的发生而使土地使用权的主体发生变更。土地使用权的变更仅指权利主体的变更,权利内容本身并不因此而变化。引起土地使用权变更的情况有以下几种:

1．土地使用权的转让

根据法律规定,以出让方式设立的土地使用权可以依法转让,转让的方式包括出售、交换和赠与。对出让的土地进行转让,必须首先依照法律和合同约定进行一定的投资开发后,方能转让。

2．转移地上建筑物引起土地使用权的变更

土地的使用权与地上建筑物的所有权相一致,地上建筑物的所有权发生变更,土地使用权随之发生变更。在这种情况下,变更土地使用权必须遵守土地使用权变更的有关法律法规,并办理土地使用权变更登记手续。

3．继承

公民依法取得的土地使用权,在该公民死亡后,一般可以由其继承人继承。但承包经营的土地需经重新签订承包经营合同,才能确定给原承包人的继承人使用。

4．转包

农村村民通过承包方式取得的土地使用权,可以以转包的方式变更经营主体。但是,转包必须征得发包人的同意,并不得违反相关法律的规定。

（六）土地使用权的终止

土地使用权的终止，是指土地使用权人由于某种法律事实的出现而丧失土地使用权，土地使用权重回土地所有人手中。引起土地使用权终止的法律事实主要有：

1．土地使用权期限届满

有期限的土地使用权，在期限届满时，回到土地所有权人手中。如出让合同期满、承包合同期满等，土地使用权人均丧失土地使用权。

2．国家征用

国家因公共利益需要征用集体所有的土地，使原集体所有土地的使用权人因此丧失土地使用权，同时应依法给予适当的补偿。

3．土地使用权的收回

根据土地管理法及相关法律规定，下列情况下，国家有权收回土地使用权：第一，用地单位已经撤销或者迁移的；第二，土地使用者未经原批准机关同意，连续两年未使用土地的；第三，土地使用者不按批准用途使用土地的；第四，公路、铁路、机场、矿场等经核准报废的；第五，划拨的土地因国家建设需要收回土地使用权的等。

4．因土地灭失而终止土地使用权

主要指由于自然原因（如地震、洪水等）造成原土地性质的彻底改变或者原土地面貌的彻底改变，失去了原土地的使用性质与社会意义，因而国家应据此终止其土地使用权。

第三节　工程建设用地与土地用途管制

一、土地的分类

根据土地管理法第四条的规定，我国依土地的用途，将土地分为农用地、建设用地和未利用地三大类。

农用地，是指直接用于农业生产的土地（这里的农用地采用的是大农业的概念，而不是限定在种植业的小农业范围）。具体包括：耕地；林地，指森林法所说的林地；草地，指草原法所称的草地；农田水利用地，指兴建农田水利基本建设的用地；养殖水面等。

建设用地，是指建造建筑物、构筑物所用的土地。具体包括：城乡住宅和公共设施用地；工矿用地，指工厂、矿山等企业用地；交通水利设施用地，指公路、桥涵、水库、大坝、水利枢纽工程建设等用地；旅游用地，此类用地范围较宽，与前几类用地有的有交叉，如某些水库，既是旅游用地，又是水利设施用地；军事设施用地等。

未利用地，是指农用地和建设用地以外的土地。这里的未利用是相对是否已经使用而言的，包括荒山、荒坡、荒沟、荒滩等四荒地，废弃的矿山用地等。

在土地统计中有时将土地划分为八类，其中包括"园地"在内，这里所讲的土地分类对此分类法并不排斥。

二、土地用途管制制度概述

土地是十分宝贵的资源和财产。我国耕地人均数量少，总体质量水平不高，后备资源十分匮乏，保护耕地就是保护我们的生命线。这就要求我国的土地管理制度必须是十分严格的，为此土地管理法第四条规定："国家实行土地用途管制制度。"

所谓土地用途管制制度，是指国家为保证土地资源的合理利用，经济、社会和环境的协调发展,通过编制土地利用总体规划划分土地用途分区,确定土地使用的限制条件,使土地所有者、使用者严格按照国家规定的用途利用土地的制度。这是世界上土地管理制度比较完善的国家和地区普遍采用的制度,在合理利用土地资源和保护耕地方面很有成效。

我国的土地用途管制制度主要包括下列内容:土地按用途科学、合理地分类;土地登记明确土地使用权性质;编制土地利用总体规划划分土地利用区和确定各区内土地使用的限制条件;对土地用途的改变实行严格的审批;建立违反土地用途管制的处罚制度。

三、土地利用总体规划

（一）土地利用总体规划的概念

土地利用总体规划是在一定的行政区域内,根据国家社会经济可持续发展的要求和当地的自然、经济、社会条件,对土地的开发、利用、治理、保护在空间上、时间上所作的总体安排和布局,是国家实行土地用途管制的前提和依据。

我国的土地利用总体规划分为全国、省、地（市）、县（市）、乡（镇）五个基本层次,分别由各级人民政府组织编制,由省级以上人民政府批准后实施。

全国和省级土地利用总体规划属于宏观控制规划,主要任务是在确保耕地总量动态平衡的前提下,统筹安排各类用地,严格控制城镇建设用地规模,通过规划土地利用区和规划指标对下级土地利用总体规划进行控制。县、乡级土地利用总体规划属于实施性规划,其主要任务是根据上级规划的指标和布局要求,划分各土地利用区,明确土地用途和使用条件,为农用地转用审批、基本农田保护区划定、土地整理、开发复垦提供依据,通过规划的落实,实施土地管理。

（二）土地利用总体规划的编制

1. 编制土地利用总体规划的依据和期限

根据土地管理法第十条的规定,各级人民政府在编制土地利用总体规划时,首先要依据国民经济和社会发展规划,其次要根据国土整治和资源环境保护的要求,最后还应考虑土地供给能力以及各项建设对土地的需求,这样编制出来的土地利用总体规划才更具科学性和合理性。

土地利用总体规划具有长期性和可变性。首先,土地的利用是同人口的增长、技术的进步、工业化、城镇化和农业化等经济发展过程有规律地互相联系的。由于这些经济过程的变化是长期的、渐进的,依照预定的目标来调整土地利用结构和土地利用方式也不是在短期内所能实现的,因此,为了使土地利用的变化能同长期的经济发展过程相协调,减少矛盾,这就需要一个长期的规划。其次,由于影响土地利用的人口、技术进步、经济发展等因素是不断变化的,不存在一个永恒的理想的土地利用模式,土地利用总体规划只是在一个时期内,把土地利用状态改变为更适合经济发展要求的利用状态的措施之一。同时,还由于在长期的经济发展过程中不可避免地存在某种难以预料的不确定因素,所以土地利用总体规划制定后,要定期监测规划的实施情况,并根据实际的需要局部调整,定期修订。由此可以看出,土地利用总体规划的期限是比较灵活的,国务院规定,土地利用总体规划的期限一般为15年。

2. 编制土地利用总体规划的基本原则

土地管理法第十九条规定,编制土地利用总体规划应遵循下列原则:

（1）严格控制非农业建设占用农用地;

（2）提高土地利用率;

(3) 统筹安排各类、各区域用地;
(4) 保护和改善生态环境,保障土地的持续利用;
(5) 占用耕地和开发复垦耕地相平衡。

3．土地利用总体规划的具体要求

根据土地管理法的规定,下级土地利用总体规划应当根据上一级土地利用总体规划编制;地方各级人民政府编制土地利用总体规划中的建设用地总量不得超过上一级土地利用总体规划确定的控制指标,耕地保有量不得低于上一级土地利用总体规划确定的控制指标;省、自治区、直辖市人民政府编制的土地利用总体规划,应当确保本行政区域内耕地总量不减少;县级土地利用总体规划应当划分土地利用区,明确土地用途;乡(镇)土地利用总体规划也应当划分土地利用区,并根据土地使用条件,确定每一块土地的用途,并予以公告。

(三) 土地利用总体规划的审批和修改

土地利用总体规划实行分级审批制度。省、自治区、直辖市的土地利用总体规划,报国务院批准;省、自治区人民政府所在地的市、人口在100万以上的城市以及国务院指定的城市的土地利用总体规划,经省、自治区人民政府审查同意后,报国务院批准;其他的土地利用总体规划,逐级上报至省、自治区、直辖市人民政府批准;乡(镇)土地利用总体规划也可以由省级人民政府授权的设区的市、自治州人民政府批准。

土地利用总体规划的修改须十分慎重,否则会影响其严肃性和权威性。经批准的土地利用总体规划的修改,一般须经原批准机关批准;未经批准,不得改变土地利用总体规划确定的土地用途。对于经国务院批准的大型能源、交通、水利等基础设施建设用地,需要改变土地利用总体规划的,可以根据国务院的批准文件直接修改。对于经省级人民政府批准的大型能源、交通、水利等基础设施建设用地,需要改变土地利用总体规划的,属于省级人民政府批准权限的,可以根据省级人民政府的批准文件直接修改。

四、农用地转用审批制度

严格控制农用地转为建设用地,是土地用途管制的基本要求。为此,土地管理法设立了农用地转用审批制度,第四十四条规定:"建设占用土地,涉及农用地转为建设用地的,应当办理农用地转用审批手续。"设立此项制度的目的,主要是为了防止用地者随意将耕地转为建设用地,或者将耕地转为其他农用地后再转为建设用地,以有效地保护我们的生命线—耕地。

农用地转为建设用地,原则上采取国务院和省、自治区、直辖市人民政府两级审批,即国务院批准的建设项目、省级人民政府批准的道路、管线工程和大型基础设施建设项目,涉及农用地转为建设用地的,由国务院批准;其他建设项目,涉及农用地转为建设用地的,由省、自治区、直辖市人民政府批准。

但是,农用地转用审批情况非常复杂,如果将所有的农用地转为建设用地,包括农民宅基地占用少量农用地都要按项目由省级人民政府批准,不仅实践中很难执行,而且容易造成上下管理脱节,顾此失彼,审批周期长,给广大农民带来不便,增加农民负担,并容易造成违法用地现象反而增多。所以,土地管理法中又增加了这样的规定:"在土地利用总体规划确定的城市和村庄、集镇建设用地规模范围内,为实施该规划而将农用地转为建设用地的,按土地利用年度计划分批次由原批准土地利用总体规划的机关批准。在已批准的农用地转用范围内,具体建设项目用地可以由市、县人民政府批准。"这样,某些情况下的审批权下放到了市、县人民政府,但是必须严格按照土地利用总体规划的要求审批,而且对于具体项目仍然要单独报批,只是不需要再单独报经省级以上人民政府批准罢了。

五、土地征用制度

(一) 土地征用的概念和特征

土地征用是指国家或政府为了公共利益的需要而强制地将属于集体所有的土地收归国有并给予公平补偿的行为。土地征用属于国家或政府行为,具有以下特征:

1. 土地征用权由代表国家的政府享有;
2. 土地征用权的行使不需要征得土地所有人的同意;
3. 土地征用权只能为公共利益的需要而行使;
4. 土地征用权必须给予原所有人以公平补偿。

(二) 土地征用的审批

根据土地管理法第四十五条的规定,国务院审批下列土地:

1. 基本农田。具体包括:(1)经国务院有关主管部门或者县级以上地方人民政府批准确定的粮、棉、油生产基地内的耕地;(2)有良好的水利与水土保持设施的耕地,正在实施改造计划及可以改造的中、低产田;(3)蔬菜生产基地;(4)农业科研、教学试验田;(5)国务院规定应当划入基本农田保护区的其他耕地;
2. 基本农田以外的耕地超过35公顷的;
3. 其他土地耕地超过70公顷的。

征用上述土地以外的土地,由省、自治区、直辖市人民政府批准,并报国务院备案。

土地征用的审批和农用地转用审批是有交叉的。征用农用地,应当先办理农用地转用审批,否则不能征用。其中,经国务院批准农用地转用的,同时办理征地审批手续,不再另行办理征地审批;经省级人民政府在其征地批准权限内批准农用地转用的,同时办理征地审批手续,不再另行办理征地审批,超过其征地批准权限的,应报请国务院审批。

(三) 土地征用的补偿及安置

1. 土地补偿费

(1) 征用耕地的土地补偿费为该耕地被征用前3年平均年产值的6至10倍;
(2) 征用其他土地的土地补偿费,由省、自治区、直辖市参照征用耕地的补偿标准规定;
(3) 大、中型水利、水电工程建设征用土地的补偿标准,由国务院规定。

2. 地上附着物和青苗补偿费

(1) 被征用土地上的附着物和青苗的补偿标准,由省、自治区、直辖市规定;
(2) 征用城市郊区的菜地,用地单位应当按照国家有关规定缴纳新菜地开发建设基金。

3. 安置补助费

(1) 征用耕地的安置补助费,按照需要安置的农业人口数计算;需要安置的农业人口数,按照被征用的耕地数量除以征地前被征用单位平均每人占有耕地的数量计算;每一个需要安置的农业人口的安置补助费标准,为该耕地被征用前3年平均年产值的4至6倍;但是,每公顷被征用耕地的安置补助费,最高不得超过该耕地被征用前3年平均年产值的15倍;

(2) 征用其他土地的安置补助费标准,由省、自治区、直辖市参照征用耕地的安置补助费的标准规定;

(3) 支付土地补偿费和安置补助费后,尚不能使需要安置的农民保持原有生活水平的,经省、自治区、直辖市人民政府批准,可以增加安置补助费,但是,土地补偿费和安置补助费的总和不得超过为该土地被征用前3年平均年产值的30倍。

4．劳动力安置

(1) 对征用土地造成的多余劳动力,由政府组织征地、被征地和其他有关单位,通过发展农副业生产或举办乡镇企业来安置;

(2) 安置不完的,可以安排符合条件的人员到用地单位或其他单位就业;

(3) 土地被全部征用的,经省、自治区、直辖市人民政府审查批准,原有农业户口可转为非农业户口,有关征地补偿费用应用于组织生产和就业人员的生活补助,不得私分;

(4) 大、中型水利、水电工程建设征用土地而产生的移民的安置,由国务院另行规定。

六、工程建设用地的具体管理

(一) 工程建设用地的预审

各项工程建设项目用地都必须严格按照法定权限和程序报批。在建设项目可行性研究报告评审阶段,土地行政主管部门就要对项目用地进行预审,并提出意见。预审的内容包括:项目用地是否符合土地利用总体规划和年度土地利用计划,是否符合建设用地标准,是否符合根据国家产业政策确定的鼓励性、限制性和禁止性项目的供地目录。符合条件的,土地行政主管部门应当提出同意建设项目用地的意见,建设项目方可立项。

(二) 工程建设用地的审批

建设项目立项后,凡需要使用国有土地的,都必须由建设单位向有审批权的县级以上人民政府土地行政主管部门提出申请;同时,建设单位须持建设项目的批准文件,包括项目建议书、可行性研究报告、规划许可证等;最后,经土地行政主管部门审查同意后,报本级人民政府批准。

(三) 工程建设用地的取得方式

建设用地的取得,是指取得土地的使用权,而非所有权。取得的方式主要有两种:一种是有偿使用方式,一般是通过签订土地使用权出让合同,并缴纳土地出让金取得;另一种是行政划拨方式,由县级以上人民政府依法批准后,无偿取得。其中,以出让等有偿使用方式为原则,行政划拨取得为例外。有关出让和划拨的具体内容,详见本章第四节。

(四) 工程建设用地的用途变更

工程建设用地,必须按照批准文件的规定或出让合同约定的用途来使用,如果确需要改变该幅土地的建设用途,建设单位必须报经有关人民政府土地行政主管部门同意,并报原批准用地的人民政府批准。其中,在城市规划区内改变土地用途的,在报批前,应当先经有关城市规划行政主管部门同意。

(五) 工程建设临时用地

所谓临时用地,是指建设项目施工和地质勘查需要使用的国有土地或者农民集体所有的土地。临时用地有这样一些特点:第一,临时用地在性质上属于建设用地,是一种特殊的建设用地;第二,临时用地只能用于建设项目施工或者地质勘查;第三,临时用地的使用期限一般不超过2年;第四,临时用地上不得修建永久性建筑物,如果修建了永久性建筑物,则改变了临时用地的性质,变成了一般的建设用地。

临时用地也需报批,批准权在县级以上人民政府土地行政主管部门。其中,在城市规划区内的临时用地,在报批前,应当先经有关城市规划行政主管部门同意。

　　临时用地者报批后,还应当与该土地的产权代表签订临时使用土地合同或协议。如果该土地为国有土地,则临时用地者应当与有关土地行政主管部门签订临时使用土地合同;如果该土地为集体所有的土地,则临时用地者应当与经营、管理该临时用地的农村集体经济组织或村民委员会或个人签订临时使用土地合同。同时,还应当缴纳临时使用土地补偿费,至于补偿费的数量,完全由双方当事人约定,法律未作强制性规定。

第四节　土地使用权的出让与划拨

一、土地使用权的出让

（一）土地使用权出让的涵义

根据《中华人民共和国城市房地产管理法》的规定,土地使用权出让是指国家将国有土地使用权在一定年限内出让给土地使用者,由土地使用者向国家支付土地使用权出让金的行为。土地使用权出让,实质上是国家作为国有土地所有权人将其所有权权能中的使用权分离出来转让给土地使用者的一种权利转移方式,是国家行使的对国有土地的处分权。通过出让方式取得的土地使用权一经设定,即成为一种物权,在土地使用权存续期间,土地使用者在设定的权利范围内,不仅享有对土地的实际占有权,而且还享有对土地的使用权、转让权、抵押权等民事权利,其他任何人不得非法干预。

（二）土地使用权出让的法律特征

1．土地使用权出让法律关系的双方当事人法定。出让方只能是国有土地的所有者——国家,在具体行使出让权时,是各级人民政府及其所属的土地行政主管部门。受让方是境内外的公司、其他组织和个人,但成片土地出让的受让方必须是在中国注册的各类投资开发企业。

2．土地使用权出让的标的只能是国有土地。集体所有的土地,必须先依法征用转为国有土地之后方可出让。

3．土地使用权出让是有期限的。由于出让的是使用权,所以出让必然有期限的限制。最高出让年限由法律限定,实际出让年限由合同约定,合同约定的出让年限,不得超过法律限定的最高出让年限。根据国务院颁布实施的《中华人民共和国城镇国有土地使用权出让和转让暂行条例》规定,最高出让年限按用途确定:居住用地 70 年;工业用地 50 年;教育、科技、文化、卫生、体育用地 50 年;商业、旅游、娱乐用地 40 年;综合或其他用地 50 年。合同约定的土地使用年限届满,除了土地使用者申请续期并经依法批准续期使用的以外,国家要无偿收回土地使用权。

4．土地使用权出让是有偿的。土地使用者取得一定年限内的土地使用权须向土地所有者(国家)支付一定数量的出让金为代价。出让金的实质是土地所有者凭借其所有权取得的土地的经济利益。出让金的构成,包括一定年限内的地租加上土地出让前国家对土地的开发成本以及有关的征地拆迁补偿安置等费用。

5．土地使用者享有权利的效力不及于地下之物。也就是说,土地使用者对地下的资源、埋藏物和市政公共设施等,不因其享有土地的使用权而对其享有权利。

（三）土地使用权出让的方式与程序

土地使用权出让的方式与程序是指国有土地的出让方以何种形式、经过哪些步骤将土地使用权出让给一定的使用者,它不涉及所出让土地使用权的实质内容,而只表明以什么形式取得土地使用权。出让的方式会影响出让的过程,并会影响土地使用权出让方和受让方的利益。因此,我国城市房地产管理法和相关法规规定了三种法定的出让方式,即协议、招标和拍卖。

1. 协议方式及其程序

协议出让是指由国有土地的所有者或其代表机关(出让方)根据用地性质、功能和土地开发利用的特点确定国有土地的使用者(受让方),或者由受让方直接向出让方提出有偿使用土地的意思表示,由双方进行一对一的谈判和磋商,协商出让土地使用权的有关事宜,并达成一致意见的一种土地使用权出让方式。

以协议方式出让土地使用权时,双方当事人在议定合同条款,特别是确定土地出让金方面,具有较大的灵活性。因此,城市房地产管理法对此作了一定的限制:"商业、旅游、娱乐和豪华住宅用地,有条件的,必须采取拍卖、招标方式;没有条件的,可以采取双方协议的方式。采用双方协议方式出让土地使用权的出让金不得低于按国家规定所确定的最低价。"通常情况下,协议出让方式一般适用于市政工程、公益事业用地,需要减免地价的机关、部队用地,政府为调整经济结构、实施产业政策而需要给予优惠、扶持的项目用地等。例如,深圳市就将协议出让土地使用权的范围限定为:高科技项目用地,福利商品房用地,国家机关、部队、文化、教育、卫生、体育、科研和市政公共设施的非营业性用地,以及政府批准的其他用地。不在此范围内的其他项目用地,均采用招标、拍卖方式。

协议出让的程序一般为:

(1) 申请。即有意受让方向地方人民政府的土地管理部门提出用地申请,并提交相应的申请文件。土地管理部门若接受申请,则向申请者提供出让使用权的地块的资料。

(2) 协商。即土地管理部门与有意受让方就出让使用权的地块的用途、使用期限、地价及付款方式等事宜进行谈判、协商,直至达成一致意见。

(3) 签约。将协商达成的协议,提交政府主管领导审查批准后,出让方与受让方签订土地使用权出让合同,以确定双方的权利和义务。

(4) 办理土地使用权证书。受让方缴付合同约定的土地使用权出让金后,向土地管理部门办理土地使用登记,领取土地使用证。

2. 招标方式及其程序

招标出让是指出让方根据出让土地使用权地块的开发利用要求,发出招标公告,在指定的期限内,指定的地点,由他人以书面形式投标,然后根据一定的标准从投标者中择优确定土地使用权受让人的出让方式。

招标方式引入了竞争机制,体现了商品交换原则,但获得土地使用权的并不一定是出价最高者,因为对投标进行评标时,既要考虑到投标价,也要考虑投标规划设计方案和投标人的资信等各方面的情况。这种方式既有利于公平竞争,也有利于土地规划利用的优化。

根据我国招标投标法和城市房地产管理法的规定,招标方式的程序如下:

(1) 招标。招标由招标方发出招标公告,由要求使用土地者提出申请,然后由招标人根据确定的投标人资格范围,对投标人进行资格审查,最后向被批准的申请人发送招标文件。招标出让可分为公开招标和邀请招标两种方式。公开招标是一种在一定范围内的无限制竞争性招标,凡够资格对出让土地有意的受让人,都可以申请投标,公开招标一般都通过大众媒介(电视台、报纸等)发出招标公告。邀请招标是一种有限竞争性招标,一般是由招标方选择符合条件的组织或个人并向其发出招标通知,邀请其参加投标。

(2) 投标。有意受让人在见到或接到招标公告后,在规定的报名时间内向招标人报送申请表,索取招标文件,有意受让人的申请经招标人审查同意成为投标人。然后,投标人按照投标文件的要求编制投标文件,并在规定的期限内将投标文件送达投标地点。招标人收到投标文件后,签收保存,不得开启。投标人在规定的期限内,可以补充、修改或者撤回已提交的投标文件,并书面通知招标人,补充、修改的内容有效。

(3) 开标、评标和中标。开标由招标人主持,并邀请所有投标人参加,开标的时间和地点均为招标文件中预先确定的时间和地点,开标时,由投标人或其推选的代表检查投标文件的密封情况,也可以由公证机构检查并公证,经确认无误后,当众拆封,宣读投标人名称、投标价格和其他主要内容。评标由招标人依法组建的评标委员会负责,评标委员会根据招标文件确定的标准和方法,对投标文件进行评审和比较,设有标底的,参考标底;评标委员会完成评标后,向招标人提出书面评标报告,并推荐中标候选人。中标由招标人根据评标委员会的书面评标报告和中标候选人确定中标人,招标人也可以授权评标委员会直接确定中标人。在评标过程中,如果评标委员会认为所有投标都不符合要求,可以否决所有投标,然后招标人依法重新招标。

(4) 签约、办理土地使用权证书。中标后,招标人和中标人自中标通知书发出之日起30日内,按照招标文件和中标人的投标文件签订土地使用权出让合同。中标人缴付了合同规定的全部出让金后,向土地行政主管部门办理土地使用登记,领取土地使用证。

3. 拍卖方式及其程序

拍卖出让是指出让人在指定的时间和地点,组织符合条件的有意受让人到场竞相报价,按"价高者得"的原则确定土地使用权受让人的出让方式。拍卖出让方式与招标出让相比,更为充分地引进了市场竞争机制。由最高报价者取得土地使用权,排除了出让方的任何主观因素,政府也可获得最高收益。拍卖方式的采用,表明土地使用权的商品化程度已比较高,土地使用权出让已充分发展。拍卖方式使用面很广,但主要适用于竞争性强的房地产、金融、商业、旅游等用地。

拍卖出让的程序一般为:

(1) 公告。由土地使用权拍卖人发出公告,公告的内容一般应包括:拍卖地块的用地要点资料;拍卖的时间、地点;拍卖的规则、叫价起点;拍卖保证金的金额和支付方式等等。

(2) 参加。有意受让人在公开拍卖开始前到拍卖人那里领取有编号的牌子,委托他人代领的,还应提交由委托人签名或盖章的授权委托书。

(3) 主持拍卖。主持人首先就拍卖土地的基本情况,如土地的位置、面积、用途和使用年限以及拍卖规则等做一简单介绍,然后要求受让人按公告规定在叫价起点以上叫价竞争。每一叫价的增长额度由主持人规定,并随拍卖过程的实际情况予以调整。在最后一个叫价叫出后,主持人重复两遍而无人继续叫价的,主持人一锤敲下,该幅土地使用权即由叫价最高者获得。

(4) 签约、办理土地使用权证书。叫价最高者即与出让方签订土地使用权出让合同,并按规定缴付履约保证金。受让方按照合同交纳了全部出让金后,即可到土地行政主管部门办理土地使用登记,领取土地使用证。

（四）土地使用权出让合同

1．土地使用权出让合同的概念

土地使用权出让合同,是指国有土地所有者或其代表与土地使用权受让人之间就土地使用权出让以及如何使用等内容所达成的明确双方权利义务关系的协议。

2．土地使用权出让合同的形式

根据城市房地产管理法的规定,土地使用权出让应当签订书面合同。合同一般采用标准样式合同,即合同的主要条款、格式均由国家制定,双方不能自行拟定合同文本。但双方可以在法律允许的范围内附加相关条款或协议。

3．土地使用权出让合同的种类

土地使用权出让合同可分为两大类:宗地出让合同和成片开发土地出让合同。前者是指将某一宗国有土地使用权出让的合同,主要适用于具体项目用地,受让方为境内外单位或个人,合同签订后经登记生效。后者是指将成片国有土地使用权出让的合同,主要适用于综合性用地,受让方一般为外商投资开发企业和具有相应资格的国内综合性土地开发企业,合同签订后还须报有审批权的部门批准后才能生效。

4．土地使用权出让合同的主要内容

土地使用权出让合同一般应包括下列内容:(1)合同当事人;(2)合同标的,即土地的位置、面积、四至范围等;(3)出让金的数额、支付方式和支付期限;(4)出让期限,注明出让期限的起止日期;(5)土地使用条件,即对土地在类别、用途、覆盖率、地上物高度、配套设施等方面的具体要求;(6)定金。依照法律规定,签订合同时必须由受让方向出让方缴纳相当于出让金总额5%～20%的定金;(7)违约责任;(8)土地使用权转让、出租、抵押的条件;(9)合同争议的解决;(10)合同有效文本,签约时间和地点,合同术语解释,合同附件等。

二、土地使用权的划拨

（一）土地使用权划拨的涵义

土地使用权划拨,是指县级以上人民政府依法批准,在土地使用者缴纳补偿、安置等费用后将该幅土地交付其使用,或者将土地使用权无偿交付给土地使用者使用的行为。划拨有两种形式:有偿划拨和无偿划拨。前者适用于下面两种情形:第一,县级以上人民政府批准征用集体所有的土地,在土地使用者缴纳土地补偿、安置补助费用后,国家将其征用的土地划拨给土地使用者使用;第二,县级以上人民政府对国家建设使用其他单位使用的国有土地,在土地使用者缴纳土地补偿、安置补助费用后,划拨给土地使用者使用。后者适用的情形是:县级以上人民政府对国家建设使用国有荒山、荒地等时,无偿划拨给土地使用者使用。

土地使用权划拨不同于土地征用。土地征用是指国家为了社会公共利益的需要,依法将集体所有的土地征收为国家所有,即征用导致土地所有权的转移。而划拨是国有土地使用权的转移方式,土地所有权并不发生转移。

（二）土地使用权划拨的特征

1．土地使用权划拨的标的只能是国有土地。集体所有的土地,只能在被依法征用为国有土地后才能划拨。

2．土地使用权划拨采用的是行政划拨手段。这是供给制和产品经济形式下常采用的一种财产流转关系,是非民事的行政经济关系方式。

3．土地使用权划拨是土地所有权与使用权分离的一种方式。使用者取得国有土地使用权，所有权仍属于国家。与土地使用权出让相比，其两权分离的程度较小，使用者仅取得使用权，而无处分权，如转让、抵押等。

4．经划拨取得的土地使用权无使用期限的限制。

5．经划拨取得土地使用权只需较小费用或无偿取得。有偿划拨时，也仅是缴纳土地补偿费和安置补助费，这只是土地使用权出让时缴纳费用的一小部分。

6．土地使用权划拨具有社会公益性。划拨土地使用权的使用者通常是机关、军队、人民团体以及由政府财政拨款的事业单位等，使用的目的是为了实现社会公益事业的需要。因此，上述单位的用地不仅通过划拨取得，有时还免征城镇土地使用税、耕地占用税等。

（三）土地使用权划拨的适用范围

根据城市房地产管理法的规定，下列用地的土地使用权，确属必需的，可以采取划拨方式提供土地使用权：

1．国家机关用地。是指行使国家职能的各级国家权力机关、行政机关、审判机关、检察机关和国家军事机关用地的总称。

2．军事用地。是指军事设施用地的总称。根据我国军事设施保护法的规定，包括下列建筑、场地和设备用地：(1)指挥机关、地面和地下的指挥工程作战工程；(2)军用机场、港口、码头；(3)营区、训练场、试验场；(4)军用洞库、仓库；(5)军用通信、侦察、导航、观测台和测量、导航、助航标志；(6)军用公路、铁路专用线、通信、输电线路、输油和输水管道；(7)国务院和中央军委规定的其他军事设施。

3．城市基础设施用地。是指城市供水、排水、污水处理、供电、通信、燃气、热力、道路、桥梁、市内公共交通、园林绿化、环境卫生、消防及路灯、路标等管线和设施用地。

4．城市公益事业用地。是指城市内的各种学校、医院、体育场馆、图书馆、文化馆、少年宫、幼儿园、保育院、敬老院、防疫站、影剧院等文化、卫生、体育、教育、福利事业用地。

5．国家重点扶持的能源、交通、水利等项目用地。是指国家采取各种优惠政策重点扶持的煤炭、石油、天然气、电力等能源项目用地；铁路、公路、港口、码头、机场、交通枢纽等交通项目用地；水库、水坝、农田灌溉工程、水利发电工程、江河治理工程、防洪工程等水利项目用地。

6．法律、法规规定的其他用地。

上述各项用地的土地使用权，并非任何情况下均采取划拨方式提供，只有在"确属必需"时，才能划拨。所谓"确属必需"，一般指确属国家投资或者其他投资者投资，用于非经营或者非营利性目的。而对于那种不属于国家投资又用于经营或者营利性目的的，则应采取出让方式提供土地使用权。

（四）土地使用权划拨的程序

1．申请。由建设用地单位持经批准的设计任务书或初步设计、年度基本建设计划等有关文件向拟划拨土地所在的县级以上人民政府土地行政主管部门提出建设用地申请。

2．审核。由县级以上人民政府土地行政主管部门对建设用地申请进行审核，划定用地范围，组织商定用地补偿、安置或者拆迁安置方案，报县级以上人民政府批准。

3．批准。由县级以上人民政府根据土地管理法及其实施条例规定的批准权限批准，批准后由土地所在地的县级以上人民政府发给建设用地批准书。

4. 划拨。由土地所在地的县级以上人民政府土地行政主管部门根据批准用地文件所确定的用地面积和范围,到实地划拨建设用地。

5. 登记。建设项目竣工后,由县级以上人民政府土地行政主管部门核查实际用地,经认可后,办理土地登记手续,核发国有土地使用权证书。至此,土地使用者取得划拨土地使用权。

第五节 土地使用权的转让出租与抵押

一、土地使用权的转让

(一)土地使用权转让的涵义

土地使用权转让,是指土地使用权通过买卖交换赠与继承或其他合法方式依法将土地使用权转移给他人的行为。原土地使用权人,即通过出让或划拨取得土地使用权的人,称为转让人,新的土地使用权人则称为受让人。

相对于土地使用权的出让和划拨形成的土地一级市场,土地使用权的转让以及后面要叙述的出租和抵押所形成的市场,则是土地的二级市场。它是将土地使用权真正作为商品进入流通领域,从而建立起适应我国社会主义市场经济要求的土地市场的关键环节。

(二)土地使用权转让的基本原则

土地使用权转让是在平等主体之间进行的财产权利转移行为,是一种民事法律行为。在这种法律行为所形成的法律关系中,当事人的权利义务除了受有关土地使用权转让的专门法律调整外,还受民法及相关法律的调整。由于土地使用权这一转让客体的特殊性,土地使用权转让除应遵循平等、自愿、等价有偿、诚实信用等民法的基本原则外,还应遵循以下原则:

1. 出让方地位不变原则

土地使用权出让后,使用权可以多次转让,但不论使用权转让到何人之手,国家仍然是土地的所有权人,它作为出让方的地位并不因此而受影响,始终是土地使用权出让合同的一方当事人,另一方为最后拥有土地使用权的人,直至土地使用权终止。

2. 权利、义务一体转移原则,即"认地不认人"原则

法律规定,土地使用权转让时,土地使用权出让合同和登记文件中所载明的权利义务关系随之转移。出让合同中的受让人(即转让合同中的转让人)作为使用权人的主体资格即告丧失,新的受让人取得使用权人的主体资格,成为土地使用权出让合同和登记文件中全部权利的享有者和承担者。

3. 土地使用权与地上建筑物所有权主体同一性原则

这个原则包含两层意思:第一,土地使用权转让时,地上建筑物、其他附着物的所有权随之转让;第二,地上建筑物、其他附着物的所有权转让时,其使用范围内的土地使用权也随之转让。但是,当地上建筑物、其他附着物作为动产转让,即可以与土地分离,土地使用权并不随之转让。

4. 保护财产的价值和经济效益的原则

在土地使用权转让过程中,往往会出现土地的分割,这将损害土地的整体利用效益。因此,法律对土地使用权分割转让作了一定的限制,即必须经县级以上人民政府土地行政主管

部门审查批准,并按照规定办理过户登记手续。

(三) 土地使用权转让的条件

1．禁止转让的土地使用权

(1) 以出让方式取得土地使用权,不符合转让的法定条件的;

(2) 司法机关和行政机关依法裁定、决定查封或者以其他形式限制土地权利的;

(3) 依法收回土地使用权的;

(4) 共有土地使用权,未经其他共有人书面同意的;

(5) 权属存在争议的;

(6) 未经依法登记,领取权属证书的;

(7) 法律、行政法规规定禁止转让的其他情形。

2．出让土地使用权转让的条件

(1) 按照出让合同约定已经支付全部土地使用权出让金,并取得土地使用权证书;

(2) 按照出让合同约定进行投资开发,属于房屋建设工程的,完成投资开发总额的25%以上;属于成片开发土地的,依照规划对土地进行开发建设,完成供排水、供电、供热、道路交通、通信等市政基础设施、公用设施的建设,达到场地平整,形成工业用地或者其他建设用地条件。

3．划拨土地使用权转让的条件

(1) 报有批准权的人民政府审批;

(2) 办理土地使用权出让手续,并缴纳土地使用权出让金;或者不办理土地使用权出让手续,但须将转让所获收益上缴国家或者作其他处理。

(四) 土地使用权转让的程序

土地使用权的转让除必须符合法定的条件外,还需要经过一定的程序。由于转让是平等主体之间的民事行为,故法律对转让程序没有作统一的规定,但由于土地使用权本身的特殊性,其转让程序与一般商品的转让有所不同。办理土地使用权转让一般按下列程序进行:

1．洽谈、签约

是指土地使用权人与有意受让人直接或经由经纪人居中,对转让的有关事宜进行协商、谈判,并签订土地使用权转让合同。这是转让的最常见方式。转让人也可以通过招标、拍卖的方式寻找最佳的受让人,并签订土地使用权转让合同。

2．审查

合同签订后,不论该项土地使用权转让是否须经申请与批准的程序,土地行政主管部门均有权审查转让合同是否符合出让合同及法律规定,如不符合,可进行干预。有些地方还规定土地使用权转让合同必须经公证机关公证才能生效。

3．缴纳税费

是指土地使用权转让人须依法缴纳土地增值税、营业税等,受让人应支付土地使用权转让费。

4．过户登记

是指土地使用权受让人向土地行政主管部门办理过户登记手续,同时还应对该土地上的建筑物和附着物向房产管理部门办理过户登记。只有办理完过户登记后,转让行为才生效。

二、土地使用权的出租

(一)土地使用权出租的涵义

土地使用权出租是指土地使用者作为出租人将土地使用权随同地上建筑物和其他附着物租赁给承租人使用,由承租人向出租人支付租金的行为。

在主体上,土地使用权出租关系中的出租方不是土地所有人——国家,而是土地的使用权人,既包括从所有人处通过订立出让合同取得土地使用权的受让人,也包括通过转让合同从他人手中获得土地使用权的受让人,只要是现实的土地使用权人均可作为出租人。在客体上,土地使用权出租的客体是土地上的权利即土地使用权而非土地本身,体现使用权的标的物是土地及地上的建筑物和其他附着物。在内容上,土地使用权的出租仅仅在使用权人与第三人(承租人)之间确定权利义务关系,出租人作为土地使用权人的地位并不发生改变,他在保持自己享有土地使用权的前提下,把自己所有的土地使用权租赁给他人,并收取租金。相对于土地所有者而言,出租人仍是土地使用权出让合同的一方当事人,出租使用权是出租人作为使用权人独立的地产经营行为;土地使用权出租后,出租人作为使用权人必须继续履行土地使用权出让或转让合同,而承租人只与出租人发生权利义务关系,与土地所有权人并无直接的民事权利义务关系。

(二)土地使用权出租的条件

土地使用权的出租作为土地二级市场中土地使用权流通的重要内容,与一般的财产租赁相比有诸多的不同。为实现土地所有人出让土地使用权的目的,保障土地经营和土地市场的健康发展,法律要求土地使用权出租须具备一定的条件。

我国城市房地产管理法中规定:"未按土地使用权出让合同规定的期限和条件投资开发利用土地的,土地使用权不得出租"。这一规定与土地使用权转让的条件是完全一致的。因此,不论是出租还是转让,土地使用权人都应先按出让合同的要求去进行投资开发,至于在具备了出让合同所规定的投资开发条件之后,是转让还是出租,则由土地使用权人自行确定。

(三)土地使用权出租的程序

土地使用权的出租是出租人独立进行地产经营的行为,不发生出让合同当事人的变更,出租人向所有人承担的义务和享受的权利不受影响,因此出租的程序较土地使用权的出让和转让均为简单,只要具备上述条件后,双方当事人达成协议,签订书面的土地使用权租赁合同,并到土地行政主管部门进行登记,租赁关系即告成立。

三、土地使用权的抵押

(一)抵押概述

抵押是债权担保的一种方式,它是指债务人或第三人不转移对财产的占有,将该财产作为债权的担保,当债务人不履行债务时,债权人有权以抵押物折价或者以拍卖抵押物的价款受偿,提供财产的债务人或第三人为抵押人,抵押人所提供的财产是抵押物。在抵押设定后,债务人不履行债务时,债权人按照法律规定以抵押物折价或者以变卖抵押物的价款优先受偿的权利,就是抵押权。

抵押权作为一种担保物权,具有如下特征:

1. 抵押权具有从属性。抵押权是为担保债权实现而成立的一种权利,是从权利,它的作用在于保证债权顺利受偿,减少主债权不能受清偿之危险性。抵押权与被担保的债权同时存在,随主债权的消灭而消灭。

2. 抵押权的标的物主要是不动产。虽然法律规定动产及其他财产也可作抵押物,但由于不动产的特点,决定了不动产是最常见也最可靠的抵押物。

3. 抵押权不转移标的物的占有。抵押权设立的目的在于担保债的履行,而不在于对物的使用和收益,因此,抵押权的成立不以对标的物的占有为要件。抵押人不必将抵押物的占有权转移给债权人,而由自己继续对抵押物进行使用、收益、处分,发挥物的效用。

4. 抵押权具有优先受偿性。抵押权人在债务人不履行债务时,有权依法律以抵押物折价或从抵押物的变卖价金中优先得到清偿,即抵押权人得排除无抵押权的债权人就抵押物优先受偿,同时次序在先的抵押权人比次序在后的抵押权人优先受偿。

(二) 土地使用权抵押的涵义

土地使用权抵押是指土地使用权人以土地使用权作为履行债务的担保,当使用权人到期不履行债务或者宣告破产时,抵押权人有从处分抵押的财产(包括土地使用权、地上建筑物及其他附着物的所有权等)中优先受偿的权利。土地使用权不是一种有形的物体,它是由土地所有权派生出来的一种土地上的权利,所以土地使用权抵押是一种特殊的权利抵押。

土地使用权抵押不同于土地抵押。土地使用权的抵押是使用人将自己享有的某块土地使用权作为债的担保物,当使用权人不能按期履行债务时,就丧失了土地使用权,而由抵押权人享有该块土地的使用权或处分该块土地的使用权以获得价款,但不论土地使用权如何处分,发生的仅仅是他物权人的变更,不涉及土地所有权本身,国家对土地的所有权不受影响。简言之,土地使用权的抵押不发生土地所有权的转移,抵押权实现后,无论谁最终获得使用权,都要受土地所有权的限制,这些限制主要体现为出让合同规定的期限和条件。而土地的抵押则是土地所有人将自己所有的某块土地作为履行债务的担保,当抵押人不能按期偿还债务时,就丧失了土地所有权,而将该块土地折价归抵押权人所有或由抵押权人变卖该块土地并从价款中优先受偿,此时土地的所有权发生了转移。由于我国实行的是土地公有制,土地归国家所有,故不存在土地的抵押,只有土地使用权的抵押。

(三) 土地使用权抵押的条件

1. 可作为抵押财产的原则:(1)必须是可以进入市场交易的财产。法律禁止流通的财产不得作为抵押物,如毒品、枪支武器、淫秽物品、土地所有权、耕地使用权等。(2)必须是权属明晰的财产,也就是说抵押人必须对该财产有处分权。(3)必须符合社会公共利益。

2. 可抵押的土地使用权:(1)抵押人依法有权处分的土地使用权。包括两种情形:第一,因依法出让和转让而获得的土地使用权,在按照出让合同的约定投资开发后,可以抵押;第二,依法以划拨方式取得的土地使用权,经报有批准权的人民政府审批,准予转让的,才可以抵押。(2)抵押人依法承包并经发包方同意抵押的荒山、荒沟、荒滩等荒地的土地使用权。(3)乡(镇)、村企业的土地使用权可以连同地上的厂房等建筑物一同抵押。

3. 禁止抵押的土地使用权。(1)除前述荒地和乡(镇)、村企业的土地使用权可以抵押外,耕地、宅基地、自留地、自留山等集体所有的土地使用权均不得抵押。(2)权属有争议的土地使用权。(3)未经其他共有人同意的土地使用权。(4)被依法查封或以其他形式限制房地产权利的。

(四) 土地使用权抵押合同

1. 土地使用权抵押合同的概念和特征

土地使用权抵押合同是抵押合同的一种,是抵押人与抵押权人为保证债务的清偿、债权的履行而签订的协议,它作为以土地使用权为抵押标的特殊抵押,具有以下特征:(1)土地使用权抵押合同是一种不能独立存在的从合同,它是依据担保主合同而设立的从合同,它的存在与撤销以主合同的存在与撤销为转移。(2)土地使用权抵押合同的目的,是以土地使用权来担保债务履行,而不是以取得土地使用权为目的,只有在债务人不能履行债务时,债权人才有权以土地使用权的变价来优先受偿。(3)土地使用权抵押合同的主体具有特殊性。作为抵押人必须享有合法的土地使用权,而抵押权人可以是直接的债权人也可以是第三人。(4)土地使用权抵押合同是要式合同。法律规定,土地使用权抵押合同必须采取书面形式,同时还要到政府有关部门登记,合同自登记之日起才生效。

2. 土地使用权抵押合同的内容

一个有效的土地使用权抵押合同一般应有以下内容:(1)合同当事人即抵押人和抵押权人的姓名、名称等。(2)抵押物的名称、范围、数量、状况、所在地、使用权权属等。(3)土地使用权占有的归属,一般情况下,在抵押期间仍归抵押人占有和使用。(4)所担保的主债权种类、数额和抵押担保的范围。这是抵押合同的核心内容,抵押担保的范围一般包括主债权及利息、违约金、赔偿金和实现抵押权的费用。(5)抵押的期限。土地使用权抵押的有效期不得超过土地使用年限的终止日,即原出让合同确定的使用年限。(6)当事人认为需要约定的其他事项。

3. 土地使用权抵押合同的实现

土地使用权抵押合同的实现有两种情况:一种是合同到期时,债务人如期履行了债务,债权人的债权便消灭,抵押权随着主债权的消灭而消灭,土地使用权抵押过程完成;另一种情况是债务人不能按期履行债务,债权人要依合同行使其债权,实现其抵押权,这样抵押权的实现要分两步走,第一步是处分土地使用权,第二步是就变卖所得价款清偿债务。由于土地使用权抵押是以一定范围内的土地使用权作为抵押担保的,在抵押权的实现时应注意下面两点:(1)依法以承包的荒地的土地使用权抵押的,或者以乡(镇)、村企业的厂房等建筑物占用范围内的土地使用权抵押的,在实现抵押权后,未经法定程序不得改变土地的集体所有权和土地用途;(2)以划拨的国有土地使用权抵押的,在实现抵押权时,必须先缴纳相当于土地使用权出让金的价款后,才能用于清偿债务,抵押权人的优先受偿权只是相对于其他债权人优先受偿。

4. 土地使用权抵押的登记手续

土地使用权抵押的登记包括两个环节:(1)土地使用权抵押设立时的登记。在设立土地使用权抵押时,抵押人应持合法的土地使用权证书,同时提交主合同和抵押合同。当以地上无定着物的土地使用权抵押时,登记部门为核发该土地使用权证书的土地行政管理部门;当以城市房地产或乡(镇)、村企业的厂房等建筑物抵押的,登记部门为法律规定的其他部门。(2)抵押权实现后的登记。抵押权实现后,应首先依法办理注销登记,因处分土地使用权而取得土地使用权和地上建筑物、其他附着物所有权的,再到相关部门办理过户登记。

典型案例:自行转让国有土地,合同被依法撤销案

【案情】

原告:某县国防厂、造纸厂

被告：某县土地管理局

1988年12月,某县国防厂因迁厂留有闲置房251间,某县造纸厂了解情况后,经其业务上级主管部门同意,双方达成《有偿转让房地产合同书》,1989年1月经该县公证处公证生效。合同商定:某县国防厂将其闲置的251间房地产转让给造纸厂,房地产四至明确,并附有房地产平面图,造纸厂付给国防厂房地产价款人民币18万元。

合同生效后,造纸厂于1989年6月底付清了全部价款,并在1989年7月10日起对该房地产行使了管理。1990年1月,该县土地管理局以丰土发(90)84号文件对上述双方转让房地产的行为做出行政处理决定:

1．宣布合同无效；
2．没收国防厂转让所得全部价款；
3．收回合同中四至之内的土地使用权；
4．251间房屋的所有权收归该县人民政府。

国防厂和造纸厂不服决定,向该县人民法院起诉,因案情重大,政策性强,县人民法院报请地区中级人民法院审理。

【审判】

地区中级人民法院审理认为,企业有权在法律授权的范围内处分其闲置多余的固定资产,遂做出判决:撤销该县土地管理局(90)84号处理决定,案件受理费980元由土地管理局承担。该县土地管理局不服判决,以程序违法、事实不清和运用法律不当为由向省高级人民法院提起上诉,请求撤销原判决。

省高级人民法院依法组成合议庭进行了审理,做出终审判决如下:

1．撤销中级人民法院原判决；
2．国防厂与造纸厂的转让土地合同无效,国防厂收取造纸厂的房地产转让款18万元应予退回；
3．合同中的国有土地交由该县人民政府土地行政管理部门统一管理,县人民政府土地行政管理部门负责由新的用地单位给予国防厂在该土地上的房屋以合理的补偿；
4．分别对国防厂和造纸厂罚款人民币3500元,诉讼费亦由他们各分担一半。

【评析】

省高级人民法院的二审判决是非常正确的。因为,买卖土地是严重的违法行为。《中华人民共和国宪法》第十条第四款规定:"任何组织或者个人不得侵占、买卖或者以其他形式非法转让土地。"《中华人民共和国土地管理法》第二条第三款也作了类似的规定,第七十三条还规定:"买卖或者以其他形式非法转让土地的,由县级以上人民政府土地行政管理部门没收非法所得…可以并处罚款；对直接负责的主管人员和其他直接责任人员,依法给予行政处分；构成犯罪的,依法追究刑事责任。"这是执法机关在处理这类案件时的法律依据。

本案中国防厂转让的土地,所有权属于国家,国防厂只有使用权,无权转让。造纸厂需要使用国有土地,应当依照法定程序申请取得。国防厂与造纸厂自行转让国有土地使用权的行为,违反了《土地管理法》和《城市房地产管理法》的有关规定。对于这种违法行为,该县人民政府土地行政管理部门依法进行管理和处罚是正确的,法院应当予以支持。而一审人民法院认定地产属于企业固定资产,可以自行转让,缺乏依据,应当予以撤销。同时,对违法双方给予必要的处罚,承担一定的法律责任,也是正确的。

复习思考题

1. 什么叫土地所有权？我国对土地所有权有哪些限制性规定？
2. 什么叫土地使用权？其特征有哪些？
3. 如何理解我国土地权利中的"两权分离"制度？
4. 什么叫土地用途管制？我国的土地用途管制制度包括哪些内容？
5. 简述我国的农用地转用审批制度。
6. 土地使用权的出让有哪些形式？出让期限是如何规定的？
7. 土地使用权的划拨有哪些形式？分别适用于哪些情况？
8. 土地使用权的转让需注意哪些问题？
9. 简述土地使用权出租的条件和程序。
10. 什么叫抵押？土地使用权的抵押有哪些特征？

第四章 工程的勘察设计

第一节 工程勘察设计法概述

一、工程勘察设计

（一）工程勘察设计的概念

工程勘察，是指根据工程建设的要求，查明、分析、评价工程场地的地质地理环境特征和岩土工程条件，编制工程勘察文件的活动。

工程设计，是指根据工程建设的要求，对工程所需的技术、经济、资源、环境等条件进行综合分析、论证，编制工程设计文件的活动。

在工程建设过程中，勘察设计是工程建设前期的关键环节，而勘察又是设计的基础和依据。

（二）工程勘察设计的基本原则

1．工程勘察设计应当与社会、经济发展水平相适应，做到经济效益、社会效益和环境效益相统一。

2．从事工程勘察设计活动，应当坚持先勘察、后设计、再施工的原则。

3．工程勘察设计单位应依法进行勘察设计，严格执行工程建设强制性标准，并对勘察设计质量负责的原则。

二、工程勘察设计法

（一）工程勘察设计法的概念

工程勘察设计法是指调整工程勘察设计活动中所产生的各种社会关系的法律规范的总称。

工程勘察设计法涉及范围广、内容多，既包括了工程勘察设计的专门法，如《建设工程勘察设计管理条例》、《建设工程勘察设计合同条例》等，又包括了《建筑法》、《城市规划法》等法律法规中有关工程勘察设计方面的法律规定。

（二）工程勘察设计法的调整对象

1．勘察设计行政主管部门对从事勘察设计活动的单位和个人实施许可制度而发生的行政管理关系。

2．勘察设计行政主管部门与建设单位和勘察设计单位之间，因编制、审批、执行勘察设计文件、资料等而发生的审批关系。

3．因工程建设的实施，发生于建设单位与勘察设计单位之间的合同关系。

4．因各种技术规定、制度和操作规程，发生于勘察设计单位内部的计划管理、技术管理、质量管理以及各种形式的经济责任制等内部管理关系。

（三）工程勘察设计立法概况

我国的工程勘察设计立法同其他领域的立法一样,都经历了一个曲折发展的历程。新中国成立后到1957年"一五"计划结束,是工程勘察设计立法的初步发展时期,此间,国务院和建设行政主管部门先后颁布了《基本建设工作程序暂行办法》《关于加强设计工作的决定》等一系列指导勘察设计工作的规定。从1958年到1978年,由于政治生活的极不稳定,工程勘察设计立法陷于停滞,已有的法律规定也遭到破坏,甚至采取"边设计、边施工"的所谓"文革"模式,使工程的勘察设计质量受到严重影响。改革开放以来,特别是中央提出建立社会主义市场经济体制以后,工程勘察设计立法工作得到恢复并快速发展,1991年7月,建设部颁布了《工程勘察和工程设计单位资格管理办法》,1995年5月,颁布了《私营设计事务所试点办法》,1995年10月国务院颁布了《中华人民共和国注册建筑师条例》,1996年7月颁布了《建设工程勘察设计合同管理办法》,1999年1月颁布了《建设工程勘察设计市场管理规定》,2000年9月颁布了《建设工程勘察设计管理条例》,2001年7月颁布了《建设工程勘察设计企业资质管理规定》等等,这些规章、法规对规范勘察设计活动,加强勘察设计单位管理起了重要作用,也使勘察设计立法初步完善。

第二节 工程勘察设计资质资格管理

一、工程勘察设计单位资质管理

(一)勘察设计资质等级和标准

从事工程勘察、设计活动的单位,应当按照其拥有的注册资本、专业技术人员、技术装备和勘察设计业绩等条件申请资质,经审查合格,取得建设工程勘察、设计资质证书后,方可在资质等级许可的范围内从事建设工程勘察、设计活动。取得资质证书的建设工程勘察、设计企业可以从事相应的建设工程勘察、设计咨询和技术服务。

根据2001年7月建设部颁布的《建设工程勘察设计企业资质管理规定》,建设工程勘察、设计资质分为工程勘察资质、工程设计资质。其中,工程勘察资质分为工程勘察综合资质、工程勘察专业资质、工程勘察劳务资质。工程勘察综合资质只设甲级;工程勘察专业资质根据工程性质和技术特点设立类别和级别;工程勘察劳务资质不分级别。取得工程勘察综合资质的企业,承接工程勘察业务范围不受限制;取得工程勘察专业资质的企业,可以承接同级别相应专业的工程勘察业务;取得工程勘察劳务资质的企业,可以承接岩土工程治理、工程钻探、凿井工程勘察劳务工作。

工程设计资质分为工程设计综合资质、工程设计行业资质、工程设计专项资质。工程设计综合资质只设甲级;工程设计行业资质和工程设计专项资质根据工程性质和技术特点设立类别和级别。取得工程设计综合资质的企业,其承接工程设计业务范围不受限制;取得工程设计行业资质的企业,可以承接同级别相应行业的工程设计业务;取得工程设计专项资质的企业,可以承接同级别相应的专项工程设计业务。取得工程设计行业资质的企业,可以承接本行业范围内同级别的相应专项工程设计业务,不需再单独领取工程设计专项资质。

建设工程勘察、设计资质标准和各资质类别、级别企业承担工程的范围由国务院建设行政主管部门协商国务院有关部门制定。

(二)勘察设计资质的申请和审批

1. 审批机构及权限

建设工程勘察、设计资质的申请由建设行政主管部门定期受理。

申请工程勘察甲级资质、建筑工程设计甲级资质及其他工程设计甲、乙级资质,应当向企业工商注册所在地的省、自治区、直辖市人民政府建设行政主管部门提出申请。其中,中央管理的企业直接向国务院建设行政主管部门提出申请,其所属企业由中央管理的企业向国务院建设行政主管部门提出申请,同时向企业工商注册所在地省、自治区、直辖市人民政府建设行政主管部门备案。

申请工程勘察乙级资质、工程勘察劳务资质、建筑工程设计乙级资质和其他建设工程勘察、设计丙级以下资质(包括丙级),向企业工商注册所在地县级以上地方人民政府建设行政主管部门提出申请。

新设立的建设工程勘察、设计企业,到工商行政管理部门登记注册后,方可向建设行政主管部门提出资质申请。

2. 资质申请应提供的材料

新设立的建设工程勘察、设计企业申请资质,应当向建设行政主管部门提供下列资料:

(1) 建设工程勘察、设计资质申报表;

(2) 企业法人营业执照;

(3) 企业章程;

(4) 企业法定代表人和主要技术负责人简历及任命(聘任)文件复印件;

(5) 建设工程勘察、设计企业资质申报表中所列技术人员的职称证书、毕业证书及身份证复印件;

(6) 建设工程勘察、设计企业资质申报表中所列注册执业人员的注册变更证明材料;

(7) 需要出具的其他有关证明材料。

建设工程勘察、设计企业申请晋升资质等级或者申请增加其他工程勘察、工程设计资质,除向建设行政主管部门提供前述七条所列资料外,还需提供下列资料:

(1) 企业原资质证书正、副本;

(2) 建设工程勘察、设计资质申报表中所列的注册执业人员的注册证明材料;

(3) 企业近两年的资质年检证明材料复印件;

(4) 建设工程勘察、设计资质申报表中所列的工程项目的合同复印件及施工图设计文件审查合格证明材料复印件。

3. 资质审批的程序

工程勘察甲级、建筑工程设计甲级资质及其他工程设计甲、乙级资质由国务院建设行政主管部门审批。申请工程勘察甲级、建筑工程设计甲级资质及其他工程设计甲、乙级资质的,应当经省、自治区、直辖市人民政府建设行政主管部门审核。审核部门应当对建设工程勘察、设计企业的资质条件和企业申请资质所提供的资料进行核实。

申请铁道、交通、水利、信息产业、民航等行业的工程设计甲、乙级资质,由国务院有关部门初审。申请工程勘察甲级、建筑工程设计甲级资质及其他工程设计甲、乙级资质,由国务院建设行政主管部门委托有关行业组织或者专家委员会初审。

申请工程勘察乙级资质、工程勘察劳务资质、建筑工程设计乙级资质和其他建设工程勘察、设计丙级以下资质(包括丙级),由企业工商注册所在地省、自治区、直辖市人民政府建设行政主管部门审批。审批结果应当报国务院建设行政主管部门备案。具体审批程序由省、自治区、直辖市人民政府建设行政主管部门规定。

审核部门应当自受理建设工程勘察、设计企业的资质申请之日起30日内完成审核工作；初审部门应当自收到经审核的申报材料之日起30日内完成初审工作；审批部门自收到初审的申报材料之日起30日内完成审批工作；审批结果应当在公众媒体上公告。

4．资质定级和升级的条件

新设立的建设工程勘察、设计企业，其资质等级最高不超过乙级，并设两年的暂定期。企业在资质暂定有效期满前两个月内，可以申请转为正式资质等级，申请时应当提供企业近两年的资质年检合格证明材料。

建设工程勘察、设计企业申请晋升资质等级、转为正式等级或者申请增加其他工程勘察、工程设计资质，在申请之日前一年内有下列行为之一的，建设行政主管部门不予批准：

（1）与建设单位勾结，或者企业之间相互勾结串通，采用不正当手段承接勘察、设计业务的；

（2）将承接的勘察、设计业务转包或者违法分包的；

（3）注册执业人员未按照规定在勘察设计文件签字的；

（4）违反国家工程建设强制性标准的；

（5）因勘察设计原因发生过工程重大质量安全事故的；

（6）设计单位未根据勘察成果文件进行工程设计的；

（7）设计单位违反规定指定建筑材料、建筑构配件的生产厂、供应商的；

（8）以欺骗、弄虚作假等手段申请资质的；

（9）超越资质等级范围勘察设计的；

（10）转让资质证书的；

（11）为其他企业提供图章、图签的；

（12）伪造、涂改资质证书的；

（13）其他违反法律、法规的行为。

（三）勘察设计资质的监督与管理

1．监督管理的机构和权限

国务院建设行政主管部门对全国的建设工程勘察、设计资质实施统一的监督管理；国务院铁道、交通、水利、信息产业、民航等有关部门配合国务院建设行政主管部门对相应的行业资质进行监督管理。县级以上地方人民政府建设行政主管部门负责对本行政区域内的建设工程勘察、设计资质实施监督管理；县级以上人民政府交通、水利、信息产业等有关部门配合建设行政主管部门对相应的行业资质进行监督管理。

2．资质年检制度

《建设工程勘察设计企业资质管理规定》第22条规定，建设行政主管部门对建设工程勘察、设计资质实行年检制度。

资质年检主要对是否符合资质标准，是否有质量、安全、市场交易等方面的违法违规行为进行检查。资质年检结论分为合格、基本合格和不合格。

建设工程勘察、设计企业的资质条件符合资质标准，且在过去一年内未发生前述所列13条行为之一的，资质年检结论为合格。建设工程勘察、设计企业的资质条件中，技术骨干总人数未达到资质分级标准，但不低于资质分级标准的80%，其他各项均达到标准要求，且在过去一年内未发生本规定第十九条所列行为的,年检结论为基本合格。有下列情况之一的,建设工程勘察、设计企业的资质年检结论为不合格:(1)企业的资质条件中技术骨干总人数未达到资质分级标准的80%;(2)企业的资质条件中主导工艺、主导专业技术骨干人数,各类注册执业人员数不符合资质标准的;(3)第(1)、(2)项以外的其他任何一项资质条件不符合资质标准的;(4)有前述所列13条行为之一的。

建设工程勘察、设计资质年检按照下列程序进行:

(1) 企业在规定时间内向建设行政主管部门提交资质年检申请。

(2) 建设行政主管部门在收到企业资质年检申请后40日内对资质年检做出结论,或者向国务院建设行政主管部门提出年检意见。

工程勘察甲级、建筑工程设计甲级资质及其他工程设计甲、乙级资质由国务院建设行政主管部门委托企业工商注册所在地省、自治区、直辖市人民政府建设行政主管部门负责年检。年检结果为合格的应当报国务院建设行政主管部门备案,年检意见为基本合格和不合格的,应当报国务院建设行政主管部门批准,并由国务院建设行政主管部门商国务院有关部门确定年检结论。工程勘察乙级资质、工程勘察劳务资质、建筑工程设计乙级资质和其他建设工程勘察、设计丙级以下资质(包括丙级)由企业工商注册所在地省、自治区、直辖市人民政府建设行政主管部门负责年检。

建设工程勘察、设计企业资质年检不合格或者连续两年基本合格的,应当重新核定其资质。新核定的资质等级应当低于原资质等级;达不到最低资质等级标准的,应当取消其资质。建设工程勘察、设计企业连续两年资质年检合格,方可申请晋升资质等级。在资质年检通知规定的时间内没有参加资质年检的建设工程勘察、设计企业,其资质证书自行失效,且一年内不得重新申请资质。

建设工程勘察、设计企业变更企业名称、地址、注册资本、法定代表人等,应当在变更后的一个月内,到发证机关办理变更手续。其中由国务院建设行政主管部门审批的企业除企业名称变更由国务院建设行政主管部门办理外,企业地址、注册资本、法定代表人的变更委托省、自治区、直辖市人民政府建设行政主管部门办理,办理结果向国务院建设行政主管部门备案。

建设工程勘察、设计企业在领取新的资质证书的同时,应当将原资质证书交回发证机关。建设工程勘察、设计企业因破产、倒闭、撤销、歇业的,应当将资质证书交回发证机关。建设工程勘察、设计企业遗失资质证书的,应当在公众媒体上声明作废。

(四) 违反勘察设计企业资质管理规定的法律责任

1. 未取得建设工程勘察、设计资质证书承揽勘察设计业务的,予以取缔;处合同约定的勘察费、设计费1倍以上2倍以下的罚款;有违法所得的,予以没收。

2. 以欺骗手段取得资质证书的,吊销资质证书;有违法所得的,予以没收,并处合同约定的勘察费、设计费1倍以上2倍以下的罚款。

3. 建设工程勘察、设计企业有下列行为之一的,依照有关法律、行政法规责令改正,没收违法所得,处以罚款,可以责令停业整顿,降低资质等级;情节严重的,吊销资质证书:

(1) 超越资质级别或者范围承接勘察设计业务的;

(2) 允许其他单位、个人以本单位名义承揽建设工程勘察、设计业务的;

(3) 以其他建设工程勘察、设计企业的名义承揽建设工程勘察、设计业务的;

(4)将所承揽的建设工程勘察、设计业务转包或者违法分包的。

4.建设工程勘察、设计企业未按照工程建设强制性标准进行勘察、设计,建设工程设计企业未根据勘察成果文件进行工程设计,建设工程设计企业违反规定指定建筑材料、建筑构配件的生产厂、供应商,造成工程质量事故的,责令停业整顿,降低资质等级;情节严重的,吊销资质证书。

5.资质审批部门未按照规定的权限和程序审批资质的,由上级资质审批部门责令改正,已审批的资质无效。

6.从事资质管理的工作人员在资质审批和管理中玩忽职守、滥用职权、徇私舞弊的,依法给予行政处分;构成犯罪的,依法追究刑事责任。

二、工程勘察设计人员资格管理

(一)勘察设计人员管理制度

国家对从事建设工程勘察设计活动的专业技术人员,实行执业资格注册管理制度。未经注册的建设工程勘察设计人员,不得以注册执业人员的名义从事工程勘察设计活动;勘察设计注册执业人员和其他专业技术人员只能受聘于一个勘察设计单位,未受聘的,不得从事工程的勘察设计活动。

离退休工程技术人员,只能应聘在一个勘察设计单位从事勘察设计业务。外单位聘用,应由外单位出具外聘证明。离退休人员可作为单位技术资格认定条件,但其人员总数不得超过聘用单位技术人员的30%。应聘的离退休人员应与聘用单位签订不少于两年的聘用合同。离退休人员一般不宜担任聘用单位的法定代表人。

院校所属勘察设计单位,因工作需要聘请在职教师从事勘察设计业务的,必须实行定期聘任制度,办理聘任手续。教师定期聘用人数不得超过聘用单位技术人员总数的30%,聘期不少于两年。

(二)注册建筑师

1.注册建筑师和注册建筑师制度

注册建筑师是指依法取得建筑师证书并从事房屋建筑设计及相关专业的人员。注册建筑师制度是指具备一定专业学历的设计人员,通过考试与注册确定其职业的技术资格,从而获得建筑设计签字权的一种制度。

在我国,注册建筑师分为一级注册建筑师和二级注册建筑师。一级注册建筑师的条件严格执行国际标准,二级注册建筑师考虑到我国实际情况,条件适当放宽,既与国际接轨,又符合我国国情。

国务院建设行政主管部门、人事行政主管部门和各省、自治区、直辖市政府建设行政主管部门、人事行政主管部门依照《中华人民共和国注册建筑师条例》和《中华人民共和国注册建筑师条例实施细则》的规定,对注册建筑师的考试、注册和执业实施指导和监督。全国注册建筑师管理委员会和省、自治区、直辖市注册建筑师管理委员会负责注册建筑师的考试与注册工作。

2.注册建筑师的考试与注册

国家实行注册建筑师统一考试制度,分为一级注册建筑师考试和二级注册建筑师考试,原则上每年考试一次。

凡参加注册建筑师考试者,由本人提出申请,经所在建筑设计单位审查同意后,统一向省、自治区、直辖市注册建筑师管理委员会报名,经审查符合《注册建筑师条例》规定的一级注册建筑师条件或二级注册建筑师条件的,方可参加相应的注册建筑师考试。

注册建筑师考试合格,取得相应的注册建筑师资格的,可以申请注册。一级注册建筑师的注册,由全国注册建筑师管理委员会负责;二级注册建筑师的注册,由省、自治区、直辖市注册建筑师管理委员会负责。

对不符合《注册建筑师条例》规定条件的,不予注册。对决定不予注册的,自决定之日起15日内书面通知申请人;申请人有异议的,可以自收到通知之日起15日内向国务院建设行政主管部门或者省、自治区、直辖市政府建设行政主管部门申请复议。

准予注册的申请人,分别由全国注册建筑师管理委员会和省、自治区、直辖市注册建筑师管理委员会核发中华人民共和国一级注册建筑师证书和中华人民共和国二级注册建筑师证书。

注册建筑师注册的有效期为两年,有效期届满需要继续注册的,应当在期满前30日内办理注册手续。

3. 注册建筑师的执业

注册建筑师的执业范围包括:

(1) 建筑设计;
(2) 建筑设计技术咨询;
(3) 建筑物调查与鉴定;
(4) 对本人主持设计的项目进行施工指导与监督;
(5) 国务院建设行政主管部门规定的其他业务。

一级注册建筑师的建筑设计范围不受建筑规模和工程复杂程度的限制。二级注册建筑师的建筑设计范围只限于国家规定的民用建筑等级分级标准三级及以下项目。

注册建筑师执行业务,应当加入建筑设计单位。注册建筑师的执业范围不得超越其所在建筑设计单位资质等级许可的范围。注册建筑师的执业范围与其所在建筑设计单位的业务范围不符时,个人执业范围服从单位的业务范围。

4. 注册建筑师的权利和义务

注册建筑师的主要权利有:

(1) 注册建筑师有在其负责的设计图纸上的签字权。民用建筑特级、一级项目及国家重点工程项目实行一级注册建筑师签字制度。国家规定的一定跨度、跨径和高度的房屋建筑,应当由注册建筑师进行设计。

(2) 注册建筑师按照国家规定执行注册建筑师业务,受国家法律保护,任何单位或个人不得无理阻挠其依法执行注册建筑师业务。

注册建筑师的主要义务有:

(1) 遵守法律、法规和职业道德,维护社会公共利益;
(2) 保证建筑设计质量,并在其负责的设计图纸上签字;
(3) 保守在执业中知悉的单位和个人秘密;
(4) 不得受聘于两个以上建筑设计单位执行业务;
(5) 不得允许他人以本人名义执行业务。

(三) 注册结构工程师

1．注册结构工程师的概念

注册结构工程师是指依法取得中华人民共和国注册结构工程师执业资格证书和注册证书,从事房屋结构、桥梁结构及塔架结构等工程设计及相关业务的专业技术人员。

注册结构工程师分为一级注册结构工程师和二级注册结构工程师。

2．注册结构工程师的注册

根据1997年9月1日建设部、人事部联合发布的《注册结构工程师执业资格制度暂行规定》,有下列情形之一的,不予注册:

(1) 不具备完全民事行为能力的;

(2) 因受刑事处罚,自处罚完毕之日起至申请注册之日止不满5年的;

(3) 因在结构工程设计或相关业务中犯有错误受到行政处罚或者撤职以上行政处分,自处罚、处分决定之日起至申请注册之日止不满2年的;

(4) 受吊销注册结构工程师注册证书处罚,自处罚决定之日起至申请注册之日止不满5年的;

(5) 建设部和国务院有关部门规定不予注册的其他情形。

对准予注册的申请人,分别由全国注册结构工程师管理委员和省、自治区、直辖市注册结构工程师管理委员核发中华人民共和国一级注册结构工程师证书和中华人民共和国二级注册结构工程师证书。

注册结构工程师注册有效期为2年,有效期届满需要继续注册的,应当在期满前30日内办理注册手续。

3．注册结构工程师的执业

注册结构工程师的执业范围包括:结构工程设计;结构工程设计技术咨询;建筑物、构筑物、工程设施等的调查和鉴定;对本人主持设计的项目进行施工指导和监督;建设部和国务院有关部门规定的其他业务。

一级注册结构工程师的执业范围不受工程规模和工程复杂程度的限制,二级注册结构工程师的执业范围另行规定。

注册结构工程师执行业务,应当加入一个勘察设计单位,由勘察设计单位统一接受业务并统一收费。

因结构设计质量造成的经济损失,由勘察设计单位承担赔偿责任;勘察设计单位有权向签字的注册结构工程师追偿。

4．注册结构工程师的权利和义务

注册结构工程师的主要权利有:

(1) 名称专有权。注册结构工程师有权以注册结构工程师的名义执行注册结构工程师业务,非注册结构工程师不得以注册结构工程师的名义执行注册结构工程师业务。

(2) 结构工程设计主持权。国家规定的一定跨度、高度等以上的结构工程设计,应当由注册结构工程师主持设计。

(3) 独立设计权。任何单位或个人修改注册结构工程师的设计图纸,应当征得该注册结构工程师同意,但是因特殊情况不能征得该注册结构工程师同意的除外。

注册结构工程师的主要义务有:

(1) 遵守法律、法规和职业道德,维护社会公共利益;

(2) 保证工程设计质量，并在其负责的设计图纸上签字盖章；
(3) 保守在执业中知悉的单位和个人秘密；
(4) 不得同时受聘于两个以上勘察设计单位执行业务；
(5) 不得允许他人以本人名义执行业务；
(6) 按规定接受必要的继续教育，定期进行业务和法律培训。
(四) 注册造价工程师
详细内容参见第五章第二节《注册造价工程师》部分
(五) 注册监理工程师
详细内容参见第六章《注册监理工程师》部分

第三节 工程勘察设计市场经营管理

一、工程勘察设计单位的经营资格

(一) 勘察设计收费资格

勘察设计单位若仅有资质证书，而未取得收费资格，则只能承担本单位内部的勘察设计工作，不得进入市场，进行勘察设计经营活动。

勘察设计收费资格证书，是收取勘察设计费的法定凭证。它的领取，是由勘察设计单位提出申请，由各部、各地勘察设计主管部门提出审查意见，分别报送国家或地方发证部门审批。

勘察设计单位申请收费资格证书必须具备下列条件：

1．持有国家规定发证部门发给的全国统一印制的《工程勘察证书》或《工程设计证书》；

2．依法实行了技术经济责任制，经济上独立核算，自负盈亏或自收自支的勘察设计单位；

3．原为事业单位性质的，其事业费已由财政部门转作建设项目前期工作费，不再享有国家事业费有勘察设计单位；

4．依照财政、税务部门的规定依法纳税者。

(二) 企业法人营业执照

依法取得勘察设计资质证书和收费资格证书的单位，还需到工商行政管理机关登记注册，领取《企业法人营业执照》后，方可开展经营活动。未经工商行政管理机关登记注册的勘察设计单位不得开展经营活动。

勘察设计单位申请企业法人登记应具备下列条件：

1．经国家规定的机构、编制审批部门批准成立，并持有相应的文件；

2．持有国家规定发证机关发给的《工程勘察证书》或《工程设计证书》和《工程勘察收费资格证书》或《工程设计收费资格证书》；

3．有国家授予经营管理的财产或自有财产，并能够以其财产独立承担民事责任；

4．有健全的财会制度，能够实行独立核算，自负盈亏或自收自支，独立编制奖金平衡表或者资产负债表；

5．有与经营范围相适应的注册资金、经营场地和技术人员。其中，从事工程项目建设总承包的勘察设计单位，其注册资金不得少于 500 万元，其他工程勘察设计单位的注册资金不得少于20万元；

6．法律、法规规定的其他条件。

二、工程勘察设计单位的经营权限

勘察设计单位的经营范围包括：工程勘察、工程设计、工程项目建设总承包、岩土工程、工程监理、技术服务、咨询服务，其他兼营业务等。勘察设计单位承担勘察设计任务时，应当严格按照所持有的资格证书的等级和行业分类，对照由国务院有关部门颁布的该行业勘察设计资格分级标准的具体规定，承担相应的勘察设计任务。

持有国家有关部门依法颁布的工程勘察、设计证书的单位，不论何种级别，均可到全国各地参与竞争，承担与证书规定等级、范围相适应的勘察设计任务。各部门、各地区不得对其他地区、部门的勘察设计单位重新进行资格审查、认定，或乱收费，或利用验证登记备案等来封锁、分割勘察设计市场。

甲、乙级勘察设计单位可以将部分勘察设计任务依法分包给持相应行业、允许其聘用非持证单位的工程技术人员从事勘察设计工作（如聘用在职人员，须与该单位签订合同），由发包人或用人单位为整个勘察设计项目的技术、经济、质量负责。丙、丁级勘察设计单位可以与高资格等级的单位联合进行勘察设计，但必须依法签订合同，并由持有与承担该项目相应资格证书的单位与建设单位签订勘察设计合同、盖章出图和承担相应的技术和法律责任。

三、工程勘察设计合同

（一）工程勘察设计合同的概念

工程勘察设计合同是委托方与承包方为完成一定的勘察设计任务，明确双方权利义务关系的协议。

合同的委托方一般是项目业主（建设单位）或工程承包单位，承包方是指有国家认可的勘察设计证书的勘察设计单位。合同的委托方、承包方必须是具有民事权利能力和民事行为能力的特定的法人组织。以承包方为例，它的民事权利能力是指具有国家批准的勘察设计许可证；它的民事行为能力是指它具有经有关部门核准的资质等级，某一资质等级的勘察设计单位只能接受相应等级或限额的项目勘察设计任务，不能越级承包，否则该勘察设计合同是无效合同。不仅如此，法律还要求勘察设计合同的签订必须符合国家规定的基本建设管理程序，并以国家批准的设计任务书或其他有关文件为基础。

（二）工程勘察设计合同的法律依据

工程勘察设计合同的法律依据是1999年3月15日全国人大通过的《中华人民共和国合同法》，1997年11月1日全国人大常委会通过的《中华人民共和国建筑法》，以及2000年3月1日建设部修订的《建设工程勘察设计合同管理办法》等其他相关法规和规章。

勘察设计合同订立之后，便有了法律约束力，任何一方都应恪守合同义务，为工程的勘察设计工作的按期、按质、按量地完成提供了法律保障。同时合同中明确了双方的权利和义务及违约责任，任何一方不履行合同，都应严格依据合同执行罚责条款，有助于当事人各方加强管理和经济核算，使合同的履行直接同企业的经济效益挂钩，树立起合同执行的严肃性，同时也为监理工程师在项目设计阶段提供了法律依据和监理内容。

（三）工程勘察设计合同的主要条款

1．工程概况。包括工程的名称、建设地点、规模、特征、承接方式、投资额、预计的勘察设计工作量等。

2. 双方的权利与义务。在勘察设计合同中,委托方的义务即是承包方的权利,承包方的义务即是委托方的权利。如委托方有提供相应的资料、做好前期准备工作和相应服务项目等方面的义务;承包方有严格依照现行标准规范、规程进行勘察设计工作,按合同规定的进度、质量提交勘察设计文件等的义务。

3. 勘察设计工作的收费标准及付费方式。如在勘察合同中,委托方应于合同生效后3日内,向勘察人支付预算勘察费的20%作为定金;勘察人提交勘察成果资料后10日内,委托方应一次付清全部工程费用等。

4. 违约责任。如在合同签订后,委托方不履行合同时,无权要求返还定金;承包方不履行合同时,应双倍返还定金等。

5. 争议解决方法。当合同在履行过程中发生争议时,双方当事人或协商或仲裁或诉讼来解决,若选择仲裁,则应订立仲裁条款或事后达成仲裁协议。

6. 其他违约事项。双方当事人可以在不违反现行法律、法规规定的前提下,可自由约定其他事项。

(四) 工程勘察设计合同的管理

1. 主管机关对合同的管理和监督

建设行政主管部门和工商行政管理部门是对合同的签订、履行实施管理和监督的法定机关,其主要职能是:第一,贯彻国家和地方有关法律、法规和规章;第二,制定和推荐使用工程勘察设计合同文本;第三,审查和鉴证工程勘察设计合同,监督合同履行,调解合同争议,依法查处违法行为;第四,指导勘察设计单位的合同管理工作,培训勘察设计单位的合同管理人员,总结交流经验,表彰先进的合同管理单位。

2. 委托方对勘察设计合同的管理

委托方为了保证勘察设计工作的顺利进行,可以委托具有相应资质等级的建设监理公司,聘请监理工程师,对勘察设计合同进行管理。

监理工程师对勘察设计合同进行管理的主要任务是:(1)根据设计任务书等有关批文和资料编制"设计要求文件"或"方案竞赛文件"或"招标文件";(2)组织设计方案竞赛、招投标,并参与评选设计方案或评标;(3)协助选择勘察设计单位或提出评标意见及中标单位候选名单;(4)起草或协助起草勘察设计合同条款及协议书;(5)监督勘察设计合同的履行情况;(6)审查勘察设计阶段的方案和设计成果;(7)向建设单位提出支付合同价款的意见;(8)审查项目概预算。

3. 承包方(勘察设计单位)对合同的管理

承包方对勘察设计合同的管理更应充分重视,应从以下三个方面加强对合同的管理,以保障自己的合法权益。

(1) 建立专门的合同管理机构。一般设计单位均十分重视工程技术(设计)部门的设置与管理,而忽视合同管理部门及人员。但事实却证明,好的合同管理所获得的效益要远比仅靠先进的技术方法或技术设备所获收益要高得多。因此,设计单位应专门设立经营及合同管理部门,专门负责设计任务的投标、标价策略确定、起草并签署合同以及对合同的实施控制等工作。

(2) 研究合同条款。勘察设计合同是勘察设计工作的法律依据,勘察设计的广度、深度和质量要求、付款条件以及违约责任都构成了勘察设计合同中至关重要的问题,任何一项条款的执行失误或不执行,都将严重影响合同双方的经济利益,也可能给国家造成不可挽回的损失,因此注重合同条款和合同文件的研究,对于勘察设计单位履行合同以及实现经济效益都是很有帮助的。

(3) 合同履行的控制。是指在合同规定的条件下,控制设计进度在合同工期内,保证设计人员按照合同要求进行合乎规范的设计,将设计所需的费用控制在合同价款内等内容。

第四节 工程勘察设计质量管理

一、工程勘察设计文件的编制

(一) 编制的依据

工程勘察设计文件的编制,应当以下列规定为依据:

1. 项目批准文件;
2. 城市规划;
3. 工程建设强制性标准;
4. 国家规定的建设工程勘察设计深度要求。

铁路、交通、水利等专业建设工程,还应当以专业规划的要求为依据。

(二) 工程勘察文件的基本内容和要求

工程勘察的主要内容是工程测量、水文地质勘察和工程地质勘察,其任务在于查明工程项目建设地点的地形地貌、地层土的岩性、地质构造、水文条件等自然地质条件资料,作出鉴定和综合评价,为工程项目的选址、设计和施工提供科学、可靠的依据。

工程勘察设计文件主要包括勘察报告和各种图表。勘察报告的内容一般包括:任务要求和勘查工作概况,厂地的地理位置,地形地貌,地质构造,不良地质现象,地层生长条件,岩石和土的物理力学性质,场地的稳定性和适宜性,岩石和土的均匀性及允许承载力,地下水的影响,土的最大冻结深度,地震基本烈度,以及由工程建设可能引起的工程地质问题,供水水源地的水质水量评价,水源的污染及发展趋势,不良地质现象和特殊地质现象的处理和防治等方面的结论意见、建议和措施等。

工程勘察应由专门具有相应资质的勘察单位承担,编制的工程勘察文件,应当真实、准确,满足工程规划、选址、设计、岩土治理和施工的需要。

(三) 工程设计文件的内容和要求

设计是工程建设的重要环节,设计文件则是安排建设计划和组织施工的主要依据。按我国现行规定,一般建设项目按初步设计和施工图设计两个阶段进行设计。对于技术复杂而又缺乏经验的项目,经主管部门指定,需增加技术设计阶段,对一些大型联合企业、矿区和水利枢纽,为解决总体部署和开发问题,还需要进行总体规划设计或总体设计。此外,市镇的新建、扩建和改建规划以及住宅区或商业区的规划,就其性质而言,也属于设计范围。

1. 总体规划设计

总体规划设计须能满足初步设计的开展、主要大型设备和材料的预先安排以及土地征用准备工作的要求。其内容包括下列文字说明和必要的图纸:

(1) 建设规模;

(2) 产品方案；
(3) 原料来源；
(4) 工艺流程等概况；
(5) 主要设备配置；
(6) 主要建筑物和构筑图；
(7) 公用及辅助工程；
(8) "三废"治理和环境保护方案；
(9) 占地面积估计；
(10) 总图布置及运输方案；
(11) 生产组织概况和劳动定员估计；
(12) 生活区规划设想；
(13) 施工基地的部署和材料的来源；
(14) 建设总进度和进度配合要求；
(15) 投资估算等。

2．初步设计

初步设计的内容，一般包括以下文字说明和必要的图纸：
(1) 建设规模；
(2) 设计依据；
(3) 设计指导思想；
(4) 产品方案、原料、燃料、动力的用量和来源；
(5) 工艺流程；
(6) 主要设备选型及配置；
(7) 总图运输；
(8) 主要建筑物、构筑物；
(9) 公用、辅助设施；
(10) 新技术采用情况；
(11) 主要材料用量；
(12) 外部协作条件；
(13) 占地面积及土地利用情况；
(14) 综合利用和"三废"治理方案措施；
(15) 生活区建设；
(16) 抗震和人防措施；
(17) 生产组织和劳动定员；
(18) 各项技术经济指标；
(19) 建设顺序和期限；
(20) 总概算等。

编制初步设计文件，应满足以下要求：
(1) 施工招标文件或设计方案的评选和确定；
(2) 主要设备材料订货；

(3) 土地征用；

(4) 基建投资的控制；

(5) 施工图设计的编制；

(6) 施工组织的编制；

(7) 施工准备和生产准备等。

3．技术设计

技术设计的内容，有关部门可根据工程的特点和需要，自行制定。它是为了解决某些重大或特殊项目在初步设计阶段无法解决的某些技术问题而进行的。主要包括：

(1) 特殊工艺流程方面的试验、研究和确定；

(2) 新型设备的试验、试制及确定；

(3) 大型建筑物和构筑物的某些关键部位的试验研究和确定；

(4) 某些技术复杂需慎重对待的问题的研究和方案的确定等。

编制技术设计文件应满足确定设计方案中重大技术问题和有关试验、设备制造等方面的要求。

4．施工图设计

施工图设计的内容，主要是根据批准的初步设计和技术设计，绘制出正确、完整和尽可能详尽的建筑安装图纸。编制施工图设计文件，应当满足设备材料采购、非标准设备制作和实际施工的需要，并注明工程合理使用年限。

二、工程勘察设计文件的审批和修改

勘察设计文件的审批，实行分级管理、分级审批的原则。

大型建设项目的初步设计和概算，按隶属关系，由国务院主管部门或省、直辖市、自治区组织审查，提出审查意见，报国家计委批准；特大、特批项目，由国务院批准；技术设计则直接由国务院主管部门或省、直辖市、自治区审批。中型建设项目的初步设计和概算，在国务院主管部门备案后，由省、直辖市、自治区审查批准。小型建设项目初步设计的审批权限，由主管部门或省、直辖市、自治区自行规定。各部委直管代管的下放项目的初步设计，以国务院主管部门为主，会同省、直辖市、自治区审查批准。

总体规划设计的审批权限与初步设计相同。施工图设计，除主管部门指定要审查外，一般不再审批。

建设单位、施工单位、监理单位不得修改工程勘察设计文件，确需要修改的，应当由原勘察设计单位修改。经原勘察设计单位书面同意，建设单位也可以委托其他具有相应资质的单位修改。修改单位对修改的文件承担相应的责任。施工单位、监理单位发现勘察设计文件不符合工程建设强制性标准、合同约定的质量要求的，应当报告建设单位，建设单位有权要求工程勘察设计单位对勘察设计文件进行补充、修改。勘察设计文件内容需要做重大修改的，建设单位应当报告原审批机关批准后，方可修改。

三、工程勘察设计的质量管理与责任

勘察设计工作是建设程序的先行环节，其质量的优劣直接关系到建设项目的经济效益和社会效益。勘察设计单位必须对勘察设计质量负责，通过建立、健全质量管理制度，推行全面质量管理，不断提高勘察设计质量。

(一) 勘察工作质量管理

勘察单位要切实抓好勘察纲要的编制、原始资料的整理的取得和成果资料的整理的质量管理。勘察工作的每一环节都应做到事前有布置、中间有检查、成果有校审、质量有评定。勘察工作应做到体现规划、设计意图,如实反映现场的地形和地质概况,符合规范、规程的规定,及时编录、核对、整理,不得遗失或任意涂改;成果资料必须做到数据准确,论证有据,结论明确,建议具体。勘察单位必须建立健全原始资料的检查验收制度和成果资料的审核制度,对各项原始资料必须坚持自检和互检相结合。对大型或地质条件复杂的勘察纲要和成果资料应组织会审。各级主管部门在审批大型或地质条件复杂工程的设计文件时,应审查勘察成果资料。

(二) 设计工作质量管理

设计工作的编制要认真抓好事前指导、中间检查、成果校审、质量评定等环节,做到设计基础资料齐全准确,遵守设计工作原则,各专业采用的技术条件一致,采用的新技术行之有效,选用的设备性能优良,计算依据齐全可靠,计算结果准确,正确的执行现行的标准规范,各个阶段设计文件的内容、深度符合国家规定,设计合理,综合经济效益好。设计单位必须及时收集施工中和投产后对设计质量的意见,进行分析研究,不断改进设计工作,提高设计质量;必须建立、健全各级各类人员岗位责任制,严格执行,加强管理,做到工作有秩序,进度有控制,质量有保证。各级主管部门必须依据国家规定的审批办法,对设计文件进行严格的审批,不得随意下放审批权限。

另外,针对具体的建筑设计文件的编制要求和质量评定办法,建设部颁发了《建筑工程设计文件编制的规定》和《民用建筑工程设计质量评定标准》并作出明确规定,提出建筑设计质量的基本标准是"合格品"要求。要求建筑设计的基本质量标准为:(1)贯彻国家建设方针、政策以及有关技术标准,符合批准的初步设计文件;(2)设计方案合理,满足功能要求,运行安全可靠,技术经济指标适度;(3)计算完整、准确,设计标准恰当,构造措施合理,便于施工、维修和管理;(4)符合设计深度,正确表达设计意图,设计文件完整,图面质量好。

(三) 质量责任

勘察设计单位应对其勘察、设计的质量负责。注册建筑师、注册结构工程师等注册执业人员应当在设计文件上签字,对设计文件负责。

勘察设计单位有下列行为之一的,责令改正,处10万元以上30万元以下的罚款:(1)勘察单位未按照工程建设强制性标准进行勘查的;(2)设计单位未根据勘察成果文件进行工程设计的;(3)设计单位指定建筑材料、建筑构配件的生产厂、供应商的;(4)设计单位未按照工程建设强制性标准进行设计的。有前述所列行为,造成工程质量事故的,责令停业整顿,降低资质等级;情节严重的,吊销资质证书;造成损失的,依法承担赔偿责任。

勘察设计单位违反国家规定,降低工程质量标准,造成重大安全事故的,对直接责任人员处五年以下有期徒刑,并处罚金。

注册建筑师、注册结构工程师等注册执业人员因过错造成质量事故的,责令停止执业1年;造成重大质量事故的,吊销执业资格证书,5年以内不予注册;情节特别恶劣的,终身不予注册。

典型案例:无证设计导致行政处罚案

【案情】

原告:宋某(以下称第一原告)

上海市某房地产开发公司(以下称第二原告)

被告:上海市某建筑行政主管部门

1999年3月15日,被告上海市某建筑行政主管部门收到一建筑公司举报,称其正在进行施工的建筑施工图纸存在严重质量问题,希望被告对该图纸的设计单位进行查处。被告经调查后发现,该项目施工图纸是由第一原告宋某组织无证设计人员,私自安排刻制并使用应当是由市建委统一管理发放的施工图出图专用章,且以蚌埠某建筑设计院上海分院的名义设计。据此,被告于1999年11月17日对第一原告做出了"责令停止建筑活动,并处5万元罚款"的行政处罚。同时,上述项目的开发单位——第二原告在未验明设计单位的资质的情况下,将工程设计发包给事实上是个人的第一原告,并将无证人员设计的施工图纸交给施工单位使用,被告因此对第二原告也做出了"责令改正,并处3万元罚款"等的行政处罚。处罚决定书下达后,两原告均不服上述行政处罚,遂于2000年1月6日向上海市徐汇区人民法院提起行政诉讼,要求撤销被告的上述行政处罚。

【审判】

2000年4月13日上海市徐汇区人民法院受理了此案,经过审理,依法维持了被告的具体行政行为。两原告不服一审判决,于2000年4月20日向上海市第一中级人民法院提起上诉。经开庭审理,二审法院于2000年11月17日做出二审判决如下:

1．第一原告在进行工程项目设计时,组织没有建筑设计从业资格的设计人员进行设计,并在设计图纸上加盖了自行刻制的施工图出图章和施工图发图负责人章,其主观上违法的故意十分明显。被告认定其无证从事建筑设计活动的事实清楚、证据充分。

2．第二原告在将设计这一工程的重要环节发包给设计单位时,理应验明设计单位的资质证书及其他相关证书。以第二原告的行为能力,应当能够验明第一原告提供的注册税务登记证、企业法人代码证书、企业法人营业执照、进沪许可证等已全部无效。因此,第二原告也应负一定的法律责任。

3．第一原告和第二原告于1998年4月18日签订设计合同,委托设计行为自此开始,并一直持续到1999年9月1日第二原告将工程重新委托给其他设计单位设计时止。期间,双方并未发生终止、解除合同的情形。故对违法行为的追究,应当从行为终了之日起计算。因此,被告适用法律正确。

4．驳回上诉,维持原判。

【评析】

本案的案情并不复杂,事实也很清楚。《建筑法》、《勘察设计质量管理条例》以及其他相关法规、规章等都对无证设计、"挂靠"、违法发包等行为作了明确的规定并有相应的处罚措施。

本案的焦点在于法律的适用问题。因为《建筑法》、《勘察设计质量管理条例》以及本案中援引的《上海市建筑市场管理条例》均是1997年以后颁布实施的,而本案中的工程设计发包行为发生在1996年,因此原告对被告适用上述法律对其进行行政处罚提起诉讼。我们认为,虽然法律不具有溯及力,即新颁布的法律对在其实施前发生的行为不具有法律约束力;但是,本案的法律适用有其特殊性,被处罚主体的违法行为处于一种持续状态,其虽始于法律颁布之前,但终止于法律颁布之后,因此,在行为持续期间颁布实施的法律对违法行为具有法律约束力,依此做出行政处罚在法律适用上是完全正确的。

复习思考题

1. 什么叫工程勘察设计？勘察设计的基本原则是什么？
2. 简述工程勘察设计的资质等级和标准。
3. 行政主管部门如何对勘察设计单位的资质进行管理和监督？
4. 简述我国的注册建筑师制度。
5. 简述我国的注册结构工程师制度。
6. 试述工程勘察设计合同的有关规定。
7. 工程设计文件的种类有哪些？其内容和要求如何？
8. 对工程勘察设计工作如何进行质量管理？

第五章 建筑工程管理

第一节 建筑法概述

一、建筑法的概念和调整对象

建筑法是指调整建筑活动的法律规范的总称。

所谓建筑活动,是指各类房屋及其附属设施的建造和与之配套的线路、管道、设备的安装活动。

各类"房屋建筑"是指具有顶盖、梁柱和墙壁,供人们生产、生活等使用的建筑物,包括民用住宅、厂房、仓库、办公楼、影剧院、体育馆、学校校舍等各类房屋。"附属设施"是指与房屋建筑配套建造的围墙、水塔等附属的建筑设施。"配套的线路、管道、设备的安装活动"是指与建筑配套的电气、通讯、燃气、热力、给水、排水、空气调节、电梯、消防等线路、管道和设备的安装活动。

建筑装修活动,如果是建筑过程中的装修,则属于建筑活动的组成部分,适用本法规定。对已建成的建筑进行装修,如果涉及建筑物的主体或承重结构变动的,适用本法;不涉及主体结构或承重结构变动的装修,不属于本法的调整范围。对于不包括建筑装修内容的建筑装饰活动,因其不涉及建筑物的安全性和基本使用功能,完全可以因使用者的爱好和审美情趣的不同而各有不同,不需要以法律强制规范,因而不适用本法。

建筑法有狭义和广义之分。狭义的建筑法是指 1997 年 11 月 1 日由第八届全国人民代表大会常务委员会第二十八次会议通过的,于 1998 年 3 月 1 日起施行的《中华人民共和国建筑法》(以下简称《建筑法》)。该法是调整我国建筑活动的基本法律,共 8 章,85 条。它以规范建筑市场行为为出发点,以建筑工程质量和安全为主线,规定了总则、建筑许可、建筑工程发包与承包、建筑工程监理、建筑安全生产管理、建筑工程质量管理、法律责任、附则等内容,并确定了建筑活动的一些基本法律制度。广义的建筑法,除《建筑法》之外,还包括了一些调整建筑活动的单行法规和规章,如 2000 年 1 月 30 日国务院颁布的《建设工程质量管理条例》、2000 年 8 月 25 日建设部颁布的《实施工程建设强制性标准监督规定》等,以及其他分布在我国宪法、法律、行政法规、地方性法规、部门规章、地方性规章、国际惯例中的相关的法律规范,这些不同效力层次的调整建筑活动的法律规范即构成广义的建筑法。

二、建筑法的适用范围

法律的适用范围,也称法律的效力范围,包括法律的时间效力,即法律从什么时候开始发生效力和什么时候失效;法律的空间效力,即法律适用的地域范围;以及法律对人的效力,即法律对什么人(指具有法律关系主体资格的自然人、法人和其他组织)适用。

(一)建筑法的时间效力

根据《建筑法》第八十五条的规定:"本法自 1998 年 3 月 1 日起生效施行"。自该日起,凡在我国境内进行房屋建筑活动,都必须遵守本法规定,过去制定的有关房屋建筑的法规、规章与本法规定不一致的,应以本法为准。本法施行以前的行为,按照法不溯及既往的原则,不适用本法规定。

(二)建筑法的空间效力

本法适用的空间效力范围,是中华人民共和国境内,即中华人民共和国主权所及的全部领域内。当然,按照我国香港、澳门两个特别行政区基本法的规定,只有列入这两个基本法附件三的全国性法律,才能在这两个特别行政区适用,建筑法没有列入其中,所以,香港和澳门的建筑立法,应由这两个特别行政区的立法机关自行制定。

(三)建筑法对人的效力

本法适用的主体范围包括,一切从事建筑活动的主体和各级依法负有对建筑活动实施监督管理职责的行政机关。一切从事本法所称的建筑活动的主体,包括从事建筑工程的勘察、设计、施工、监理等活动的国有企事业单位、集体所有制的企事业单位、中外合作经营企业、外资企业、合伙企业、私营企业以及依法可以从事建筑活动的个人,不论其经济性质如何、规模大小,只要从事本法规定的建筑活动,都应遵守本法的各项规定,违反本法规定的行为都将受到法律的追究。各级依法负有对建筑活动实施监督管理的行政机关,包括建设行政主管部门和其他有关主管部门,都应当依照本法的规定,对建筑活动实施监督管理。包括依照本法的规定,对从事建筑活动的勘察单位、设计单位、施工单位、工程监理单位进行资质审查,依法颁发资质等级证书;对建筑工程的招标投标活动是否符合公开、公正、公平的原则以及是否遵守法定程序进行监督,但不应代替建设单位组织招标;对建筑工程的质量和建筑安全生产依法进行监督管理;以及对违反本法的行为实施行政处罚等等。对建筑活动负有监督管理职责的机关及其工作人员不依法履行职责、玩忽职守或者滥用职权的,将受到法律的追究。

三、建筑法的立法宗旨

《建筑法》第 1 条规定:"为了加强对建筑活动的监督管理,维护建筑市场秩序,保证建筑工程的质量和安全,促进建筑业的健康发展,制定本法。"此条即规定了我国《建筑法》的立法宗旨。

(一)加强对建筑活动的监督管理

建筑业是国民经济的基础产业之一,与工业、农业、商业、交通运输业共同构成国民经济的五大物质生产部门。建筑业通过自己的生产活动,即对各类建筑物和构筑物的建造及其配套的线路、管道、设备的安装活动,为人们的生产、生活提供住宅、厂房、仓库、办公楼、学校、医院、商店、体育场(馆)等各类建筑,为社会创造财富。同时,建筑业还能带动相关产业的发展(据有关部门测算,我国建筑业每完成 1 元产值,可以带动相关产业完成 1.76 元产值)。但是在我国建筑业的发展过程中,还存在一些不容忽视的问题,有些还相当严重,如:建筑市场中主体行为不规范,在工程承包活动中行贿受贿,或者将承揽的工程进行层层转包,层层扒皮,一些不具备从事建筑活动所应有的资质条件的包工队通过"挂靠"或其他违法手段承包工程,留下严重的建筑质量隐患,破坏了建筑市场的正常秩序;房屋建筑工程质量低劣,以至频频发生房倒屋塌的恶性事故,社会反映强烈;有些建设行政主管部门的工作人员不认真履行监督管理职责,玩忽职守,徇私舞弊,给建筑活动中的违法行为开了方便之门,等等。对建筑业发展中存在的种种问题,必须予以高度重视,采取有效措施切实加以解决。

通过制定建筑法,规定从事建筑活动和对建筑活动进行监督管理必须遵守的行为规范,以法律的强制力保证实施,为加强对建筑活动的有效监督管理提供法律依据和法律保障,这是制定本法的重要目的。

(二) 维护建筑市场秩序

建筑市场,是指以建筑工程项目的建设单位或称业主(发包方)和从事建筑工程的勘察、设计、施工、监理等业务活动的法人或自然人(承包方)以及有关的中介机构为市场主体,以建筑工程项目的勘察、设计、施工等建筑活动的工作成果或者以工程监理的监理服务为市场交易客体的建筑工程项目承发包交易活动的统称。它既包括设有交易大厅和固定交易场位,专供发包方和承包方,在其中进行承发包交易活动的有形的市场;也包括没有固定的交易场所,发包方和承包方主要通过广告、通讯、中介等方式进行承发包交易活动的无形市场。

建筑市场是社会主义市场经济的组成部分,市场经济是法治经济,正常的市场经济秩序,需要靠法律规范来建立和维护。通过制定建筑法,确立建筑市场运行必须遵守的基本规则,要求参与建筑市场活动的各个方面都必须一体遵循,对违反建筑市场法定规则的行为依法追究法律责任,这对于构筑建筑市场竞争有序的市场秩序,保证建筑业在市场经济的条件下健康发展,是非常必要的。

(三) 保证建筑工程的质量和安全

建筑工程具有形体庞大,生产周期长,工程造价高,一旦建成后将长期存在、长期使用的特点,与其他产品相比,其质量问题显得更为重要。建筑工程发生质量问题,特别是建筑物的主体结构或隐蔽工程发生质量问题,将因难以弥补而造成巨大的经济损失。同时,建筑工程作为供人们居住或公众使用的场所,如果存在危及安全的质量问题,可能会造成重大的人身伤亡和财产损失,这方面国内外都有许多血的教训。"百年大计,质量第一",这是从事建筑活动必须始终坚持的基本准则。建筑法将保证建筑工程的质量和安全作为本法的立法宗旨和立法重点,在内容上作了若干重要规定,这对保证建筑工程的质量和安全具有重要意义。

(四) 促进建筑业的健康发展。

法律作为上层建筑,是为经济基础服务,为促进社会生产力发展服务的。制定建筑法,确立从事建筑活动必须遵守的基本规范,依法加强对建筑活动的监督管理,其最终目的是为了促进建筑业的健康发展,以适应社会主义现代化建设的需要。促进建筑业的"健康发展",不仅包括对建筑业在发展速度和经济效益方面的要求,更重要是对建筑业在确保工程质量和安全方面的要求。要使我国的建筑业真正做到在"质量好、效益高"的基础上,得到持续、稳定、快速的发展,这才符合本法对建筑业健康发展的要求。

四、建筑法的基本制度

(一) 建筑业统一监督管理制度

《建筑法》第六条规定:"国务院建设行政主管部门对全国的建筑活动实施统一监督管理。"这是关于建筑管理体制的规定,它确立了国家建设行政主管部门依据法律、行政法规以及规定的职权代表国家对建筑活动进行监督和管理的统一管理体制。所谓国务院建设行政主管部门即指建设部,它是全国建筑活动的统一监督管理机关,是国务院综合管理全国建设事业(工程建设、城市建设、村镇建设、建筑业、房地产业、市政公用事业)的职能部门。

建设行政主管部门对建筑活动的监督管理具有以下几个特点:

1. 建筑活动监督管理具有权威性。这种监督管理体现的是国家意志,是由建设行政主管部门代表国家依法行使的职责,任何单位和个人都应当服从这种监督管理。

2. 建筑活动监督管理具有强制性。这种监督是有国家强制力保证的,任何单位和个人不服从这种监督管理都将受到法律的制裁。

3. 建筑活动监督管理具有综合性。这种监督管理并不局限于建筑活动的某一方面,而是贯穿于建筑活动的全过程;不局限于某一个单方主体,而是适用于建设单位(业主)、勘察设计单位、施工单位和监督单位等各方主体。

(二) 建筑许可制度

建筑许可制度是建筑法规定的对建筑工程施工许可制度和从事建筑活动的单位和个人从业资格制度的规定。建筑法对建筑许可制度的确立,体现了国家对建筑活动作为一种特殊的经济活动,进行从严和事前控制的管理,对规范建筑市场,保证建筑工程质量和建筑安全生产,维护社会经济秩序,提高投资效益,保障公民生命财产和国家财产安全,具有非常重要的意义。实行建筑工程施工许可制度,既可以监督建设单位尽快建成拟建项目,防止土地闲置,又能保证建设项目开工后能够顺利进行,避免由于不具备条件而盲目上马,给参与建设的各方造成不必要的损失,同时也有助于建设行政主管部门对在建项目实施有效的监督管理。实行从事建筑活动的单位资质制度和个人资格制度,有利于确保从事建筑活动的单位和个人的素质,提高建筑工程质量和投资效益。

(三) 建筑工程发包与承包合同制度

《建筑法》第十五条规定:"建筑工程的发包单位与承包单位应当依法订立书面合同,明确双方的权利和义务。"《中华人民共和国合同法》第二十七条也规定:"建设工程合同应当采用书面形式。"由此可以看出,对于工程建设中发包方与承包方的责、权、利的关系,须通过书面合同的方式加以明确,发包单位和承包单位应当依据合同全面履行合同约定的义务,不按合同约定的义务加以履行的,要依法承担违约责任。对于在合同履行过程中,违反发包、承包的规定的行为,不仅要承担相应的经济责任,还要承担行政责任乃至刑事责任。

建筑工程发包与承包合同制度,是市场经济的需要,是充分发挥企业主体的能动性的需要,但是合同的订立不是建筑主体间的随心所欲的事情,它必须要受到法律的宏观调节和约束。为了规范建筑工程发包与承包合同,确保工程建设过程中承包与发包行为符合法律规定,并最终确保建筑工程合同的全面落实,真正实现合同双方所追求的经济目标,《建筑法》用十五条规定了建筑工程承包合同;发包、承包活动的基本原则;发包方和承包方的不正当竞争行为以及建筑工程造价;发包工程的方式、程序;发包方在发包过程中的权利及行为限制;承包单位的资质要求;承包方式;禁止转包及再分包等内容。

通过推行工程建设的合同制度,对于明确双方的权利和义务,对于工程建设中责任的确是十分有益的。

(四) 建筑工程监理制度

建筑工程监理是指具有一定资质的监理单位受建设单位(业主)的委托,依照法律、行政法规及有关技术标准、设计文件和建筑工程承包合同,对建筑工程实施监督管理。建筑法对建筑工程监理设专章加以规定,有利于建筑工程监理制度在我国全面实行,对控制建筑工程的投资、保证建设工期、确保建筑工程质量以及开拓国际建筑市场等具有非常重要的意义。

推行工程监理制度是适应我国建设领域由计划经济向市场经济转变的需要,它对于打破计划经济体制下建设单位及其主管部门自行组织监督管理工程建设活动的封闭式的管理方式,对于在工程建设领域引入竞争机制,对于建立社会化、科学化的建设工程监督管理体制都是十分有益的。推行工程监理制度是适应我国工程建设领域对外开放与国际惯例接轨的需要,对于我国进入国际经济大循环,参与国际竞争和国际合作,加强对外合作交流,吸引外商到中国投资或向国际金融组织申请贷款,都是十分有益的。推行工程监理制也是对工程项目进行科学管理的需要,它对于工程项目的质量、工期、投资进行控制都发挥着重要的作用。《建筑法》对建筑工程监理的范围、程序、依据、内容及工程监理单位和工程监理人员的权利义务和责任都作了详细规定。

（五）建筑安全生产管理制度

关于安全生产管理,国家已制定了一些有关法律,其中有些规定在各行业是相通的,建筑法结合建筑业的特点做出了若干规定,主要为:

1．建立健全安全生产的责任制度和群防群治制度;

2．建筑工程设计应当符合按照国家规定制定的建筑安全规程和技术规范,保证工程的安全性能;

3．建筑施工企业在编制施工组织设计时,应当根据建筑工程的特点制定相应的安全技术措施;

4．施工现场对毗邻的建筑物、构筑物的特殊作业环境可能造成损害的,建筑施工企业应当采取安全防护措施;

5．建筑施工企业的法定代表人对本企业的安全生产负责,施工现场安全由建筑施工企业负责,实行施工总承包的,由总承包单位负责;

6．建筑施工企业必须为从事危险作业的职工办理意外伤害保险,支付保险费;

7．涉及建筑主体和承重结构变动的装修工程,施工前应提出设计方案,没有设计方案的不得施工;

8．房屋拆除应当由具备保证安全条件的建筑施工单位承担,由建筑施工单位负责人对安全负责。

（六）建筑工程质量管理制度

建筑工程质量管理是建筑法的重点内容,它贯穿于整个建筑法,其中关于工程质量管理的规范主要有:

1．坚持标准。建筑工程勘察、设计、施工的质量必须符合国家有关建筑工程标准的要求。对于建设单位在工程质量上所起的作用也作了必要的限制,如《建筑法》第五十四条规定:"建设单位不得以任何理由,要求建筑设计单位或者建筑施工企业在工程设计或者施工作业中,违反法律、行政法规和建筑工程质量、安全标准,降低工程质量;建筑设计单位和建筑施工企业对建设单位提出的降低工程质量的要求,应当予拒绝。"关于勘察、设计方面,建筑法规定,勘察设计文件应当符合有关法律、行政法规的规定和建筑工程质量、安全标准以及相应的技术规范和合同的约定,设计文件选用的建筑材料、建筑构配件和设备等,其质量要求均须符合国家规定的标准。

2．建立法定的质量责任制度。参与建筑工程勘察、设计、施工的各方都应承担相应的责任:建筑工程实行总承包,工程质量由工程总承包单位负责;总承包单位将工程分包给其他单位的,应当对分包工程的质量与分包单位承担连带责任;勘察设计单位必须对勘察设计的质量负责;施工单位对工程的施工质量负责。

3.保证施工质量的法律措施。主要有:建筑施工企业必须按照工程设计图纸和施工技术标准施工,不得偷工减料;工程设计的修改由原设计单位负责,施工单位不得擅自修改工程设计;施工企业必须按照工程设计要求、施工技术标准和合同的约定,对建筑材料、建筑构配件和设备进行检验,不合格的不得使用;设计单位对设计文件选用的建筑材料、建筑构配件和设备,不得指定生产厂、供应商等。

4.竣工验收制度。建筑工程的竣工验收,是全面检验工程质量的必经程序,也是检查承包合同履行情况的重要环节,因此在建筑法中对竣工验收的主要条件作出规定,就是交付竣工验收的建筑工程,必须符合规定的建筑工程质量标准,有完整的工程技术经济资料和经签署的工程保修书,并具备国家规定的其他竣工条件;竣工验收合格后,方可交付使用;未经验收或者验收不合格的,不得交付使用。对于竣工验收中不负责任的行为,建筑法还规定,负责工程竣工验收的部门及其工作人员,对不合格的工程按合格验收的,责令改正,对责任人员给予相应的行政处分,构成犯罪的,依法追究刑事责任;造成损失的,由该部门承担赔偿责任。

5.工程保修制度。即建筑工程竣工验收之后,在规定的期限内,如果出现质量缺陷则要由承包单位负责维修。由于建筑工程的复杂性,难以用外观检查,尤其是一次性外观检查难以从根本上观察工程质量,因此质量保修制度成为建筑法中一项法定的制度,同时对保修的范围、期限等都作了明确的规定。

第二节 建 筑 许 可

一、建筑许可概念和特征

(一) 建筑许可的概念

许可,也称行政许可,是指行政机关根据公民、法人或非法人组织的申请通过颁发许可证、资格证、执照等形式,依法赋予其从事某种活动的法律资格或实施某种行为的法律权利的行政行为。

建筑许可是行政许可的一种,是指建设行政主管部门或其他有关行政主管部门依法准许、变更和终止公民、法人或非法人组织从事建筑活动的具体行政行为。建筑许可主要表现为建筑工程施工许可和从业许可。

建筑工程施工许可,是指建设行政主管部门或其他有关行政主管部门根据建设单位的申请,对建筑工程是否具备施工条件进行审查,符合条件者,准许建筑工程开始施工并颁发施工许可证或批准开工报告的行为。

从业许可包括两个方面:一是对从事建筑活动的勘察单位、设计单位、施工单位和工程监理单位的业务能力、人员素质、管理水平、资金数量等进行审查,以确定其承担任务的范围,并颁发相应资质证书的行为;二是从事建筑活动的专业技术人员依法进行考试和注册,并颁发执业资格证书的行为。

(二) 建筑许可的特征

1.建筑许可行为的主体是建设行政主管部门,不是其他行政机关,也不是其他的公民、法人或非法人组织。

2．建筑许可是为了对建筑工程的开工和从事建筑活动的单位和个人资质资格实施行政管理，其最终目的是为了保障建筑工程的质量。

3．建筑许可是一种依申请而做出的行政行为。没有申请，建设行政主管部门不能主动予以许可。当然，作为建筑许可相对方的个人、组织，必须具备相应法律、法规、规章规定的条件，才能提出许可申请。

4．建筑许可是一种要式行政行为。所谓要式，是指建筑许可行为必须有特定的形式要件，即便于建设行政主管部门和社会对获得许可的个人、组织与未获得许可的加以区别，也便于建设行政主管部门对其进行监督检查。这种特定的形式要件主要是许可证、资格证、资质证书等。

5．建筑许可的事项与条件必须是法定和公开的。

二、建筑工程施工许可

(一) 建筑工程施工许可证的申请时间和申请范围

《建筑法》第七条规定："建筑工程开工前，建设单位应当按照国家有关规定向工程所在地县级以上人民政府建设行政主管部门申请领取许可证；但是，国务院建设行政主管部门确定的限额以下的小型工程除外。"这一规定包括以下内容：

1．建筑施工许可证必须在开工日期之前领取。根据国家计划主管部门的有关规定，开工日期是指建设项目或单位工程设计文件中规定的永久性工程计划开始施工的时间，以永久性工程正式破土开槽开始施工的时间为准，在此以前的准备工作，如地质勘探、平整场地、拆除旧有建筑物、临时建筑、施工用临时道路、水、电等工程都不算正式开工。建设单位未依法在开工前申请领取施工许可证便开工建设的，属于违法行为，应当依照《建筑法》第六十四条的规定追究其行政法律责任。

2．建筑施工许可证是由建设单位申请领取的。所谓建设单位，是指投资进行该项目工程建设的任何单位或者个人，即该项建筑工程的"业主"。

3．县级以上人民政府的建设行政主管部门是施工许可证的审查和发放机关。建设行政主管部门应当依法履行该项职责，对经审查符合法定条件的建筑工程颁发施工许可证，对不符合条件的不得发给施工许可证。

4．并不是所有的建筑工程在开工前都要申请领取施工许可证，对于国务院建设行政主管部门确定的限额以下的小型工程(投资额在 30 万元以下或建筑面积在 $300m^2$ 以下)则不需要领取施工许可证。由于小型建筑工程具有投资少、建设规模小、施工相对来说的较简单等特点，没有必要都向建设行政主管部门申请领取施工许可证。

(二) 建筑工程施工许可证的申请条件

建设行政主管部门颁发施工许可证，是应建设单位的请求，做出准许申请人从事工程开工活动的书面处理决定的具体行政行为。施工许可证是建设单位能够从事建筑工程开工活动的法律凭证，取得了许可证，也就享有了建筑工程开工的权利。申请领取施工许可证条件的确定，是为了保证建筑工程开工后组织施工能够顺利进行。根据《建筑法》和《建筑工程施工许可管理办法》的规定，申请领取施工许可证，应当具备下列条件，并提交相应的证明文件。

1．已经办理有关建设用地批准手续

任何一项工程建设，都牵涉到建设用地问题。我国的建设用地实行许可证制度。《城市规划法》第三十一条规定:"在城市规划区内进行建设需要申请用地的,必须持国家批准建设项目的有关文件,向城市规划行政主管部门申请定点,由城市规划行政主管部门核定其用地位置和界限,提供规划设计条件,核发建设用地规划许可证。建设单位或个人在取得建设用地规划许可证后,方可向县级以上地方人民政府土地管理部门申请用地,经县级以上人民政府审查批准后,由土地管理部门划拨土地"。但是,未在城市规划区的建设工程则不必申请建设用地规划许可证即可直接向土地管理部门申请用地。

2. 在城市规划区的建筑工程,已经取得建筑工程规划许可证。

建筑工程规划许可证,是指由城市规划行政主管部门核发的,用于确认建筑工程是否符合城市规划要求的法律文件。《城市规划法》第三十二条规定:"在城市规划区内新建、扩建和改建建筑物、构筑物、道路、管线和其他工程设施,必须持有关批准文件向城市规划行政主管部门提出申请,由城市规划行政主管部门根据城市规划提出的规划设计要求,核发建筑工程规划许可证。建筑单位或个人在取得建筑工程规划许可证和其他有关批准文件后,方可申请办理开工手续。"

3. 施工场地已经基本具备施工条件,需要拆迁的,其拆迁进度符合施工要求。

拆迁一般是指房屋拆迁,即根据城市规划和国家专项工程的迁建计划,以及其他用地文件,拆除和迁移建设用地范围内的房屋及其附属物,并由拆迁人对原房屋及附属物的所有人或使用人进行补偿和安置的行为。对在城市旧区进行建筑工程的新建、改建、扩建,拆迁是施工准备的一项重要任务。对成片进行综合开发的,应根据建筑工程建设计划,在满足施工要求的前提下,分期分批进行拆迁。拆迁必须按计划和施工进度要求进行,否则,都会影响建筑工程的顺利开工。

4. 已经确定建筑施工企业。

建筑施工企业是具体负责实施建筑施工作业的单位,其人员素质、管理水平、资金数量、技术装备和施工业绩等都直接影响到其施工的进度、质量和安全。在工程开工前,建设单位必须已经依法通过招标发包或直接发包的方式确定具备同该工程建设规模和技术要等相适应的资质条件的建筑施工企业。按照规定应该招标的工程没有招标,应该公开招标的工程没有公开招标,或者肢解发包工程,以及将工程发包给不具备相应资质条件的,所确定的施工企业无效。否则,开工便无从谈起。

5. 有满足施工需要的施工图纸和技术资料。

施工图纸是根据建筑技术设计文件而绘制的供施工使用的图纸。按照基本建设程序,施工图纸包括土建和设备安装两部分。技术资料包括工程说明书、结构计算书和施工图预算等。施工图纸和技术资料是进行工程施工作业的技术依据,是在施工过程中保证建筑质量的重要因素。因此,为了保证工程质量,在开工前必须有满足施工需要的施工图纸和技术资料。

6. 有保证工程质量和安全的具体措施。

保证工程质量和安全的具体措施是施工组织设计的一项重要内容。施工组织设计的编制是施工准备工作的中心环节,其编制的好坏直接影响建筑工程质量和建筑安全生产,影响组织施工能否顺利进行。因此施工组织设计必须在建筑工程开工前编制完毕。施工组织的主要内容包括:工程任务情况;施工总方案、主要施工方法、工程施工进度计划、主要单位工程综合进度计划和施工力量、机械及部署;施工组织技术措施,包括工程质量、安全防护以及环境污染防护等各种措施;施工总平面布置图;总包和分包的分工范围及交叉施工部署等。

7. 按照规定应该委托监理的工程已委托监理。

根据2001年1月17日建设部颁布的《建设工程监理范围和规模标准规定》,下列建设工程必须实行监理:(1)国家重点建设工程;(2)大中型公用事业工程;(3)成片开发建设的住宅小区工程;(4)利用外国政府或者国际组织贷款、援助资金的工程;(5)国家规定必须实行监理的其他工程。上述建设项目已委托监理后,建设单位才能申请施工许可证。

8. 建设资金已经落实。

由于建筑活动需要较多的资金投入,占用资金时间也比较长,因此,在建筑工程施工过程中必须拥有足够的建设资金,这是保证施工顺利进行的重要的物质保障。同时,可以避免在工程开工后因缺乏资金而使施工活动无法进行,还可以防止某些建设单位要求施工企业垫资或带资承包现象发生。因此,建设部《建筑工程施工许可管理办法》中规定:"建设工期不足一年的,到位资金,原则上不得少于工程合同价的50%,建设工程工期超过1年的,到位资金原则上不得少于工程合同价的30%。建设单位应当提供银行出具的到位资金证明,有条件的可以实行银行付款保证或者其他第三方担保。"对建设资金来源不落实,资金到位无保障的建设项目,建设行政主管部门不能颁发施工许可证。

9. 法律、行政法规规定的其他条件。

由于建筑工程的施工活动本身复杂,各类建筑工程的施工方法、技术要求等不同,申请领取施工许可证的条件也有其复杂性和诸多不同的特点,很难用列举的方式把这些条件都包容进去。而且,随着对建筑活动管理的加强和完善,施工许可证的申请条件也会发生变化。但是,为了保证施工许可证申领的统一性和权威性,只有全国人大及其常委会制定的"法律"和国务院制定的"行政法规",才可以增加施工许可证的其他条件,地方性法规、部门规章地方性规章和其他规范性文件不得规定增加施工许可证的申领条件。

(三) 建筑工程施工许可证的申请程序

根据建设部1999年10月15日颁布(2001年7月4日修订)的《建筑工程施工许可管理办法》,建设单位在申请办理施工许可证时,应当按照下列程序进行:

1. 建设单位向发证机关领取《建筑工程施工许可证申请表》;

2. 建设单位持加盖单位及法定代表人印鉴的《建筑工程施工许可证申请表》,并附前述第(二)项"建筑工程施工许可证的申请条件"中的证明文件,向发证机关提出申请;

3. 发证相关在收到建设单位报送的《建筑工程施工许可证申请表》和所附证明文件后,对于符合条件的,应当自收到申请之日起15日内颁发施工许可证;对于证明文件不齐全或者失效的,应当限期要求建设单位补正,审批时间可以自证明文件补证齐全后作相应顺延;对于不符合条件,应当自收到申请之日15日内书面通知建设单位,并说明理由。

建筑工程在施工过程中,建设单位或施工单位发生变更的,应当重新申请领取施工许可证。

(四) 建筑工程施工许可证的时效

《建筑法》第九条规定:"建设单位应当自领取施工许可证之日起三个月内开工。因故不能按期开工的,应当向发证机关申请延期;延期以两次为限,每次不超过三个月。既不开工又不申请延期或已超过延期时限的,施工许可证自行废止。"本条即是对施工许可证时效的规定,包括以下三项内容:

1. 施工许可证的有效期限是三个月。即建设单位自领取施工许可证之日起三个月内必须开工,这是一项义务性规定,目的是保证施工许可的有效性,有利于发证机关的监督。

2. 施工许可证可以申请延期。但延期以两次为限,每次不超过三个月,即开工期限最长时间为九个月。而且申请延期是有条件的,不能无故延期。对于申请延期的条件,法律中未做明确规定,只笼统规定为"因故",实践中由发证机关掌握,一般指:"四通一平"未完成,材料、设备等未按计划进场,自然原因(如地震、台风等不可抗力)等。建设单位可以申请延期,但延期的申请是否能够获得批准,则由建设行政主管部门审查认定后,根据情况做出决定,建设行政主管部门认为合理、合法,就可以批准延期;认为不合理、不合法,就不批准延期。

3. 施工许可证的废止。建设单位的施工许可证因以下两种情形自行废止:一是在施工许可证的有效期内没有开工,建设单位又没有向原发证机关申请延期;二是建设单位在申请了两次延期后,仍没有开工。施工许可证废止后,建设单位按规定重新领取施工许可证,方可开工。

规定施工许可证的时效,可以督促建设单位及时开工,保证组织施工的顺利进行,有利于加强对建筑活动的监督管理,保护参与施工活动各方的合法权益,提高投资效益,维护施工许可证的严肃性和权威性。

(五)建筑工程中止施工和恢复施工的报告制度

1. 中止施工的报告制度。中止施工是指建筑工程开工后,在施工过程中,因特殊情况的发生而中途停止的一种行为。中止施工后,建设单位应做好以下工作:

(1)自中止施工之日起一个月内,由建设单位向原发证机关报告中止施工的基本情况,如中止原因,工程现状等。

(2)建设单位在报告的同时,还应当按照规定做好建筑工程的维护管理工作,防止工程中止施工期间遭受损失,保证该工程恢复施工时可以顺利进行。建设单位应当派专人负责,定期检查中止施工工程的质量状况,发现问题及时解决,以保证已完成施工部分的工程质量。同时,建设单位应与施工单位共同做好中止施工工程的现场安全、防火、防盗等工作,并保管好工程技术档案资料。

2. 恢复施工的报告制度。恢复施工是指建筑工程中止施工后,造成中断施工的情况消除,继续进行施工的一种行为。恢复施工时,中止施工不满一年的,建设单位应当向原发证机关报告恢复施工的有关情况;中止施工满一年的,建设单位应当向原发证机关申请核验施工许可证,经核验合格,可以继续施工,核验不合格的施工许可证收回,待具备条件后,重新申领施工许可证。

(六)建筑工程开工报告

开工报告是建设单位依照国家有关规定向计划行政主管部门申请准予开工的文件。开工报告的效力与施工许可证相同,对实行开工报告审批制度的建筑工程,不再领取施工许可证。

建设单位申请开工报告时,也要具备一定的条件,如项目法人已经确定,项目初步设计及总概算已经审查核定和批复,项目资金和其他资金已经落实,项目总体网络计划已经编制完成,项目主体工程的施工单位已经通过招标选定,项目法人与项目设计单位签订供图协议,项目征地、拆迁和施工场地"四通一平"工作已经完成,项目建设所需大型、专用设备或材料已经作出计划安排等等,这些同申请领取施工许可证的条件基本一致。

开工报告的有效期为六个月,不能按期开工或中止施工超过六个月的应当重新办理开工报告的批准手续。不足六个月的,建设单位也应当及时向原批准机关报告不能按期开工或中止施工的基本情况。

三、从业资格

(一) 从事建筑活动的单位资质制度

1. 从业单位应具备的基本条件

根据《建筑法》第十二条的规定,从事建筑活动的建筑施工企业、勘察单位、设计单位和工程监理单位,应当具备下列条件:

(1) 有符合国家规定的注册资本。从事建筑活动的单位在进行建筑活动过程中必须拥有足够的资金,这是其进行正常业务活动所需要的物质保证。一定数量的资金也是建立建筑施工企业、勘察单位、设计单位和工程监理单位的前提。关于最低注册资本,在《建筑企业资质等级标准》、《工程勘察资格分级标准》、《工程建设监理单位资质管理办法》及《公司法》中均有详细规定。

(2) 有与其从事的建筑活动相适应的具有法定执业资格的专业技术人员。建筑活动是一种专业性、技术性很强的活动。因此,从事建筑活动的建筑施工企业、勘察单位、设计单位和工程监理单位必须有足够的专业技术人员,同时要有经济会计、统计等经营管理人员。这些专业技术人员同时必须具有法定的执业资格,即经过国家统一考试合格并被依法注册。

(3) 有从事相关建筑活动所应有的技术装备。具有与其建筑活动相关的装备是建筑施工企业、勘察单位、设计单位和工程监理单位进行正常的施工、勘察、设计和监理工作的重要的物质保障。

(4) 法律、行政法规规定的其他条件。建筑施工企业、勘察单位、设计单位和工程监理单位除了应当具备的以上三项条件外,还应当具备法律、行政法规规定的其他条件。这里所说的"其他条件"仅指法律、行政法规规定的条件,不包括部门规章、地方性法规和规章及其他规范性文件的规定,因为涉及市场准入规则的问题,应当由法律、行政法规做出统一的规定。

2. 建筑施工企业的资质审查

(1) 建筑施工企业资质等级与资质标准

工程施工总承包企业资质等级分为一、二级;施工承包企业资质等级分为一、二、三、四级。专项分包企业的管理办法由省、自治区、直辖市人民政府建设行政主管部门制定。

建筑施工企业的资质标准如下:

一级企业:

1) 企业近 10 年承担过下列建设项目两项以上的施工,工程质量合格。a.大型工业建设项目;b.单位工程建筑面积 25000m² 以上的建筑工程;c.25 层以上或单跨 30m 跨度以上的建筑工程。

2) 企业管理具有 10 年以上的从事施工管理工作的经历;具有 10 年以上从事建筑施工技术管理工作经历、本专业高级职称的总工程师;具有高级专业职称的总会计师;具有高级职称的总经济师。

3) 企业有职称的工程、经济、会计、统计等人员不得少于 350 人,其中工程系列职称的人员不少于200人；工程系列职称的人员中，具有中、高级职称的人员不少于50人。

4）企业具有一级资质的项目经理不少于10人。

5）企业资本金3000万元以上，生产经营用固定资产原值2000万元以上。

6）企业具有相应的施工机械设备与质量检验测试手段。

7）企业年完成建筑业总产值12000万元以上，建筑业增加值3000万元以上。

二级企业：

1）企业近10年承担过下列建设项目两项以上的施工，工程质量合格。a.中型工业建设项目；b.单位工程建筑面积10000m² 以上的建筑工程；c.15层以上或单跨21m跨度以上的建筑工程。

2）企业经理具有8年以上的从事施工管理工作的经历；具有8年以上从事建筑施工技术管理工作经历、本专业高级职称的总工程师；具有中级专业职称以上的总会计师；具有中级职称以上的总经济师。

3）企业有职称的工程、经济、会计、统计等人员不得少于150人，其中工程系列职称的人员不少于80人；工程系列职称的人员中，具有中、高级职称的人员不少于20人。

4）企业具有二级资质以上的项目经理不少于10人。

5）企业资本金1500万元以上，生产经营用固定资产原值1000万元以上。

6）企业具有相应的施工机械设备与质量检验测试手段。

7）企业年完成建筑业总产值6000万元以上，建筑业增加值1500万元以上。

三级企业：

1）企业近10年承担过下列建设项目两项以上的施工，工程质量合格。a.单位工程建筑面积5000m² 以上的建筑工程；b.6层以上或单跨15m跨度以上的建筑工程。

2）企业经理具有5年以上的从事施工管理工作的经历；具有5年以上从事建筑施工技术管理工作经历、本专业中级职称以上的技术负责人；具有助理会计师职称以上的财务负责人。

3）企业有职称的工程、经济、会计、统计等人员不得少于40人，其中工程系列职称的人员不少于25人；工程系列职称的人员中，具有中级职称的人员不少于5人。

4）企业具有三级资质以上的项目经理不少于8人。

5）企业资本金500万元以上，生产经营用固定资产原值300万元以上。

6）企业具有相应的施工机械设备与质量检验测试手段。

7）企业年完成建筑业总产值1500万元以上，建筑业增加值400万元以上。

四级企业：

1）企业近10年承担过下列建设项目两项以上的施工，工程质量合格。a.单位工程建筑面积1500m² 以上的建筑工程；b.4层以上或单跨9m跨度以上的建筑工程。

2）企业经理具有3年以上的从事施工管理工作的经历；具有3年以上从事建筑施工技术管理工作经历、本专业助理工程师职称以上的技术负责人；具有会计员职称以上的财务负责人。

3）企业有职称的工程、经济、会计、统计等人员不得少于15人，其中工程系列职称的人员不少于8人；工程系列职称的人员中，具有中级职称的人员不少于1人。

4）企业具有四级资质以上的项目经理不少于3人。

5) 企业资本金 100 万元以上,生产经营用固定资产原值 60 万元以上。
6) 企业具有相应的施工机械设备与质量检验测试手段。
7) 企业年完成建筑业总产值 300 万元以上,建筑业增加值 80 万元以上。

(2) 申请与审批

已经设立的建筑企业申请资质,须提供下列资料:建筑业企业资质申请表;企业法人营业执照;企业章程;法定代表人和技术、财务、经营负责人的任职文件、职称证件;企业所有工程技术经济人员(含项目经理)的职称(资格)证件,及关键岗位从业人员职业资格证明书;企业的生产统计和财务决算年报表;企业的验资证明;企业完成的代表工程及质量、安全评定资料;其他需要出具的有关证件。

新设立建筑企业,应当先由资质管理部门对其进行资质预审,然后到工商行政管理部门办理登记注册,取得企业法人营业执照后,再到资质管理部门办理资质审批手续。资质预审时,须提交的资料有:建筑业企业资质申请表;企业法人营业执照;企业章程;法定代表人和技术、财务、经营负责人的任职文件、职称证件;企业所有工程技术经济人员(含项目经理)的职称(资格)证件,及关键岗位从业人员职业资格证明书;企业的验资证明;其他需要出具的有关证件。

工程施工总承包企业和施工承包企业的资质实行分级审批。一级企业由建设部审批;二级以下企业,属于地方的,由省、自治区、直辖市人民政府建设行政主管部门审批;直属于国务院有关部门的,由有关部门审批。经审查合格的建筑业企业,由资质管理部门颁发《建筑业企业资质证书》。

(3) 承包工程的范围

一级企业可承担各种类型工业与民用建设项目的建筑施工。二级企业可承担 30 层以下、30m 跨度以下的建筑物,高度 100m 以下的构筑物的建筑施工。三级企业可承担 16 层以下、24m 跨度以下的建筑物,高度 50m 以下的构筑物的建筑施工。四级企业可承担 8 层以下、18m 跨度以下的建筑物,高度 30m 以下的构筑物的建筑施工。建筑施工企业必须在其资质许可的范围内从事建筑活动。

3. 勘察、设计单位的资质审查

详细内容参见第四章第二节 《工程勘察设计单位资质管理》部分。

4. 工程监理单位的资质审查

详细内容参见第六章第二节 《工程监理单位资质管理》部分。

(二) 专业技术人员执业资格制度

1. 我国的执业资格制度概况

执业资格制度是指具备一定专业学历、资历的从事建筑活动的专业技术人员,通过考试和注册确定其执业的技术资格,获得相应建筑工程文件签字权的一种制度。实行专业技术人员执业资格制度有利于提高专业技术人员业务水平和队伍素质,有利于保证建筑工程由具有相应资格的专业技术人员主持完成设计、施工、监理任务,从而保证建筑工程的质量和安全,促进建筑业的健康发展。实行执业资格制度有利于建筑业与国际接轨,有利于改革开放的深入和发展,因为世界上绝大多数发达国家均实行严格的执业资格制度。我国的执业资格制度启动于1995年,同年9月国务院颁布了《中华人民共和国注册建筑师条例》,1996年6月,建设部分布了《监理工程师资格考试和注册试行办法》,1997年9月建设部与人事部联合发布了《注册结构工程师执业资格制度暂行规定》,2000年1月建设部颁布了《造价工程师注册管理办法》,对注册建筑师、注册结构工程师、注册监理工程师及注册造价工程师均做了明确、详细的规定,使我国的执业资格制度基本完善。

2．注册建筑师

详细内容参见第四章第二节《注册建筑师》部分。

3．注册结构工程师

详细内容参见第四章第二节《注册结构师》部分。

4．注册造价工程师

(1) 造价工程师的概念

造价工程师,是指经全国统一考试合格,取得造价工程师执业资格证书,并经注册从事建设工程造价业务活动的专业技术人员。

凡从事工程建设活动的建设、设计、施工、工程造价咨询、工程造价管理等单位和部门,必须在计价、评估、审查(核)、控制及管理等岗位配备有造价工程师执业资格的专业技术人员。

(2) 造价工程师的考试

造价工程师执业资格考试实行全国统一大纲、统一命题、统一组织的办法。原则上每年举行一次。

凡中华人民共和国公民,遵纪守法并具备以下条件之一者,均可申请参加造价工程师执业资格考试：

1) 工程造价专业大专毕业后,从事工程造价业务工作满5年；工程或工程经济类大专毕业后,从事工程造价业务工作满6年。

2) 工程造价专业本科毕业后,从事工程造价业务工作满4年；工程或工程经济类本科毕业后,从事工程造价业务工作满5年；

3) 获上述专业第二学士学位或研究生毕业和硕士学位后,从事工程造价业务工作满3年。

4) 获上述专业博士学位后,从事工程造价业务工作满2年。

1996年8月以前已从事工程造价管理工作并具有高级专业技术职务的人员,经考核合格,可通过认定办法取得造价工程师资格。《造价工程师执业资格认定办法》由人事部、建设部另行制定。

(3) 造价工程师的注册

1) 注册管理机构

建设部及各省、自治区、直辖市人民政府建设行政主管部门和国务院有关部门为造价工程师的注册管理机构。

2) 注册的条件

申请注册的人员必须同时具备下列条件：a.遵纪守法,恪守造价工程师职业道德；b.取得造价工程师执业资格证书；c.身体健康,能坚持在造价工程师岗位工作；d.所在单位考核同意。再次注册者,应经单位考核合格并有继续教育、参加业务培训的证明。

3) 注册程序

考试合格人员在取得证书三个月内到当地省级或部级造价工程师注册管理机构办理注

册登记手续。

注册机构经审查符合注册条件的，批准注册，由其单位所在省、自治区、直辖市或国务院有关部门造价工程师注册管理机构核发建设部印制的造价工程师注册证，并在执业资格证书的注册登记栏内加盖注册专用印章。

各注册管理机构应将注册汇总名单报建设部备案。

4）注册有效期

造价工程师注册有效期为3年，有效期满前三个月，持证者应当到原注册机构重新办理注册手续。对不符合注册条件的，不予重新注册。

（4）造价工程师的权利和义务

造价工程师的主要权利有：

1）有独立依法执行造价工程师岗位业务并参与工程项目经济管理的权利；

2）有在所经办的工程造价成果文件上签字的权利，凡经造价工程师签字的工程造价文件需修改时应经本人同意；

3）有使用造价工程师名称的权利；

4）有依法申请开办工程造价咨询单位的权利；

5）造价工程师对违反国家有关法律法规的意见和决定有权提出劝告、拒绝执行并有向上级或有关部门报告的权利。

造价工程师的主要义务有：

1）必须熟悉并严格执行国家有关工程造价的法律法规和规定；

2）恪守职业道德和行为规范，遵纪守法，秉公办事，对经办的工程造价文件质量负有经济和法律的责任；

3）及时掌握国内外新技术、新材料、新工艺的发展应用，为工程造价管理部门制订、修订工程定额提供依据；

4）自觉接受继续教育，更新知识，积极参加职业培训，不断提高业务技术水平；

5）不得参与与经办工程有关的其他单位事关本项工程的经营活动；

6）严格保守执业中知悉的技术和经济秘密。

5．注册监理工程师

详细内容见第六章第二节 《注册监理工程师》部分。

第三节　建筑工程的发承包与招投标

一、建筑工程的发包与承包

（一）发包与承包的概念

建筑工程的发包，是指建筑工程的建设单位(或总承包单位)将建筑工程任务(勘察、设计、施工等)的全部或一部分通过招标或其他方式，交付给具有从事建筑活动的法定从业资格的单位完成，并按约定支付报酬的行为。建筑工程的发包单位，通常为建筑工程的建设单位，即投资建设该建筑工程的单位(即"业主")。对于国有单位投资的经营性基本建设大中型建设项目，在建设阶段必须依法组建项目法人，由项目法人作为建筑单位，负责建筑工程的发包；项目法人可按《公司法》的规定设立有限责任公司(包括国有独资公司)和股份有限公司,由项目法人对项目的策划、资金筹措、建设实施、生产经营、债务偿还和资产保值增值等,实行全过程负责。对于国有单位投资的非经营性的房屋建筑工程,应由建设单位作为发包方负责工程的发包。另外,建筑工程实行总承包,总承包单位经建设单位同意,在法律规定的范围内对部分工程项目进行分包的,工程的总承包的单位即成为分包工程的发包单位。

建筑工程的承包,即建筑工程发包的对称,是指具有从事建筑活动的法定从业资格的单位通过投标或其他方式,承揽建筑工程任务,并按约定取得报酬的行为。建筑工程的承包单位,即承揽建筑工程的勘察、设计、施工等业务的单位,包括对建筑工程实行总承包的单位和承包分包工程的单位。

(二) 发包与承包活动的基本规则

1. 发包与承包双方应当依法订立合同。这是通行的规则,所采用的应是书面形式,使之明白地确定双方的权利和义务,表示经济利益关系;订立合同时要符合有关法律规定,体现公平、自愿、平等、互利的原则。

2. 发包和承包双方应全面履行合同。即双方应当按照合同约定的有关工程的质量、数量、工期、造价及结算办法等要求,全部履行各自的义务,任何一方都不得擅自变更或解除合同。否则,违约方则承担相应的违约责任。

3. 发包与承包的招标投标活动,应当遵循公开、公正、平等竞争的原则,依法择优选择承包单位。招标投标是市场经济条件下进行大宗货物买卖或建筑工程发包与承包时通常采用的竞争交易方式。建筑工程的招标投标活动,应严格按照《建筑法》和《招标投标法》规定的强制招标投标的范围、法定的程序、基本的原则等依法进行,否则,应负相应的法律责任。

4. 发包与承包活动中,禁止采用不正当手段。建筑工程的发承包活动属于市场交易行为,应当按照法定的市场交易规则进行。在发承包活动中,发包方收受贿赂、回扣或索取其他好处及承包方采用行贿、提供回扣或给予其他好处等不正当手段承揽工程的行为,都是严重违反市场交易规则、破坏正常的市场经济秩序的行为,必须坚决予以禁止。

5. 建筑工程造价依法约定。在社会主义市场经济体制下,商品和劳务的价格,包括建筑工程的造价,应当以市场调节价为主,即由市场交易活动的主体,根据商品和劳务的成本及市场供求状况等因素,自主确定价格,让市场竞争规则和价值规律充分发挥作用,建立和逐步完善在国家宏观经济调控下,主要由市场形成价格的机制。因此,建筑工程造价应由作为建筑市场交易活动主体的发承包双方在合同中自主约定,任何地方均不得干预。当然,双方约定造价的行为应遵守一定的规范,即"依法"约定。所谓依法既包括价格法的有关规定,也包括国务院及国务院有关主管部门关于建筑工程造价方面的规定。

(三) 建筑工程的发包

1. 建筑工程的发包方式

根据《建筑法》第十九条"建筑工程依法实行招标发包,对不适于招标发包的可以直接发包。"建筑工程的发包方式有两种:招标发包和直接发包。

招标发包是业主对自愿参加某一特定工程项目的承包单位进行审查、评比和选定的过程。根据《招标投标法》的规定,下列工程项目的发包必须进行招标:(1)大型基础设施、公用事业等关系社会公共利益、公众安全的项目;(2)全部或部分使用国有资金投资或者国家融资的项目;(3)使用国际组织或者外国政府贷款、援助资金的项目。

直接发包,是指由发包方直接选定特定的承包商,与其进行一对一的协商谈判,就双方的权利义务达成协议后,与其签订建筑工程承包合同的发包方式。一般包括三种情况:(1)工程项目本身的性质不适宜进行招标发包,如某些保密或有特殊专业要求的房屋建筑工程等;(2)私人资本投资建设的工程,投资人可以自行选择发包方式,可以招标发包,也可以直接发包;(3)其他不适于招标发包的建筑工程。

2．建筑工程的发包形式

发包形式也就是承包形式,或者说是承发包之间经济关系所采取的形式,对此,建筑法作了如下规定:

(1) 提倡对建筑工程实行总承包。总承包是指一个建筑工程由一个承包单位负责组织实施,由其统一指挥协调,并向发包单位承担统一的经济法律责任的承包形式。工程总承包是建筑活动中经常使用的一种形式,它有利于充分发挥那些在建设工程方面具有较强的技术力量、丰富的经验和组织管理能力的大承包商的专业优势,综合协调工程建设中的各种关系,强化工程建设的统一指挥和组织管理,保证工程质量,提高投资效益和效率。

(2) 在总承包中可以是统包也可以分项总承包。即建筑工程的发包单位可以将建筑工程勘察、设计、施工、设备采购一并发包给一个工程总承包单位,也可把可以勘察、设计、施工、设备采购的一项或者多项发包给一个工程总承包单位。

(3) 禁止肢解发包。所谓肢解发包,是指将应当由一个承包单位完成的建筑工程肢解成若干部分发包给几个承包单位。例如:对一幢房屋的土建工程,建设单位就不能将其分成若干部分发包给几个承包单位,而只能由一个承包单位承包。肢解发包极易造成相互扯皮、费用升高、效率降低、管理混乱等现象,工程质量难以保证,因此必须严格禁止。

3．对发包行为的限定

(1) 发包单位及其工作人员在建筑工程发包中不得收受贿赂、回扣或者索取其他好处;

(2) 建筑工程实行招标发包的,发包单位应当将建筑工程发包给依法中标的单位;建筑工程实行直接发包的,发包单位应当将建筑工程发包给具有相应资质条件的承包单位。

(3) 政府及其所属部门不得滥用行政权力,限定发包单位将招标发包的建筑工程发包给指定的承包单位。

(4) 按照合同约定,建筑材料、建筑构配件和设备由工程承包单位采购的,发包单位不得指定承包单位购入用于工程的建筑材料、建筑构配件和设备或者指定生产厂、供应商。

(四) 建筑工程的承包

1．承包单位的资质要求

《建筑法》第二十六条规定:"承包建筑工程的单位应当持有依法取得的资质证书,并在其资质等级许可的范围内承揽工程。禁止施工企业超越本企业资质等级许可的业务范围或者允许其他单位或者个人使用本企业的资质证书、营业执照,以本企业的名义承揽工程。"

2．联合共同承包

联合共同承包是指由两个以上的单位共同组成非法人的联合体,以该联合体的名义承包某项建筑工程的承包形式。在联合承包的形式中,由参加联合的各承包单位共同组成的联合体作为一个单一的承包主体,与发包方签订承包合同,承担履行合同义务的全部责任。在联合体内部,则由参加联合体的各方以协议约定各自在联合承包中的权利、义务,包括联合体的管理方式及共同管理机构的产生办法,各方负责承担的工程任务的范围、利益分享与风险分担的办法等等。

联合共同承包形式,一般适用于大中型建筑工程和结构复杂的建筑工程。由于大中型和结构复杂的建筑工程,工程任务量大,技术要求复杂,建设周期较长,需要承包方有较强的经济、技术实力和抗风险的能力。由多家单位组成联合体共同承包,可以集中各方的经济、技术力量,发挥各自的优势,大大增强投标竞争的实力,对发包方来说,也有利于提高投资效益,保证工程建设质量。

在联合共同承包中,参加联合承包的各方应就承包合同的履行向发包方承担连带责任。所谓连带责任,是指在同一债权义务关系的两个以上的债务人中,任何一个债务人都负有向债权人履行全部债务的义务;债权人可以向其中任何一个或者多个债务人请求履行债务,可以请求部分履行,也可以请求全部履行;负有连带责任的债务人不得以债务人之间对债务分担比例有约定而拒绝履行部分或全部债务;连带债务人中一人或多人履行全部债务后,有权要求其他连带债务人偿还他们各自应当承担的份额。所以,发包方有权要求联合承包的任何一方履行承包合同的全部义务,联合承包的各方不得拒绝。这对于维护发包方的正当权益,避免联合承包各方相互推诿责任,加强各方的配合协作,是十分必要的。

最后,当参加联合承包的各方资质等级不同时,为防止出现越级承包,联合体只能按资质等级较低的单位的许可业务范围承揽工程。

3. 建筑工程的分包

建筑工程的分包,是指对建筑工程实行总承包的单位,将其总承包的工程项目的某一部分或某几部分,再发包给其他承包单位,与其签订总承包合同项下分包合同,此时,总承包合同承包人即成为分包合同的发包人。

在一些大中型建筑工程和结构复杂的建筑工程中,实行总承包与分包相结合的方式,允许承包方将自己总承包工程项目的部分劳务工程或者自己不擅长的专业工程项目分包给其他承包商,以扬长避短,发挥各自的优势,这对提高工作效益,降低工程造价,保证工程质量及缩短工期,都是有好处的。但是,对分包行为也有很多限制条件:

(1) 总承包单位只能将部分工程分包给具有相应资质条件的单位;

(2) 分包的工程必须是总承包合同中约定可以分包的工程,合同中没有约定的,须经建设单位认可;

(3) 工程的主体结构必须由总承包单位自行完成,不得分包;

(4) 分包量不得超过总承包合同量的30%;

(5) 分包单位不得将其承包的工程再分包;

(6) 分包单位和总承包单位就分包工程对建设单位承担连带责任。

4. 建筑工程的转包

转包是指建筑工程的承包方将其承包的建筑工程倒手转让给他人,使他人实际上成为该建筑工程新的承包方的行为。转包一般表现为两种形式:一种是承包单位将其承包的工程全部转让给他人;另一种是承包单位将其承包的全部工程肢解以后以分包的名义分别转让给他人。

转包行为在表面上与分包有很多相似之处,但实质是它们之间有根本的区别:在转包行为中,原承包方将其承包的工程全部倒手转让给他人,自己并不实际履行合同约定的义务;而在分包行为中,总承包人只是将其承包工程的某一部分或几部分再分包给其他承包单位,总承包人仍然要就总承包合同约定的全部义务包括分包工程部分的履行,向发包单位负责。

转包行为在实践中是非常有害的,如一些单位将其承包的工程压价倒手转包给他人,从中牟取不正当利益,形成"层层转包,层层扒皮"现象,最后实际用于工程建设的费用大为减少,导致严重偷工减料,一些建筑工程转包后落入不具备相应资质条件的包工队中,留下严重的工程质量隐患,甚至造成重大质量事故。所以,转包行为在法律上是被严格禁止的。

二、招标投标概述

（一）招标投标的概念和特征

招标投标,是指在市场经济条件下买卖大宗货物,发承包工程建设项目,集中采购与提供服务项目时所采用的一种交易方式。招标,是指招标者(通常为采购方,即项目主办人或代理招标活动的中介机构)为购买商品或者让他人完成一定的工作,通过发布招标广告或者投标邀请书等方式,公布特定的标准和条件,公开或者书面邀请投标者参加投标,招标者按照规定的程序从参加投标的人中确定交易对象即中标人的行为。投标,是指投标者(供应商或承包商)按照招标人的要求和条件,提出自己的报价及相应条件,对招标方提出的招标要求和条件进行响应的行为。

招标活动具有以下基本特征:

1. 交易过程的公开性。是指招标投标的整个过程,均在公开的状态下进行,具有较高的透明度。如招标活动的信息公开、开标的程序公开、评标的标准和程序公开、中标的结果公开等。

2. 交易活动的竞争性。是指招标人通过公开进行要约邀请的形式,最大限度地吸引潜在投标人投标,通过"货比三家"的方式,选择到价格最低,质量最好,效益最高的工程、货物或服务,从而使自己的投资发挥最大的经济效益。

3. 交易的公平性。是指参加投标的各投标人之间法律地位平等,都具有在同一评标标准下接受考评的权利,不允许招标人与个别投标人一对一的谈判。投标人与招标人的法律地位也是平等的,任何一方不得向另一方提出不合理的要求,不得以任何借口或形式将自己的意志强加于对方。

（二）招标投标法

1. 招标投标法的概念

狭义的招标投标法是指1999年8月30日由全国人大常委会颁布,于2000年1月1日起实行的《中华人民共和国招标投标法》(以下简称《招标投标法》)。广义的招标投标法,还包括一些调整招标投标活动的单行法规和规章,如1992年10月司法部门颁布的《招标投标公证程序细则》,1995年11月国内贸易部发布的《建设工程设备招标投标管理试行办法》,1992年11月建设部发布的《工程建设施工招标投标管理办法》(已废止),2000年6月发布的《工程建设项目招标代理机构资格认定办法》,2000年10月发布的《建筑工程设计招标投标管理办法》,2001年6月发布的《房屋建筑和市政基础设施工程施工招标投标管理办法》,2001年7月国家计委、建设部等七部委联合发布的《评标委员会及评标方法暂行规定》等,以及《建筑法》、《合同法》、《反不正当竞争法》等中有关招标投标的法律规范。

2.《招标投标法》的主要内容。

《投标投标法》是调整招标投标活动的基本法律,共六章,六十八条。

第一章 总则。主要规定了招标投标法的立法宗旨、适用范围,招标投标活动应当遵循的原则,以及对招标投标活动实施监督、反对地方保护主义和部门保护主义的规定。

第二章　招标。主要内容包括:对招标人的要求,招标项目必须具备的条件,招标的方式,招标代理机构性质和应具备的条件,招标的程序,招标文件的内容和要求等。

第三章　投标。主要内容有:对投标人的要求,投标文件应具备的内容,投标文件的提交时限、签收保存、修改、补充和撤回,中标项目(如果中标的话)的分包和联合体投标,对投标行为的禁止性规定等。

第四章　开标、评标和中标。主要规定了开标的时间、地点和程序,评标的人员、标准及如何评标和确定中标,中标后对招标人和中标人的具体规定等。

第五章　法律责任。主要对招标投标过程中,哪些行为属违反《招标投标法》的行为,应负何种法律责任,怎样进行处罚等作了详尽的规定。

第六章　附则。包括:对招标投标活动提出异议或投诉的规定,关于法定项目可以不进行招标的项目规定,利用外资项目可适用资金提供方对招标投标的特殊规定的规定以及本法的生效日期。

3. 招标投标的范围

根据《招标投标法》第三条的规定在中华人民共和国境内进行下列工程项目包括项目的勘察、设计、施工、监理以及与工程建设有关的重要设备、材料的采购,必须进行招标:

(1) 大型基础设施、公用事业等关系社会公共利益、公共安全的项目;

(2) 全部或者部分使用国有资金投资或者国家融资的项目;

(3) 使用国际组织或者外国政府贷款、援助资金的项目。

4. 招标投标活动的基本原则

招标投标其行为属于民事法律行为,应当遵循公开、公正、公平和诚实信用的原则。

公开,是指招标活动要公开,要在媒体上登出招标广告或公告,公开招标文件,使合格的投标人能够知道招标活动,有机会参加投标。

公正,是指在公开的基础上,对合格的投标人一视同仁,不得以地区、行业、系统等借口来限制符合条件的法人或其他组织参加投标。

公平,是指招标方与投标方的权利义务关系是平等的。双方是平等的民事法律关系主体,要承担相应的义务,享受应有的权利。

诚实信用,是民事活动的基本准则,无论是投标方还是招标方,都必须遵循诚实信用的原则,特别是投标方,必须具有相应的资质、业绩等,有符合招标文件要求的能力,不得以欺骗或虚假手段招标。

三、建筑工程招标

(一) 招标人和招标代理机构

招标人是指依照招标投标法的规定提出招标项目、进行招标的法人或其他组织。建筑工程招标发包的招标人,通常为该项建筑工程的投资人即业主;对于国家投资的经营性基本建设项目,由依法设立的项目法人作为招标人,非经营性基本建设项目,则由项目的建设单位作为招标人。

招标人可以自行办理招标事宜,也可以选择招标代理机构委托其办理招标事宜。招标代理机构是依法设立,对工程的勘察、设计、施工、监理以及与工程建设有关的重要设备(进口机电设备除外)、材料采购的招标进行代理并提供相关服务的社会中介组织,其设立须具备下列条件:

1. 是依法设立的中介组织;
2. 与行政机关和其他国家机关没有行政隶属关系或者其他利益关系;
3. 有固定的营业场所和开展工程招标代理业务所属设施及办公条件;
4. 有健全的组织机构和内部管理的规章制度;
5. 具备编制招标文件和组织评标的相应专业力量;
6. 具有可以作为评标委员会成员人选的技术、经济等方面的专家库。

工程招标代理机构资格分为甲、乙两级。甲级工程招标代理机构资格按行政区划,由省、自治区、直辖市人民政府建设行政主管部门初审,报国务院建设行政主管部门认定;乙级工程招标代理机构资格由省、自治区、直辖市人民政府建设行政主管部门认定,报国务院建设行政主管部门备案。

工程招标代理机构可以跨省、自治区、直辖市承担工程招标代理业务。任何单位和个人不得限制或者排斥工程招标代理机构依法开展工程招标代理业务。

(二) 招标的条件

根据《招标投标法》、《建筑法》和《房屋建筑和市政基础设施工程施工招标投标管理办法》的规定,工程施工招标应当具备下列条件:

1. 按照国家有关规定需要履行项目审批手续的,已经履行审批手续;
2. 工程资金或者资金来源已经落实;
3. 有满足施工招标需要的设计文件及其他技术资料;
4. 法律、法规、规章规定的其他条件。

(三) 招标的方式

根据《招标投标法》第十条的规定,招标的方式有公开招标和邀请招标两种。

公开招标,也称无限竞争性招标,是指招标人以招标公告的方式邀请不特定的法人或者其他组织投标。这种方式要求招标方要按照法定程序,以招标公告的形式,通过一定的传播媒介,在尽可能大的范围里,让尽可能多的符合条件的承包商知晓招标事宜,吸引他们平等的参加投标竞争,使招标方可以在众多的投标者中择优选定中标者,达到资金利用的最佳效益。由于公开招标所具有公开、公平、竞争充分从而提高资金使用效益的特点,因而,这种方式成为招标的主要方式。

邀请招标,也称有限竞争性招标,是指招标人以投标邀请书的方式邀请特定的法人或者其他组织投标。招标人采用邀请招标方式的,应当向三个以上具备承担招标项目的能力、资信良好的特定的法人或者其他组织发出投标邀请书。这种方式的特点是招标对象有限,因而可以大大节约招标费用和招标时间,但它限制了充分的竞争,也给在招标中作弊制造了较多的机会。因而,《招标投标法》第十一条规定:"国务院发展计划部门确定的国家重点项目和省、自治区、直辖市人民政府确定的地方重点项目,不适宜公开招标的,经国务院发展计划部门或者省、自治区、直辖市人民政府批准,可以进行邀请招标。"

(四) 招标公告(或投标邀请书)和招标文件

1. 招标公告(或投标邀请书)

根据《招标投标法》的规定,公开招标的项目,应当发布招标公告,并通过国家指定的报刊、信息网络或者其他媒介发布;对于邀请招标的项目,应向投票人发出投标邀请书。招标公告和投标邀请书,一般应包括下列内容:

(1) 招标人的名称、地址；委托代理机构进行招标的，还应注明该机构的名称和地址；
(2) 拟建项目的性质和数量；
(3) 拟建项目的实施地点；
(4) 拟建项目的开工或者竣工时限；
(5) 招标文件的获取方法，包括发售招标文件的地点，文件的售价及开始和截止到出售的时间；
(6) 其他事项，如对投标人的合法的资格要求等。

2．招标文件

招标文件是招标人发出的签订合同的要约邀请，因此招标文件的内容应全面细致，并体现招标项目的特点和需要。招标文件一般包括如下内容：

(1) 招标须知，主要介绍招标的宗旨、目的和意义，招标的形式，招标人拟提供的资料，投标条件，投标方法、投标函件，投送要求等；
(2) 工程综合说明书，包括工程概况，工程内容和发包范围，可供使用的场地、水、电、道路等。
(3) 施工图纸、设计资料和设计说明书等；
(4) 实物工程清单；
(5) 工程项目的技术要求，如质量、性能、安全要求、验收标准等；
(6) 拟签订合同的主要条款，包括合同的文件和图纸，双方的权利义务，双方的责任，争议的解决等等。

对于一些大型、特大型或复杂的建筑工程，需要划分标段、确定工期的，招标人应当合理划分标段、确定日期，并在招标文件中载明。招标文件不得要求或者标明特定的生产供应者以及含有倾向或排斥潜在投标人的其他内容。

当招标文件需进行澄清和修改时，招标人应在招标文件要求提交投标文件截止时间至少15日前，以书面形式通知所有招标文件收受人。该澄清或者修改的内容视为招标文件的组成部分。

（五）标底及其编制

建筑工程的标底，一般是依据全国统一的工程量计算规则、预算定额和计价办法计算出来的工程造价，是投资者对工程预算的期望值，也是评标的参考基准价。标底还需要经过招标主管部门的审查，以保证其准确性和权威性。因此，标底的编制应符合实际，力求准确、客观，同时要求保密。

编制标底时，应遵循下列原则：

(1) 根据设计图纸及有关资料、招标文件，参照国家规定的技术、经济标准定额及规范，确定工程量和编制标底；
(2) 标底价格应由成本、利润、税金组成，一般控制在批准的总概算（或修正概算）及投资包干的限额内；
(3) 标底价格作为招标人的期望计划价，应力求与市场的实际变化吻合，既要有利于竞争，又能确保工程质量。
(4) 标底价格应考虑人工、材料、机械台班等价格变动因素，还应包括施工不可预见费、包干费和措施费等，工程要求优良的，还应增加相应的费用；

(5) 一个工程只能编制一个标底。

一个完整的标底文件,应包括以下内容:第一,标底报审表,它是招标文件和工程标底主要内容的综合概要,主要供招标管理部门审核标底用;第二,工程标底,其内容包括:标底编制单位名称、主要编制人及专业证书号,标底编制说明,标底汇总表,各单位工程概(预)算表,"暂估价"清单等。

四、建筑工程投标

(一) 投标人的资格要求

投标人是响应招标、参加投标竞争的法人或者其他组织。招标人必须具备承担招标项目的能力,包括要有与履行项目合同相适应的人员、专业技术能力、财务能力和管理能力,有完成合同所需的设备、设施等物质条件,同时还要有完成过类似项目合同的经验和良好的信誉等,才能参加投标竞争。另外,如果国家对投标人资格条件或者招标文件对投标人资格条件有规定,则投标人还应具备规定的资格条件。例如,在建筑工程施工项目投标中,投标人必须符合《建筑法》有关建筑施工企业资质条件的规定,在其资质等级许可的范围内,投标承揽工程施工任务。

两个以上的法人或者其他组织也可以组成联合体,以一个投标人的身份共同投标。但是,联合体各方均须具备承担招标项目的相应能力,而且对于同一专业的单位组成的联合体,应按照资质等级较低的单位确定资质等级。

招标人负责对投标人的资格进行审查,合格后,方能参加投标。招标人在审查时,不得以不合理的条件限制或者排斥潜在投标人,不得对潜在投标人实行歧视待遇。

(二) 投标的程序

1. 申请投标。

参加投标的企业,应按照招标公告(或投标邀请书)中规定的时间、地点报送申请书,供招标人进行资格审查。申请书的内容包括:(1)企业名称、地址、法定代表人姓名及开户银行和账号;(2)企业的营业执照和资质等级证书;(3)企业简况;(4)招标公告要求的其他内容。

2. 领取招标文件,交纳投标保证金。

3. 研究招标文件,调查工程环境,确定投标策略。

4. 编制投标文件。

投标人应根据招标文件的内容和要求编制投标文件,即标书。编制标书时,除满足招标文件的基本要求外,还应包括下列内容:(1)拟派出的项目负责人和主要技术人员的简历;(2)近年来完成工程项目的业绩;(3)拟用于完成招标项目的机械设备;(4)保证工程质量、安全、进度的主要技术组织措施;(5)拟在中标后分包的说明;(6)其他,如工程进度、拟开工、竣工的日期等。

5. 将投标文件盖章、密封后,于指定时间送交至指定地点。

五、建筑工程的开标、评标和中标

(一) 开标

开标,是指依法将所有投标文件开启揭晓的行为。开标的时间为招标文件中确定的提交投标文件截止时间的同一时间,开标的地点为招标文件中预选确定的地点。

开标由招标人或其委托的招标代理机构主持,并邀请所有投标人参加。对依法必须进行招标的项目,有关行政机关可以派人参加开标。但是,行政机关不得代替招标人主持开标。

开标应按下列法定程序进行:(1)由投标人或者其推选的代表检查投标文件的密封情况,也可以由招标人委托的公证机构检查并公证;(2)由工作人员当众拆封并宣读投标文件中所载明的投标人名称、投标价格和投标文件的其他主要内容;(3)由工作人员将开标的全部过程,包括开标的时间、地点、参加人、检查投标文件密封的情况、拆封和宣读的情况等,做出书面记录,并存档备查。

(二) 评标

评标是指对投标文件,按照规定的标准和方法,进行评审和比较,从而找出符合法定条件的最佳投标的过程。评标是招标投标活动中非常重要的环节,评标的公平、公正与否,决定着整个招标投标活动是否公平、公正,关系到招标人能否获得最佳的投标。因此,《招标投标法》对评标做了如下详细的规定:

1. 评标人及评标委员会的组成

评标必须由招标人依法组建的评标委员会负责,其他任何人都不得负责评标。

评标委员会并非是一个国家的常设机构,它是根据每一个具体招标项目的不同而设立的临时性机构。对于依法必须招标的项目,其评标委员会由招标人的代表和有关技术、经济等方面的专家组成,成员人数为五人以上单数,其中技术、经济等方面的专家不得少于成员总数的三分之二。

前述专家应当从事相关领域工作满八年并且有高级职称或者具有同等专业水平,由招标人从国务院有关部门或者省、自治区、直辖市人民政府有关部门提供的专家名册或者招标代理机构的专家库内的相关专业的专家名单中确定;一般投标项目可以采取随机抽取方式,特殊招标项目可以由招标人直接确定。

与投标人有利害关系的人不得进入相关项目的评标委员会,已经进入的应当更换。评标委员会成员的名单在中标结果确定前应当保密。

2. 评标委员会成员的行为规则

(1) 评标委员会成员应当客观、公正地履行职务,遵守职业道德,对所提出的评审意见承担个人责任;

(2) 评标委员会成员不得私下接触投标人,不得收受投标人的财物或者其他好处;

(3) 评标委员会成员和参与评标的有关工作人员不得透露对投标文件的评审和比较、中标候选人的推荐情况以及有关的其他情况。

3. 评标的标准和评审要求

评标的标准有二:第一,是否能够最大限度地满足招标文件规定的各项综合评价标准;第二,是否能够满足招标文件的实质性要求,且投标价格最低,但是投标价格低于成本的除外。投标人满足上述标准之一,才可能成为中标人。

评审中,评标委员会可以要求投标人对投标文件中含义不明确的内容作必要的澄清或者说明,但是澄清或者说明不得超出投标文件的范围或者改变投标文件的实质性内容。

评标委员会完成评标后,应当向招标人提出书面评标报告,并推荐合格的中标候选人。然后,由招标人在中标候选人中确定中标人,或授权评标委员会直接确定中标人。

评标委员会经评审,认为所有投标都不符合招标文件要求的,可以否决所有投标。对于依法必须进行招标的项目的所有投标都被否决的,招标人应当依法重新招标。

(三) 中标

中标是指对各项条件的对比、分析、平衡,优选确定最佳中标人的过程。

中标人确定后,招标人应当向中标人发出中标通知书,并同时将中标结果通知所有未中标的投标人。同时,招标人应当自确定中标人之日起 15 日内,向有关行政监督部门提交招标投标情况的书面报告。中标通知发出后,招标人改变中标结果的,或者中标人放弃中标项目的,应当依法承担法律责任。

招标人和中标人应当自中标通知书发出之日起 30 日内,按照招标文件和中标的投标文件订立书面合同。招标人和中标人不得再行订立背离合同实质内容的其他协议。

招标文件要求中标人提交履约保证金的,中标人应当提交。

中标人应当按照合同约定履行义务,完成中标项目。中标人不得将中标项目转包,也不得肢解后以分包的名义转让。中标人可以按照合同约定或者经招标人同意,将中标项目的部分非主体、非关键性工作分包;接受分包的人应具备相应的资格条件,并不得再次分包;中标人应当就分包项目与分包人向招标人负连带责任。

第四节 建筑安全生产管理

一、建筑安全生产管理的内容

建筑安全生产管理,是指为保证建筑生产安全所进行的计划、组织、指挥、协调和控制等一系列管理活动,目的在于保护职工在生产过程中的安全与健康,保证国家和人民的财产不受到损失,保证建筑生产任务的顺利完成。

建筑安全生产管理包括以下几个方面的内容:

(1) 建设行政主管部门及其授权的建筑安全监督管理机构对建筑活动过程中安全生产的行业管理;

(2) 劳动行政主管部门对建筑活动过程中安全生产的综合性监督管理;

(3) 从事建筑活动的主体(包括建筑施工企业、勘察单位、设计单位和工程监理单位)为保证建筑生产活动的安全生产所进行的自我管理;

(4) 对施工现场安全的综合管理。

二、建筑安全生产管理的方针和基本制度

《建筑法》第三十六条规定:"建筑安全生产管理必须坚持安全第一、预防为主的方针,建立健全安全生产责任制度和群防群治制度。"

(一) 建筑安全生产管理的基本方针

坚持安全第一、预防为主的方针,是建筑活动中必须坚持的基本方针。所谓"安全第一、预防为主",是指在建筑生产活动中,将保证生产安全放到第一位,在管理、技术等方面采取能够确保生产安全的预防措施,防止建筑工程事故发生。要坚持这一方针,应当做到以下几点:

(1) 从事建筑活动的单位的各级管理人员和全体职工,尤其是单位负责人,一定要牢固树立安全第一的意识,正确处理安全生产与工程进度、效益等方面的关系,把安全生产放在首位;

(2) 要加强劳动安全生产工作的组织领导和计划性,在建筑活动中加强对安全生产的

统筹规划和各方面的通力协作；

(3) 要建立健全安全生产的责任制度和群防群治制度；

(4) 要对有关管理人员及职工进行安全教育培训，未经安全教育培训的，不得从事安全管理工作或者上岗作业；

(5) 建筑施工企业必须为职工发放保障安全生产的劳动保护用品；

(6) 使用的设备、器材、仪器和建筑材料必须符合保证生产安全的国家标准和行业标准。

(二) 建筑安全生产管理的基本制度

1. 建立健全安全生产的责任制度

安全生产责任制度，是指将各项保证生产安全的责任具体落实到各有关管理人员和不同岗位人员身上的制度。这一制度是安全第一、预防为主方针的具体体现，是在长期的生产实践中用血的代价换来的行之有效、必须坚持的制度。在建筑活动中，只有明确安全责任，分工负责，才能形成完整有效的安全管理体系，激发每个人保证生产安全的责任感，严格执行保证生产安全的法律、法规和安全规程、技术标准，防患于未然，减少和杜绝生产的安全事故，为建筑生产活动创造一个良好的环境。

对于建筑施工企业来说，安全生产责任制度是由企业内部各个不同层次的安全生产责任制度所构成的保障生产安全的责任体系，主要包括：

(1) 建筑施工企业主要负责人安全生产责任制。企业的法定代表人应对本企业的安全生产负全面责任；

(2) 企业各职能机构的负责人及其工作人员的安全生产责任制。在建筑施工企业中，生产、技术、材料供应、设备管理、财务、教育、劳资、卫生等各职能机构，都应在各自的业务范围的，对实现安全生产的要求负责。例如：生产部门要合理组织生产，贯彻安全规章制度，加强现场管理，建立安全生产、文明生产秩序；技术部门要严格按照国家有关安全标准、技术规程编制设计、施工、工艺等技术文件，提出相应的保证生产安全的技术措施，负责安全设备、仪表等的技术鉴定和安全技术科研项目的研究工作等等；

(3) 岗位人员的安全生产责任制。岗位人员必须对安全负责，从事特种行业的人员必须经过安全培训，考试合格后方能上岗作业。例如：企业技术负责人对企业劳动保护和安全生产的技术工作负总的责任；工区(工程处、厂、站)主任、施工队长应对本单位劳动保护和安全生产工作负具体领导责任；工厂、施工员、车间主任对所管工程的安全生产负直接责任等。

2. 建立群防群治制度

群防群治制度，是指由广大职工群众共同参与的预防安全事故的安全、治理各种安全事故隐患的制度。这一制度也是安全第一、预防为主方针的具体体现，同时也是群众路线在安全工作中的具体体现，是企业进行民主管理的重要内容。在建筑施工企业中，建立群防群治制度应当做到：

(1) 企业制定的有关安全生产管理的重要制度和制定的有关重大技术组织措施计划应提交职工代表大会讨论，在充分听取职工代表大会意见的基础上作出决策，发挥职工群众在安全生产方面的民主管理作用；

(2) 要把专业管理同群众管理结合起来，充分发挥职工安全员网络的作用；

(3) 发挥工会在安全生产管理中的作用，利用工会发动群众，教育群众，动员群众的力

量预防安全事故的发生;

(4) 对新职工要加强安全教育,对特种作业岗位的工人要进行专业安全教育,不经训练,不能上岗操作;

(5) 发动群众开展技术革新、技术改造,采用有利于保证生产的新技术、新工艺,积极改善劳动条件,努力将不安全的、有害健康的作业变为无害作业;

(6) 组织开展遵章守纪和预防事故的群众性监督检查,职工对于违反有关安全生产的法律、法规和建筑行业安全规章、规程的行为有权提出批评、检举和控告。

三、建筑工程施工现场的安全生产管理

(一) 施工现场的安全责任制

《建筑法》第四十五条规定:"施工现场安全由建筑施工企业负责。实行施工总承包的,由总承包单位负责。分包单位向总承包单位负责,服从总承包单位对施工现场的安全生产管理。"

施工现场是建筑施工企业从事工程施工作业的特定场所,由建筑施工企业负责全面管理,当然,施工现场的安全也应由其全面负责。建筑工程实行施工总承包的,施工现场的安全由施工总承包单位统一负责。施工总承包单位应当对现场安全实施统一管理,监督检查分包单位的施工现场安全。分包单位应就施工现场的安全向总承包单位负责,服从总承包单位对施工现场的安全生产管理。分包单位应当在总承包单位的统一管理下,在其分包工程范围内建立施工现场安全管理责任制,并组织实施。

(二) 施工现场应采取的安全防范措施

《建筑法》第三十九条规定:"建筑施工企业应当在施工现场采取维护安全、防范危险、预防火灾等措施;有条件的,应当对施工现场实行封闭管理。施工阶段对毗邻的建筑物、构筑物和特殊作业环境可能造成损害的,建筑施工企业应当采取防护措施。"据此,建筑施工企业应采取以下安全防范措施:

1. 在施工现场采取维护安全、防范危险、预防火灾等措施,具体包括:

(1) 施工现场道路、上下水及燃气、热力管道、电气线路、材料堆放、临时和附属设施等的平面布置,都要符合安全、卫生、防火要求,并要加强管理;

(2) 各种机电设备的安全装置和起重设备的限位、保险装置,都要灵敏并齐全有效,没有的和损坏了的不能使用;要建立定期维修保养制度,不得带病运转;检修机械设备要同时检修防护装置;

(3) 脚手架、井字架(龙门架)、塔吊、施工电梯、模板和安全网等,搭设完必须经企业组织由安全、技术、机械等人员参加的验收合格后,方能使用;使用期间要指定专人维护保养,发现有变形、倾斜、摇晃等情况,要及时采取措施解决;

(4) 施工现场坑、井、沟和各种孔洞,易燃易爆场所,变压器周围,都要指定专人设置围栏或盖板和安全标志,夜间要设红灯示警;各种防护设施、警告标志,未经施工负责人批准,不得移动和拆除;

(5) 实行逐级安全技术交底制度。开工前,技术负责人要将工程概况、施工方法、安全技术措施等情况向全体职工进行详细交底;两个以上施工队或工种配合施工时,施工队长、工长要按工程进度定期或不定期地向有关班组进行交叉作业的安全交底;班组每天对工人进行施工要求、作业环境的安全交底;

（6）混凝土搅拌站、木工车间、沥青加工点及喷漆作业场所等，都要采取措施，限期使尘毒浓度降到国家标准；

（7）加强季节性劳动保护工作。夏季要防暑降温；冬季要防寒防冻，防止煤气中毒；雨季和台风到来之前，应对临时设施和电气设备进行检修，沿河流域的工地要做好防洪抢险准备；雨雪过后要采取防滑措施；

（8）施工现场和木工加工厂（车间）和贮存易燃易爆器材的仓库，要建立防火管理制度，备足防火设施和灭火器材，要经常检查，保持状态良好。

2. 有条件的应当对施工现场实行封闭管理

封闭管理包括两个方面：一是对在建的建筑物要用密目式安全网围栏，既保护作业人员的安全，又防止高处坠物伤人、减少扬尘外泄；二是指在现场四周设置围栏，将施工现场与外界隔断，无关人员不得随意进入。由于施工现场环境和企业条件较差，不安全因素较多，在作业过程中既容易伤害到自己，也容易伤害到现场以外的人员。因此，用密目式安全网、围墙、围栏等设施将施工现场封闭起来，既可以使施工中的不安全因素不扩散到场外，也可以起到保护环境、美化市容和文明施工的作用。但是，由于实行封闭管理需要一定的投入，加上施工现场所处的位置也不相同，如有的在城市繁华地区，有的在偏僻的荒郊野外，要求所有施工现场均实行封闭管理很难做到，也无必要。所以，在建设部发布的《建设工程施工现场管理规定》中规定："施工现场在市区的，周围应当设置遮挡围栏，临街的脚手架也应当设置相应的围护设施"。

3. 施工现场对毗邻的建筑物、构筑物和特殊作业环境可能造成损害的，建筑施工企业应当采取安全防护措施。由于建筑施工多为露天、高处作业，对周围环境特别是毗邻的建筑物、构筑物等很容易造成损害，所以建筑施工企业有责任和义务采取相应的安全防护措施，以避免对毗邻的建筑物、构筑物和特殊作业环境造成损害。

（三）对施工现场相关地下管线的保护

《建筑法》第四十条规定："建设单位应当向建筑施工企业提供与施工现场相关的地下管线资料，建筑施工企业应当采取措施加以保护"。

与施工现场相关的地下管线资料，是指建筑施工企业从事建筑活动时经批准占用的施工场地以内的埋于地下的管道线路资料，包括供水、排水、供热、供气、通讯、电力等管道和线路的资料。上述管线资料应当由建设单位提供，或由建设单位从城市建设档案馆获得后提供给施工企业，这是建设单位应尽的义务。

上述地下管线资料通常是与人民群众生活和企业经营活动相关的重要的基础设施，这些设施的保护好坏会直接影响到人民群众的生活和企业的经营活动。所以，建筑施工企业拿到有关资料后应当采取必要措施保证这些地下设施不受到破坏。

（四）对施工现场环境污染和危害的防治措施

《建筑法》第四十一条规定："建筑施工企业应当遵守有关环境保护和安全生产方面的法律、法规的规定，采取控制和处理施工现场的各种粉尘、废气、废水、固体废物以及噪声、振动对环境的污染和危害的措施。"

保护环境是我国的基本国策，一切单位和个人都有保护环境的义务。建筑施工企业在建筑施工企业中，也必须依照法律的规定，认真履行保护环境的义务，在施工现场采取相应的措施，防止对环境的污染和危害。在施工现场极易产生粉尘、废气、废水、固体废物、噪声

等污染,建筑施工企业应积极采取措施进行控制和处理,常采取的措施有:

(1) 妥善处理泥浆水,未经处理不得直接排入城市排水设施和河流;

(2) 除设有符合规定的装置外,不得在施工现场熔融沥青或焚烧油毡、油漆以及其他会产生有毒、有害烟尘和恶臭气体的物质;

(3) 使用密封式的圈筒或者采取其他措施处理高空废弃物;

(4) 采取有效措施控制施工过程中的扬尘;

(5) 禁止将有毒、有害废弃物用作土方回填;

(6) 对产生噪声、振动的施工机械,应采取有效控制措施,减轻噪声扰民。

四、建筑工程安全生产管理的其他规定

(一) 关于建筑工程设计应当保证工程安全性能的规定

《建筑法》第三十七条规定:"建筑工程设计应当符合按照国家规定制定的建筑安全工程和技术规范保证工程的安全性能。"

(二) 对建筑施工活动中涉及有关重要设施的安全需办理申请批准手续的规定

《建筑法》第四十二条规定:"有下列情形之一的,建设单位应当按照国家有关规定办理申请批准手续:

(1) 需要临时占用规划批准范围以外场地的;

(2) 可能损坏道路、管线、电力、邮电通讯等公共设施的;

(3) 需要临时停水、停电、中断道路交通的;

(4) 需要进行爆破作业的;

(5) 法律、法规规定的需要办理报批的其他情形。"

(三) 对涉及建筑主体和承重结构变动的装修工程安全的规定

《建筑法》第四十九条规定:"涉及建筑主体和承重结构变动的装修工程,建设单位应当在施工前委托原设计单位或者具有相应资质条件的设计提出设计方案;没有设计方案的,不得施工。"

(四) 对房屋拆除施工安全的规定

《建筑法》第五十条规定:"房屋拆除应当由具备保证安全条件的建筑施工单位承担,由建筑施工单位负责人对安全负责。"

五、工程建设重大事故的处理

(一) 重大事故的界定

重大事故是指在工程建设过程中由于责任过失造成工程倒塌或报废、机械设备毁坏和安全设施失当造成人身伤亡或者重大经济损失的事故。重大事故分为四个等级:死亡30人以上或直接经济损失300万元以上为一级重大事故;死亡10人以上29人以下或直接经济损失100万元以上300万元以下为二级重大事故;死亡3人以上9人以下或重伤20人以上,或直接经济损失30万元以上100万元以下为三级重大事故;死亡2人以下或重伤19人以下或直接经济损失10万元以上30万元以下为四级重大事故。

(二) 重大事故的报告和现场保护

重大事故发生后,事故发生单位必须以最快的方式将事故的简要情况向上级主管部门和当地建设行政主管部门及检查、劳动(有人身伤亡时)部门报告,事故发生单位属于国务院部委的应同时向国务院有关部委报告。当地建设行政主管部门接到事故报告后,应立即向当地人民政府和省级建设行政主管部门报告,省级建设行政主管部门接到报告后,应立即向省人民政府和建设部报告。

重大事故发生后,事故发生单位应在 24 小时内写出书面报告,并逐级上报。同时严格保护事故现场,采取有效措施抢救人员和财产,防止事故扩大。

(三)重大事故的调查

重大事故的调查由事故发生地的市县级以上建设行政主管部门或国务院有关主管部门成立调查组负责进行。调查组由建设行政主管部门、事故发生单位的主管部门和劳动等有关部门的人员组成,并应邀请人民检察机关和工会派员参加。必要时,调查组可以聘请有关专家协助进行技术鉴定、事故分析和财产损失的评估工作。

重大事故调查组的职责是:

1. 组织技术鉴定;
2. 查明事故发生的原因、过程、人员伤亡和财产损失情况;
3. 查明事故的性质、责任单位和主要责任人;
4. 提出事故处理意见及防止类似事故再次发生所应采取措施的建议;
5. 提出对事故责任者的处理意见;
6. 写出事故调查报告。

调查组在调查工作结束后 10 日内,应将调查报告报送批准成立调查组的人民政府和建设行政主管部门以及调查组其他成员部门。经组织调查的部门同意,调查工作即告结束。

(四)重大事故的法律责任

事故发生后隐瞒不报、谎报、故意拖延报告期限的,故意破坏现场的,阻碍调查工作进行正常的,无正当理由拒绝调查组查询或者拒绝提供与事故有关情况、资料的,以及提供伪证的,由其所有单位或上级主管部门按有关规定给予行政处分;构成犯罪的,由司法机关依法追究刑事责任。

对造成重大事故的责任者,由其所有单位或上级主管部门按有关规定给予行政处分;构成犯罪的,由司法机关依法追究刑事责任。

对造成重大事故承担直接责任的建设单位、勘察设计单位、施工单位、构配件生产单位及其他单位,由其上级主管部门或当地建设行政主管部门,根据调查组的建议,令其限期改善工程建设技术安全措施,并依据有关规定予以处罚。

第五节 建筑工程质量管理

一、建筑工程质量政府监督制度

(一)质量监督的机构与职责

建筑工程质量监督是指由政府授权的专门机构对建筑工程质量实施和监督。各类新建、扩建和改建的工业、交通、民用、市政公用工程及建筑构配件,均应按照《建筑法》、《建筑工程质量监督管理规定》以其他相关国家规定接受建设工程质量监督机构的监督。

建筑工程质量监督工作的主管部门,在国家为建设部,在地方为各级人民政府的建设行政主管部门。市、县建设工程质量监督站(以下简称为监督站)为建设工程质量监督的实施机构,省、自治区、直辖市建设行政主管部门可根据实际需要,设置从事管理工作的工作质量监督总站。

工程质量监督总站的主要职责为：

（1）贯彻执行国家和省颁布的有关法律、法规、规章、技术标准和文件，制定本辖区建设工程质量监督、管理、检测工作等有关的实施办法和规定；

（2）规划管理本辖区建设工程质量监督、管理、检测工作，审查本辖区工程质量监督机构资格，并对其监督机构考核和业务领导工作；

（3）负责对本辖区质量监督人员的培训、考评、发证及管理工作；

（4）负责本辖区建设工程的质量管理，组织质量检查活动，掌握质量动态，总结交流质量管理、监督等方面工作的经验；

（5）参与调查本辖区重大质量事故，对有争议的工程质量进行仲裁；

（6）负责对本辖区建设监理单位的监理工作行为的管理；

（7）组织参与本辖区优质工程的评选；

（8）参与采用新技术、新材料、新结构、新工艺的质量鉴定工作。

县、市质量监督站的主要职责是：

（1）核查受监工程的勘察、设计、施工单位和建筑构配件厂的资质和营业范围；

（2）监督勘察、设计、施工单位和建筑构配件厂严格执行技术标准，检查其工程（产品）质量；

（3）检验工程的质量等级和建筑构配件质量，参与评选定本地区、本部门的优质工程；

（4）参与重大工程质量事故的调查和处理；

（5）总结质量监督工作经验，掌握工程质量情况，定期向主管部门汇报；

（6）完成上级主管部门交办或授权的其他工作。

（二）质量监督工作程序与内容

建设单位在工程开工前1个月，应到监督站办理监督手续，提交勘察设计资料等有关文件。监督站在接到文件、资料的二周内，确定该工程的监督员，通知建设、勘察、设计、施工单位，并提出监督设计。

监督工作的主要内容是：

（1）工程开工前，监督员对受监工程的勘察、设计和施工单位的资质等级及营业范围进行核查，凡不符合规定要求的不得开工；施工图设计质量监督，主要审查建筑结构、安全、防火和卫生等，使之符合相应标准的要求；

（2）工程施工中，监督员必须按照监督计划对工程质量进行抽查。房屋建筑和构筑物工程的抽查重点是地基基础，主体结构和决定使用功能、安全性能的重点部位；其他工程的监督重点视工程性质确定。建筑构配件质量的监督，重点是检查生产许可证、检测手段和构配件质量；

（3）工程完工后，监督站在施工单位验收的基础上对工程质量等级进行核验。

（三）监督站的权限与责任

监督站有以下权限：

（1）对工程质量优良的单位，提请当地建设主管部门给予奖励；

（2）对不按技术标准和有关文件要求设计和施工的单位，给予警告或通报批评；

（3）对发生严重工程质量问题的单位令其及时妥善处理，情节严重的按有关规定进行

罚款,在施工程令其停工整顿;

(4) 对于核验不合格的工程,做出返修加固的决定,直至达到合格,方准交付使用;

(5) 对造成重大质量事故的单位,按建设部颁布的《工程建设重大事故报告和调查程序规定》办理。

监督站及其监督员对受监工程承担监督责任。监督站只收费不监督的,要退还收取的监督费;监督人员因失职、失误、渎职而出现重大质量事故或在核验工程质量时弄虚作假的,由主管部门视情节轻重,给予批评、警告、记过直至撤职处分,触犯刑法的,移交司法机关追究刑事责任。

(四) 建筑工程质量检测

建筑工程质量检测是建筑工程质量监督管理的重要手段。建设工程质量检测机构在建设行政主管部门领导下和标准化行政主管部门的指导下开展工作。它是对建设工程质量和建筑构件、制品及建筑材料、设备的质量进行检测的法定单位,它所出具的检测报告具有法定效力。

建设工程质量检测机构分为国家级、省级、市(地区)级、县级。质量检测机构受同级建设行政主管部门和标准部门委托,有权对本辖区的建设工程及建筑构件、制品、材料、设备等进行检测复核,参加重大工程质量事故的检测和处理,参与建筑新技术、新材料、新结构的科技成果鉴定等工作,同时向主管部门出具检测报告和建议。

二、建筑工程质量体系认证制度

《建筑法》第五十三条规定:"国家对从事建筑活动的单位推行质量体系认证制度。从事建筑活动的单位根据自愿原则可以向国务院产品质量监督管理部门或者国务院产品质量监督管理部门授权的部门认可的认证机构申请质量体系认证。经认证合格的,由认证机构颁发质量体系认证证书"。

质量体系,是指企业为保证其产品质量所采取的管理、技术等各项措施所构成的有机整体,即企业的质量保证体系。

质量体系认证,是指依据国际通用的质量管理和质量保证系列标准,经过国家认可的质量体系认证机构对企业的质量体系进行审核,对于符合规定条件和要求的,通过颁发企业质量体系认证证书的形式,证明企业的质量保证能力符合相应要求的活动。质量体系认证的对象是各类企业;认证的过程是对质量体系的整体水平进行科学地评价,以证明企业的质量保证能力是否符合相应标准的要求;认证的依据是国际通用的质量管理的标准,我国已经对该国际标准等同采用并转化为我国的国家标准;认证的目的是为了使企业向用户提供可靠的质量信誉和质量担保。推行企业质量体系认证制度的意义主要在于,通过开展质量体系认证,有利于促进企业在管理和技术等方面采取有效措施,在企业内部建立起可靠的质量保证体系,以保证产品质量,同时提高企业的质量信誉,扩大企业的知名度,增强企业竞争优势。

国际标准化组织(ISO)于1987年3月正式发布了第一部管理标准,即ISO 9000《质量管理和质量保证》系列标准。我国于1992年发布了等同采用国际标准的GB/T 19000—ISO 9000《质量管理和质量保证》系列标准,并于1993年1月1日正式实施。我国的GB/T 19000系列标准由以下四个标准组成:(1)GB/T 19000—ISO 9000《质量管理和质量保证——选择和使用指南》;(2)GB/T 19001—ISO 9001《质量体系—设计/开发、生产、安装和服务的质量保证模式》;(3)GB/T 19002—ISO 9002《质量体系—生产和安装的质量保证模式》;(4)GB/T 19004—ISO 9004《质量管理和质量体系要素—指南》。

建筑产品是一种特殊的产品,对从事建筑活动的勘察、设计、施工、监理等单位推行质量体系认证制度,对提高建筑产品的质量也是很有益处的。由于上述系列标准属推荐性技术标准。所以,对从事建筑活动的单位申请质量体系认证采用自愿原则,任何部门和组织均不得强制其申请认证。申请认证的法定机构为国务院产品质量监督管理部门即国家技术监督局认可的,或者其授权部门认可的认证机构。经认证合格的,由认证机构颁发质量体系认证证书。

三、建筑工程竣工验收制度

《建筑法》第三十一条规定"交付竣工验收的建筑工程,必须符合规定的建筑工程质量标准,有完整的工程技术经济资料和经签署的工程保修书,并具备国家规定的其他竣工条件。建筑工程竣工验收合格后,方可交付使用;未经验收或者验收不合格的,不得交付使用。"

建筑工程的竣工验收,是指在建筑工程已按照设计要求完成全部施工任务,准备交付给建设单位投入使用时,由建设单位或有关主管部门依照国家关于建筑工程竣工验收制度的规定,对该项工程是否符合设计要求和工程质量标准所进行的检查、考核工作。建筑工程的竣工验收是项目建设全过程的最后一道程序,是对工程质量实施控制的一个重要环节。认真做好建筑工程的竣工验收工作,对保证建筑工程的质量具有重要意义。

(一)建筑工程竣工验收的程序

根据建筑部颁布的《建设项目(工程)竣工验收办法》、《工程建设监理规定》和《建设工程质量监督管理规定》及其他相关法律规范的规定,建筑工程竣工验收的具体程序如下:

1. 施工单位作竣工预验

竣工预验是指工程项目完工后,要求监理工程师验收前,由施工单位自行组织的内部模拟验收。预验是顺利通过正式验收的可靠保证,一般也邀请监理工程师参加。

2. 施工单位提交验收申请报告

施工单位决定正式提请验收后向监理单位送交验收申请报告,监理工程师收到验收申请报告后参照工程合同要求、验收标准等进行仔细审查。

3. 根据申请报告作现场实验

监理工程师审查完验收申请报告后,若认为可以验收,则应由监理人员组成验收班子对竣工的工程项目进行初验,在初验中发现的质量问题,应及时以书面通知或以备忘录的形式通知施工单位,并令其按有关的质量要求进行修理甚至返工。

4. 正式竣工验收

在监理工程师初验合格的基础上,一般由建设单位牵头,组织设计单位、施工单位、工程监理单位及质量监督站、消防、环保等行政部门参加,在规定的时间内正式验收,正式的竣工验收书必须有建设单位、施工单位、监理单位等各方签字方为有效。

(二)建筑工程竣工验收的条件

根据2000年1月30日国务院颁布的《建设工程质量管理条例》第十六条的规定,建筑工程竣工验收应具备下列条件:

1. 完成建设工程设计和合同约定的各项内容;
2. 有完整的技术档案和施工管理资料;

3. 有工程使用的主要建筑材料、建筑构配件和设备的进场试验报告;

4. 有勘察、设计、施工、工程监理等单位分别签署的质量合格文件;

5. 有施工单位签署的工程保修书。

建筑工程经验收合格的,方可交付使用。

四、建筑工程质量保修制度

《建筑法》第六十二条、《建设工程质量管理条例》第三十九条均明确规定:"建筑工程实行质量保修制度"。所谓质量保修制度,是指对建筑工程在交付使用后的一定期限内发现的工程质量缺陷,由施工企业承担修复责任的制度。质量缺陷是指建筑工程的质量不符合工程建设强制性标准以及合同的约定。建筑工程作为一种特殊的耐用消费品,一旦建成后将长期使用。建筑工程在建设中存在的质量问题,在工程竣工验收时被发现的,必须经修复完好后,才能作为合格工程交付使用;有些质量问题在竣工验收时未被发现,而在使用过程中的一定期限内逐渐暴露出来,施工企业应根据"质量保修制度"的要求无偿予以修复,以维护用户的利益。

(一)建筑工程质量保修的范围

1. 地基基础工程和主体结构工程。这两项工程的质量问题直接关系建筑物的安危,一般是不允许出现质量隐患的,一旦存在质量问题,也很难通过修复的方法解决。规定对这两项工程实行保修制度,实际上要求施工企业必须确保其质量;

2. 屋面防水工程。由于房屋建筑工程中的屋面漏水问题很常见,也很突出,所以,法律中将此项工程单独列出;

3. 其他土建工程。指除屋面防水工程以外的其他土建工程,如地面、楼面、门窗工程等;

4. 电气管线、上下水管线的安装工程。包括电气线路、开关、电表的安装,电气照明器具的安装,给水管道、排水管道的安装等;

5. 供热、供冷系统工程。包括暖气管道及设备、中央空调设备等的安装工程;

6. 装修工程。是指建筑过程中的装修,属于房屋建造活动的组成部分;

7. 其他应当保修的项目范围。

(二)建筑工程质量保修的期限

根据 2001 年 1 月 30 日国务院颁布的《建设工程质量管理条例》第四十条和 2000 年 6 月 30 日建设部颁布的《房屋建筑质量保修办法》第七条的规定,下列工程的最低保修期限为:

1. 地基工程和主体结构工程,为设计文件规定的该工程的合理使用年限;

2. 屋面防水工程、有防水要求的卫生间、房间和外墙面的防渗漏,为 5 年;

3. 电气管线、给排水管道、设备安装为 2 年;

4. 供热与供冷系统,为 2 个采暖期、供冷期;

5. 装修工程为 2 年;

6. 其他项目的保修期限由建设单位约定。

质量保修期从工程竣工验收合格之日起计算。

(三)保修的实施

建筑工程在保修期内出现质量缺陷,建设单位或者房屋建筑所有人应当向施工单位发出保修通知。如果发生涉及结构的安全的质量缺陷，建设单位或者房屋建筑所有人还应立即向当地建设行政主管部门报告，并采取安全防范措施。

对于一般的质量缺陷，施工单位接到保修通知后，应当到现场核查情况，在保修书约定的时间内予以保修；对于涉及结构安全或者严重影响使用功能的紧急抢修事故，施工单位接到保修通知后，应当立即到达现场抢修；对其他涉及结构安全的勿需紧急抢修的质量缺陷，应由原设计单位或者具有相应资质等级的设计单位提出保修方案，施工单位实施保修，原工程质量监督机构负责监督。

保修完成后，由建设单位或者房屋建筑所有人组织验收。涉及结构安全的，应当报告当地建设行政主管部门备案。

施工单位不按工程质量保修书约定保修的，建设单位或房屋建筑所有人可以另行委托其他单位保修，由原施工单位承担相应责任。

(四) 保修费用的承担

建筑工程在保修期内出现质量缺陷时，施工单位负有保修的义务，但是，保修的费用并非一定由施工单位承担，而是"由质量缺陷的责任方承担"(《房屋建筑工程质量保修办法》第十三条)。所谓质量缺陷的责任，有下面三种情况：

1. 施工单位未按工程建设强制性标准和设计要求施工，造成质量缺陷的，施工单位为责任方。

2. 由于设计方面的原因造成质量缺陷的，设计单位为责任方。

3. 因建筑材料、构配件和设备质量不合格引起的质量缺陷，属于施工单位采购的或者经其验收同意的，施工单位为责任方；属于建设单位采购的，建设单位为责任方。

对于因质量缺陷造成的人身、财产损害，同样由质量缺陷的责任方承担赔偿责任。因保修不及时造成的人身、财产损害，由造成拖延的责任方承担赔偿责任。

五、建筑工程质量责任制度

(一) 建设单位的质量责任和义务

1. 建设单位必须向有关的勘察、设计、施工、工程监理等单位提供与建设工程有关的原始资料；原始资料必须真实、准确、齐全。

2. 建设单位不得明示或者暗示设计单位或施工单位违反工程建设强制性标准，降低建设工程质量。

3. 建设单位应当将施工图设计文件报县级以上人民政府建设行政主管部门或者其他有关部门；施工图设计文件未经审查批准的，不得使用。

4. 建设单位在领取施工许可证或者开工报告前，应当按照国家有关规定办理工程质量监督手续。

5. 按照合同约定，由建设单位采购建筑材料、建筑构配件和设备的，建设单位应当保证建筑材料、建筑构配件和设备符合设计文件和合同要求。

6. 涉及建筑主体和承重结构变动的装修工程，建设单位应当在施工前委托原设计单位或者具有相应资质等级的设计单位提出设计方案；没有设计方案的，不得施工。

7. 建设单位收到建设工程竣工报告后，应当组织设计、施工、工程监理等有关单位进行竣工验收；建设工程经验收合格后，方可交付使用。

8. 建设单位应当严格按照国家有关档案管理的规定，及时收集、整理建设项目各环节的文件资料,建立健全建设项目档案,并在建设项目竣工验收后,及时向建设行政主管部门或者其他有关部门移交建设项目档案。

(二)勘察、设计单位的质量责任和义务

1. 勘察、设计单位必须按照工程建设强制性标准进行勘察、设计,并对其勘察、设计的质量负责;注册建筑师、注册结构工程师等注册执业人员应当在设计文件上签字,对设计文件负责。

2. 勘察单位提供的地质、测量、水文等勘察成果必须真实、准确。

3. 设计单位应当根据勘察成果文件进行建设工程设计;设计文件应当符合国家规定的设计深度要求,注明工程合理使用年限。

4. 设计单位在设计文件中选用的建筑材料、建筑构配件和设备,应当注明规格、型号、性能等技术指标,其质量要求必须符合国家规定的标准;除有特殊要求的建筑材料、专用设备、工艺生产线等外,设计单位不得指定生产厂、供应商。

5. 设计单位应当就审查合格的施工图设计文件向施工单位做出详细说明。

6. 设计单位应当参与建设工程质量事故分析,并对因设计造成的质量事故,提出相应的技术处理方案。

(三)施工单位的质量责任和义务

1. 施工单位对建设工程的施工质量负责;施工单位应当建立质量责任制,确定工程项目的项目经理、技术负责人和施工管理负责人;建设工程实行总承包的,总承包单位应当对全部建设工程质量负责;建设工程勘察、设计、施工、设备采购的一项或者多项实行总承包的,总承包单位应当对其承包的建设工程或者采购的设备的质量负责。

2. 总承包单位依法将建设工程分包给其他单位的,分包单位应当按照分包合同的约定对其分包工程的质量向总承包单位负责,总承包单位与分包单位对分包工程的质量承担连带责任。

3. 施工单位必须按照工程设计图纸和施工技术标准施工,不得擅自修改工程设计,不得偷工减料;施工单位在施工过程中发现设计文件和图纸有差错的,应当及时提出意见和建议。

4. 施工单位必须按照工程设计要求、施工技术标准和合同约定,对建筑材料、建筑构配件、设备和商品混凝土进行检验,检验应当有书面记录和专人签字;未经检验或者检验不合格的,不得使用。

5. 施工单位必须建立、健全施工质量的检验制度,严格工序管理,作好隐蔽工程的质量检查和记录。隐蔽工程在隐蔽前,施工单位应当通知建设单位和建设工程质量监督机构。

6. 施工人员对涉及结构安全的试块、试件以及有关材料,应当在建设单位或者工程监理单位监督下现场取样,并送具有相应资质等级的质量检测单位进行检测。

7. 施工单位对施工中出现质量问题的建设工程或者竣工验收不合格的建设工程,应当负责返修。

(四)工程监理单位的质量责任和义务

1. 工程监理单位应当依照法律、法规以及有关技术标准、设计文件和建设工程承包合同,代表建设单位对施工质量实施监理,并对施工质量承担监理责任。

2. 工程监理单位应当选派具备相应资格的总监理工程师和监理工程师进驻施工现场。

未经监理工程师签字,建筑材料、建筑构配件和设备不得在工程上使用或者安装,施工单位不得进行下一道工序的施工;未经总监理工程师签字,建设单位不拨付工程款,不进行竣工验收。

3. 工程监理单位应当按照工程监理规范的要求,采取旁站、巡视和平行检验等形式,对建设工程实施监理。

典型案例一:承包方雇用农民建筑队致使工程误期案

【案情】

原告:某市供销社(发包方,简称供销社)

被告:某市第二建筑公司(承包方,简称二建)

1995年5月30日,供销社与二建签订了一份建筑一栋六层办公、营业两用楼的工程承包合同。合同规定:建筑面积2600m²;工程造价,每平方米550元,总计工程款为140万元;承包方式为包工、包料;开工时间为1995年6月10日,竣工时间为1995年12月20日;经双方和质量监督部门验收合格后交付使用。因建筑工程未能按期竣工而发生纠纷,发包方遂于1996年2月25日向某市中级人民法院提起诉讼。

【审判】

在诉讼中,发包方称:承包方在施工中没有使用自己的施工队伍,多次转包,影响工程进度,延误竣工交付的时间,给我方造成直接经济损失达21万元,承包方应承担违约责任。承包方则答辩称:由于发包方未能按照合同约定的时间提供图纸,延误了开工时间;在施工中,我方使用农民建筑队属于雇用劳务,不是转包,发包方未按约定支付工程款,影响了施工进度;延长竣工时间,多支出的费用,发包方应当负责。

法院经审理查明:发包方提供施工图纸,有的提前,有的拖后,未按合同约定时间提供。但是经某设计院鉴定,提供图纸的时间,不会影响开工时间和施工进度。发包方支付工程款是采取双方协商零星拨款的方式,承包方购买建筑材料时随买随拿支票,由发包方签字;经核算,发包方支付的工程款比合同规定多支付10万元。承包方所提影响施工进度的理由不能成立。承包方因自己的施工力量没有排开,在施工期间先后四次雇用农民建筑队进行施工,加之管理不善,影响了施工进度,到合同期满时仅完成主体工程三层。

1996年8月30日,法院依法做出判决如下:

1. 承包方由于自己施工力量不足,四次雇用农民建筑队施工,属雇用劳务性质,不属转包,但由于组织不严、管理不善,影响了施工进度,未按期竣工,应负违约责任。应按合同约定赔偿违约金21万元,从拨付的工程款中扣除。

2. 承包方应继续履行合同,按原合同设计标准积极组织施工,保证工程质量,并于1996年10月31日竣工交付使用。

3. 案件受理费1300元由承包方负担。

【评析】

承包方承包了工程,应当以自己的施工力量、施工设备和施工技术进行施工。如果自己力量不足,可以将承包的工程部分分包给其他分包单位,签订分包合同。法律规定:承包单位只能将部分工程分包给具有相应资质条件的单位,而且,分包的工程必须是承包合同中约定可以分包的工程,合同中没有约定的,须经建设单位认可;分包单位应和承包单位就分包工程对建设单位承担连带责任;禁止将承包的工程倒手转让给他人或者将承包的工程肢解以后以分包的名义分别转让给他人。如果雇用农民建筑队,只能作辅助工或者辅助工程,并严格监督管理;否则,可能成为违法分包或转包。

本案中承包方雇用农民建筑队的行为,虽然不属于违法分包和转包,但由于施工组织、管理不善,导致延误工期,对此承包方应负全部责任。另外,在施工过程中,建设单位也不能把工程包出去就算完事,他应当派驻工地代表或者依法委托监理单位,对工程进度、质量等进行监督,解决应由发包方解决的问题以及其他事宜。本案中承包方没有按照合同规定的时间竣工交付使用,与发包方的监督不力也不是没有关系的。发包方应当接受教训。

典型案例二:某建设工程中标纠纷案

【案情】

原告:广东省汕头市某建筑安装工程公司

被告:上海市某房地产开发公司

1993年11月22日,被告上海市某房地产开发公司经批准进行招标,原告及另外三家公司参加了投标。经评标,原告中标,该中标结果由上海市建设工程招投标管理办公室见证,由被告于1993年12月14日向原告发出中标通知书,并要求原告于12月25日签订工程承包合同,12月28日开工。中标通知书中载明中标合同造价为人民币8000万元。发出中标通知书后,被告指令原告先作开工准备,再签工程合同。原告按被告要求平整了施工场地,进了打桩架等开工设备,并如期于28日打了两根桩,完成了开工仪式。工程开工后,被告借故迟迟不同意签订工程承包合同,至1994年3月1日,被告书面函告原告"将另行落实施工队伍"。双方经多次协商未果,原告遂于1994年6月17日向上海市中级人民法院提起诉讼。

【审判】

在审理中,原告诉称:根据建设部颁布的《工程建设施工招投标管理办法》的有关规定,原告认为被告既已发出中标通知书,就表明招投标过程中的要约已经承诺,按招投标文件和《施工合同示范文本》的有关规定,签订工程承包合同是被告的法定义务。被告则辩称:虽然已发出了中标通知书,但中标通知书并无合同效力,且双方的合同尚未签订,双方还不存在合同上的权利义务关系,被告有权另行确定合同相对人。

法院对当时的这起新类型案件十分重视,通过庭审查明原告起诉所依据的事实属实,确认发出中标通知书即表明被告实施了具有约束力的民事法律行为,据此签订承发包合同即成为被告的义务。最后,经过法院调解,双方同意和解,由被告赔偿原告的各项损失共计196万元人民币,诉讼费由被告承担,原告遂撤诉。

【评析】

本案发生之时,我国尚未颁布《招标投标法》,只有建设部等部委的一些规章和各地方政府的有关规定对此做出了规范。建设部的《工程建设施工招投标管理办法》第37条规定:"中标通知书发出30日内,中标单位应与建设单位依据招标文件、投标书等签订工程承发包合同"。根据招标投标的法理,招标是要约邀请,投标是要约,招标人发出中标通知书,即意味着对投标人的承诺,签订合同即成为双方的法定义务。任何一方不签订合同,对中标结果反悔,都应当承担相应的法律责任,故原告的主张是有法律依据的。

2000年1月1日之正式实施的《中华人民共和国招标投标法》对上述内容进行了确认,并将其效力等级提高到法律的高度。其第45条规定:"中标通知书对招标人和中标人具有法律效力。招标人发出中标通知书后,招标人改变中标结果的,或者中标人放弃中标项目的,应当依法承担法律责任。"第46条规定:"招标人和中标人应当自中标通知书发出之日起三十日内,按照招标文件和中标人的投标文件订立书面合同。招标人和中标人不得再行订立违背合同实质内容的其他协议"。所以,本案中被告发出中标通知书后不签订合同,应当承担法律责任,是没有什么争议的,法院的处理也是完全正确的。

典型案例三:建筑工程施工损害相邻建筑物及设备赔偿案

【案情】

原告:新华日报社

被告:南京华夏实业有限公司

1991年4月,被告南京华夏实业有限公司在毗邻原告新华日报社处投资建设的华荣大厦基础工程开始施工,未作护栏维护工程即进行敞开式开挖并大量抽排地下水。一个月后,因施工现场附近地面沉降,施工暂时停止。经过修改施工方案后,华荣大厦基础工程于同年7月28日恢复施工,进行人工开挖孔桩。同年10月中旬,原告发现其印刷厂厂房墙壁、地面开裂,三台德国进口的UNIMAN4/2卷筒纸胶印机出现异常,报纸印刷质量明显下降,印刷机严重受损,厂房墙体受损危及人员安全。经南京市人民政府召集有关单位、专家共同研究提出补救措施予以实施后,印刷厂地面沉降才得到控制,但对原告所受损失没有涉及。《会议纪要》还明确指出了被告在华荣大厦工程施工中违反有关施工规范、规程造成事故的错误。事故发生后,原告还委托南京土木建筑学会、国家印刷机械质量监督检测中心和江苏省地震局等单位对事故原因进行了鉴定。鉴定认为:华荣大厦基础工程施工大量抽排地下水是造成印刷厂厂房和印刷机受损的直接原因。1992年7月10日,原告向南京市人民政府请求解决赔偿损失问题,但一直未得到解决。于是,原告于1994年6月30日向江苏省高级人民法院提起诉讼。

【审判】

原告诉称:被告在建设与本社相距20m的华荣大厦基础工程施工期间,大量抽排地下水,造成本社印刷厂地面沉降,厂房墙体多处开裂,印刷机基础移位,印刷机受到严重损伤,造成巨额经济损失;要求被告赔偿其请国内外专家调校修理印刷机的费用、修理所需零部件购置费、停机期间委托他人代印报纸的印刷费差价等各项损失共计人民币1399万元。被告答辩称:原告的损失是华荣大厦基础工程施工单位造成的,应由施工单位赔偿;原告的起诉已超过了一年的诉讼时效,已丧失胜诉权;原告的请求应交由行政部门处理;请求法院驳回原告的诉讼请求。

江苏省高级人民法院经审理认为:被告在建设华荣大厦时,未充分考虑相邻建筑物的安全,于施工期间大量抽排地下水,且初期发现问题后未能及时采取必要的防护措施,使原告方印刷厂地面发生沉降,损坏了厂房基础,致使厂房及室内印刷机械受损,事实清楚,证据充分,可以认定。被告违背处理相邻关系的原则,在建设房屋时给原告造成了巨大损失,应负全部责任。依照《中华人民共和国民法通则》第83条之规定,判决如下:

1. 华夏公司于本判决生效后30日内,赔偿新华日报社各项损失共计人民币13883580.28元。

2. 诉讼费79428元,诉讼保全费70520元,合计人民币149948元,由华夏公司负担。

华夏公司不服一审判决,上诉至最高人民法院,请求在分清双方当事人责任程度、合理计算对方损失的前提下,改判由双方分别承担民事责任;并请求追加华荣大厦工程施工单位(珠海中新建筑公司)为本案第三人,并判令其承担相应的民事责任。

最高人民法院经过审理,并重新委托有关机构对事故原因进行了调查和鉴定,认为:原审法院认定事实清楚,适用法律正确;华夏公司所持上诉理由不能成立,本院不予支持;依照《中华人民共和国民法通则》第83条之规定,判决如下:驳回上诉,维持原判;二审诉讼费79428元,鉴定费232751.70元,由华夏公司承担。

【评析】

本案是建筑工程施工措施不当造成毗邻建筑物及设备损坏导致的诉讼。本案中事实清楚,无可争议。但是,对于谁是合格的被告,或者说由谁承担责任,则值得商榷。《建筑法》第39条规定:"建筑施工企业应当在施工现场采取维护安全、防范危险、预防火灾等措施;有条件的,应当对施工现场实行封闭管理。施工阶段对毗邻的建筑物、构筑物和特殊作业环境可能造成损害的,建筑施工企业应当采取防护措施。"根据这一规定,施工单位(即中新建筑公司)在本案中也应负一定的法律责任,而不是完全由华夏公司来承担;即使施工单位是完全按照华夏公司的大楼设计和施工方案进行施工的,也不能免除其责任;当然,如果设计有问题,设计单位也应负相应的责任。所以,根据目前的法律规定,本案正确的判决应当是由业主(华夏公司)和施工单位(中新建筑公司)共同承担损害赔偿责任。

复习思考题

1. 简述《建筑法》的宗旨和基本制度。
2. 什么叫建筑许可?建筑许可有哪些特征?
3. 简述建筑工程施工许可证的申请条件和程序。
4. 法律对建筑工程的发包行为作了哪些限制?
5. 如何理解建筑工程的分包与转包?
6. 什么叫招标投标?其特征和原则有哪些?《招标投标法》中规定哪些情况下必须招标?
7. 招标的方式有几种?对招标代理机构如何定位?
8. 如何进行评标?中标后还有哪些法定程序和要求?
9. 对建筑工程施工现场如何进行安全生产管理?
10. 工程建设重大事故怎样认定?发生后如何处理?
11. 简述我国的建筑工程质量体系认证制度。
12. 建筑工程质量保修的范围有哪些?保修期是多少?如何具体实施?

第六章 工程建设监理

第一节 工程建设监理概述

一、工程建设监理的概念和特征

(一) 工程建设监理的概念

监理,是指有关执行者根据一定的行为准则,对某些行为进行监督管理,使这些行为符合准则要求,并协助行为主体实现其行为目的。

工程建设监理是指针对工程项目建设,社会化、专业化的工程建设监理单位,接受业主(建设单位、项目法人)的委托和授权,根据国家批准的工程项目建设文件、有关工程建设的法律法规和工程建设监理合同以及其他工程建设合同所进行的旨在实现项目投资目的的微观监督管理活动。这个定义有下面几层含义:

1. 工程建设监理是针对工程项目建设所实施的监督管理活动;
2. 工程建设监理行为的主体是社会化、专业化的监理单位;
3. 工程建设监理的实施需要业主的委托和授权;
4. 工程建设监理是有明确依据的工程建设活动。监理必须依据国家批准的工程项目建设文件、有关工程建设的法律、法规和规章,以及监理合同和其他工程建设合同来进行。其中,监理合同和其他工程建设合同是监理的最直接的依据;
5. 工程建设监理是微观性质的监督管理活动。所谓微观性质,是指监理活动是针对一个具体的工程项目展开的,是围绕着工程项目建设的各项具体的投资活动和生产活动所进行的监督管理。

(二) 工程建设监理的特征

工程建设监理是一种特殊的工程建设活动,它的特征如下:

1. 服务性

工程建设监理既不同于承包商的直接生产活动,也不同于业主的直接投资活动,它是在工程建设过程中,利用自己的工程建设方面的知识、技能和经验为客户(业主)提供符合要求的监督管理服务,并获取报酬。它的本质是接受客户的委托,为客户提供服务。

2. 独立性和公正性

独立性和公正性是工程建设监理活动的基本要求。监理单位在工程监理中必须具备组织各方协作配合以及调解各方利益的能力,因此必须要求监理单位坚持公正。而公正性又须以独立性为前提,监理单位只有保持独立,与工程建设各方均无利益关系,既不依附于行政机关,也不是业主的"代表",而是独立的、社会化的中介服务机构,才能保证监理活动的公正性。

3. 科学性

监理单位必须具有能发现和解决工程建设中所存在的技术和管理方面的问题的能力,能够提供高水平的专业服务,所以必须具有科学性。这是监理单位区别于其他一般服务性组织的重要特征,也是其赖以生存的重要条件。

(三) 工程建设监理与工程质量监督

工程建设监理与工程质量监督都属于工程建设领域的监督管理活动,二者有很多相似之处,但又有明显的区别,具体表现在:

1. 行为的性质不同

工程建设监理是发生在项目组织系统范围内的平等主体之间的横向监督管理,是一种委托性的服务活动;工程质量监督则是项目组织系统外的监督管理主体(政府)对系统内的建设行为主体进行的一种纵向的监督管理,是一种强制性的政府监督行为。

2. 行为主体及其地位不同

前者的实施者是社会化、专业化的监理单位,监理单位与业主、工程承包单位之间是平等的民事主体之间的关系;后者的执行者是政府授权的工程质量监督机构,它与业主、工程承包单位之间属于行政管理与被管理的关系。

3. 行为的内容不同

前者一般是全过程、全方位的监理,包括整个建设项目的目标规划、动态控制、组织调协、合同管理、信息管理等一系列活动;而后者主要限于在施工阶段的工程质量监督,且工作范围较小,相对稳定。

4. 工作的依据不同

工程质量监督以国家、地方颁布的有关法律、法规等为基本依据,维护法的权威性;而工程建设监理不仅以法律、法规为依据,还以工程建设合同为依据,不仅维护法的权威性还要维护合同的严肃性。

5. 工作的方法和手段不同

工程建设监理主要采用组织管理的方法,从多方面采取措施进行项目的监督管理;而工程质量监督主要侧重于行政管理的方法和手段。

二、工程建设监理的任务和方法

(一) 工程建设监理的任务

工程建设监理的任务是监理工程师利用业主授予的权利,从组织、技术、合同和经济的角度采取措施,对施工质量、进度、费用实施全面监理,并严格地进行合同管理,高效有序地进行信息管理,以使工程建设的三大目标(质量、进度、投资)最合理地实现。其核心任务是三大目标的控制。

(二) 工程建设监理的基本方法

要实现监理的任务,必须采用科学的、严谨的方法,具体方法如下:

1. 目标规划

目标规划是以实现目标控制为目的的规划和计划,它是围绕工程项目投资、进度和质量目标进行研究确定、分解综合、安排计划、风险管理、制定措施等项工作的集合。目标的规划是目标控制的基础和前提,只有做好目标规划的各项工作才能有效实施目标控制。

目标规划工作包括正确地确定投资、进度、质量目标或对已经初步确定的目标进行论证;按照目标控制的需要将各项目标进行分解,把工程项目实施的过程、目标和活动编制成计划;对计划目标的实现进行风险分析和管理;制定各项目标的综合控制措施等。

2. 动态控制

动态控制就是在完成工程项目的过程中,通过对过程、目标和活动的跟踪,全面、及时、准确地掌握工程建设信息,将实际目标值和工程建设状况与计划目标和状况进行对比,如果偏离了计划和标准的要求,就采取措施加以纠正,以便达到计划总目标的实现。这是一个不断循环的过程,贯穿于工程项目的整个监理过程中。

3. 组织协调

在实现工程项目目标的过程中,组织协调是不可缺少的方法和手段。组织协调既包括监理工程师与设计单位、施工单位、业主之间的协调,也有监理组织内部人与人、机构与机构之间的协调。组织协调的最终目的,是为了实现项目目标。

4. 信息管理

信息管理是指监理工程师对有关工程建设的信息进行收集、整理、处理、存储、传递、应用等一系列活动。信息管理对工程建设监理是十分必要的,也是实现项目目标的基本方法之一。

5. 合同管理

合同管理是指监理单位根据监理合同的要求,对工程承包合同的签订、履行、变更和解除进行监督、检查,对合同双方争议进行调解和处理,以保证合同的依法签订和全面履行。

合同管理对于监理单位完成监理任务是十分重要的。监理工程师应依照合同的约定,对工程的质量和费用实施管理,并及时按工作程序处理各种问题,其主要的工作内容包括:对合同条款的研究和分析,建立合同目录、编码和档案,监督、检查合同的履行情况,处理索赔问题等等。

三、推行工程建设监理制度的必要性

《中华人民共和国建筑法》第 30 条第 1 款规定:"国家推行建设工程监理制度"。建设工程监理制度是市场经济的产物,是我国工程建设管理体制的一项重要改革。在我国推行工程监理制度,目的在于确保工程建设质量,提高工程建设水平,充分发挥投资效益,它是我国工程建设领域继投资、设计、施工等方面改革后进行的又一次重大变革,必将对我国工程建设事业的健康发展产生深远的影响。

(一) 推行工程建设监理制度是适应我国建设领域由计划经济向市场经济转变的需要

伴随着我国经济体制改革向纵深发展,我国经济体制开始由计划经济体制向社会主义市场经济体制转变,工程建设领域亦毫不例外要适应这种转变。市场经济的特点就是开放性和竞争性,要求用法律的手段、合同的手段、经济的手段、市场的手段,打破行政命令下的封闭和垄断的局面。但是长期以来,我国工程建设领域是由建设单位或其上级主管机关自筹资金、自行建设、自我监督与管理的体制,从而导致了政企不分、监督管理乏力的封闭式的管理模式,造成了脱离实际、盲目蛮干、多投入少产出等严重后果,给国家和人民的财富造成巨大的浪费,这与我国当前加强社会主义市场经济体系的建立和社会化扩大再生产的需要是极不相称的。因此,在工程建设领域引入竞争机制,推行工程建设监理制度已成为当务之急。

(二) 推行工程建设监理制度是适应我国工程建设体制改革的需要

实行改革开放以来,我国工程建设的投资主体已由国家为主向多元化、经营化为主转

换,工程任务的分配已由政府主管部门为主向以市场为主的转换,工程项目的承建主体正由分散的、多层次的设计、施工单位为主向智力密集型的总承包单位为主转换。在进行社会主义市场经济建设过程中,现代企业制度也正在逐步建立和完善,在工程建设领域已经开始普遍推行项目法人责任制、招标投标制、合同管理制。在这种新形势下,迫切需要加强与之相适应的监督管理和横向制衡,以保证建设工程的质量和建设工期,确保投资效益的充分发挥。工程建设监理制度正是适应这种需要而产生的。

(三)推行工程建设监理制度是适应我国工程建设领域对外开放与国际惯例接轨的需要

我国要扩大对外开放,参与国际竞争和国际合作,吸引外资或向国际金融组织申请贷款,工程建设领域的诸多制度就必须与国际接轨和向国际靠拢,而工程建设监理制度正是世界许多发达国家和国际金融组织普遍采用和推行的制度,因此推行工程建设监理制度势在必行。

(四)推行工程建设监理制度是对工程项目进行科学管理的需要

推行工程建设监理制度,由具有专业知识和丰富管理经验的监理工程师对工程建设项目进行全过程的监督管理,在业主和承包商之间引入第三者进行制约和监督,对工程项目进行管理,可以从根本上防止诸如工程质量失控、工期拖延、工程款久拖不决等长期存在而又棘手的一些问题,促进建设事业的健康发展。

四、我国的工程建设监理制度概况

长期以来,我国的工程建设活动基本上是按国家下达的计划,由建设单位自行组织设计、施工,申请材料、设备,还直接承担工程建设的监督和管理职能,对于工程建设监理制度是十分陌生的,法律、法规中亦无相应的规定。

1983年利用世界银行贷款的鲁布革水电站引水工程首先采用工程监理制度,之后,西安——三源一级公路及京津塘高速公路也先后引进了工程监理制度。而此,我国的工程建设监理制度拉开了序幕。1988年5月,国务院批准了建设部的"三定"方案,并确立了建设部归口管理工程建设的施工监理工作,并制定了相应的法规和管理办法。同年7月,建设部颁布了《有关开展建设监理工作的通知》,同年12月又印发了《关于开展建设监理试点工作的若干意见》,并确定了北京、上海、天津、南京、宁波、沈阳、哈尔滨、深圳等8城市和能源、交通两部的水电和公路系统作为开展建设监理工作的试点单位。从此,我国工程建设领域的改革进入了一个新的阶段,即参照国际惯例,结合中国国情,建立具有中国特色的建设监理制度。

经过8年的监理制度的试点,建设监理已为广大工程建设者认识和接受,并积累了丰富的经验。1995年12月建设部召开了第六次全国建设监理工作会议,并决定在全国范围内推行建设监理制。自1996年起,建设监理开始进入全面推行阶段,各部门、各地方的监理法规、规章进一步健全、完善,监理工作逐步达到规范化,监理队伍蓬勃发展,而且还形成具有一定规模的产业化队伍。1997年11月《建筑法》的颁布,特别是《建筑法》第三十条规定"国家推行建筑工程监理制度",使建设监理制度的发展又迈上一个新台阶。相信在不久的将来,随着法律、法规的逐步健全和与国际惯例的日益接轨,我国的工程建设监理制度会愈加完善。

目前,规范工程建设监理活动的法律规范主要有:1992年6月建设部颁发的《工程建设监理规定》,1996年8月建设部、人事部印发的《关于全国监理工程师执业资格考试工作的通知》,1997年11月全国人大颁布的《建筑法》,2001年1月建设部颁布的《建设工程监理范围和规模标准规定》,同年8月颁布的《工程监理企业资质管理规定》以及其他有关工程建设监理的法律规定等。

第二节 工程建设监理资质资格管理

一、工程建设监理单位资质管理

（一）工程建设监理单位的概念和分类

监理单位是指具有法人资格,取得监理单位资质证书,主要从事工程建设监理工作的监理公司、监理事务所等,也包括具有法人资格的单位下设的专门从事工程建设监理的二级机构,即企业法人中专门从事监理工作的内设机构,如设计单位中的"监理部"等。

监理单位是建筑市场的三大主体（业主、承包商、监理单位）之一。它的责任主要是向工程业主提供高智能的技术服务,对工程项目建设的投资、建设工期和质量进行监督管理。它在建筑市场中起着举足轻重的纽带作用,对于业主,他们之间是委托与被委托、授权与被授权的关系,更是相互依存、相互促进、共兴共荣的紧密关系;对于承包商,他们之间虽无合同的约束,但他们之间也有紧密的关系,他们的关系是监理与被监理的关系,而不是领导与被领导的关系。

监理单位的分类,按照经济性质可分为全民所有制企业、集体所有制企业和私有企业;按照组建方式分为股份公司、合资企业、合作企业和合伙企业;按照经济责任分为有限责任公司和无限责任公司;按照资质等级分为甲级、乙级、丙级三种;按照从事的主要业务范围不同,还可分出不同专业类别的监理单位。

（二）工程建设监理单位的资质条件和业务范围

监理单位的资质是指从事监理业务的单位应具备的人员素质、专业配套能力、技术装备、资金数量、监理经历和监理水平等要素。根据上述要素的状况,2001年8月23日建设部颁布的《工程监理企业资质管理规定》将监理单位的资质分为甲、乙、丙三级。其资质等级标准如下:

1. 甲级

(1) 企业负责人和技术负责人应当具有15年以上从事工程建设工作的经历,企业技术负责人应当取得监理工程师注册证书;

(2) 取得监理工程师注册证书的人员不少于25人;

(3) 注册资本不少于100万元。

(4) 近3年内监理过5个以上二等房屋建筑工程项目或者3个以上二等专业工程项目。

甲级工程监理企业可以监理经核定的工程类别中一、二、三等工程。

2. 乙级

(1) 企业负责人和技术负责人应当具有10年以上从事工程建设工作的经历,企业技术负责人应当取得监理工程师注册证书;

(2) 取得监理工程师注册证书的人员不少于15人;

(3) 注册资本不少于 50 万元；
(4) 近 3 年内监理过 5 个以上三等房屋建筑工程项目或者 3 个以上三等专业工程项目。

乙级工程监理企业可以监理经核定的工程类别中二、三等工程。

3．丙级

(1) 企业负责人和技术负责人应当具有 8 年以上从事工程建设工作的经历，企业技术负责人应当取得监理工程师注册证书；

(2) 取得监理工程师注册证书的人员不少于 5 人；

(3) 注册资本不少于 10 万元；

(4) 承担过二个以上房屋建筑工程项目或者一个以上专业工程项目。丙级工程监理企业可以监理经核定的工程类别中三等工程。

(三) 工程建设监理单位资质的申请与审批

1．工程建设监理单位资质的申请

工程建设监理单位应当向企业注册所在地的县级以上地方人民政府建设行政主管部门申请资质；中央管理的企业直接向国务院建设行政主管部门申请资质，其所属的工程监理企业申请甲级资质的，由中央管理的企业向国务院建设行政主管部门申请，同时向企业注册所在地省、自治区、直辖市建设行政主管部门报告。

新设立的监理单位，应首先到工商行政管理部门登记注册并取得企业法人营业执照后，方可到建设行政主管部门办理资质申请手续。同时应当提供下列资料：

(1) 工程监理企业资质申请表；

(2) 企业法人营业执照；

(3) 企业章程；

(4) 企业负责人和技术负责人的工作简历、监理工程师注册证书等有关证明材料；

(5) 工程监理人员的监理工程师注册证书；

(6) 需要出具的其他有关证件、资料。

已设立的监理单位申请资质升级，除向建设行政主管部门提供前述所列资料外，还应当提供下列资料：

(1) 企业原资质证书正、副本；

(2) 企业的财务决算年报表；

(3)《监理业务手册》及已完成代表工程的监理合同、监理规划及监理工作总结。

2．工程建设监理单位资质的审批

(1) 甲级工程监理企业资质，经省、自治区、直辖市人民政府建设行政主管部门审核同意后，由国务院建设行政主管部门组织专家评审，并提出初审意见；其中涉及铁道、交通、水利、信息产业、民航工程等方面工程监理企业资质的，由省、自治区、直辖市人民政府建设行政主管部门商同级有关专业部门审核同意后，报国务院建设行政主管部门，由国务院建设行政主管部门送国务院有关部门初审。国务院建设行政主管部门根据初审意见审批。

国务院建设行政主管部门应当将经专家评审合格和国务院有关部门初审合格的甲级资质的工程监理企业名单及基本情况，在中国工程建设和建筑业信息网上公示。经公示后，对于工程监理企业符合资质标准的，予以审批，并将审批结果在中国工程建设和建筑业信息网上公告。审核部门应当对工程监理企业的资质条件和申请资质提供的资料审查核实。

（2）乙、丙级工程监理企业资质，由企业注册所在地省、自治区、直辖市人民政府建设行政主管部门审批；其中交通、水利、通信等方面的工程监理企业资质，由省、自治区、直辖市人民政府建设行政主管部门征得同级有关部门初审同意后审批。

申请乙、丙级工程监理企业资质的，实行即时审批或者定期审批，由省、自治区、直辖市人民政府建设行政主管部门规定。

（四）工程建设监理单位资质的监督管理

县级以上人民政府建设行政主管部门和其他有关部门是对工程监理企业资质实施监督管理的法定机关，其监督管理的内容主要表现为资质年检制度。

1．资质年检的权限

甲级工程监理企业资质，由国务院建设行政主管部门负责年检；其中铁道、交通、水利、信息产业、民航等方面的工程监理企业资质，由国务院建设行政主管部门会同国务院有关部门联合年检。

乙、丙级工程监理企业资质，由企业注册所在地省、自治区、直辖市人民政府建设行政主管部门负责年检；其中交通、水利、通信等方面的工程监理企业资质，由建设行政主管部门会同同级有关部门联合年检。

2．资质年检的程序

工程监理企业资质年检一般按照下列程序进行：

（1）工程监理企业在规定时间内向建设行政主管部门提交《工程监理企业资质年检表》、《工程监理企业资质证书》、《监理业务手册》以及工程监理人员变化情况及其他有关资料，并交验《企业法人营业执照》。

（2）建设行政主管部门会同有关部门在收到工程监理企业年检资料后40日内，对工程监理企业资质年检做出结论，并记录在《工程监理企业资质证书》副本的年检记录栏内。

3．资质年检的内容

工程监理企业资质年检的内容，是检查工程监理企业资质条件是否符合资质等级标准，是否存在质量、市场行为等方面的违法违规行为。

4．资质年检的结论及升、降级

工程监理企业年检结论分为合格、基本合格、不合格三种。

工程监理企业资质条件符合资质等级标准，且在过去一年内未发生下面所列行为的，年检结论为合格。

（1）与建设单位或者工程监理企业之间相互串通投标，或者以行贿等不正当手段谋取中标的；

（2）与建设单位或者施工单位串通，弄虚作假、降低工程质量的；

（3）将不合格的建设工程、建筑材料、建筑构配件和设备按照合格签字的；

（4）超越本单位资质等级承揽监理业务的；

（5）允许其他单位或个人以本单位的名义承揽工程的；

（6）转让工程监理业务的；

（7）因监理责任而发生过三级以上工程建设重大质量事故或者发生过两起以上四级工

程建设质量事故的；

(8) 其他违反法律法规的行为。

工程监理企业资质条件中监理工程师注册人员数量、经营规模未达到资质标准,但不低于资质等级标准的80%,其他各项均达到标准要求,且在过去一年内未发生本规定第十六条所列行为的,年检结论为基本合格。

有下列情形之一的,工程监理企业的资质年检结论为不合格：

(1) 资质条件中监理工程师注册人员数量、经营规模的任何一项未达到资质等级标准的80%,或者其他任何一项未达到资质等级标准；

(2) 有前述所列行为之一的。

工程监理企业资质年检不合格或者连续两年基本合格的,建设行政主管部门应当重新核定其资质等级。新核定的资质等级应当低于原资质等级,达不到最低资质等级标准的,取消资质；降级的工程监理企业,经过一年以上时间的整改,经建设行政主管部门核查确认,达到规定的资质标准,且在此期间内未发生前述所列行为的,可以按照本规定重新申请原资质等级。

工程监理企业连续两年年检合格,方可申请晋升上一个资质等级。

在规定时间内没有参加资质年检的工程监理企业,其资质证书自行失效,且一年内不得重新申请资质；工程监理企业遗失《工程监理企业资质证书》,应当在公众媒体上声明作废。其中甲级监理企业应当在中国工程建设和建筑业信息网上声明作废；工程监理企业变更名称、地址、法定代表人、技术负责人等,应当在变更后一个月内,到原资质审批部门办理变更手续。其中由国务院建设行政主管部门审批的企业除企业名称变更由国务院建设行政主管部门办理外,企业地址、法定代表人、技术负责人的变更委托省、自治区、直辖市人民政府建设行政主管部门办理,办理结果向国务院建设行政主管部门备案。

二、监理工程师资格管理

(一) 监理工程师的概念

监理工程师是指在工程建设监理工作岗位上工作,并经全国统一考试合格,又经政府注册的监理人员。它包含三层含义：第一,他(她)是从事工程建设监理工作的人员；第二,已取得国家确认的《监理工程师资格证书》；第三,经省、自治区、直辖市建委(建设厅)或由国务院工业、交通等部门的建设主管单位核准、注册,取得《监理工程师岗位证书》。

监理工程师是一种岗位职务。从事监理工作,但尚未取得《监理工程师岗位证书》的人员统称为监理员。监理工程师具有相应岗位责任的签字权,而监理员则一般没有。

总监理工程师(承包总监)或主任监理工程师是指的聘任的工程建设项目上的岗位职务,没有被聘用,则只有监理工程师的称谓。工程建设项目一般实行总监理工程师负责,监理工程师对总监理工程师负责,监理员对监理工程师负责。

(二) 监理工程师资格的取得

我国监理工程师主要是通过参加监理工程师资格考试的方式取得。

1. 监理工程师资格考试的实施机构

监理工程师资格考试,在全国监理工程师资格考试委员会的统一组织指导下进行,原则上每两年进行一次；监理工程师资格考试委员会为非常设机构,于每次考试前6个月组成并开始工作。

全国监理工程师资格考试委员会由国务院建设行政主管部门和国务院有关部门工程建设、人事行政管理的专家15~19人组成,设主任委员一人、副主任委员3~5人。

省、自治区、直辖市及国务院有关部门成立地方或部门监理工程师资格考试委员会,分别负责本行政区域内地方工程建设监理单位或本部门直属工程建设监理单位的监理工程师资格考试工作。地方或部门监理工程师资格考试委员会的成立,应报全国监理工程师资格考试委员会备案。

2．参加监理工程师资格考试的条件

凡申请参加监理工程师资格考试者,必须具备以下条件:

(1) 具有高级专业技术职称、或取得中级专业技术职称后具有3年以上工程设计或施工管理实践经验;

(2) 在全国监理工程师注册管理机关认定的培训单位经营监理业务培训,并取得培训结业证书。监理工程师资格考试,在全国监理工程师资格考试委员会的统一组织指导下进行,原则上每两年进行一次。

3．《监理工程师资格证书》的取得

凡参加监理工程师资格考试者,由所在单位向本地区或本部门监理工程师资格考试委员会提出书面申请,经审查批准后,方可参加考试;经监理工程师资格考试合格者,由监理工程师注册机关核发《监理工程师资格证书》;《监理工程师资格证书》的持有者,自领取证书起,5年内未经注册,其证书失效。

(三) 监理工程师的注册

1．监理工程师注册的条件

申请监理工程师注册者,必须具备下列条件:

(1) 热爱中华人民共和国,拥护社会主义制度,遵纪守法,遵守监理工程师职业道德;

(2) 身体健康,胜任工程建设的现场监理工作;

(3) 非国家行政机关现职工作人员;

(4) 已取得《监理工程师资格证书》。

2．监理工程师注册的程序

申请监理工程师注册,由拟聘用申请者的工程建设监理单位统一向本地区或本部门的监理工程师注册机关提出申请。

监理工程师注册机关收到申请后,依法进行审查。对符合条件的,根据全国监理工程师注册管理机关批准的注册计划择优予以注册,颁发《监理工程师岗位证书》,并报全国监理工程师注册管理机关备案。

监理工程师注册机关每五年对待《监理工程师岗位证书》者复查一次。对不符合条件的,注销注册,并收回《监理工程师岗位证书》。

已经取得《监理工程师资格证书》但未经注册的人员,不得以监理工程师的名义从事工程建设监理业务。已经注册的监理工程师,不得以个人名义私自承接工程建设监理业务。

监理工程师退出、调出所在的工程建设监理单位或被解聘,须向原注册机关交回其《监理工程师岗位证书》,核销注册。核销注册不满5年再从事监理业务的,须由拟聘用的工程建设监理单位向本地区或本部门监理工程师注册机关重新申请注册。

第三节　工程建设监理的实施

一、工程建设监理的范围和依据

（一）工程建设监理的范围

根据2001年1月17日建设部颁布的《建设工程监理范围和规模标准规定》，下列建设工程必须实行监理：

(1) 国家重点建设工程。是指依据《国家重点建设项目管理办法》所确定的对国民经济和社会发展有重大影响的骨干项目。

(2) 大中型公用事业工程。是指项目总投资额在3000万元以上的下列工程项目：1)供水、供电、供气、供热等市政工程项目；2)科技、教育、文化等项目；3)体育、旅游、商业等项目；4)卫生、社会福利等项目；5)其他公用事业项目。

(3) 成片开发建设的住宅小区工程。其中，建筑面积在5万m^2以上的住宅建设工程必须实行监理；5万m^2以下的住宅建设工程，可以实行监理，具体范围和规模标准，由省、自治区、直辖市人民政府建设行政主管部门规定；为了保证住宅质量，对高层住宅及地基、结构复杂的多层住宅应当实行监理。

(4) 利用外国政府或者国际组织贷款、援助资金的工程。包括：1)使用世界银行、亚洲开发银行等国际组织贷款的项目；2)使用国外政府及其机构贷款的项目；3)使用国际组织或者国外政府援助资金的项目。

(5) 国家规定必须实行监理的其他工程。主要是指学校、影剧院、体育场馆项目以及总投资额在3000万元以上关系社会公共利益、公众安全的下列基础设施项目：1)煤炭、石油、化工、天然气、电力、新能源等项目；2)铁路、公路、管道、水运、民航以及其他交通运输业等项目；3)邮政、电信枢纽、通信、信息网络等项目；4)防洪、灌溉、排涝、发电、引(供)水、滩涂治理、水资源保护、水土保持等水利建设项目；5)道路、桥梁、地铁和轻轨交通、污水排放及处理、垃圾处理、地下管道、公共停车场等城市基础设施项目；6)生态环境保护项目；7)其他基础设施项目。

（二）工程建设监理的依据

根据《建筑法》和《工程建设监理规定》，监理的依据为：

1．有关工程建设监理的法律、法规和规章；

2．国家批准的工程项目建设文件；

3．有关的工程建设强制性标准；

4．建设监理合同及其他依法签订的工程建设合同。

二、工程建设监理的基本原则

（一）资质许可原则

《建筑法》第三十一条规定："实行监理的建筑工程，由建设单位委托具有相应资质条件的工程监理单位监理"。第三十四条规定："工程监理单位应当在其资质等级许可的监理范围内，承担工程监理业务"。这是政府对从事工程监理的单位资质许可的强制性规定，也是从事监理活动的首要的原则。

（二）客观、公正性原则

《建筑法》第三十四条规定:"工程监理单位应当根据建设单位的委托,客观、公正地执行监理任务"。所谓客观,是指工程监理单位及其监理人员在执行监理任务中,应以事实为根据,并运用科学的方法,在充分掌握监理对象及其外部环境实际情况的基础上,适时、妥贴、高效地处理有关问题,用事实说话,不能主观臆断;所谓公正,是指工程监理单位及其监理人员在对工程实施质量、投资和进度控制时,应当以独立、超脱的"第三人"的地位,做到公正廉洁,严格把关,不放过任何影响工程质量的问题,清退不合格的材料、提出合理化建议、纠正不合理设计、严格审查预决算,达到节省投资、保证工程质量的目的,同时,在处理建设单位与承包单位之间的纠纷时,做到不偏不倚,公平对待,客观和公正是工程监理单位和监理人员应当遵循的最基本的执业准则,也是对监理活动的基本要求。

(三)总监理工程师全权负责原则

总监理工程师是监理单位履行监理合同的全权负责人。他根据监理合同赋予的权限,全权负责监理事务,并领导项目监理组开展工作。监理工程师具体履行监理职责,对总监理工程师负责。

(四)监理单位独立完成任务的原则

《建筑法》第三十四条规定:"工程监理单位不得转让工程监理业务"。建设单位将监理业务委托给工程监理单位,是建设单位对该监理单位的信誉和监理能力的信任,监理单位接受委托后,应当自行完成工程监理业务,不允许将监理业务转委托给其他工程监理单位。如果由于各种原因,监理单位确实无法完成该工程监理任务时,应依法解除合同,由建设单位将该工程的监理业务委托给其他具有相应资质条件的监理单位。

三、工程建设监理的内容

工程建设监理的基本任务是通过建设项目的一项项具体工作的完成来实现的,而这些具体的工作都取决于项目建设的阶段,阶段不同项目的具体工作就不同,因而其相应的监理内容也不同,具体如下:

(一)项目决策阶段监理

1.投资决策咨询;

2.项目评估,国外称机会研究;

3.参与编制项目建议书;

4.项目可行性研究及编制可行性研究报告。

(二)项目实施阶段监理

1.设计阶段监理

(1)组织项目的选择或设计招投标工作,审查或评选设计方案,审查设计实施文件;

(2)对设计单位进行资质调查,选择设计单位;

(3)代签或参与签订勘察设计合同并监督合同的实施;

(4)代编或代审项目的概预算。

2.施工准备阶段监理

(1)代理组织单项工程或单位工程的招投标,或提供工程建设咨询服务;

(2)核查施工图设计和概预算;

(3)编撰标书、制订标底,准备并发送招标文件,协助评审标书,提出意见和建议;

(4)协助建设单位与中标单位商签工程承包合同;

(5) 协助建设单位办理施工许可手续；

(6) 对施工准备阶段的预备性工程,如"四通一平"等实施监理；

(7) 协助建设单位优选设备供应公司或设备成套公司、商签设备成套供应合同。

3. 施工阶段监理

(1) 审查承包单位的施工组织设计、施工进度计划等,提出改进意见；

(2) 审查承包单位的材料和设备清单及所列规格和质量要求；

(3) 检查工程使用的材料、构配件、设备质量和安全保护设施；

(4) 核查施工图纸,组织图纸会审,参与设计修改、工程变更、材料代用等的核查工作并提出监理意见；

(5) 主持协商合同条款的变更,调解合同双方的争议；

(6) 检查工程进度和施工质量,验收分部分项工程,签署工程付款凭证；

(7) 处理索赔事宜；

(8) 整理承包合同文件和技术档案资料,收集、整理、传递、存储各类相关信息资料；

(9) 组织承包单位进行工程竣工初步验收,提出竣工验收报告；

(10) 核查工程结算。

4. 工程保修阶段监理

(1) 在规定的保修期限内,负责检查工程质量情况、鉴定质量责任并监督责任单位进行修理；

(2) 调解保修阶段中建设单位和承包单位的认识差异、意见分歧,协调他们之间的纠纷和质量保证金的清算等。

以上各个阶段的监理工作,有着不同的目的和作用。它们虽都包括投资、质量、进度控制方面的内容,但在不同阶段有着不同的控制重点,如在前期决策阶段是以投资控制为重点；设计阶段则以投资、质量控制为重点。再从控制的目标来看,投资控制是以决策、设计阶段为重点；质量控制则是以设计、施工、验收阶段为重点。

四、工程建设监理的程序

监理的程序是指监理单位实际参与工程建设监理所应完成的步骤,根据《建筑法》和《工程建设监理规定》以及建设监理的实践,监理程序一般包括商签监理委托合同,监理前的准备、监理工作的开展和监理工作的总结四个阶段。

(一) 商签监理委托合同

监理单位通过建设单位点名委托或竞标择优委托或商议委托后,与建设单位签订监理委托合同。有关监理委托合同的内容参见本章第四节。

(二) 监理前的准备

监理单位与建设单位签订监理委托合同,应根据合同的要求及工程项目的规模、性质等立即着手准备工作,具体内容包括：

1. 向受监工程所在地的县级以上人民政府建设行政主管部门备案,并接受其监督管理；

2. 监理单位委派总监理工程师,并由总监理工程师组建项目监理组,同时将项目监理组名单报送建设单位；

3. 项目监理组将其授予监理工程师的权限,书面通知工程承包单位,通知的内容包括：

（1）工程监理单位名称、地址、法定代表人等；
（2）总监理工程师及监理组的情况；
（3）监理的内容；
（4）监理权限。

4．监理组收集有关该工程项目的资料，具体包括：

（1）反映工程项目特征的有关资料，包括：工程项目的批文，规划部门关于规划红线范围和设计条件通知，土地管理部门关于准予用地的批文，批准的工程项目可行性研究报告或设计任务书，工程项目地形图，工程项目勘察设计图纸及有关说明。

（2）反映当地工程建设政策、法规的有关资料，具体包括：工程建设报建程序、应交纳的有关税费、资质管理、监理、招投标、造价管理等方面的规定。

（3）反映工程项目所在地区技术经济状况等建设条件的有关资料，包括：气象资料，工程地质及水文地质资料，与交通运输有关的资料，与供水、供电、供热、供燃气、电信等有关的资料，勘察设计单位状况，土建、安装施工单位状况，建筑材料及构配件、半成品的生产供应情况，进口设备及材料的有关到货口岸、运输方式情况等。

（4）类似工程项目建设情况的有关资料，包括：类似工程项目投资方面的有关资料，类似工程项目建设工期方面的有关资料，类似工程项目的其他技术经济指标等。

5．总监理工程师主持编制该工程项目的监理规划及相应的实施性计划或细则。

（三）监理工作的开展

1．监理工作开展的一般要求

（1）项目监理组在监理中要始终坚持监理的基本原则。

（2）在监理过程中，项目监理组以总监理工程师的名义定期向建设单位报告工程建设情况，监理人员要填写监理日记、参加隐蔽工程验收、处理设计变更、核签支付工程款凭证，协调建设单位与承包单位的纠纷，直至全面完成委托监理合同中的各项要求。

（3）在监理实施过程中，监理单位不得擅自变更建设单位与承包单位签订的承包合同，由于不可抗力或其他因素确需变更时，监理单位可以协助双方协商变更承包合同的有关条款，承包单位则应按监理单位的要求，提供完整的原始记录、检测记录等技术经济资料，为其开展工作提供便利。

（4）建设单位与承包单位在履行承包合同中发生争议时，应提交监理单位进行调解，监理单位在接到调解要求后30日内应将调解意见书通知双方；对监理单位的调解意见有异议的，可以再申请仲裁或提起诉讼。

2．开展监理工作的手段

在监理过程，监理工程师常采用下列手段对工程进行监理：

（1）书面指示。一般情况下监理工程师的指示是以书面形式发出，如开工通知、修改进度计划的指令、暂时停工或复工指令、会议通知等。

（2）工地会议或专题会议。如遇到技术或合同方面的较复杂的问题时，可召集各方通过会议进行研究和解决。

（3）邀见承包商。当承包商无视监理工程师的指示或合同条件、或违反合同条件进行工程活动时，监理工程师可在制裁前对其提出警告。

（4）监理记录及资料整理。

（四）监理工作总结

1. 向业主提交的监理工作总结。内容包括：监理委托合同履行情况概述，监理任务或监理目标完成情况的评分，由业主提供的供监理活动使用的办公用房、车辆等清单，表明监理工作终结的说明等。

2. 向监理单位提交的监理工作总结。内容包括：监理工作的经验，可以是采用某种监理技术、方法的经验，也可以是采用某种经济措施、组织措施的经验；签订监理委托合同方面的经验；如何处理好与业主、承包单位关系的经验等。

第四节　工程建设监理合同管理

一、工程建设监理合同概述

《合同法》第 276 条规定："建设工程实行监理的，发包人应当与监理人采取书面形式订立委托监理合同。监理人与发包人的权利和义务及法律责任，应当依照本法委托合同以及其他有关法律、行政法规的规定。"《建筑法》第 31 条也规定："实行监理的建设工程，由建设单位委托具有相应资质条件的工程监理单位监理。建设单位与其委托的工程监理单位应当订立书面委托监理合同"。

（一）监理合同的概念

监理合同是指建设单位（业主）与监理单位为完成某项建设监理任务签订的旨在明确双方权利和义务的有法律效力的协议。监理合同是一种委托合同，委托方为建设单位（业主），受托方为具有相应资质条件的工程监理单位。

（二）监理合同的形式

监理合同必须采用书面形式，并应参照国家推荐使用的示范文本，即建设部和国家工商行政管理局于 2000 年 2 月联合发布的代号为 GF-2000-0202 的《建设工程委托监理合同（示范文本）》。

（三）监理合同的分类

监理合同根据所含项目监理业务范围和承包关系不同，可分为总包监理合同、总分包监理合同、阶段监理合同和专项监理合同。

总包监理合同是指业主将项目的全部建设监理任务发包（委托）给一个监理单位（总包），监理单位与业主直接签订合同，承担全部建设监理任务的完成直至维修期满。总包监理合同一般不再把其监理任务分包出去。

总分包监理合同是指在总包监理单位与业主签订了建设监理总包合同之后，总监理单位与其他几个分包监理单位之间分别签订分包监理合同，以分别委托该项目的某个部分的建设监理任务。一般分包监理单位只对总包监理单位承担义务并享有一定的权利，并不直接与业主发生关系，但分包时必须征得业主的同意。

阶段监理合同是指业主根据项目建设的不同阶段委托相应的监理单位（可以是同一个监理单位也可以是不同的监理单位）进行监理。一个项目的某个建设阶段实施完了，其监理也就相应的结束了，这种形式使业主对监理单位的选择具有针对性和灵活性，但是由于与太多的监理单位发生关系，不便于其对建设项目的宏观管理。

专项监理合同是指业主根据监理的内容（如质量控制、投资控制等）分别与不同的监理单位签订专门的监理合同,从事各专门监理的监理单位伴随着建设项目的始终,这样就强化和突出了各专项控制,这种方式一般适用于比较复杂的大中型建设项目。

二、工程建设监理合同的主要条款

根据建设部和国家工商行政管理局2000年2月联合发布的《建设工程委托监理合同(示范文本)》,合同的主要条款如下:

1. 委托监理的工程概况。包括工程名称、地点、规模、总投资等。
2. 本合同中的有关词语含义与合同所属《标准条件》中赋予它们的含义相同。
3. 组成本合同的文件包括:(1)监理投标书和中标通知书;(2)本合同标准条件;(3)本合同专用条件;(4)在实施过程中共同签署的补充与修正文件。
4. 监理人向委托人承诺,承担本合同专用条件中议定范围的监理业务。
5. 委托人向监理人承诺,按照本合同注明的期限、方式、币种,向监理人支付报酬。
6. 双方当事人的概况及法定代表人签字盖章和签约时间。

三、合同双方当事人的权利和义务

(一) 委托人的权利

1. 委托人有选定工程总承包人,以及与其订立合同的权利;
2. 委托人有对工程规模、设计标准、规划设计、生产工艺设计和设计使用功能要求的认定权;
3. 监理人调换总监理工程师须事先经委托人同意;
4. 委托人有权要求监理人提交监理工作月报及监理业务范围内的专项报告;
5. 当委托人发现监理人员不按监理合同履行监理职责,或与承包人串通给委托人或工程造成损失的,委托人有权要求监理人更换监理人员,直到终止合同,并要求监理人承担相应的赔偿责任或连带赔偿责任。

(二) 委托人的义务

1. 委托人在监理人开展监理业务之前应向监理人支付预付款;
2. 委托人应当负责工程建设的所有外部关系的协调,为监理工作提供外部条件;根据需要,如将部分或全部协调工作委托监理人承担,则应在专用条件中明确委托的工作和相应的报酬;
3. 委托人应当在双方约定的时间内免费向监理人提供与工程有关的为监理工作所需要的工程资料;
4. 委托人应当在专用条款约定的时间内就监理人书面提交并要求做出决定的一切事宜做出书面决定;
5. 委托人应当授权一名熟悉工程情况、能在规定时间内做出决定的常驻代表(在专用条款中约定),负责与监理人联系;更换常驻代表,要提前通知监理人;
6. 委托人应当将授予监理人的监理权利,以及监理人主要成员的职能分工、监理权限及时书面通知已选定的承包合同的承包人,并在与第三人签订的合同中予以明确;
7. 委托人应当在不影响监理人开展监理工作的时间内提供如下资料:与本工程合作的原材料、构配件、设备等生产厂家名录以及其他协作单位、配合单位的名录;
8. 委托人应当免费向监理人提供办公用房、通讯设备、监理人员工地住房及合同专用条件约定的设施,对监理人自备的设施给予合理的经济补偿;

9．根据情况需要，如果双方约定，由委托人免费向监理人提供其他人员，应在监理合同专用条件中予以明确。

（三）监理人的权利

1．选择工程总承包人的建议权和选择工程分包人的认可权；

2．对工程建设有关事项包括工程规模、设计标准、规划设计、生产工艺设计和设计使用功能要求，向委托人的建议权；

3．对工程设计中的技术问题，按照安全和优化的原则，向设计人提出建议；如果拟提出的建议可能会提高工程造价，或延长工期，应当事先征得委托人的同意；当发现工程设计不符合国家规定的或合同约定的质量标准时，监理人应当书面报告委托人并要求设计人改正；

4．审批工程施工组织设计和技术方案，按照保质量、保工期和降低成本的原则，向承包人提出建议，并向委托人提出书面报告；

5．主持工程建设有关协作单位的组织协调，重要协调事项应当事先向委托人报告；

6．征得委托人同意，监理人有权开工令、停工令、复工令，但应当事先向委托人报告；如在紧急情况下未能事先报告时，则应在24小时内向委托人做出书面报告；

7．工程上使用的材料和施工质量的检验权以及工程施工进度的检查、监督权；

8．工程款支付的审核和签字权，以及工程结算的复核确认权与否决权；

9．监理人在委托人授权下，可对任何承包人合同规定的义务提出变更；在监理过程中如发现承包人人员工作不力，监理人可要求承包人调换有关人员；

10．在委托的工程范围内，委托人或承包人对对方的任何意见和要求（包括索赔要求），均须首先向监理人提出，由监理人研究处置意见，再同双方协商确定；当委托人和承包人发生争议时，监理人应根据自己的职能，以独立的身份判断，公正地进行调解；当双方的争议由建设行政管理部门调解或仲裁机构仲裁时，应当提供作证的事实材料。

（四）监理人的义务

1．监理人应按合同约定派出监理工作需要的监理机构及监理人员，向委托人报送委派的总监理工程师及其监理机构主要成员名单、监理计划，完成监理合同专用条件中约定的监理工程范围内的监理业务；在履行合同义务期间，应按合同约定定期向委托人报告监理工作；

2．监理人在履行本合同的义务期间，应认真、勤奋地工作，为委托人提供与其水平相适应的咨询意见，公正地维护各方面的合法权益；

3．监理人使用的由委托人提供的设备和物品属委托人的财产；在监理工作完成或终止时，应将其设备和剩余的物品按合同约定的时间和方式移交给委托人；

4．在合同期内或合同终止后，未征得有关方同意，不得泄漏与本工程、本合同有关的保密资料。

四、双方当事人的责任

（一）委托人的责任

1．委托人应当履行委托监理合同约定的义务，如有违反则应当承担违约责任，赔偿给监理人造成的经济损失；

2．监理人处理委托业务时，因非监理人原因的事由受到损失的，可以向委托人要求补偿损失；

3. 委托人如果向监理人提出赔偿的要求不能成立,则应当补偿由该索赔所引起的监理人的各种费用支出。

(二)监理人的责任

1. 监理人的责任期即委托监理合同有效期;在监理过程中,如果因工程建设进度的推迟或延误而超过书面约定的日期,双方应进一步约定相应延长的合同期;

2. 监理人在责任期内,应当履行约定的义务;如果因监理人过失而造成了委托人的经济损失,应当向委托人赔偿;累计赔偿总额不应超过监理报酬总额(除去税金);

3. 监理人对承包人违反合同规定的质量要求和完工(交图、交货)时限,不承担责任;因不可抗力导致委托监理合同不能全部或部分履行,监理人不承担责任;但对违反合同约定义务而引起的与之有关的事宜,向委托人承担赔偿责任;

4. 监理人向委托人提出赔偿的要求不能成立时,监理人应当补偿由于该索赔所导致委托人的各种费用支出。

典型案例:监理工程师与业主串通欺诈承包商案

【案情】

1991年2月,中国某国际工程公司通过国际竞标的方式,获得也门某体育场的工程项目,发包方是也门阿得班公司。双方于1991年5月签订了一份国际工程承包合同,其主要内容是:1.监理工程师职权:监理工程师由业主指定,为德国人布雷莫先生,他是为合同目的做出决定、发出证明和下达指令的人员;业主指定监理工程师的条件是要求监理工程师在行使权力时须取得业主的具体批准。2.价格条款和支付条款:合同总价是1.5亿美元,包括承包商的工程款和建筑材料及机械设备款在内;工程开工时支付20%,中期支付25%,竣工后支付25%,余下的30%待工程验收合格后一并支付。3.工程期间:1991年6月1日到1993年4月30日。4.工程所需的建筑材料、机械设备等由承包商筹措和购买,但必须通过监理工程师的审批,承包商先送样品及图样给监理工程师,待通过后再成批购买。5.工程延期要收取罚金,从承包商应获取的工程款中扣缴,延期一日,交罚金20万美元。6.工程由承包商负责设计、施工,竣工后由监理工程师初步验收,合格后支付25%的款项;正式验收后,业主付给承包商余下的全部工程款;承包商则正式把工程移交给业主。7.发生争议,由伦敦仲裁院仲裁。

合同经双方签订后生效,承包商按合同规定提交建筑材料的小样和机械设备的图纸,但均被监理工程师以质量不高为由否决。如此反复了5次,工程已经耽误了82天。为了不延误工期,避免双方合作破裂,中方承包商只得放弃自己购买材料及设备的权利,由监理工程师自己联系渠道购买。随后监理工程师从德国购买了材料和设备,但总费用达3000万美元之巨。后工程快要竣工时,监理工程师又以管道设计不合理为由,要求承包商重新设计和施工。承包商对此据理力争,指出当时对工程的设计监理工程师和业主并未提出异议,此设计并无实质不当,且如果改变设计和重新施工会延误工期。对此,业主置若罔闻,仍要求承包商按监理工程师的指示办。结果,承包商无奈,只得重新设计管道安装并重新施工。最后的竣工日期是1993年8月23日,延误工期115天。据此,业主要求按合同收取罚金,共计2300万美元。对此,双方发生争执,遂提交伦敦仲裁院仲裁。

【仲裁】

伦敦仲裁院受理了案件并进行了调查,经调查发现:监理工程师与业主订立了一个君子协定,由监理工程师出面百般刁难承包商,使工期拖延,业主可以少付工程款,监理工程师收取 10% 的回扣;监理工程师从德国购买的材料和设备,实际价值 1200 万美元,却采取欺骗的手法乱报发票,目的也是少付承包商工程款,1800 万美元的差价监理工程师也可收取10% 的好处费。故工期的拖延纯粹是由于业主与监理工程师的恶意串通刁难所致。伦敦仲裁院最后裁定承包商对工期的拖延不负责任,并可以获得其应得的全部款项,即 1.38 亿美元。

【评析】

在工程建设法律关系中,监理工程师的地位是比较特殊的,一方面,他与业主签订委托监理合同,那么他与业主是委托或者雇佣关系;另一方面,在法律上监理工程师不是工程承包合同的一方当事人,他在合同中的签字只是作为鉴证人,他对承包商的监督和管理是基于合同的约定。这就要求监理工程师在业主和承包商之间应当不偏不倚,保持公正和中立,既不能偏向业主损害承包商的利益,也不能与承包商串通损害业主的利益;否则都是违法的,必会受到法律的惩罚。

在国际工程承包中,监理工程师被赋予很大的权利,但是其权利也可以采取某些方式加以限制,如在合同中明确约定其权利范围和限度。本案中,如果承包商在工程承包合同中对监理工程师在材料、设备及工程本身的验收方面的职权作一些限制,对工程延期罚金设定一个最高额的话,本案中的后果就不会发生,承包商就不会在监理工程师的百般刁难前无能为力。

复习思考题

1. 什么叫监理?工程建设监理与工程质量监督有哪些不同?
2. 哪些工程必须实行监理?工程建设监理须遵循哪些基本原则?
3. 简述我国的注册监理工程师制度。
4. 简述工程建设各阶段监理的主要内容。
5. 简述工程建设监理的一般程序。
6. 监理合同有哪些类型?合同中监理人有哪些基本权利和义务?
7. 结合我国工程建设的实际情况论述推行监理制度的必要性。

第七章 建设工程合同

第一节 建设工程合同概述

一、合同法原理

(一) 合同的概念和特征

合同,又称契约,是指平等主体的自然人、法人或其他组织之间设立、变更、终止债权、债务关系的协议。合同具有如下法律特征:

1. 合同是一种民事法律行为。作为民事法律行为的合同,其当事人的目的是为了设立或终止一定的民事关系,合同的这一特征,使其区别于一般社交中的约定行为。

2. 合同是双方或多方当事人之间的民事法律行为。民事法律行为有单方或双方、多方关系。合同是双方或多方当事人之间的民事法律行为。经由双方或多方当事人意思表示一致,才能形成合同关系,一个主体不可能形成合同关系。

3. 合同是当事人在平等互利基础上的法律行为。所谓平等,是指合同当事人法律地位平等,不存在谁领导谁的问题,不允许任何一方将自己的意志强加给对方。所谓互利是指除少数合同外,当事人取得一定的经济利益,就要付出对等代价。

(二) 合同法的基本原则

1. 平等原则

合同法上的平等原则是民法原则的体现和贯彻。它集中体现了合同的本质。所谓平等其含义为(1)合同是平等主体之间设立、变更、终止债权、债务关系的协议。非平等主体之间的合同关系不属合同法上的关系。(2)合同当事人法律地位平等。不论是公民之间订立的合同,还是法人之间订立的合同或其他组织之间订立的合同以及相互订立的合同,不能将自己的意志强加给另一方,合同是双方合意的结果,应体现双方的真实意思,这种真实意思只有在平等的前提下才能形成。

2. 自愿原则

当事人有订立或不订立合同的自由,有决定合同另一方的自由,有决定合同内容的自由,有决定合同形式的自由。

3. 诚信原则

合同关系从本质上讲是一种信用关系。诚实信用是关系得以维持和发展的基本要求。合同权利人应正当地行使权力,合同义务人应积极地履行义务。合同当事人之间禁止欺诈、胁迫、乘人之危,否则,将导致合同无效。

(三) 合同的订立

合同订立的程序,从法律可分为要约和承诺两个阶段。

1. 要约

要约是一方当事人向他人作出的以一定条件订立合同的意思表示。前者称为要约人,后者称为受要约人。一个有效的要约应具有下列条件:(1)要约必须是特定人的意思表示;(2)要约必须是向特定人发出的意思表示;(3)要约必须是能够反映所要订立合同主要内容的意思表示。内容包括合同的标的、质量、数量、价款或酬金、履行期限、履行地点等。

2．承诺

承诺是指受要约人同意要约内容缔结合同的意思表示。承诺须具备下列要件:(1)承诺必须由受要约人做出,受要约人以外的任何第三个即便知道要约的内容并对此做出同意的意思表示,也不能认为是承诺;(2)承诺必须在有效期内做出;(3)承诺必须与要约的内容一致;(4)承诺需向要约人做出。

(四) 合同的内容

合同的内容为当事人约定,根据我国合同法,一般包括以下条款:(1)当事人的名称或姓名和住所;(2)标的;(3)数量;(4)质量;(5)价款或酬金;(6)履行期限、地点和方式;(7)违约责任;(8)双方当事人约定的其他条款。

(五) 合同的效力

1．合同效力的概念

合同的效力,又称合同的法律效力,是指法律赋予依法成立的合同具有约束当事人各方乃至第三人的强制力。

合同对当事人各方的约束力包括:(1)当事人负有适当履行合同的义务;(2)违约方依法承担违约责任;(3)当事人不得擅自变更、解除合同,不得擅自转让合同权利和义务;(4)当事人享有请求给付的权利、自行实现债权的权利、处分债权的权利。

合同对第三人的效力,在一般情况下,表现为任何第三人不得侵害合同债权,在合同债权人行使撤销权或代位权时涉及第三人,在涉他合同中可有向第三人履行或由第三人履行的效力。

2．合同生效

合同成立与合同生效是两个不同的概念。合同成立是指当事人达成协议建立的合同关系。合同生效是指合同具有法定要件后,能产生法律效力。在多数情况下,合同成立时具备了生效要件,因而其成立和生效时间是一致的。但是,合同成立并不等于合同生效。

合同的生效要件:(1)当事人在订立合同时必须具有相应的民事行为能力;(2)合同当事人意思表示真实;(3)合同内容不违反法律或者社会公共利益;(4)合同标的须确定和可能。

3．无效合同

无效合同是指严重欠缺合同的生效要件,不发生合同当事人追求的法律后果,不受国家法律保护的合同。

无效合同的种类有:(1)因胁迫而订立的且损害国家利益的合同;(2)恶意串通,损害国家、集体、或第三人利益的合同;(3)因欺诈而订立的且损害国家利益的合同;(4)违反社会公共利益的合同;(5)以合法形式掩盖非法目的的合同。

无效合同由人民法院或仲裁机构确认。无效合同从订立时起就没有法律约束力,当事人双方确立的权利义务关系随之无效。合同尚未履行的,不得履行;正在履行的,应当立即终止履行。合同所涉及的财产依下列规则处理:

(1)返还财产。合同被确认无效后,当事人依据合同取得的财产,应当返还给对方。如果标的物已经不存在或者已被第三人善意取得,不能返还时,可用赔偿损失的方法抵偿。

(2) 赔偿损失。合同被确认无效后,有过错的一方应赔偿对方因此受到的损失。如果双方都有过错,各自承担相应的责任。

(3) 收归国库或者返还集体或第三人。因当事人故意损害国家利益或社会公共利益而导致无效合同,其当事人已经取得或约定取得的财产均应收归国库或返还集体或第三人。

4. 可撤销合同

可撤销合同,是指欠缺合同的有效要件、存在可撤销原因的合同。

可撤销合同的种类有:

(1) 对合同内容存在重大误解的合同。所谓重大误解,是指误解人做出意思表示时,对涉及法律效果的重大事项存在着认识上的显著缺陷。其后果是使误解人受到较大损失,以至于根本达不到缔约的目的。重大误解包括对合同性质、对方当事人、标的物品种、质量、规格、数量、包装以及合同的履行方式、履行地点、履行期限等内容的误解。

(2) 显失公平的合同。显失公平,是指合同双方当事人的权利义务明显不对等,对一方过分有利,而对另一方过分不利。这种不对等超出了法律允许的限度,严重违反了公平原则。

(3) 一方以欺诈、胁迫手段或乘人之危订立的合同。一方以欺诈胁迫手段或乘人之危订立的合同。只要未损害国家利益,也为可撤销合同。

(六) 合同的履行

1. 合同履行的概念

合同履行是指债务人全面地、适当地完成约定的义务,以使债权人的债权得到完全实现。在不同类型的合同中,履行义务的表现形式是不同的。在买卖合同中,出卖人的义务是照约定交付标的物;买受人的义务是按照约定支付价款。在货物运输合同中,承运人的义务是按照约定将货物运至约定地点。托运人的义务是按约定支付酬金。

2. 合同履行中当事人的附随义务

附随义务是指其法定义务。主要有:(1)及时通知的义务;(2)协作的义务;(3)防止损失扩大的义务;(4)保密的义务。

3. 合同内容没有约定或约定不明时的履行规则

合同生效后,当事人就质量、价款或报酬、履行地点等内容没有约定或约定不明的,可以协议补充,不能达成补充协议的,按合同有关条款或者交易惯例确定;按照有关条款或惯例仍不能确定的,按下列规则履行:(1)质量不明确的,按通常标准履行;(2)价款或者报酬不明确的,按照订立合同的履行地的市场价格履行;(3)履行地点不明确的,给付货币的,在接受货币一方所在地履行;交付不动产的,在不动产所在地履行;其他标的,在履行义务一方所在地履行。

4. 提前履行和部分履行

提前履行,是指债务人在履行期限之前提前向债权人履行债务。提前履行债权人有权拒绝。但提前履行不损害债权人利益的,债权人应予受领。例如,工程提前竣工,债权人应予受领。提前履行债权受领,但因此增加债权人费用的债务人应予负担。

部分履行,是指债务人在履行期内只向债权人履行部分债务。部分履行债权人有权拒绝。但债务人部分履行不损害债权人利益的,债权人应予受领。例如,偿还部分借款,债权人应予受领。债权人受领部分履行而增加的费用,债务人应予承担。债务人未履行的部分应承担违约责任。

5. 中止履行

合同的中止履行是指在合同中负有先履行义务的一方,在合同尚未履行或没有完全履行时,因法定事由暂时停止履行自己承担的合同义务。负有先履行合同义务的当事人中止履行的权利在合同法理论上称为不可抗辩权。

中止履行适用的条件:(1)双方当事人的合同是双务合同;(2)后给付义务人的履行能力明显降低,有不能履行合同义务的现实危险;(3)后给付义务人未提供适当担保。

中止履行的后果:只要具备中止履行的条件,负先履行义务一方在后给付义务人未提供担保前,有权拒绝自己的给付;后给付义务人恢复了能力或者提供了担保时,先履行义务一方应当履行合同;后给付义务人在约定或合理期限内未恢复能力或者提供担保的,负先履行义务的一方有权解除合同。

(七)违约责任

违约责任是指当事人不履行合同义务或者履行合同义务不符合约定所应承担的民事责任。

1. 违约责任的承担条件

(1)违约行为。又称不履行合同债务。这里的合同债务,既包括当事人在合同中约定的义务,又包括法律直接规定的义务,还包括根据法律原则和精神的要求,当事人所必须遵守的义务。

(2)损害事实。损害事实既包括直接损失,也包括间接损失。

(3)违约行为与损害事实之间存在因果关系。

2. 违约责任承担的方式

(1)支付违约金。违约金是指由当事人在合同中约定的,当一方违约时,应向对方支付一定数额的货币。违约金是我国合同违约责任中最常见的一种责任方式。违约金具有补偿性,约定的违约金视为损害赔偿,赔偿额应相当于违约造成的损失。

(2)支付赔偿金。赔偿金是指合同当事人因违约行为给对方造成损失,而合同中又未约定违约金时,应支付给对方的款项。违约方支付的赔偿金应相当于违约造成的损失,包括合同履行后可以获得的利益,但不得超过合同一方订立合同时应当预见到的因违反合同可能造成的损失。

(3)强制履行。强制履行是指经一方当事人请求由法院做出实际履行判决或下达特别履行命令,强迫违约方在指定期限内履行合同义务。违约方强制履行后还有其他损失的,对方可以请求赔偿损失。

(4)支付价金及逾期利息。在金钱债务中,当事人一方未支付价款或报酬的,对方可以请求其支付价款或报酬。当事人迟延支付价款或报酬的应当支付价款或报酬的逾期利息。

(5)修理、更换、重作、减价或者退货。当事人一方提供的标的物的质量不符合约定,受害方可根据标的物的性质及损失大小,可以合理选择请求修理、更换、重作、减价或者退货。有其他损失的,受害方还可请求赔偿损失。

3. 违约责任与侵权责任的竞合

当某一违约行为侵害对方人身、财产权益的,该行为既是违约行为,又是侵权行为。例如,交付的啤酒因爆炸而致买受人受伤;出售有毒饲料添加剂造成耕牛中毒死亡等。对于这些违约行为,受害人在要求损害赔偿时,还可以选择一种对其有利的请求权,受害人既可要求对方承担违约责任,也可要求对方承担侵权责任,但二者只能选择其一。

二、建设工程合同的概念和特征

建设工程合同是指建设单位(业主、项目法人)与勘察、设计、施工、监理以及建设物资采购等单位依法签订的,以完成某项建设工程或者是该工程的一部分或某个方面为内容,明确双方权利与义务的书面协议。在合同中,前者一般称为发包方或委托方,后者一般称为承包方或受托方。

建设工程合同是合同的一种类型,它除了具备合同的一般特征外,还具有自身的一些特点,主要表现如下:

1. 合同主体的特定性

合同的主体即发包方和承包方,双方都应具备法人资格;同时,作为承包方的勘察、设计、施工、监理等单位,还须依法取得资质,并在其资质等级许可的范围内从事建设活动,除此之外,还应到工商行政管理部门依法登记注册,并取得营业执照后,才具备权利能力和行为能力,才有签订建设工程合同的资格。

2. 合同客体的特殊性

建设工程合同的客体是各类建筑产品及其相关的服务,属于或涉及不动产。其中,施工合同直接为了建造建筑产品,勘察、设计、监理合同提供的是智力劳务,其最终目的也是为了建造建筑产品。建筑产品一般为不动产,具有规模大、投资多、建设周期长、质量要求特定等特点,与一般的产品有很大的差别。

3. 合同的行政干预性

合同一般是双方当事人在平等、自愿、公平、诚信的基础上签订的设立、变更、终止其权利义务关系的协议,合同表达的是双方的自由意志,一般不受其他组织、个人的干预。但由于建设工程自身的特殊性,建设工程合同总会直接或间接地受到国家基本建设政策、宏观调控计划等的影响和制约,受建设行政主管部门的监督和管理,受某些特殊条件的限制等等。即建设工程合同具有一定的行政干预性。

4. 合同条款的复杂性

由于建设工程的特殊性和复杂性,决定了建设工程合同除须具备《合同法》规定的一般条款外,还应具备《建筑法》、《建设工程勘察、设计合同管理条例》、《建筑、安装工程承包合同条例》等法律法规规定的相关条款。因而建设工程合同的条款必然数量多,内容繁杂。

5. 合同的格式性

格式合同,是指由一方当事人或特定的管理机关预先制定的,普遍适用的,具有完整性和定型化的合同条款。格式合同的特点在于,合同的主要条款和框架预先制定,无须双方当事人再逐项逐条的协商,这样既能保证合同条款的完整和全面,避免遗漏,又能提高效率,节省人力物力。由于建设工程合同内容多,履行复杂,建设周期长,变更因素多,双方当事人在订立合同时容易发生合同不规范,条款不完备,表达不清楚等问题,给合同的履行带来隐患,导致合同争议屡屡发生。因此,对于建设工程合同我国推行合同示范文本制度,即建设工程合同采用格式合同。建设工程合同示范文本是由建设部和国家工商行政管理局联合定期发布的,如1999年12月印发了《建设工程施工合同(示范文本)》,2000年2月印发了《建设工程委托监理合同(示范文本)》,2000年3月修订了《建设工程施工合同(示范文本)》和《建设工程设计合同(示范文本)》等。这些格式合同文本对建设工程中勘察、设计、施工、监理等行为起到了一定的规范和约束作用,是订立和管理建设工程合同的依据之一。

三、建设工程合同的类型

(一) 根据工程建设的不同阶段,建设工程合同可以分为:

1. 建设工程勘察设计合同

勘察设计合同是委托方与承包方为完成一定的勘察设计任务,明确双方权利与义务的协议。委托方一般是建设单位(业主、项目法人)或工程承包单位,承包方一般为具备国家认可的相应资质的勘察设计单位。

2. 建设工程施工合同

施工合同是建设单位(业主、项目法人)与施工单位为完成商定的土木工程、设备安装、管道线路敷设、房屋修缮等工程项目,明确双方权利和义务的协议。建设工程施工合同一般分为建筑施工合同和安装工程施工合同两类。

3. 工程建设监理合同

也称工程建设委托监理合同,简称监理合同。是指建设单位委托监理单位,为完成某一项建设工程的监理任务而依法签订的明确双方权利义务的协议。

4. 建设工程涉及的其他合同,如建筑材料采购合同、物资供应合同、设备租赁合同等。

(二) 根据工程承包的范围和数量不同,可分为:

1. 工程总承包合同

当发包方将工程的勘察、设计、施工、设备采购等一并发包给一个总承包单位时,双方签订的合同为工程总承包合同。

2. 工程分项总承包合同

当发包方将工程的勘察、设计、施工、设备采购等一项或多项发包给一个工程总承包单位时,双方签订的合同为分项总承包合同。

3. 分包合同

工程总承包单位经发包方同意或者在合同中事先约定,可以将承包工程中的部分工程发包给分包单位,此时总承包单位与分包单位签订的合同称为分包合同。

第二节 建设工程勘察设计合同

详细内容见第四章第三节《工程勘察设计合同》部分。

第三节 建设工程施工合同

一、建设工程施工合同的订立

(一) 订立施工合同应具备的条件

根据《合同法》、《建筑法》及《建设工程施工合同管理办法》的规定,订立施工合同应具备下列条件:

1. 初步设计和总概算已经批准;

2. 工程项目已列入国家和地方的项目建设计划；
3. 有满足施工需要的设计文件和技术资料；
4. 建设资金已经落实；
5. 材料和设备的供应能保证工程连续施工；
6. 实行招投标的工程，中标通知书已经送达；
7. 双方当事人应当具有法人资格；
8. 双方当事人依法具有订立和履行合同的行为能力。

（二）施工合同订立的程序

施工合同的订立要经过要约与承诺两大阶段。对于实行招投标的工程，建设单位发出招标公告或投标邀请书及招标文件的过程在法律上被称为要约邀请，此阶段的行为不具有法律约束力；当施工单位根据招标公告和招标文件的要求，提出施工方案、工期、质量、报价等，并编制成标书进行有标的过程为要约阶段；经过开标、评标后，确定中标单位并发出中标通知书的过程为承诺阶段。

一旦确定中标单位并发出中标通知书，即构成承诺，即受法律的约束，此时中标单位与建设单位应及时签订合同。根据《招标投标法》和《工程建设施工招投标管理办法》的规定，自中标通知书发出之日起30日内，双方应按照招标文件和中标人的投标文件订立书面合同，签订合同的必须是中标人。双方不得再行订立背离合同实质性内容的其他协议。如果中标人拒绝与招标人签订合同，或者招标人与非中标人签订合同，则都是违法的，都应负相应的法律责任。

（三）施工合同的形式

根据《合同法》第270条的规定，建设工程施工合同必须采用书面形式，并应办理合同的鉴证，得到建设行政主管部门的批准和备案。国家重大建设工程合同，还应按照国家规定的程序和国家批准的投资计划、可行性研究报告等条件订立。

二、建设工程施工合同的主要内容

根据《合同法》第275条的规定，建设工程施工合同的内容应包括工程范围、建设工期、中间交工工程的开工和竣工时间、工程质量、工程造价、技术资料交付时间、材料和设备供应责任、拨款和结算、质量保修和质量保证期、双方协作等条款。一个具体的施工合同，一般由合同序文、合同正文、合同结尾三部分组成，具体如下：

（一）合同序文

主要介绍双方主体的自然概况，法人、其他组织的全称、住所及法定代表人的姓名、职务等。

（二）合同正文

1. 工程概况

包括工程项目的名称、地点，工程投资单位，工程建设目的等。

2. 工程的范围和内容

应附上工程项目一览表及其工程量。主要包括栋数、结构、层数、面积、资金来源、投资总额以及工程的批准文号等。

3. 工程承包方式

可根据具体情况和当事人双方协商的意见采取以下几种承包方式：(1)按指标工程总费

用包干;(2)按建筑面积每平方米造价包干;(3)按施工图预算造价加系数包干;(4)按施工图预算或工程概算加鉴证结算包干;(5)包工包料;(6)其他方式。

4．建设工期

即工程的开工和竣工日期。

5．中间交工工程的开工和竣工日期

中间交工工程是指需要在全部工程完成期限之前竣工的工程。对中间交工工程的开工和竣工日期,也应在合同中做出明确规定。

6．工程质量

建设工程质量一般要符合下列基本要求:(1)完成工程设计和合同中规定的各项工作内容,达到国家规定的竣工条件;(2)工程质量要符合国家现行的有关法律、法规、工程建设强制性标准、设计文件和合同规定的要求,经质量监督站核定为合格或优良;(3)工程所用的建筑材料、构配件和设备要有出厂合格证和必要的试验报告;(4)具有完整的工程技术档案和竣工图,并已办理完工程竣工交付使用的有关手续;(5)已签署工程质量保修证书。

7．工程造价

若为招投标工程,应以中标时确定的中标金额为准;若为直接发包的工程,应明确规定工程价款;如果事先不能确定工程价款,则应明确工程价款的计算原则,如执行定额和计费标准,及如何签订和审定工程价款等。

8．拨款和结算

即发包人向承包人拨付工程价款和结算的方式和时间。

9．技术资料交付时间

发包人应在合同约定的时间内向承包人提供与本工程项目有关的全部施工和技术资料,否则造成的工期损失或工程变更由发包人负责。

10．材料和设备供应责任

即在施工过程中所需的材料和设备由哪一方当事人提供,以及供应的方式。

11．工程变更及责任

施工期间如发现古迹和文物时,施工单位应按规定进行保护,由此增加的工程量及费用,应由甲方负责,造成的工期增加应相应顺延;工程的设计变更,须经设计、施工、建设单位等三方同意,由设计单位下达设计变更通知,经甲方签字后,乙方执行,并将此通知单作为竣工验收和结算的依据。

12．竣工验收

详细内容见第五章第五节《建设工程竣工验收制度》部分。

13．合理化建议的处理

14．停、窝工的处理

15．临时设施工程

16．工程质量保修期及保修条件

详细内容见第五章第五节《建设工程质量保修制度》部分。

17．违约责任

18．合同争议的解决方式

合同中应明确双方发生合同纠纷时,经调解而无法解决时,由哪一个仲裁机构仲裁或向人民法院起诉。

19．不可抗力条款

当发生地震、洪水、台风等自然灾害和战争、罢工等社会事件时，所产生的损失由谁承担或如何分担等。

20．保险

保险条款应注明保险项目。国内保险一般为建筑工程一切险和安装工程一切险。保险费均应列入项目的投资预算中。

（三）合同结尾部分

1．合同未尽事项及附加条款；

2．合同份数、留存部门与生效方式；

3．合同公证单位；

4．签约时间、地点、法人代表签字或盖章；

5．附件，一般包括：《施工准备合同》、工程项目一览表、甲方供应设备和材料一览表、施工图纸和技术资料交付时间表等。

三、建设工程施工合同的履行

（一）施工合同履行中双方的一般义务

1．发包人的义务

（1）办理土地征用、青苗树木赔偿、房屋拆迁、清除地上和地下的各种障碍物等工作，使施工现场具备施工条件，并在开工后继续负责解决以上事项的遗留问题；

（2）将施工所需水、电等线路从施工场地外部接至合同约定地点，并保证施工期间的需要；

（3）开通施工场地与公共道路的通道，以及合同约定的施工场地内的主要交通干道，保证其畅通，满足施工运输的需要；

（4）向承包人提供施工场地的工程地质和地下管线资料，并保证数据真实准确；

（5）办理施工所需各种证件、批件和临时用地、占道及铁路专用线的申报批准手续；

（6）将水准点与坐标控制点以书面形式交给承包人，并进行现场交验；

（7）组织承包人和设计单位进行图纸会审，向承包人进行设计交底；

（8）协调处理对施工场地周围地下管线和邻近建筑物、构筑物的保护，并承担有关费用。

2．承包人的义务

（1）按发包人的要求完成施工组织设计以及与工程配套的其他设计，经发包人批准后使用；

（2）向发包人提供年、季、月工程进度计划及相应的进度统计报表和工程事故报告；

（3）按工程需要提供和维修非夜间施工使用的照明、看护、围栏和警卫等；

（4）按合同约定的数量和要求向发包人提供在施工场地办公及生活用房和设施，发生的费用由发包人承担；

（5）遵守有关法律法规对施工场地交通、卫生、环保等方面的规定；

（6）按合同要求做好施工现场地下管线和邻近建筑物、构筑物的保护工作；

（7）由合同依法约定的其他方面的义务。

（二）工程的转包和分包

详细内容见第五章第三节《建筑工程承包》部分。

四、建设工程施工合同的违约责任

（一）发包人的违约责任

1．工程中途停建、缓建或由于设计变更以及设计错误造成的返工，应采取措施弥补或减少损失，同时赔偿对方由此而造成的停工、窝工、返工、倒运、人员和机械设备调迁、材料和构件积压等的实际损失；

2．工程未经验收，发包人提前使用或者擅自使用，由此而发生的质量或其他问题由发包人承担责任；

3．超过合同约定日期验收，按合同违约责任条款的规定偿付逾期违约金；

4．不按合同规定拨付工程款，按合同约定及相关法律规定承担相应的责任。

（二）承包人的违约责任

1．工程质量不符合合同规定或相关标准的，应负责无偿修理或返工，并承担相应的法律责任；

2．工程交付时间不符合合同规定的，应按合同的相应条款偿付逾期违约金；

3．由于承包人的原因，造成发包人提供的材料、设备等丢失或损坏的，应承担赔偿责任。

五、建设工程施工索赔

（一）施工索赔的概念

索赔是指作为合法的所有者，根据自己的权利提出对某一有关资格、财产、金钱等方面的要求。施工索赔是承包商由于非自身原因发生合同规定之外的额外工作或损失所要求进行的费用和时间的补偿。施工索赔是一种正当的权利要求，是应该争取得到的合理偿付，不是无理争利。

施工索赔一般是承包商向业主提出的索赔。有时业主也可以向承包商提出索赔要求，称为反索赔。反索赔是业主为维护自身的利益对承包商的一种防卫行为，这种行为也是正当的。

（二）发生施工索赔的原因

1．双方不可控制的原因引起的索赔

（1）地质条件的变化，如基础开挖时出现流沙、坚硬的岩石、埋在地下的钢筋混凝土桩等与合同规定不同的地质条件；

（2）恶劣的气候条件；

（3）不可抗力，如地震、洪水、台风等，但是还要看双方对此是否在合同中约定；

（4）战争、罢工、叛乱等不可预知的社会风险；

（5）当地的物价上涨；

（6）法律的变更；

（7）外汇汇率的变化；

（8）古迹、文物的发现；

（9）双方不可控制的其他原因，如突然的停水、停电等。

2．签约后因业主的原因引起的索赔

(1) 业主未按合同规定提供施工条件或指令停止施工;
(2) 业主或监理工程师指令修改设计、施工计划,变更施工次序等;
(3) 业主要求增加工程量或增加合同外的工程;
(4) 业主或监理工程师对承包商提交的施工图迟迟不予认可;
(5) 业主在规定的时间内没有支付工程预付款;
(6) 业主或监理工程师对隐蔽工程没有及时验收或无故拖延竣工验收;
(7) 业主提前使用未经竣工验收的工程。

总之,上述各种原因均可能引起或工期的延长或费用的增加或遭受其他损失,据此,承包商均可向业主提起索赔。

(三) 施工索赔的依据

1. 招投标文件、承包合同文本及附件;
2. 相关的法律、法规、文件及工程技术标准;
3. 经业主或监理工程师认可的施工计划、施工组织设计、图纸等;
4. 双方的往来信件;
5. 各种会谈纪要;
6. 工程照片;
7. 气象资料;
8. 工程检查验收报告和各类技术鉴定报告;
9. 工程中送停电、道路开通和封闭的记录和证明;
10. 政府颁布的定额、物价指数、工资指数等;
11. 各种会计核算资料;
12. 建筑材料、设备等的采购、订货、运输、进场、使用等方面的凭据。

(四) 施工索赔的程序

1. 初步评估
(1) 分析在合同条款下索赔是否可行;
(2) 选定准备索赔的办法;
(3) 划分重大索赔问题和次要索赔问题;
(4) 估计索赔的金额。

2. 寻找证据

索赔是建立在相应的合同约定的基础上,合同证据、补充合同证据是最直接、最有力的证据,是索赔成功与否的关键因素。

3. 分析确定责任

当索赔资料组织好后,索赔人员应当认真分析资料,提炼出索赔的有关事件,用浅显易懂的文字表达出来,进行成本和工期计算,为编写索赔报告做准备。

4. 编制索赔报告

索赔报告是解决索赔的基础,应包括所有资料,并应说明发生的索赔事件、产生的原因、索赔的依据、要求赔偿的费用等。报告应做到逻辑严密、条理清楚、简洁易懂、令人信服、直奔主题。

5. 索赔的解决

施工索赔的解决方式多种多样,有的索赔在工程现场以非正式的讨论,由承包商的项目经理与监理工程师讨论确定、签字,再交业主签字认可;也有的索赔通过承包商与业主及监理工程师共同参加的会议来解决,双方签署会议纪要解决工期和损失费用的索赔问题;还有的索赔通过双方正式的协商谈判解决;也有将索赔提交仲裁甚至诉讼解决;对于小金额索赔,也有为保持双方的合作关系而放弃索赔的。

归纳起来,解决施工索赔的方式主要有五种:协商、调解、仲裁、诉讼和放弃。实践中,大多数索赔是通过双方的协商谈判解决的,较少采用仲裁或诉讼的方式。因为采用协商谈判的方式,速度快、费用省,也有利于保持双方的合作关系。

(五)施工索赔的意义

1. 施工索赔是提高利润、降低成本的重要手段。在合同实施的过程中,可能会发生很多合同签订时未能预知的情况,使工程的实际成本增加,此时只有通过依法索赔才能挽回成本的损失,最大限度的实现其利润。

2. 施工索赔是合同管理的重要环节。索赔和合同管理有着直接的联系,合同是索赔的依据,整个索赔处理过程,实质上就是执行合同的过程。承包商从投标之日起就要对合同进行分析;工程开工以后,应每天将合同实施的情况与原合同分析的结果进行对照,一旦发现合同管理以外的情况,或合同实施受阻,就要研究是否就此提出索赔。日常的小的索赔,可授权合同管理人员实施;对于重大的施工索赔,则要依靠合同管理人员从日常积累的工程文件中提供证据,供合同管理方面的专家进行分析。因此,索赔是合同管理的重要的一个方面。

3. 施工索赔可促进企业的计划管理。计划管理一般是指项目实施方案、进度安排、施工顺序、劳动力、机械设备和材料等方面的使用与安排。而索赔必须分析在施工过程中实际计划与原计划的偏离程度,因此没有计划管理,索赔就无从谈起;反过来,索赔促进计划的管理。

4. 索赔有利于提高企业的文档管理水平。要索赔必须要有证据,证据是索赔报告的关键部分。由于建设工程一般都比较复杂、工期又长,各种文件资料非常繁杂,如果文档管理水平不高,许多资料不能及时整理和保存,势必会给索赔证据的取得带来困难。因此,加强文档管理,为索赔提供及时、准确、全面的证据有重要意义;反过来,通过索赔也会促进文档管理水平的提高。

第四节 工程建设监理合同

详细内容参见第六章第四节《工程建设监理合同管理》。

第五节 工程建设涉及的其他合同

一、建设物资采购供应合同

(一)建设物资采购供应合同的概念和特征

建设物资采购供应合同是指具有平等地位民事主体的自然人、法人、其他组织之间,为实现建设物资买卖,明确相互权利义务关系的协议。依照协议,卖方将建设物资交付给买方,买方接受该项建设物资并支付价款。建设物资包括建筑材料、构配件和机电成套设备等,所以建设物资采购供应合同又可分为建材采购合同、构配件采购合同、机电设备采购供应合同、成套设备供货合同等。

建设物资采购供应合同属于买卖合同,具有买卖合同的一般特点,又具有独立的特征:

1. 建设物资采购供应合同应根据建设工程合同订立,建设工程合同是订立建设物资采购供应合同的前提;
2. 合同的标的品种繁杂,供货条件复杂;
3. 合同应实际履行,一般不允许卖方以支付违约金和赔偿金的方式代替合同的履行,除非合同的迟延履行对买方成为不必要;
4. 合同一般采用书面形式。

(二) 建设物资采购供应合同的基本条款

1. 标的物条款。包括建设物资的名称、品种、型号、规格、等级等。
2. 商品质量条款。是指商品的质量和外观形态的综合,表示建设物资质量的方法主要有以下几种:(1)凭样品买卖;(2)凭规格、等级或标准买卖;(3)凭牌号或商标买卖;(4)凭说明书买卖。
3. 商品的数量及计量单位。
4. 商品的包装要求。
5. 价格条款。包括单价、总价及与价格有关的运费、保险费、手续费等内容以及价格的计价货币、计量单位等。
6. 运输条款。包括运输的方式、装运时间、装运通知、装运单据等内容。
7. 保险条款。
8. 支付与结算条款。包括支付与结算的工具、方式、时间、货币单位以及开户银行、账户名称、账号、结算单位等。
9. 商检条款。包括检验权、检验机构、检验时间、地点及检验证明,有的商检条款还包括检验标准和方法。
10. 不可抗力条款。
11. 双方的违约责任及解决合同纠纷的方式。
12. 当事人约定的其他条款。

二、承揽合同

(一) 承揽合同的概念

承揽合同是指承揽人按照定作人的要求完成一定的工作,定作人接受承揽人完成的工作成果,并给予约定报酬的协议。承揽包括加工、定作、修理、复制、测试、检验等工作。承揽合同是社会经济往来中运用的比较广泛的一种合同,其种类繁多,涉及面广泛,常见的承揽合同有:加工合同、定做合同、修缮合同、修理合同、印刷合同、广告合同、测绘合同等。

(二) 承揽合同应具备的主要条款

1. 承揽的品名或项目;
2. 数量、质量、包装、加工方法;
3. 原材料的提供及规格、数量、质量;
4. 价款或酬金;

5．履行期限、地点和方式；
6．验收标准和方法；
7．结算方法、开户银行和账号；
8．违约责任；
9．解决合同纠纷的方式；
10．双方约定的其他事项。

三、运输合同

(一) 运输合同的概念

运输合同是指托运人和承运人之间，为完成一定的货物(或人员)运输任务，明确相互权利义务关系的协议。托运人是指请求运送货物(或人员)的人，承运人是指运送货物(或人员)的人。运输合同分为客运合同、货运合同和多式联运合同三大类。其中货运合同又可分为铁路、公路、水路、航空和联合运输合同五种。

(二) 运输合同应具备的主要条款(以铁路货运合同为例)

1．托运人和收货人的名称；
2．发站和到站；
3．货物名称、包装及标志；
4．货物的重量、数量；
5．车种和车数；
6．承运的期限；
7．运输的费用；
8．违约责任；
9．双方约定的其他事项。

四、仓储合同

(一) 仓储合同的概念

仓储合同是指保管人储存存货人交付的仓储物，存货人支付仓储费并明确双方相互权利义务关系的协议。

(二) 仓储合同应具备的主要条款

1．存货人的名称或者姓名和住所；
2．仓储物的品种、数量、质量、包装、件数和标记；
3．仓储物的损耗标准；
4．储存场所；
5．储存期间；
6．仓储费；
7．仓储物已经办理保险的，其保险金额、期间以及保险人的名称；
8．填发人、填发地和填发日期。
9．双方约定的其他事项。

五、租赁合同与融资租赁合同

(一) 概念和特征

租赁合同是出租人将租赁物交付承租人使用、收益，承租人支付租金，并明确相互权利义务关系的协议。租赁合同对期限有特别的规定,《合同法》中规定:"租赁期限不得超过20年。超过20年的,超过部分无效。租赁期间届满,当事人可以续订租赁合同,但约定的租赁期限自续订之日起不得超过二十年。租赁期限六个月以上的,应当采用书面形式。当事人未采用书面形式的,视为不定期租赁。"另外,对租赁物的归属,《合同法》中规定:"租赁期间届满,承租人应当返还租赁物。返还的租赁物应当符合按照约定或者租赁物的性质使用后的状态。"

融资租赁合同是出租人根据承租人对出卖人、租赁物的选择,向出卖人购买租赁物,提供给承租人使用,承租人支付租金并明确相互权利义务关系的协议。融资租赁合同与租赁合同不同,它没有期限的限制,特别是对有关租赁物的规定差别很大,《合同法》中是这样规定的:"出租人根据承租人对出卖人、租赁物的选择订立的买卖合同,出卖人应当按照约定向承租人交付标的物,承租人享有与受领标的物有关的买受人的权利;出租人享有租赁物的所有权,承租人破产的,租赁物不属于破产财产;出租人和承租人可以约定租赁期间届满租赁物的归属。"

(二)合同的主要内容

租赁合同的内容一般包括租赁物的名称、数量、用途、租赁期限、租金及其支付期限和方式、租赁物维修等条款。

融资租赁合同的内容一般包括租赁物名称、数量、规格、技术性能、检验方法、租赁期限、租金构成及其支付期限和方式、币种、租赁期间届满租赁物的归属等条款。

六、劳动合同

(一)劳动合同的概念和特征

劳动合同是劳动者与用人单位确立劳动关系、明确双方权利和义务的协议。

劳动合同是一种特殊的合同,与一般意义上的合同有很多不同,具体如下:

1.劳动合同订有期限。《劳动法》中规定:"劳动合同的期限分为有固定期限、无固定期限和以完成一定的工作为期限。劳动者在同一用人单位连续工作满十年以上,当事人双方同意续延劳动合同的,如果劳动者提出订立无固定期限的劳动合同,应当订立无固定期限的劳动合同。劳动合同可以约定试用期。试用期最长不得超过六个月。"

2.劳动合同的解除必须符合法定条件。《劳动法》中规定:劳动者有下列情形之一的,用人单位可以解除劳动合同:(1)在试用期间被证明不符合录用条件的;(2)严重违反劳动纪律或者用人单位规章制度的;(3)严重失职,营私舞弊,对用人单位利益造成重大损害的;(4)被依法追究刑事责任的。另外,有下列情形之一的,用人单位也可以解除劳动合同,但是应当提前三十日以书面形式通知劳动者本人:(1)劳动者患病或者非因工负伤,医疗期满后,不能从事原工作也不能从事由用人单位另行安排的工作的;(2)劳动者不能胜任工作,经过培训或者调整工作岗位,仍不能胜任工作的;(3)劳动合同订立时所依据的客观情况发生重大变化,致使原劳动合同无法履行,经当事人协商不能就变更劳动合同达成协议的。下列情形下则不得解除劳动合同:(1)患职业病或者因工负伤并被确认丧失或者部分丧失劳动能力的;(2)患病或者负伤,在规定的医疗期内的;(3)女职工在孕期、产期、哺乳期内的;(4)法律、行政法规规定的其他情形。

3.工会享有对劳动合同的监督权。《劳动法》中规定:用人单位解除劳动合同,工会认为不适当的,有权提出意见。如果用人单位违反法律、法规或者劳动合同,工会有权要求重新处理;劳动者申请仲裁或者提起诉讼的,工会应当依法给予支持和帮助。

4. 因劳动合同发生争议时,若申请仲裁,必须由专门的劳动争议仲裁委员会受理。

(二) 劳动合同应具备的主要条款

1. 劳动合同期限;
2. 工作内容;
3. 劳动保护和劳动条件;
4. 劳动报酬;
5. 劳动纪律;
6. 劳动合同终止的条件;
7. 违反劳动合同的责任;
8. 当事人协商约定的其他内容。

第六节 FIDIC 合同条件

一、FIDIC 方法

(一) FIDIC 简介

FIDIC 是国际咨询工程师联合会(Federation International Des Ingenieurs Conseils)法文名称的缩写,中文一般译作"菲迪克"。该联合会是被世界银行认可的工程咨询服务机构,总部设在瑞士的洛桑。该组织每个国家或地区只吸收一个独立的咨询工程师协会作为团体会员,至今已有 80 多个国家和地区加入了 FIDIC,它是国际上最有权威性的咨询工程师组织。

FIDIC 的宗旨是致力于解决工程咨询业面临的各种问题,它主要是通过制定和发行各种合同范本,供业主、承包商、金融机构等选用,以达到其咨询、服务的目的。目前,FIDIC 制定的合同范本主要有七种:

1.《土木工程施工合同条件》(红皮书)
2.《电气与机械工程合同条件》(黄皮书)
3.《设计、建造和交钥匙工程合同条件》(橙皮书)
4.《业主/咨询工程师标准服务协议》(白皮书)
5.《土木工程施工分包合同条件》
6.《咨询公司合资协议》
7.《分包协议》

其中,《土木工程施工合同条件》即红皮书是工程建设领域应用最广,也最常用的一种合同文本,本节主要对此进行阐述。

(二) FIDIC 方法的特点

FIDIC 方法的主要特点如下:(1)根据公开招标规则的国际惯例选择承包商;(2)采用 FIDIC 标准合同条件;(3)由业主委托监理工程师根据合同条件进行项目的质量控制、投资控制和进度控制。

FIDIC 方法主要适用于招标和施工阶段的项目管理。它涉及三方—业主、承包商和监理工程师,以两项合同为基础—业主与承包商之间签订的工程承包合同及业主与监理单位签订的委托监理合同。其中监理工程师是受业主委托负责监督承包商施工的公司或机构派出的人员,他(她)独立地、公正地从事合同管理和目标控制,在FIDIC方法中居于核心的地位。

(三) FIDIC方法的基本程序

1. 选择监理工程师,签订授权委托书;
2. 通过招标,确定承包商和施工合同条件;
3. 承包商办理履约担保、预付款保函、保险等事项,并得到业主的批准;
4. 业主支付动员预付款;
5. 承包商提供监理工程师所需的施工组织设计、施工技术方案、施工进度计划和现金流量估算;
6. 由业主召集由各方参加的第一次工作会议;
7. 监理工程师发布开工通知,业主移交现场;
8. 承包商根据合同要求进行施工或设计,监理工程师进行日常管理工作;
9. 竣工验收;
10. 承包商申请移交工程;
11. 监理工程师签发移交证书,业主归还部分保留金;
12. 承包商提交竣工报表,监理工程师签发付款证书;
13. 缺陷责任期,承包商完成剩余工作并修补缺陷;
14. 监理工程师签发缺陷责任期证书,业主归还履约保证金及剩余保留金;
15. 承包商提出最终报表;
16. 监理工程师签发最终支付证书,业主与承包商结清余款。

二、FIDIC《土木工程施工合同条件》(红皮书)简介

红皮书是进行建筑类工程项目建设,由业主通过公开招标选择承包商承包,并委托监理工程师执行监督管理的标准化合同文件范本。该范本主要包括以下几个文件标准格式和内容:

(一) 通用条件

"土木工程施工合同条件"适用于工业与民用建筑、水电工程、公路、铁路交通等各土木工程行业,共72条,194款。内容包括:定义和解释;工程师及工程师代表;转让与分包;合同文件;一般义务;劳务;材料;工程设备和工艺;暂时停工;开工和误期;缺陷责任;变更、增添和省略;索赔程序;承包商的设备、材料和临时工程;计量;暂定余额;指定的分包商;证书与支付;补救措施;特殊风险;解除履约合同;争端的解决;通知;业主的违约;费用和法规的变更;货币及汇率等25个小节。

(二) 专用条件

FIDIC在文件中规定,第一部分的通用条件和第二部分的专用条件一起,构成了决定合同各方权利和义务的条件。编制专用条件的原则是,根据具体工程的特点,针对通用条件中的不同条款进行选择、补充或修正,使这两部分相同序号组成的条款内容更加完备。专用条件主要包括以下三方面的内容:

1. 疏浚与填筑工程的有关条款;
2. 对通用条件中条款的修正、补充或者代替条款;
3. 作为合同文件组成一部分的某些文件的标准格式。

（三）投标书及其附件

FIDIC编制了标准的投标书及其附件格式。投标书中的空格只需投标人填写具体内容，就可与其他材料一起构成投标书。投标书附件是针对通用条件中某些具体条款需要做出具体规定的明确条件，这些内容的详细数字都要在投标书发出之前由投标人填写好。

（四）协议书

协议书是业主和中标的承包商签订施工合同的标准文件，只要双方在空格内填入相应的内容，并签字或盖章后即可生效。

三、FIDIC《土木工程施工合同条件》中的权义性条款

权义性条款是指有关业主、承包商及监理工程师的权利、义务方面规定的条款，具体规定如下：

（一）业主方的权利和义务

1．业主的权利

（1）业主有权批准或否决承包商将合同转让给他人，施工合同签订意味着业主对承包商的信任，承包商无权将工程擅自转让或分包给他人；

（2）业主有权将工程的部分项目或工作内容的实施发包给指定分包商，所谓分包商是由业主或监理工程师指定完成某一具体工作内容的施工或标准设备的供应工作的承包商；

（3）承包商违约时业主有采取相应补救措施的权利；

（4）承包商严重违约时业主有权中止合同。

2．业主的一般义务

（1）业主应承担的风险，FIDIC规定业主应承担的主要风险有：①战争、敌对行为、入侵、外敌行为；②叛乱、革命、暴动或军事政变、内战；③核爆炸、核废物、有毒气体的污染等；④超音速或亚音速飞行物产生的压力波；⑤暴乱、骚乱或混乱，但不包括承包商及分包商的雇员因执行合同而引起的行为；⑥因业主在合同规定之外使用或占有永久工程而引起的损失或损坏；⑦业主提供的设计不当造成的损失；⑧一个有经验的承包商通常无法预测和防范的任何自然力的作用；⑨其他不能合理预见的可能风险，如物价的变化、汇率的变动等；

（2）按时提供符合合同要求的场地；

（3）按合同约定的时间提供施工图纸；

（4）按时支付工程款；

（5）配合承包商做好外部的协调工作。

（二）承包商的权利与义务

1．承包商的权利

（1）有得到工程各项付款的权利；

（2）有提出施工索赔的权利；

（3）有拒绝接受指定分包商的权利；

（4）当业主违约时，终止受雇或暂停施工工作的权利。

2．承包商的一般义务

（1）遵守工程所在地的一切法律法规；

（2）承认合同的完备性和准确性；

（3）不得将本工程的图纸、技术规范和其他文件擅自用于其他工程或传播给第三方；

(4) 对工程的质量负责;

(5) 执行监理工程师发布的各种指令;

(6) 按期完成施工任务;

(7) 对施工现场的安全和照管负责;

(8) 为其他配合工程的承包商提供方便;

(9) 为工程、施工设备、材料等对第三方人员投保。

(三) 监理工程师的权力与职责

1. 监理工程师的权力

(1) 在质量管理方面的权力,包括对现场材料设备的检查控制权、对工程质量的确认与拒收权、对工程质量采取紧急补救措施权等;

(2) 在进度管理方面的权力,主要有批准施工进度计划及发布开工令、停工令、复工令、赶工令等权力;

(3) 在费用管理方面的权力,主要有确定合同变更价格、使用暂定金额和计日工、签付各种预付签证等;

(4) 在合同管理方面的权力,包括批准工程的延期、发布工程变更指令、颁布工程移交证书和解除缺陷责任证书、解释合同文件以及对各方争端做出决定等。

2. 监理工程师的职责

(1) 在合同实施过程中向承包商发布信息和指示;

(2) 评价承包商对工作进行的建议;

(3) 保证材料和工艺符合规定;

(4) 批准已完成工作的测量值及校核并向业主送交中期付款证书和最终付款证书;

(5) 解释文件中含糊、歧义的内容或文字;

(6) 公正地处理业主与承包商在合同实施过程中出现的争议或纠纷;

(7) 不得与施工、设备制造和材料供应单位有合伙经营关系或经营性隶属关系,不得承包施工或材料销售业务,不得接受承包商贿赂或任何好处,不受任何行政命令的干扰等。

四、FIDIC《土木工程施工合同条件》中的技术性条款

(一) 有关施工进度控制的条款

1. 承包商与业主签订合同协议后,应在专用条件中规定的时间内,按照监理工程师要求的格式和详细程度,提交一份工程施工进度计划并请监理工程师批准;该计划应说明为完成工程任务而打算采用的施工方法、施工组织、进度安排,以及按季度列出根据合同应支付给承包商费用的现金流通估算表。

2. 承包商须按要求在规定的时间间隔内提交定期报告,说明在该阶段投入到施工中的人员、工人的技术等级和数量以及施工机具设备等;如果监理工程师发现实际进度与计划进度不符时,有权要求承包商修改计划。

3. 监理工程师有权下达赶工指示,承包商应立即采取措施加快施工进度,以便与规定工期相符合;承包商认为有必要在夜间或当地休息日工作时,有权请求监理工程师同意。

4. 承包商有要求延长工期的权利,但前提是造成工期必须延长的原因主要是因业主或监理工程师的责任引起的;当监理工程师批准给予承包商一定的延展工期时,应明确规定新的竣工日期。

5．标书工程量表中所列的数量是对工程的估算值，不能作为承包商为完成合同中规定职责进行施工的实际准确工程量，应通过实际测量来核实完成的工程量；对于工程量表中的包干项目，承包商应及时提交一份每一包干项目的分项表，并经监理工程师批准，以便在合同执行中按照表中的内容核实。

（二）有关质量控制和管理的条款

1．承包商应根据监理工程师的书面指示和工程图纸严格准确地放线，绝对保证工程所有部分的位置、标高、尺寸和轴线的正确；

2．施工工作要按合同进行，还要严格遵守与执行监理工程师对有关工程的或涉及工程的任何指示；

3．工程施工期间，监理工程师为了探查不明的地基或覆盖层，有权指示承包商钻探或挖深坑，若工程量表内无此项工作，则可按"变更"指令对待；

4．承包商应接受监理工程师的质量检验，在施工中所使用的材料、设备和施工工艺必须符合合同规定，并且与监理工程师的指示相符；

5．监理工程师可以在所有合理的时间内进入现场或材料及设备的制造、加工场所对操作过程进行检查，若发现材料或设备有缺陷，与合同要求不符时，可通知承包商拒收；承包商则应立即消除这些缺陷或采取其他措施，直到合格为止；

6．在基本竣工颁发接受证书时，监理工程师须开列需要承包商在缺陷责任期内完成包括修补工程缺陷在内的清单；但是在缺陷责任期满之前进行检查后，监理工程师仍可指示承包商修补、重建和补救缺陷、收缩或其他毛病，以便缺陷责任期满时，按合同要求的条件最终移交工程。

五、FIDIC《土木工程施工合同条件》中的经济性条款

（一）有关保险的条款

1．工程和有关设备的保险

通用条件中规定，承包商必须以业主与承包商的名义投保工程一切险。保险范围包括：全部工程或分期交付的单项工程、临建设施、现场的施工机械及设备材料和试验设备等。保险期限从现场开始工作起到工程竣工移交为止。在缺陷责任期内，如果发生的是缺陷责任期开始前原因造成的损害，以及缺陷责任期内属于承包商完成未尽事宜的风险损害保险，则仅由承包商以单方名义保险。对承包商运到现场的施工设备和材料保险，则仅限于重置费用金额。保险方法可采用全值保险，即按合同总价投保；也可以采用月报形式保险，即每月申报一次保险值，随工程进展逐月递增。

2．第三方保险

即由于施工引起的对第三人的人身伤亡和除工程本体以外的财产损失或损坏的保险。通用条件中也规定，由承包商以双方的名义向保险公司投保。保险的金额为投标书附件中规定的数额。

3．人身保险

合同条件中要求承包商对自己的雇员进行人身保险。分包商对自己雇员的人身保险由自己办理，但应将保单的复印件报送业主和监理工程师。

（二）工程款的支付与结算

1．工程进度款的支付

(1) 工程预付款

合同条件中规定,业主支付给承包商的预付款有两类:动员预付款和材料预付款。动员预付款,是业主为解决承包商开展施工前期准备工作时资金短缺而预先支付的一笔款项,一般为合同报价的 10%~15%;动员预付款自承包商所获得工程进度款累计总额达到合同总价 20%那个月开始起扣,到规定竣工日期前 3 个月扣清。材料预付款,是为了帮助承包商解决定购大宗主要材料和设备的资金周转而按合同约定的百分比预付的款项;当这些材料和设备一旦用于工程,则从工程进度款内扣回。

(2) 保留金

保留金是按照合同的约定,从承包商每月应获得的工程进度款中扣减的一笔款项。作为约束承包商必须履行合同的保证措施之一,当承包商违约而使业主受到损害时,即可从保留金内获得赔偿。保留金的扣除从首次支付工程进度款开始,扣除到合同规定的限额为止(一般为合同总价的 5%)。颁发工程移交证书后,退回一半保留金;颁发解除缺陷责任证书后,再退回另一半。

(3) 计日工费

是指承包商在工程量表的附件中,按工种或设备填报单价的日工劳务费和机械台班费,一般用于工程量表中没有规定的零星附加工作,计日工费由监理工程师根据现场实际情况使用与支付。

(4) 因物价浮动的调价款

长期合同中订有调价合同条款时,每个月均应计算价格的调整费用,计算方法按合同的约定方式进行。

(5) 工程量的计量

合同中工程量表中所列的工程量是估算值,不能作为承包商完成合同规定的准确工程量,在每个月业主支付工程进度款前,均需通过测量来核实实际完成的工程量作为支付的依据。工程量计量时,应通知承包商参加。

(6) 支付工程进度款

每个月的月末,承包商应按监理工程师规定的格式提交一式六份支付报表。监理工程师接到报表后,要审查款项内容的合理性和计算的准确性,在核实承包商本月应得款项的基础上,扣除保留金、工程预付款、材料预付款以及所有因承包商责任而应扣减的部分外,即为本月应支付的工程进度款,并据此签发中间付款的临时支付证书。业主在收到临时支付证书后 28 天内支付工程进度款。

2. 竣工结算

颁发工程移交证书后的 84 天之内,承包商应按监理工程师规定的格式报送竣工报表。监理工程师接到报表后,应对照竣工图进行工程量详细核算,对其他支付的要求进行审查,然后再依据检查结果签发竣工估算的支付证书。进行竣工结算时,实际合同价款超过或低于有效合同价 15%以上,均要对承包商竣工结算的总额进行调整;若增加的工程款超过有效合同价 15%以上,工程结算额应减少,反之则应增加。

3. 最终决算

颁发解除缺陷责任证书后的 56 天内,承包商应向监理工程师提交一份最终报表的草案以及要求提交的其他资料。监理工程师审核后,承包商应根据监理工程师的合理要求进行补充或修改，编制正式最终报表。承包商还需向业主提交一份结算单，进一步证实最终报表中的支付总额，作为同意与业主终止合同关系的书面文件。结算单生效后，承包商根据合同进行索赔的权利终止，但只有业主已按最终支付证书规定支付工程款，并退还履约保函后才能生效。

（三）合同被迫终止时的结算

1．因承包商违约而终止合同时的结算。监理工程师应尽快向业主出具证明，业主仅支付承包商合格完成工程部分原应支付给他的款项。

2．因特殊风险而终止合同时的结算。业主除去应以合同规定的单价和价格向承包商支付在合同终止前尚未支付的已完工程量的费用外，还应支付因特殊风险给承包商带来的相关费用。

3．因业主违约而终止合同时的结算。此时，业主除应向承包商支付在合同终止前尚未支付的已完工程量的费用外，还应支付由于终止合同给承包商带来的损失赔偿费，包括利润损失和其他合理费用。

（四）其他方面的经济条款

主要包括额外试验或检查费用、承包商应付的拖延损失赔偿、货币和价格的调整、国家政策及法律法令的变更引起的费用等。

六、FIDIC《土木工程施工合同条件》中的施工索赔条款

施工索赔是国际上通行的惯例，对此 FIDIC《土木工程施工合同条件》也做出了详细的规定，其程序如下：

1．索赔通知。如果承包商根据合同有关规定对某一事件进行索赔，他必须在引起索赔事件第一次发生后的 28 天内，将索赔的意向书面通知监理工程师。

2．保持同期记录。监理工程师在收到上述索赔通知后，应及时检查有关同期记录，并确定是否支付索赔。

3．索赔报告。在承包商向监理工程师发出要求索赔通知的 28 天内或监理工程师同意的时间内，向监理工程师递交一份详细报告，说明索赔的根据与数额。

4．索赔的支付。在监理工程师核实了承包商提供的报告与资料后，若情况属实，索赔应予以支付；如果索赔的数额只有部分成立，则这一部分在月工程结算中被支付。

七、FIDIC 合同条件的应用

FIDIC 土木工程施工合同条件自 1957 年制定第一版以来，至今已经过四次修改。从理论上讲，这个文本是根据跨国承发包工程的实践不断完善的，是有利于明确承发包双方的权利义务和责任的最具使用价值的建设工程施工的合同文本。但是，由于我国的特殊国情，FIDIC 合同条件在我国应用时还应注意下列问题：

第一，应使 FIDIC 合同条件符合中国的法律规定。FIDIC 合同条件中，有些规定与我国的现行法律规定不完全一致，如监理工程师批准设计（我国是设计院设计，政府有关部门的批准）；合同未规定质量等级，只需获得监理工程师的满意即可（我国规定工程在交付前必须评定等级）；工程质量核验权属于监理工程师（我国则规定工程由业主验收，报政府工程质量管理部门备案）等等。另外，在 FIDIC 合同条件中有些术语也有歧义，如"州法令"一词在我国则无从解释（意指工程所在地的法律、法规、规定等）。因此，我们在适用 FIDIC 合同条件时，应作一些必要的说明、解释和修改。具体方法可采用在专用条件中加以说明或以备忘录的形式附后。

第二,承发包双方和监理单位均应有足够的专业人员,避免因不熟悉FIDIC合同条件而造成不必要的损失;当然,各方还应加强依法履行合同及合同管理的意识,否则,再好的合同文本也会成为一纸空文。

第三,在适用FIDIC合同条件时,应重视专业律师的法律咨询意见或将文件交由律师制作。因为FIDIC合同条件是一个完备的法律文件,而且内容多而复杂,所以不论是在制作招标文件、签订合同还是在处理各方的纠纷或争议时均应多咨询专业律师的意见,然后实施,以避免FIDIC合同条件与我国法律、法规的冲突以及在适用FIDIC合同条件时的偏差。

典型案例一:合同双方各自违约,均应负违约责任案

【案情】

原告:甲村委会

被告:乙建筑公司

甲村委会与乙建筑公司于1997年6月签订了一份建设工程合同,合同规定由乙建筑公司为甲村委会承建村民文化活动中心大楼,工程总造价为200万元,竣工日期为1998年3月。合同订立后,乙建筑公司无视合同中不得转包的有关规定,擅自将工程任务转包给外地某施工队,由该施工队具体施工。甲村委会先后共三次拨给乙建筑公司工程款100万元,乙建筑公司将其中的80万元拨给了某施工队。因甲村委会提供的设计图纸存在问题,加之工程造价低、乙建筑公司拨款不足等原因,该施工队于1997年11月停工,后乙建筑公司进入工地继续施工。后因图纸设计存在问题,乙建筑公司与甲村委会在工程款项和工期等问题上产生矛盾,双方协商无效,乙建筑公司便于1998年1月停工。

【审判】

甲村委会向法院起诉,要求判令乙建筑公司承担违约责任。乙建筑公司则辩称:甲村委会提供的设计图纸存在多处错误,导致工程不得不停工,本方不应承担法律责任。

受理法院经审理查明:承担该村民文化活动中心大楼设计任务的是一未经有关部门批准且不具备设计资质和设计能力的单位,其设计中存在多处错误。法院认为:因甲村委会交给乙建筑公司的图纸存在设计上的问题,致使工程难以进行,对造成此纠纷甲村委会应负主要责任;乙建筑公司擅自将工程任务转包给某施工队,对造成工期的延误及产生纠纷也应负有一定的责任。因此,判决如下:(1)合同终止履行;(2)乙建筑公司只退还甲村委会30万元,其他损失由甲村委会自负;(3)本案诉讼费4500元,双方各负担一半。后双方均未上诉,判决生效。

【评析】

甲村委会与乙建筑公司签订的建设工程合同是合法有效的,问题主要出现在合同履行中的有关违法行为。

根据《合同法》及《建筑法》的规定,发包人未按约定的时间和要求提供原材料、设备、资金、技术资料的,承包人可以顺延工期,并有权要求赔偿停工损失。另外,因发包人的原因致使工程中途停建、缓建的,发包人应当采取措施弥补或者减少损失,赔偿承包人因此造成的停工、窝工、倒运、机械设备调迁、材料和构件积压等损失和实际费用。本案中甲村委会提供的设计图纸存在错误,承包人通知了发包人,并要求其修改、补充,但发包人甲村委会并没有及时组织有关单位对图纸进行审查修改。可见,由此造成的一切损失应由发包人承担,承包

人对停工不承担违约责任。但是,承包人乙建筑公司在合同生效后擅自将工程任务转包给某施工队,显然违约,对此承包人应承担违约责任。

综上所述,双方当事人均有过错。因发包人提供的设计图纸有错误是导致合同不能履行的主要原因,故发包人应承担主要责任。因此,法院判令承包人只退还发包人30万元,其他损失由发包人自负并终止合同履行是完全正确的。

典型案例二:因施工现场管理、协调不善导致的施工索赔案

【案情】

某科研单位欲修建一综合科研大楼,由于工程较复杂且项目较多,该单位将工程直接分包给不同性质的三个公司,分别与A公司签订了土建施工合同,与B公司签订了科研设备安装合同,与C公司签订了电梯安装合同。三个合同中都对甲方提出了一个相同的条款,即"甲方应协调现场其他施工单位为乙方创造如垂直运输等可利用条件。"合同执行后,发生了如下事件:

1. 顶层结构楼板吊装后,A公司立刻拆除塔吊,改用卷扬机运材料作屋面及装饰,C公司原计划由甲方协调使用塔吊将电梯机房设备吊上9层楼顶的设想落空后,提出用A公司的卷扬机运送,A公司提出卷扬机吨位不足,不能运送。最后,C公司只好为机房设备的吊装重新确定方案。

2. 进入科研设备安装阶段后,B公司按照协议条款,把设备的垂直运输方案定在使用新装电梯这一条件上。设备到梯待运时,C公司提出不准使用,理由一是虽能运行,仍在调试阶段,二是没有帮他人运送设备的义务。按合同时间专程从远方进场安装科研设备的人员只好等到电梯验收后才开始工作。

由于甲方没有协调好A、B、C三个承包单位的协作关系,他们相互之间又没有合同约束,最终引起C公司和B公司对甲方的索赔要求,理由是"甲方没有能够按照合同条款为乙方创造垂直运输条件,使乙方改变方案、推迟进度、增大了开支。"

【评析】

在一些较复杂的工程中,由于专业技术能力的限制,不宜由一个承包单位进行统一管理时,建设单位往往分别委托几个分包单位独立签订分包合同,这就很容易造成几个分包单位同在一个现场、甚至在同一工程部位施工的情况。由于各分包单位之间没有合同关系,即使甲方代表事先考虑或采取了避免干扰的措施,实际工程中互相配合、协调不好的事件仍时有发生。特别是在某先导工序不能按计划进度完成时,由其他分包单位所承接的后续工序就会被迫因此而延迟进行。在多单位分包情况下,所有被迫延迟的乙方都有权向甲方提出索赔。

实际工程中,当在同一个现场多个单位同时施工时,因施工的先后顺序、场地占用、水电使用、现场交通等方面相互干扰、影响的问题是很常见的。如果处理不当,会对整个工程产生严重后果。只有采取由总承包单位统一负责下的分包办法,这种索赔因素才能避免。

复习思考题

1. 如何理解合同的效力及违约责任?

2．简述建设工程合同的概念和特征。
3．建筑工程合同是否可以由双方当事人任意订立？需具备哪些条件？
4．什么叫施工索赔？当事人应如何进行索赔？
5．什么叫 FIDIC 合同条件？FIDIC 合同条件有哪些特点？
6．如何理解 FIDIC 合同条件中的主要条款？在我国应用 FIDIC 合同条件时应注意哪些问题？

第八章 房地产与物业管理

第一节 房地产法概述

一、房地产的概念

房地产是指房产和地产的总称,是房产和地产的结合体。在法律术语上,房地产一般又称不动产。所谓不动产是指土地和地上附着物,是不能移动或移动后会丧失其经济价值或经济用途的物体。我们所要研究的房地产,是指土地和土地上永久性建筑物及其衍生的权利,而且主要研究的是城市的房地产,因为依据现行法律规定,农村的房地产尚不列入《城市房地产管理法》的调整范围。我们所指的房产主要的指建筑在土地上的各种房屋,包括住宅、厂房、仓库和商业、服务、文化、教育、卫生、体育以及办公用房等;地产是指土地及其上下一定的空间,包括地下的各种基础设施、地面道路等。

二、房地产法的概念和调整对象

(一)房地产法的概念

房地产法是调整房地产经济关系的法律规范的总称。具体而言,房地产法是调整人们在房地产权属、开发、经营、交易、金融及涉外房地产等方面所发生的权利与义务关系的法律规范的总称。

房地产法有广义与狭义之分。广义的房地产法,包括了对房地产经济关系进行调整的所有法律规范,比如包括宪法规范、民法规范、经济法规范、行政法规范、刑法规范等等,还包括国务院以及中央各部委所颁发的法规、规章等。狭义的房地产法,人们一般理解为房地产法典,在我国是指《中华人民共和国城市房地产管理法》。

(二)房地产法的调整对象

房地产法的调整对象是房地产经济关系,即国家、集体、法人、公民及其他社会组织在围绕房地产的各项活动过程中所形成的房地产关系。具体如下:

1. 土地利用管理关系。这主要是指用于房地产开发的城市土地利用的管理关系。哪些城市土地可以用于房地产开发,哪些土地不能开发;土地使用者通过何种方式取得土地的使用权;土地的价格、用途和使用期限;土地的征用和旧城改造等,都要接受政府的管理,接受政府的审查和批准。

2. 土地利用规划和房屋建设规划关系。任何单位或个人在城市开发房地产,都必须接受政府的土地规划管理和房屋建设规划管理。《中华人民共和国城市规划法》已于1990年4月1日起施行,标志着我国的城市规划管理已开始走上法制的轨道。任何单位和个人,未领取规划许可证,擅自违法建筑,都必将受到法律的严厉制裁。

3. 土地财产关系。土地是有价值的。国家为了实现土地有偿使用,增加财政收入,必须考虑土地的价值,因此就发生了土地的财产关系。这类财产关系主要包括两类关系:一是土地所有关系,指国家所有权与集体所有权在经济利益上的要求;二是土地使用关系,指土地使用者向土地所有权人或原土地使用人所必须支付的对价。

4. 房屋财产关系。这里主要是指横向的、平等主体之间的经济利益关系。调整这种关系应当适用民法上的"平等互利、协商一致、等价有偿"的原则。这类经济关系包括:房屋买卖关系、转让关系、交换关系、租赁关系、继承关系、抵押关系、典当关系、相邻关系、共有关系等。

5. 城市房屋管理关系。这类关系包括:房地产权属确认、登记关系;房屋拆迁管理关系;房地产交易管理包括商品房预售管理关系、房地产评估及鉴定管理关系;房屋维修管理关系等。在这些众多的管理关系里面,都要体现国家的意志,都要发生国家有关机关与产权人或使用人之间的管理与被管理关系。

6. 涉外房地产关系和协作关系。它包括外商在中国开发房地产的经济关系和外国人在中国拥有房地产的管理关系或财产关系。

三、房地产法的特征

(一) 权属基础性

房地产是不动产,它的转移并非实际物体发生位移,而是权利主体发生变动。房地产交易实际上是权利的交易。因此,房地产法是一个以权属为基础的法。

(二) 主体的广泛性

房地产法调整不动产领域,其所调整的社会关系比较稳固。任何组织和个人都会与房地产发生各种联系,所以,房地产法律关系的主体具有广泛性。

(三) 国家干预性

房地产对国家、企事业单位和公民来说,都是一笔很重要的财富,它关系到经济的发展和社会的稳定,因此,国家对这一领域的行政干预十分显著。在我国,从土地的无偿划拨到有偿出让、转让,从土地的利用规划到工程施工管理,从商品房的开发到售后服务,从房地产产权产籍登记过户的管理到土地联营登记、房地产抵押登记等,几乎无处不体现国家有关职能部门行使监督和管理的权利。

(四) 房地产法律关系形式的书面性

房地产法律关系的相对稳定性,客观上就要求必须采用书面形式,即要求房地产法律关系的参加者,将其相互间的权利义务关系用文字记叙下来,并由有关机关签证、批准,有的甚至还要经过公证部门公证,以确保这种法律关系的稳定性和严肃性。房地产合同、土地所有权证、房屋所有权证、土地使用权证、房屋他项权证、房屋租赁许可证等,都要通过书面形式表现出来。

(五) 以登记公示为合同的成立要件

这是房地产权利变动的基本要求。房地产为不动产。动产的权利变动以标的物的转移占有为原则,而不动产的权利变动,则以当事人在政府有关管理部门办理变动登记为公示的原则,未经政府管理机关办理权利变动登记,其行为不具有法律效力,这是动产权利与不动产权利变动的显著区别。我国《城市房地产管理法》第59条规定:"国家实行土地使用权和房屋所有权登记发证制度。"第60条规定:"以出让方式或者划拨方式取得土地使用权,应当向县级以上地方人民政府土地管理部门申请登记,经县级以上地方人民政府土地管理部门核实,由同级人民政府颁发土地使用权证书。在依法取得的房地产开发用地上建成房屋的,应当凭土地使用权证书向县级以上地方人民政府房产管理部门申请登记,由县级以上地方人民政府房产管理部门核实并颁发房屋所有权证书。"

四、房地产法的基本原则

(一) 坚持社会主义土地公有制原则

社会主义土地公有制是我国土地制度的核心。我国目前的土地所有形态表现为两种,即国家所有和集体所有。我国宪法第 10 条规定:"城市的土地属于国家所有。农村和城市郊区的土地,除法律规定属于国家所有的以外,属于集体所有;宅基地、自留地、自留山等,属于集体所有。国家为了公共利益的需要,可以依照法律规定对土地实行征用。"宪法规定了全民所有和集体所有的财产神圣不可侵犯的原则,即任何组织或个人未经批准,不得侵占、买卖、出租或者以其他形式非法转让土地。依据法律规定,房地产开发用地,主要指城市国有土地,不包括集体所有土地,集体所有土地要依法被征用为国有土地后,才允许进入房地产市场。

(二) 坚持土地有偿使用原则

土地资源就其自然形态本身来说,并不具有价值,但在商品经济的条件下,土地经过开发利用,凝结了人类的活劳动和物化活动,土地不仅具有价值,而且受着商品价值规律的支配,使它变成了一种有价值的自然资源。国有土地实行有偿使用制度,主要是为了保证国家土地所有权经济利益上的实现,国家直接通过转让土地使用权来获得收入。如果放弃了国有土地上应得的经济收益,就等于放弃了对土地拥有的所有权。现在国家用经济手段管理土地,就是要变土地无偿使用为有偿使用,变土地无限期使用为有限期使用。如我国有关房地产法律规定,商品房用地可长达 70 年,期满后还可以再续期。

(三) 符合城市规划原则

城市规划是城市发展的纲领,也是房地产开发和城市各项建设的依据。城市规划的任务是:根据国家城市发展和建设方针、经济技术政策、国民经济和社会发展长远规划、区域规划,以及城市所在地区的自然条件、历史情况、现状特点和建设条件,布置城镇体系,合理地确定城市在规划期内经济和社会发展的目标,确定城市的性质、规模和布局,统一规划、合理利用城市土地,综合部署城市经济、文化、公用事业等各项建设,保证城市有秩序地协调发展。城市规划、建设和管理必须严格执行《中华人民共和国城市规划法》和《国务院关于加强城市规划工作的通知》(国家[1996]18 号)等有关法律、法规,严格控制大城市的用地规模,特别要严格控制中等城市和小城市用地。

(四) 合理节约用地的原则

我国宪法第 10 条明确规定:"一切使用土地的组织和个人必须合理地利用土地。"《土地管理法》也明确规定:"国家建设和乡(镇)村建设必须节约使用土地。"这说明节约用地本身并不是一件可有可无的事情,相反它是法律赋予管理机关加强用地管理的一项职责,同时也是所有用地的单位和个人在用地的过程中应尽的一项义务。党中央、国务院于 1997 年 5 月 18 日发布了《关于进一步加强土地管理切实保护耕地的通知》,该通知指出:土地是十分宝贵的资源的资产。我国耕地人均数量少,总体质量水平低,后备资源也不富裕。必须认真贯彻"十分珍惜和合理利用每寸土地,切实保护耕地"的基本国策,必须采取治本之策,扭转在人口继续增加情况下耕地大量减少的失衡趋势。

(五) 坚持经济效益、社会效益和环境效益相统一的原则所有的经济活动,其最终目的就是要产生经济效益。在房地产业的经济活动中,就是要讲求经济核算,强调投入产出的比例,为投资者带来可观的经济效果,即在有限的房屋和土地面积上,依法获得更大的经济效益。社会效益是指房地产开发对全社会所产生的良好效果和影响。任何一个房地产投资项目,都可能与整个社会或社区发生联系,因此要考虑社会和公众的利益,才能得到社会各界的广泛支持和承认。环境效益是指房地产开发过程中,必须注重环境的优化,使房地产项目与周围环境溶为一体,达到房地产项目与周围环境协调的最佳状态。

经济效益、社会效益、环境效益三者是一个有机的整体。三者是矛盾的,但从最后的结果看,三者又是统一的,管理者的最大任务就是寻求三者结合的最佳点。实践中,常常会出现开发商只重视经济效益而忽视社会效益和环境效益的情况,而在此时,政府的职责就应该对这种行为进行合理的引导,以求得房地产开发商的经济效益不损害社会效益和环境效益。

(六)维护房地产权利人合法权益的原则

房地产权利人是指依法享有房地产权利的法人和自然人。具体包括:房屋所有人,即依法对房屋享有占有、使用、收益和处分的人;土地使用者,即依法获得国有土地使用权的单位和个人。《城市房地产管理法》通过对土地使用权的出让、收回、审批、使用期限、转让、交易、抵押条件的限制,租赁房屋的备案,预售商品房的条件的限制以及房地产权属登记等来维护房地产权利人的合法权益,并受法律保护,任何单位和个人都不得侵犯。

五、房地产法的任务和作用

(一)保障房地产权利人合法权益

从现有房地产权益来看,主要包括如下一些权益,房地产物权(国有土地使用权、房屋所有权)、房地产他项物权(抵押权)和房地产债权(租赁权)等。房地产在现阶段既是重要的生产资料,又是必须的生活资料,成为人们最重视、最珍惜的一种财产形式,也是人们乐于选择的投资对象。国家为了维护房地产所有人或使用人的利益,也为了维护社会稳定,因此设计了多种维护房地产权益的制度。如在房地产买卖、抵押、交换等活动中,明确要求相对人必须履行义务,以保证权利人经济利益的实际获得。

(二)维护房地产市场秩序

《城市房地产管理法》第1条中,将维护房地产市场秩序作为立法的目的加以确立。随着房地产业的迅速发展,建设用地总量失控、房地产开发投资结构不合理、房地产交易不规范、交易价格混乱等现象也随之出现。为健全房地产市场机制,解决上述种种弊端,必须健全房地产法制,维护房地产市场秩序。

(三)对房地产经济活动进行监督管理

利用房地产法来监督管理房地产经济活动是国家有效管理房地产的极其重要的手段。首先是对从事房地产开发、经营等活动的企、事业单位的资格进行监督管理;其次是对房屋的买卖和租赁等活动进行监督管理;再次是对房地产管理机关的直管公房、单位自管房和私人房产及相应的土地使用权进行监督管理;而对于管理者的违法行为也要予以惩罚和处理。

(四)促进房地产业的健康发展

在当今世界上,房地产业是一项高投资、高回报率的产业。因此,许多比较发达的国家和地区,都把它当作重要的产业,由政府出面,大力扶持,优先发展。在我国,房地产业还属于新兴产业,正处于改革和发展的起步阶段,客观上要求用房地产法加以规范、引导、推动和保障。没有房地产法的规范、引导、推动和保障,房地产业的发展将不会充分、完善。

第二节 房地产开发

一、房地产开发的含义和分类

(一) 房地产开发含义

根据《城市房地产管理法》的规定,房地产开发是指在依法取得国有土地使用权的土地上进行基础设施、房屋建设的行为。

房地产开发可根据其投资开发的对象的不同,分为基础设施建设与房屋建设两种。基础设施建设,通常称之为土地开发或再开发。土地开发是指把自然状态的土地变为可供建造房屋和各类设施的建筑用地,如"三通一平"或"七通一平";土地再开发,就是不增加城区现有土地使用面积的情况下,对城区原有土地进行再开发,即改造,它是通过投入一定量的资金、劳动等,调整用地结构,完善城市基础设施,以提高现有土地的使用功能,提高土地利用效益。房屋开发,就是在经过开发或再开发,在具备建设条件的城市土地上,建筑各类房屋,包括住宅、工业厂房、商业楼宇、办公用房和其他专门用房。

(二) 房地产开发的分类

从不同的角度,可对房地产开发作不同的分类。

从房地产开发的规模进行考察,可将房地产开发分为单项开发、小区开发、成片开发三类:1.单项开发。这种开发方式规模小,占地少,项目功能单一,配套设施简单。单项开发往往是在新区总体开发或者城区改造中所形成的一个相对独立的项目,但是也要与整个开发区的总体规划相协调。2.小区开发。一是指新城区开发中的一个小区综合开发,要求在开发区范围内做到基础设施和配套项目齐全,功能完善;一是指在旧城区更新改造中的局部改建,即某个相对独立的街坊的更新改造。3.成片开发。一般指范围广阔、项目众多、投入资金巨大、建设周期长的综合性开发。成片开发的规模大到可以接近开辟一个新的城区。

从房地产开发的再生产进行考察,可分为开发和再开发两类。开发是指在原有城市建成区范围之外进行房地产开发,一般是把农地开发为城市地,亦称新区开发。再开发是指原有房地产的更新改造,在原有城市建成区范围之内进行,又称旧区开发。开发与再开发是相联系的,没有开发也就没有再开发。当旧城区原有房地产退化到一定程度时,就有必要进行再开发,否则,原有房地产的使用效益将日趋下降,越来越不能满足人们对空间活动的各种要求。但是再开发的拆迁安置费用比开发的拆迁安置费用要高得多,从而导致再开发成本大大高于开发成本。这就成了旧城区许多应该再开发的房地产迟迟得不到开发的一个重要原因。

从房地产开发的机构方面进行考虑,房地产开发可分为政府开发和非政府开发。政府开发一般是指政府垄断土地一级市场,政府出面开发,然后出让,也指政府为政府建筑和职工住宅而开发。非政府开发包括房地产开发公司的开发、私人房地产机构的开发,或者半官方、半民间法人团体的开发。

房地产开发还根据其行为目的的不同,可分为两种情况,即以经营为目的的房地产开发和以自用为目的的房地产开发。前者是一种经营性的行为,由专业化的房地产开发企业进行,它通过房地产投资开发将开发产品作为商品在房地产市场进行转让,寻求利润回报。后者则是为自用而进行的房地产开发,开发者也即使用者,开发产品不进入房地产市场流通,只是满足开发者进行其生产、经营或消费之所需,因此,对开发者来说,开发产品只是一种生产资料或消费资料,而非商品,在开发环节本身谈不上营利。目前,我们一般所说的房地产开发,主要是指以经营为目的的房地产开发。以自用为目的的房地产开发,其产品只是一种潜在的商品,一般不直接进入市场。

从房地产开发的对象来考察,还可分为民用、商业、工业、交通等开发类型。

二、房地产开发的基本原则

（一）严格执行城市规划的原则

《城市房地产管理法》第24条明确规定:"房地产开发必须严格执行城市规划。"这就明确了房地产开发与城市规划的关系,即:出让土地的布局、用途必须符合城市规划,土地的使用性质必须根据城市规划来确定,出让的土地必须有规划控制指标,在房地产开发的实施过程中必须严格执行城市规划。

（二）坚持经济效益、社会效益、环境效益相统一的原则

房地产开发必须坚持经济效益、社会效益和环境效益三者有机统一。经济效益是基础,社会效益和环境效益也是房地产开发的整体目标之一。只重视经济效益,忽视社会效益和环境效益,房地产开发这项事业不可能长久,如果只重视社会效益和环境效益,不重视经济效益,也不符合房地产开发的客观经济规律。对于开发商来说,往往存在重视经济效益,忽视社会效益和环境效益的倾向,这是不可取的;对于政府来说,也不能只考虑社会效益和环境效益,不让开发商有利可图。处理三者的关系应是互相促进、互相协调、互相发展。

（三）综合开发,配套建设的原则

所谓综合开发、配套建设是指按照城市规划的功能区分,将某一地区各类物业的土地开发和建设进行统一规划,同步配套建设。必须摒弃以往那种零星开发、分散建设小生产方式,实行综合开发,配套建设。

（四）按约开发土地的原则

按约开发土地是指按出让合同约定的土地用途、动工开发期限开发土地。坚持这一原则目的在于规范房地产开发利用土地的行为,维护土地使用出让合同的严肃性、权威性。

1. 按合同约定的用途开发土地。合同中约定的土地用途,是严格按照城市规划的要求确定的,它直接反映着作为城市土地所有者的国家和土地使用者之间的经济利益关系,不能任意改变,若要改变需依法履行变更手续。

2. 按合同约定的动工期限开发土地。这一规定是为了克服和避免利用土地进行投机的行为,即炒卖地皮行为。《城市房地产管理法》第25条规定:"超过出让合同约定的动工开发日期满一年未动工开发的,可征收相当于土地使用权出让金20%以下的土地闲置费;满两年未动工开发的,可以无偿收回土地使用权。"这一规定就是在总结以上教训的基础上制订的。

（五）严格按标准和规范设计、施工,保证开发产品质量合格的原则

为了贯彻保证房地产开发产品质量合格的原则,《城市房地产管理法》在第36条规定了以下两项具体规定:

1. 开发项目的设计、施工必须符合标准和规范。这是一切工程建设都必须遵循的原则,也是保证工程质量的根本措施。一方面是因为房地产项目具有使用期限长、投资量大等

特点,如果不按标准和规范进行设计和施工,所造成的质量问题将直接影响项目的寿命,甚至带来房毁人亡的悲剧,造成不可估量的经济损失。另一方面,任何一个单项工程的设计、施工,如果违反国家有关的技术性标准和规范,不仅可能对该项工程的质量和使用功能带来影响,而且还会影响到开发项目的整体功能,造成房地产开发综合效益的低下。

2．项目竣工验收合格后方可使用。竣工验收是施工建设工程的最后一道程序,是全面检验设计和施工质量的重要五环节,也是投资开发成果转入流通和使用阶段的标志。坚持项目竣工验收合格后方可投入使用的原则,目的是阻止质量、使用条件等不合格的房屋、基础设施投入使用,以保证使用者、消费者的正当权利。

(六)鼓励开发、建设居民住宅的原则

《城市房地产管理法》将引导房地产开发投资方向、促进住宅建设作为一个重要的原则做出了规定。该法总则里就明确规定:"扶持发展居民住宅建设,逐步改善居民的居住条件。"第28条又明确规定:"国家采取税收等方面的优惠措施鼓励和扶持房地产开发企业开发建设居民住宅。"目前,国家已经以法律形式规定的优惠有对住宅建设投资方向调节税的优惠和土地增值税的优惠。此外,国家正在推行"安居工程",即在保证商品房建设正常发展的同时,中央和地方政府注入一定量的住宅建设贷款、以划拨方式或低地价出让方式提供建设用地以及减免有关税费、限制开发建设利润等措施,鼓励和促进普通标准住宅的建设,并力求降低住宅造价,以适应广大中低收入居民的经济承受能力,扩大住宅的有效供应。

三、房地产开发的基本程序

(一)城镇单位房地产开发的基本程序

我国目前固定资产投资由基本建设、更新改造和商品房建设三方面组成。根据有关要求凡固定资产投资均应按照基本建设程序进行投资开发建设。

1．提出开发项目建设,进行可行性研究;

2．编制、审核设计任务书;

3．领取《房地产开发项目建设条件意见书》;

4．选址定点,申请用地;

5．工程设计;

6．落实年度投资计划;

7．工程开工准备;

8．竣工验收,交付使用。

(二)城镇个人建房的基本程序

在我国,国家鼓励居民个人积极参与居住条件的改善,因此,根据《城镇个人建造住宅管理办法》,凡在城镇有正式户口,住房确有困难的居民或职工,都可以申请建造住宅,但夫妇一方户口在农村的,一般不得申请在城镇建造住宅。城镇个人建造住宅须在获准建房申请后,方可向土地管理部门提出用地申请。城镇个人建造住宅的审批程序是:

1．建造人向其所在单位或居民委员会提出建房申请,其所在单位或居委会接到申请后,对申请人是否符合城镇个人建房用地的主体条件进行审查,对符合条件者以批准并开具证明。

2．建造人接着持其所在单位或居民委员会开具的证明和其他批准文件向所在地的房地产管理机关提出建房申请房地产管理机关除审核申请人是否符合城镇个人建房用于主体条件要求外,并负责审查个人建房申请的建房面积是否符合规定标准,原私房户翻建或扩建的私房产权是否明确等,对符合规定,产权明确者予以批准。

3. 建造人然后持所在地的房地产管理机关的批准文件到所在地城镇规划部门领取建设用地规划许可证。规划部门发证前需要审核拟建住宅的选址和建设是否符合城镇规划要求,以及对交通、消防、市容、环境卫生和毗邻建筑的采光、通风有无影响等。

4. 建造人持建房批准文件和建设用地规划许可证向县、区人民政府土地管理部门提出用地申请,经土地管理部门审查同意后报县级人民政府审批。申请批准后,再由土地管理部门核发建设用地许可证、办理用地登记手续、收缴有关税费。建设用地许可证上应记明用地人及用地坐落、用途、面积、四至关系及建筑物结构等,并附有地形图。

5. 住宅竣工一个月内,建造人须持建设用地许可证报土地管理部门验收,换取国有土地使用权证;持建筑施工许可证和建筑图纸报房产管理部门验收,换取私人房屋所有权证。

四、房地产开发企业

房地产开发企业是以营利为目的,从事房地产开发和经营的企业。房地产开发企业作为房地产开发的主体,在房地产开发市场上占有重要地位。

(一) 房地产开发企业的特征

1. 房地产开发企业是具有法人资格的经济组织,房地产开发企业必须依法成立,有自己的名称、组织机构和经营场所,有独立的资金并对外独立承担责任。

2. 房地产开发企业是以营利为目的的经济组织,属营利性法人。

3. 房地产开发企业的业务活动范围主要是对房地产进行开发与经营,超范围经营的,其行为无效。

4. 房地产开发企业实行归口管理。房地产开发企业由国家各地建设主管部门实行行业归口管理,并在城建规划指导下进行房地产开发与经营活动。

(二) 房地产开发企业的设立

1. 房地产开发企业的设立条件:

(1) 房地产开发企业是一个法人组织,应有自己的名称和组织机构。房地产开发企业的名称包括字号、行业和组织形式三方面的内容,如果设立有限责任公司或股份有限公司的,还必须在公司名称中标明"有限责任"或"股份有限"字样。企业名称必须在企业设立登记时由工商行政主管部门核准。有组织机构,就是要有完整系统的经营决策层,有职能明确、分工合理的生产经营组织以及相应的分支机构和下属机构。因为惟有具备健全的组织机构,才能形成法人的意志,对内执行法人事务,对外代表法人参加民事活动。当房地产开发企业为有限责任公司时,其组织机构包括股东大会和董事会;当房地产开发企业采取股份有限公司的形式时,其组织机构包括股东大会、董事会和监事会。在具体项目的开发过程中,房地产公司通常包括以下机构,负责各项工作:1)规划设计部;2)征地拆迁部;3)工程设计部;4)计划部;5)财务部;6)材料供应部;7)经营部;8)人事部;9)办公室等。各部门工作由总经理统一协调,有关部门负责人(经理)对总经理负责。

(2) 有固定的经营场所。企业必须拥有固定的经营场所,有企业法人的固定地址,不能是游动性地从事生产经营活动。固定的经营场所是指企业的住所,即为企业主要办事机构所在地。企业登记的住所只能有一个。对于房地产开发企业,必须有适应经营、办公需要的固定地址的房屋。企业的经营、办公用房应该是永久性建筑,而不是临时性建筑。这一经营场所必须是合法地为企业所占用、使用的。在申请设立房地产开发企业时,应提供固定经营场所的所有权或使用权的合法证明文件。

(3) 有符合国务院规定的注册资本。由于房地产开发具有投资量大,资金占用期长的特点,房地产开发企业是资金密集型企业,注册资金的要求比一般流通企业要高;同时,房地产开发企业的开发实力很大程度取决于企业自有流动资金的数量,因此在规定房地产开发企业注册资本的同时,还必须规定其自有流动资金的比例。

(4) 有足够的专业技术人员。房地产开发是一门专业性很强的行业,它不仅需要建筑、设计、结构等方面的专业技术人员,而且还需要经济、统计、财会、法律等方面的专业人员。根据《城市房地产开发经营管理条例》规定,应有 4 名以上持有专业证书的房地产、建筑工程专业的专职技术人员,2 名以上持有专业证书的专职会计人员。

(5) 法律、行政法规规定的其他条件。如按照《公司法》规定,设立房地产有限责任公司或股份有限公司的,股东或发起人必须符合法定人数,股东或发起人共同制定公司章程。另外,《外资企业法》规定设立外商投资企业须经外贸部门批准。设立外商投资的房地产开发企业的同时应执行有关法律的规定。

2. 房地产开发企业的设立程序

房地产开发企业必须依照法定程序设立。根据《城市房地产开发经营管理条例》的规定,设立房地产开发企业,应当向县级以上人民政府工商行政管理部门申请登记。工商行政管理部门对符合条件的,应当自收到申请之日起 30 日内予以登记;对不符合条件不予登记的,应当说明理由。同时,工商行政管理部门在对设立房地产开发企业申请登记进行审查时,应当听取同级房地产开发主管部门的意见。

房地产开发企业应当自领取营业执照之日起 30 日内,持下列文件到登记机关所在地的房地产开发主管部门备案:(1)营业执照复印件;(2)企业章程;(3)验资证明;(4)企业法定代表人的身份证明;(5)专业技术人员的资格证书和聘用合同。

(三) 房地产开发企业资质等级确定与管理要求

《城市房地产管理法》第 30 条规定:"房地产开发企业的注册资本与投资总额的比例应当符合国家有关规定"即房地产开发企业的注册资本应当与其承担项目的投资规模相适应。企业的资本实力、管理能力决定了企业承担开发任务的规模、数量,避免由于资金不足、管理能力不足损害社会的整体利益,损害消费者利益的现象。对已办理备案手续的房地产开发公司,建设部应加强行业管理,根据企业的资金、人员素质、管理的水平等条件对房地产开发企业进行等级管理,并颁发相应的证书,以加强对房地产开发企业经营管理活动的指导和监督。

根据建设部 2000 年 3 月 25 日颁布的《房地产开发企业资质管理规定》,凡专营城市土地开发、房屋及基础设施和配套设施开发经营的企业,应按资质条件分别确定为一、二、三、四级。经资质审批合格的,由审批部门发给《资质等级证书》。各级企业的资质标准如下:

1. 一级资质:

(1) 注册资本不低于 5000 万元;

(2) 从事房地产开发经营 5 年以上;

(3) 近 3 年房屋建筑面积累计竣工 30 万 m^2 以上,或者累计完成与此相当的房地产开发投资额;

(4) 连续5年建筑工程质量合格率达100%；

(5) 上一年房屋建筑施工面积15万 m² 以上，或者完成与此相当的房地产开发投资额；

(6) 有职称的建筑、结构、财务、房地产及有关经济类的专业管理人员不少于40人，其中具有中级以上职称的管理人员不少于20人，持有资格证书的专职会计人员不少于4人；

(7) 工程技术、财务、统计等业务负责人具有相应专业中级以上职称；

(8) 具有完善的质量保证体系，商品住宅销售中实行了《住宅质量保证书》和《住宅使用说明书》制度；

(9) 未发生过重大工程质量事故。

2．二级资质：

(1) 注册资本不低于2000万元；

(2) 从事房地产开发经营3年以上；

(3) 近3年房屋建筑面积累计竣工15万 m² 以上，或者累计完成与此相当的房地产开发投资额；

(4) 连续3年建筑工程质量合格率达100%；

(5) 上一年房屋建筑施工面积10万 m² 以上，或者完成与此相当的房地产开发投资额；

(6) 有职称的建筑、结构、财务、房地产及有关经济类的专业管理人员不少于20人，其中具有中级以上职称的管理人员不少于10人，持有资格证书的专职会计人员不少于3人；

(7) 工程技术、财务、统计等业务负责人具有相应专业中级以上职称；

(8) 具有完善的质量保证体系，商品住宅销售中实行了《住宅质量保证书》和《住宅使用说明书》制度；

(9) 未发生过重大工程质量事故。

3．三级资质：

(1) 注册资本不低于800万元；

(2) 从事房地产开发经营2年以上；

(3) 房屋建筑面积累计竣工5万 m² 以上，或者累计完成与此相当的房地产开发投资额；

(4) 连续2年建筑工程质量合格率达100%；

(5) 有职称的建筑、结构、财务、房地产及有关经济类的专业管理人员不少于10人，其中具有中级以上职称的管理人员不少于5人，持有资格证书的专职会计人员不少于2人；

(6) 工程技术、财务等业务负责人具有相应专业中级以上职称，统计等其他业务负责人具有相应专业初级以上职称；

(7) 具有完善的质量保证体系，商品住宅销售中实行了《住宅质量保证书》和《住宅使用说明书》制度；

(8) 未发生过重大工程质量事故。

4．四级资质：

(1) 注册资本不低于100万元；

(2) 从事房地产开发经营1年以上；

(3) 已竣工的建筑工程质量合格率达100%；

(4) 有职称的建筑、结构、财务、房地产及有关经济类的专业管理人员不少于5人，持有资格证书的专职会计人员不少于2人；

（5）工程技术负责人具有相应专业中级以上职称，财务负责人具有相应专业初级以上职称，配有专业统计人员；

（6）商品住宅销售中实行了《住宅质量保证书》和《住宅使用说明书》制度；

（7）未发生过重大工程质量事故。

各级房地产开发公司可承担的任务规定如下：

一级资质的房地产开发企业承担房地产项目的建设规模不受限制，可以在全国范围承揽房地产开发项目。二级资质及二级资质以下的房地产开发企业可以承担建筑面积25万m^2以下的开发建设项目，承担业务的具体范围由省、自治区、直辖市人民政府建设行政主管部门确定。各资质等级企业应当在规定的业务范围内从事房地产开发经营业务，不得越级承担任务。

五、房地产开发建设

（一）房地产开发项目的确定

根据国务院《城市房地产开发经营管理条例》的规定，确定房地产开发项目，应当符合土地利用总体规划、年度建设用地计划和城市规划、房地产开发年度计划的要求；按照国家有关规定需要经计划主管部门批准的，还应当报计划主管部门批准，并纳入年度固定资产投资计划。同时，应当坚持旧区改建和新区建设相结合的原则，注重开发基础设施薄弱、交通拥挤、环境污染严重以及危旧房屋集中的区域，保护和改善城市生态环境，保护历史文化遗产。

（二）房地产开发项目用地

房地产开发用地应当以出让方式取得；但是，法律和国务院规定可以采用划拨方式的除外。土地使用权出让或者划拨前，县级以上地方人民政府城市规划行政主管部门和房地产开发主管部门应当对下列事项提出书面意见，作为土地使用权出让或者划拨的依据之一：

1．房地产开发项目的性质、规模和开发期限；

2．城市规划设计条件；

3．基础设施和公共设施的建设要求；

4．基础设施建成后的产权界定；

5．项目拆迁补偿、安置要求。

房地产开发企业应当按照土地使用权出让合同约定的土地用途、动工开发期限进行项目开发建设。出让合同约定的动工开发期限满1年未动工开发的，可以征收相当于土地使用权出让金20%以下的土地闲置费；满2年未动工开发的，可以无偿收回土地使用权。但是，因不可抗力或者政府、政府有关部门的行为或者动工开发必需的前期工作造成动工迟延的除外。

（三）房地产开发项目的质量管理及竣工验收管理

房地产开发企业开发建设的房地产项目，应当符合《建筑法》《建设工程质量管理条例》等法律、法规的规定以及建筑工程质量、安全标准、建筑工程勘察、设计、施工的技术规范以及合同的约定。具体内容前已述及，此处不再赘述。

房地产开发企业应当对其开发建设的房地产开发项目的质量承担责任。勘察、设计、施工、监理等单位应当依照有关法律、法规的规定或者合同的约定，承担相应的责任。

房地产开发项目竣工，经验收合格后，方可交付使用；未经验收或者验收不合格的，不得交付使用。房地产开发项目竣工后,房地产开发企业应当向项目所在地的县级以上地方人民政府房地产开发主管部门提出竣工验收申请。房地产开发主管部门应当自收到竣工验收申请之日起 30 日内,对涉及公共安全的内容,组织工程质量监督、规划、消防、人防等有关部门或者单位进行验收。

对于住宅小区等群体房地产开发项目竣工,除应遵守前述规定外,还应下列要求进行综合验收:

1. 城市规划设计条件的落实情况;
2. 城市规划要求配套的基础设施和公共设施的建设情况;
3. 单项工程的工程质量验收情况;
4. 拆迁安置方案的落实情况;
5. 物业管理的落实情况。住宅小区等群体房地产开发项目实行分期开发的,可以分期验收。

第三节 房地产交易与中介服务

一、房地产交易及管理制度概述

（一）房地产交易的含义

房地产交易是指房地产为商品而进行的转让、租赁、抵押等各种经营活动的总称。房地产交易可分为地产交易与房产交易两大类。

1. 地产交易。地产交易在我国迄今仍限于城镇国有土地使用权的出让、转让、抵押等形式。我国宪法明文规定城市土地归国家所有,非城市土地归国家或集体所有,任何组织和个人不得侵占、买卖或者以其他形式非法转让土地。国家实行土地所有权与使用权分离制度,土地可以依照法律规定转让。国家采用国有土地有偿出让及行政划拨两种方式向房地产流通领域提供土地使用权,集体所有的土地不得擅自出让、出租、转让、抵押,只能是征用转为国有土地之后方可出让。城镇国有土地使用权的流通形式主要有出让、转让、出租、抵押等,土地使用者通过这些方式得到对土地的占有、使用、有限收益和特殊处分权。

2. 房产交易。房产交易的形式主要有房产买卖、租赁、抵押、交换、典当、信托等方式,既包括了房产使用权的转让,也包括了房产所有权的交易。其中,房地产转让、抵押与租赁由《城市房地产管理法》做出了明文规定。

然而,房产交易与地产交易虽有其各自的独立的标的及交易形式,但是二者不可分离的自然属性,即任何房产均不可能离开地产而成空中楼阁,房产交易与地产交易在很多情况下是结合在一起进行的。《城市房地产管理法》第 31 条规定:房地产转让、抵押,房屋所有权和该房屋占用范围内的土地使用权同时转让、抵押。

（二）房地产交易的特性及原则

就其行为性质而言,房地产交易与普通商品交易均为平等主体之间的民事法律行为。交易双方之间的关系是民事法律关系,在交易之中须遵守平等、自愿、公平、等价有偿、诚实信用等民法一般原则,但是,与普通商品交易相比,房地产交易更有下列鲜明特性:

1. 标的物位置固定性。一般的商品交换,其标的物通常要发生空间的移动,即商品要从出让者手中转移到受让者手中,所有权等权利与商品自身的转移结合紧密。房地产交易则不同,它的标的物房产与地产是不动产,不能移动或者一旦移动将导致标的物性质与用途的改变,乃至经济价值的减少或丧失,因此,无论是交易中或交易后,房地产均不发生空间的移动,交易双方运用所有权和使用权证书及合同进行交易。这种特性可能影响第三者对房地产权益人身份的判断:证书作为一纸文凭是否合法有效不易辨别。因此,各国房地产法采用公示登记制度管理房地产权利的变动。

2．标的物自身具有无法改变的天然矛盾性。房地产交易的对象为房产与地产,通常情况下房产与地产是紧密结合的,单独交易地产和房产的情况较少。这里存在着房与地之间的承认土地所有权、土地使用权、地上建筑物及附着物的所有权三种物权。而房地产在自然属性上结合却是非常紧密的,房必须建筑于地上,而土地的使用多数情况下体现为建房。这就产生了房产所有权与土地使用权之间的矛盾。如果上述二权利分属不同权利主体,则建筑物就丧失了地基的合法使用权,土地使用权人就可以要求地上建筑物所有者拆除其房产以保证自身的权利。有鉴于此,大陆法系创设地上权制度保护房产所有人权益,而且采用了土地使用权与房产所有权的"连支措施",即二者须一起转让与抵押。但是,国内大部分地区仍实行房地产交易分别登记制度,手续繁杂,且多重复,浪费了社会资源,因此立法上宜彻底承认房产所有权与土地使用权具有一体性。

3．房地产交易标的额大、专业性强。房地产价格昂贵、持久耐用,消费者在交易时往往持谨慎态度,而房地产价格却不仅取决于取得土地使用权和建造房屋的成本,还受区位因素、供求状况、支付能力、社会因素等诸多因素影响,使房地产估价既极具重要性又具有很强的专业性。同时,房地产的交易还需要准确及时的市场信息以避免私下盲目成交造成的交易困难、价格失控、利益损失;需要精通相关法律,以求省时、省力、省事地完成各种繁杂的手续。针对以上特性,我国实行房地产价格评估制度,提倡房地产中介服务。

4．房地产市场在整体上是供给稀缺的市场。房地产市场在广义上讲是房地产商品流通全过程各种交换的总和。土地是不可再生资源,房产受土地稀缺性的限制,其供给弹性较小。但是,随着经济的发展,房地产的需求弹性却比较大。一方面,城市经济的发展带来建筑地段在租地价的增长,致使土地使用权的价格上扬带动房地产价格呈向上波动趋势,在通货膨胀条件下,房地产具有保值功能,刺激了房地产需求;另一方面,房地产是人们生产、生活、工作的基本物质条件,人们对房地产的需求会随着经济发展呈现选择性,也决定了房地产需求具有较大的弹性。房地产市场的这一特征决定了房地产交易前景的广阔,为保障房地产交易健康发展,在宏观上要运用法律加强调控,使房地产市场规范化、有序运行,防止国家收益的流失;在微观上要适当放开。

5．房地产交易中土地使用权出让行为所设定的权利义务具有承接性。如《城市房地产管理法》第42条规定:"以出让方式取得土地使用权的,转让房地产后,其土地使用权的使用年限为原土地使用权出让合同约定的年限减去原土地使用者已经使用年限后的剩余年限。"上述规定说明在房地产交易中,出让方式取得的使用权无论采取何种方式交易均必须继承原出让合同确定的权利义务关系,原则上出让合同对每一次房地产交易都具有约束作用,若做重大变更,必须取得原出让方及土地管理机关的同意。这一特性,使政府可以通过对出让合同权利义务的设定达到控制房地产用途等宏观调控目的。

房地产交易的这些特性决定了房地产交易中必须遵守下列特定原则:

(1)房地产转让与抵押必须依法办理法定登记手续,房屋的租赁必须向房产管理部门登记备案。这条原则又称为"及时登记原则"。

（2）房地产转让、抵押时，房屋所有权和土地使用权必须同时转让、抵押，谓之为"房地一体原则"。

（3）房地产交易价格由国家实施管理，具体内容包括：国家定期公布基准地价、标定地价和房屋重置价格作为房地产基础价格；国家实行房地产价格评估制度，实行房地产成交价格申报制度。

（4）土地出让合同设定的权利义务随土地使用权同时转移原则。惟此，才能使国家和土地使用者的关系不会因房地产权利多次转移而受影响，无论土地使用权转移到谁手中，国家作为土地所有者均可直接与其发生关系，从而保证土地使用权在多次转移之后仍能按合同规定即城市规划的要求开发利用与经营，从而保障并加速土地合理开发利用。

（5）不得损害土地及房产经济效益原则即效益不可损原则。房地产的分割转让必须经人民政府房地产管理部门批准。如果房地产转让价格低于国家规定的最低标准时，政府享有优先购买权。房地产商品的稀缺性促使房地产市场蓬勃发展，在房地产市场日趋活跃的同时，必须严格遵守效益不可损害原则，以保障房地产交易利国利民，健康发展。

（三）房地产交易管理

房地产交易管理是房地产行政主管部门代表国家及地方政府，在有关部门的配合下，基于房地产业务的发展规律与社会需要，按照法律与政策，综合运用行政、经济、法律等各种手段，对房地产市场进行组织、协调、控制、监督等活动。房地产交易管理是纵向行政行为，是对房地产市场各种要素或整个过程的全面管理。

房地产交易管理的主体是建设行政主管部门和土地行政管理部门以及各级政府价格主管部门，具体为：

1. 国家建设部、国家土地管理局主管全国范围的房地产交易。其具体职责是：

（1）贯彻执行国家有关房地产管理的政策法律，拟定全国性房地产交易管理的条例及各项管理并组织实施；

（2）综合运用法律、经济、行政等手段宏观调控和指导房地产的发展；

（3）负责全国性房地产开发专营企业及一级房地产企业的资质审查，并会同有关部门对其进行监督管理；

（4）组织对全国和地方房地产市场情况的调查研究及市场信息的收集、统计和发布工作；

（5）指导和协调地方各级房地产管理机构的工作，会同有关部门研究推动房地产流通体制的改革，促进土地有偿使用制度的改革、住房制度改革和房屋商品化工作，并组织有关房地产市场的理论研究和宣传工作。

2. 县级以上地方人民政府的房管部门、土地管理部门管理本行政区域内的房地产交易。其具体职责是：

（1）贯彻和执行国家有关房地产管理的法律、法规和政策，拟定本地区房地产管理条例和各项规章制度，并组织监督实施；

（2）负责房地产开发经营企业、中介服务企业和个人的资质审查，并会同有关部门对其进行监督管理；

（3）负责房地产权属的审核与登记发证工作；同时，可以在房地产交易内设立集中的办

事机构,以方便交易,加强监督管理;

(4) 负责房地产市场专业人员、管理人员的培训与考核工作;

(5) 负责对非法房地产交易活动进行行政查处工作,并对房地产交易纠纷进行调解。

3. 各级政府价格主管部门协助建设行政主管部门和土地行政管理部门进行房地产交易管理工作。其具体职责是:

(1) 制定由政府定价的房地产交易价格和经营发生服务收费标准,凡向居民出售的新建普通住宅价格、拆迁补偿房屋价格及房产交易市场的经营性服务收费实行政府定价,由政府价格主管部门会同有关部门按照价格管理权限定价和调整;

(2) 负责制定当地房价评估的具体办法;

(3) 负责对房产交易价格及经营性服务收费的监督与监测工作,各级政府价格主管部门应认真做好房产交易价格变化的监测工作,及时对房产交易价格情况进行分析、汇总,定期制定、公布市场价格,并向上一级政府价格主管部门报送情况;

(4) 负责对房产价格评价、评估中出现的价格纠纷进行调解;

(5) 查处违反房产交易价格管理的行为。

二、房地产转让

(一) 房地产转让的含义

房地产转让,是指房地产权利人通过买卖、赠与或者其他合法方式将其房地产转移给他人的行为。所谓其他合法方式,主要包括下列行为:

1. 以房地产作价入股、与他人成立企业法人,房地产权属发生变更的;

2. 一方提供土地使用权,另一方或者多方提供资金,合资、合作开发经营房地产,而使房地产权属发生变更的;

3. 因企业被收购、兼并或合并,房地产权属随之转移的;

4. 以房地产抵债的;

5. 法律、法规规定的其他情形。

(二) 房地产转让的条件

1. 以出让方式取得土地使用权的房地产转让条件

根据《城市房地产管理法》及 2001 年 8 月 15 日建设部修订的《城市房地产转让管理规定》,以出让方式取得土地使用权的,房地产转让时,土地使用权出让合同载明的权利、义务随之转移,同时应当符合下列条件:

(1) 按照出让合同约定已经支付全部土地使用权出让金,并取得土地使用权证书;

(2) 按照出让合同约定进行投资开发,属于房屋建设工程的,应完成开发投资总额的25%以上;属于成片开发土地的,依照规划对土地进行开发建设,完成供排水、供电、供热、道路交通、通信等市政基础设施、公用设施的建设,达到场地平整,形成工业用地或者其他建设用地条件。

转让房地产时房屋已经建成的,还应当持有房屋所有权证书。

2. 以划拨方式取得土地使用权的房地产转让条件

经划拨方式取得的土地使用权,一般是无偿的或者是仅缴纳了补偿、安置等费用后而取得的。因此,原则上是不允许进入市场的。但是,考虑到我国目前以划拨方式取得的土地使用权进入房地产市场的现实,同时也考虑到土地的利用效能,法律规定允许以划拨方式取得

的土地使用权进行转让,但对其做出了限制性规定。主要是:

(1) 办理土地使用权出让手续,并缴纳土地使用权出让金。根据《城市房地产管理法》规定,以划拨方式取得土地使用权的,转让房地产时应当按照国务院规定,报有批准权的人民政府审批。有批准权的人民政府准予转让的,应当由受让方办理土地使用权出让手续,并依照国家有关规定缴纳土地使用权出让金。这样,既体现了国家对土地一级市场的垄断,同时有利于房地产市场的健康发展,使房地产开发企业处于公平竞争的地位,也避免了因房地产私下交易而造成国家土地收益流失。

(2) 可不办土地使用权出让手续的,但应当将转让房地产所获收益中的土地收益上缴国家或作其他处理。根据《城市房地产转让管理规定》,以划拨方式取得土地使用权的转让房地产时,属于下列情形之一的,经有批准权的人民政府批准,可以不办理土地使用权出让手续,但应当将转让的房地产已获收益中的土地收益上缴国家或作其他处理。土地收益的缴纳和处理的办法按照国务院规定办理。其规定如下:

1) 经城市规划行政主管部门批准,转让的土地用于建设《中华人民共和国城市管理法》第23条规定的项目的;

2) 私有住宅转让后仍用于居住的;

3) 按照国务院住房制度改革有关规定出售公有住房的;

4) 同一宗土地上部分房屋转让而土地使用权不可分割转让的;

5) 转让的房地产暂时难以确定土地使用权出让用途、年限和其他条件的;

6) 根据城市规划土地使用权不宜出让的;

7) 县级以上人民政府规定暂时无法或不需要采取土地出让方式的其他情形。

依照上述规定转让的房地产再转让,需要办理出让手续、补交土地使用权出让金的,应当扣除已经缴纳的土地收益。

3. 房地产转让的限制条件

根据《城市房地产转让管理规定》第六条的规定,下列房地产不得转让:

(1) 以出让方式取得土地使用权但不符合前述规定条件的;

(2) 司法机关和行政机关依法裁定,决定查封或者以其他形式限制房地产权利的;

(3) 依法收回土地使用权的;

(4) 共有房地产,未经其他共有人书面同意的;

(5) 权属有争议的;

(6) 未依法登记领取权属证书的;

(7) 法律、行政法规规定禁止转让的其他情形。

(三) 房地产转让的程序

根据《城市房地产转让管理规定》第七条的规定,房地产转让,应当按照下列程序办理:

1. 房地产转让当事人签订书面转让合同;

2. 房地产转让当事人在房地产转让合同签订后90日内持房地产权属证书、当事人的合法证明、转让合同等有关文件向房地产所在地的房地产管理部门提出申请,并申报成交价格;

3. 房地产管理部门对提供的有关文件进行审查,并在7日内做出是否受理申请的书面答复,7日内未作书面答复的,视为同意受理;

4. 房地产管理部门核实申报的成交价格,并根据需要对转让的房地产进行现场查勘和评估;

5. 房地产转让当事人按照规定缴纳有关税费;

6. 房地产管理部门办理房屋权属登记手续,核发房地产权属证书。

三、房地产租赁

(一) 房屋租赁制度概述

1. 房屋租赁的含义

房屋租赁是房地产交易中常见的一种方式,根据《城市房地产管理法》的规定,房屋租赁是指房屋所有权人作为出租人将其房屋出租给承租人使用,由承租人向出租者支付租金的行为。这里所指的房屋租赁包括公有房屋的租赁和私有房屋的租赁。房屋所有权人是指取得《房屋所有权证》的单位和个人,包括管理公有房屋的各级房地产管理部门、管理自管公房的单位以及私房业主等。公有房屋的所有权人是国家,但在租赁活动中,国家并不作为民事法律关系主体出现,而是采取授权的方式,由授权的单位具体经营管理。按照目前我国的管理体制,直管公房所有人的代表,依法行使占有、使用、收益、处分的权利;自管公房中由国家授权的管理单位,其权利内容与直管公房大致相同。私有房屋的所有权人是持有房屋所有权证的个人。

2. 房屋租赁关系的当事人

房屋租赁关系由双方当事人构成,一方为出租人,另一方为承租人。

(1) 房屋租赁的出租人。出租人是在房屋租赁关系中,提供房屋给他方使用并收取租金的一方,是房屋租赁法律关系的主体。出租人可以是公民也可以是法人;可以是房屋的所有人(如私有房屋、集体所有房屋),也可以是国家授权行使房屋所有权的法人(如国有房屋的出租人)。作为出租人必须是房屋所有权人。如果不是房屋所有权人,对房屋只有使用或占有权及其他权利,则不能成为出租的主体。比如房屋租赁的承租人,其对房屋只享有一定的占有权和使用权,对房屋没有处分权,更没有所有权。因而不能将房屋出租。如果承租人将房屋转租,必须经出租人同意,否则属违法行为。

(2) 房屋租赁的承租人

承租人是房屋租赁关系中,使用房屋并交付租金的一方,是房屋租赁法律关系的另一主体。承租人可以是个人,也可以是法人。

3. 房屋租赁的种类

按房屋所有权的不同,房屋租赁可分为公房租赁和私房租赁。

(1) 公房租赁。是指公房出租人将其房屋交给承租人使用,承租人定期给付约定的租金,并于合同终止时将房屋返还给出租人。包括国有房屋租赁和集体房屋租赁两种情况。在我国,国有房屋租赁是房屋租赁的主要形式,在整个房屋租赁活动中占主导地位,在日常生活中是很普遍的。公房租赁可以发生在法人与法人之间,也可以发生在法人与公民之间。一般情况下,法人与公民之间的租赁较为普遍。如公民租用房管部门经营管理的房屋,职工租用本单位或其他单位的房屋等,都是这一类的租赁关系。

(2) 私房租赁。是指私有房屋所有权人作为出租人将其房屋出租给承租人,承租人按约定向出租人交纳租金,取得房屋的使用权,并于约定期限届满或终止租约时将房屋返还给出租人。

按房屋用途的不同,房屋租赁可分为居住房屋租赁与非居住房屋租赁。

居住房屋是供家庭居住使用的房屋,非居住房屋是指作生产、经营、办公、科教等使用的房屋。

(二)房屋租赁的条件

公民、法人或其他组织对享有所有权的房屋和国家授权管理和经营的房屋可以依法出租。房屋租赁当事人应当遵循自愿、平等、互利的原则。但是有下列情形之一的房屋不得出租:

1. 未依法取得房屋所有权证的;
2. 司法机关和行政机关依法裁定、决定查封或者以其他形式限制房地权利的;
3. 共有房屋未取得共有人同意的;
4. 权属有争议的;
5. 属于违法建筑的;
6. 不符合安全标准的;
7. 已抵押,未经抵押权人同意的;
8. 不符合公安、环保、卫生等主管部门有关规定的;
9. 有关法律、法规规定禁止出租的其他情形。

(三)房屋租赁合同管理

《城市房屋租赁管理办法》规定,房屋租赁,出租人和承租人应当签订书面租赁合同,约定租赁期限、租赁用途、租赁价格、修缮责任等条款,以及双方的其他权利和义务,并同房地产管理部门登记备案。由于房屋租赁是一项民事法律关系,在租赁活动中出租人与承租人之间所发生的民事关系主要是通过租赁合同确定的。因此,在租赁中出租人与承租人应当对双方的权利和义务做出明确的规定,而且应以文字形式形成书面记录,成为出租人与承租人关于租赁问题双方共同遵守的准则。所以,房屋租赁合同就是出租人与承租人签订的用于明确双方权利与义务的协议。

1. 房屋租赁合同的特点

房屋租赁合同作为财产租赁合同的一种,具有双务、有偿、诚信以及在租赁期内由出租人转移特定租赁物的占有权、使用权给承租人的特点。具体表现为:

(1)房屋租赁合同是双方有偿合同,在房屋租赁合同中,出租人有义务将房屋交付给承租人使用,同时有向承租人收取约定租金的权利;承租人有权请求出租人提供房屋给自己使用,同时必须向出租人交付约定租金。

(2)承租人取得房屋占有、使用权,而房屋的所有权仍属于出租人。

(3)房屋租赁合同的标的物是特定物,承租人在合同终止后,必须将原房屋完好无损地归还出租人。

(4)在租赁期间,出租人可以将房屋的所有权转移给第三人,但原租赁关系仍然有效。

2. 订立房屋租赁合同应注意的事项

订立房屋租赁合同应注意三个方面:主体合法、条款完备、手续完善。

(1)主体合法。这是房屋租赁合同成立的首要条件。房屋租赁的主体包括出租人和承租人,但并不是所有的人都可以成为租赁的主体。这方面首先要遵守我国《民事法则》对民事能力的规定。另外在居住用户方面,国家为了解决住房困难的居住问题,在住宅的分配与解困方面,制订了许多政策,特别是解决住房困难户的居住问题方面,对承租人规定须具备的条件。

(2) 条款完备。当事人应将自己的要求通过条款具体地表达出来,除应包括《城市房地产管理法》、《城市房屋租赁管理方法》条款外,还应包括其他合同规定的内容。

(3) 手续完善。除了应符合同的一般规定外,房屋租赁合同订立后还应当依法向房地产管理部门登记备案,领取《房屋租赁证》。

3. 房屋租赁合同的基本条款

根据《城市房屋租赁管理办法》的规定,房屋租赁合同应当具备以下条款:

(1) 当事人姓名或者名称及住所;
(2) 房屋的坐落、面积、装修及设施状况;
(3) 租赁用途;
(4) 租赁期限;
(5) 租金及交付方式;
(6) 房屋修缮责任;
(7) 转租的约定;
(8) 变更和解除合同的条件;
(9) 违约责任;
(10) 当事人约定的其他条款。

4. 房屋租赁合同的登记和终止

(1) 房屋租赁合同的登记备案制度

目前,我国房地产交易日趋活跃,尤其是房地产租赁日益增多,由此房地产租赁的管理也就成了加强房地产市场管理的一个重要内容。为此建设部在《城市房屋租赁管理办法》中规定房屋租赁实行登记备案制度,这一方面可以较好地防止非法出租房屋;另一方面也可以防止国家税费流失。

房屋租赁登记备案由当地的房地产行政机关负责进行,管理部门在接受登记申请后,应对租赁合同进行审核。审核的内容主要应包括:一是审查合同的主体是否合法,即出租人承租人是否具备相应的条件;二是审查租赁的客体是否合法,即出租的房屋是否是法律、法规允许出租的房屋;三是审查租赁行为是否符合国家及房屋所在地人民政府规定的租赁政策;四是审查是否缴纳了有关税费。只有上述条件均具备后,才能登记备案。否则,作为主管部门有权行使否决权,不予登记,并依据有关法律、法规的规定责令当事人限期改正,或者给予处罚。

(2) 房屋租赁合同的终止

租赁合同一经生效,租赁双方必须自觉严格遵守。租赁合同的终止是指双方合同关系的结束。它一般是有两种情况引起,一是合同的自行终止,即租赁合同到期,合同自行终止;另一种是人为终止,即由于出租人与承租人的人为因素而使合同终止。根据建设部《城市房屋租赁管理办法》规定,承租人有下列行为之一的,出租人有权终止合同,收回房屋:

1) 承租的房屋擅自转租的;
2) 将承租的房屋擅自转让、转借他人或擅自调换使用的;
3) 将承租的房屋擅自拆改结构或改变用途的;

4）拖欠租金累计6个月以上的；

5）公有住宅用房无正当理由闲置6个月以上的；

6）利用承租房屋进行违法活动的；

7）故意损坏承租房屋的。

承租人的上述行为，出租人除终止租赁合同收回房屋外，由此而造成损失的还可要求承租人赔偿。

（四）房屋的转租

房屋转租，是指房屋承租人将承租的房屋再出租的行为。

承租人在租赁期限内，征得出租人同意，可以将承租房屋的部分或全部转租给他人；出租人可以从转租中获得收益。

房屋转租，应当订立转租合同。转租合同必须经原出租人书面同意，并依法办理登记备案手续；转租合同的终止日期不得超过原租赁合同规定的终止日期，但出租人与转租双方协商约定的除外；转租合同生效后，转租人享有并承担转租合同规定的出租人的权利和义务，并且应当履行原租赁合同规定的承租人的义务，但出租人与转租双方另有约定的除外。

转租期间，原租赁合同变更、解除或者终止，转租合同也随之相应的变更、解除或者终止。

四、房地产抵押

（一）房地产抵押概述

1. 房地产抵押的概念

房地产抵押，是指抵押人以其合法的房地产以不转移占有的方式向抵押权人提供债务履行担保的行为。债务人不履行债务时，债权人有权依法以抵押的房地产拍卖所得的价款优先受偿。抵押人，是指将依法取得的房地产提供给抵押权人，作为本人或者第三人履行债务担保的公民、法人或者其他组织。抵押权人，是指接受房地产抵押作为债务人履行债务担保的公民、法人或者其他组织。

2. 房地产抵押的法律特征

房地产抵押作为一种法律行为，具有以下的法律特征：

（1）房地产抵押过程中，抵押人必须是房地产权利人，即必须是房地产所有者或使用经营者，对该抵押物有合法的处分权，否则不能对房地产设立抵押权，即使设立了也是无效的法律行为。

（2）设定房地产抵押须具备合法的条件，即首先必须是经过依法登记而且是没有权属争议的房地产。由于权属不明确的房地产，是不能成为抵押物的，否则抵押行为无效。

（3）由于在抵押人抵押土地使用权时，其地上建筑物和其他附着物也随之抵押，因此房地产抵押中实际存在着两种关系，即房地产所有权的抵押及土地使用权的抵押。当债务人不履行债务时，抵押权人可以处分土地使用权及其地上建筑物和其他附着物，并从所获价款中优先受偿。

（4）房地产抵押不转移房地产的占有，是一种权利的抵押，所以抵押人并不需要将其合法的房地产转移给抵押人占有，抵押人仍对其享有占用、使用、收益的权利，但不得擅自处分。

（二）房地产抵押权的设定

1. 可以设定抵押权的范围

《城市房地产管理法》第 47 条规定:"依法取得的房屋所有权连同该房屋占用范围的土地使用权,可以设定抵押权"。根据这一规定,下列房地产可以设定抵押权:

(1) 依法取得的房屋所有权。包括四种情况:

第一,依法建造的房屋和土地上附着物;第二,依法没收的房屋;第三,依照法定程序收归国家的无主房屋;第四,合法添附的房屋;第五,其他通过继受取得方式获得的房屋和地上附着物的所有权,如买卖、交换、赠与、继承等。

(2) 房屋所有权连同该房屋占用范围的土地使用权可以设定抵押权。房屋和土地是不可分的,离开土地的房屋是不存在的,房屋与房屋占用范围内的土地应看成一个整体。抵押人对于房屋有所有权,对该房屋所占用范围内的土地享有的是一种使用权。如把二者截然分开,则房屋与土地就不能真正实现其价值,抵押权则变成了一种部分权利,而其中部分权利的实现,还有可能倒受到另一部分权利的影响和制约,得不到真正的实现。

2. 禁止设定抵押权的范围

根据 2001 年 8 月 15 日建设部修订的《城市房地产抵押管理办法》的规定,下列房地产不得设定抵押:

(1) 权属有争议的房地产;

(2) 用于教育、医疗、市政等公共福利事业的房地产;

(3) 列入文物保护的建筑物和有重要纪念意义的其他建筑物;

(4) 已依法公告列入拆迁范围的房地产;

(5) 被依法查封、扣押、监管或者以其他形式限制的房地产;

(6) 依法不得抵押的其他房地产。

3. 房地产抵押权设定的具体要求

(1) 同一房地产设定两个以上抵押权的,抵押人应当将已经设定过的抵押情况告知抵押权人。

(2) 以两宗以上房地产设定同一抵押权的,视为同一抵押房地产。但抵押当事人另有约定的除外。

(3) 以在建工程已完工部分抵押的,其土地使用权随之抵押。

(4) 以享受国家优惠政策购买的房地产抵押的,其抵押额以房地产权利人可以处分和收益的份额比例为限。

(5) 国有企业、事业单位法人以国家授予其经营管理的房地产抵押的,应当符合国有资产管理的有关规定。

(6) 以集体所有制企业的房地产抵押的,必须经集体所有制企业职工(代表)大会通过,并报其上级主管机关备案。

(7) 以中外合资企业、合作经营企业和外商独资企业的房地产抵押的,必须经董事会通过,但企业章程另有规定的除外。

(8) 以有限责任公司、股份有限公司的房地产抵押的,必须经董事会或者股东大会通过,但企业章程另有规定的除外。

(9) 有经营期限的企业以其所有的房地产设定抵押的,所担保债务的履行期限不应当超过该企业的经营期限。

(10) 以具有土地使用年限的房地产设定抵押的,所担保债务的履行期限不得超过土地使用权出让合同规定的使用年限减去已经使用年限后的剩余年限。

(11) 以共有的房地产抵押的,抵押人应当事先征得其他共有人的书面同意。

(12) 预购商品房贷款抵押的,商品房开发项目必须符合房地产转让条件并取得商品房预售许可证。

(13) 以已出租的房地产抵押的,抵押人应当将租赁情况告知抵押权人,并将抵押情况告知承租人。原租赁合同继续有效。

但是,不论上述何种情况,抵押人所担保的债权均不得超出其抵押物的价值;房地产抵押后,若该抵押房地产的价值大于所担保债权的余额部分,可以再次抵押,但不得超出余额部分;设定房地产抵押时,抵押房地产的价值可以由抵押当事人协商议定,也可以由房地产价格评估机构评估确定。

抵押当事人约定对抵押房地产保险的,由抵押人为抵押的房地产投保,保险费由抵押人负担。抵押房地产投保的,抵押人应当将保险单移送抵押权人保管。在抵押期间,抵押权人为保险赔偿的第一受益人。

企业、事业单位法人分立或者合并后,原抵押合同继续有效,其权利和义务由变更后的法人享有和承担;抵押人死亡、依法被宣告死亡或者被宣告失踪时,其房地产合法继承人或者代管人应当继续履行原抵押合同。

(三) 房地产抵押合同

《城市房地产管理法》及《城市房地产抵押管理办法》均规定:"房地产抵押,抵押人和抵押权人应当签订书面抵押合同"。合同的内容不得违反国家法律、行政法规及土地使用权出让合同的规定。

1. 房地产抵押合同的主要内容

房地产抵押合同应当载明下列主要内容:

(1) 抵押人、抵押权人的名称或者个人姓名、住所;

(2) 主债权的种类、数额;

(3) 抵押房地产的处所、名称、状况、建筑面积、用地面积以及四至等;

(4) 抵押房地产的价值;

(5) 抵押房地产的占用管理人、占用管理方式、占用管理责任以及意外损毁、灭失的责任;

(6) 债务人履行债务的期限;

(7) 抵押权灭失的条件;

(8) 违约责任;

(9) 争议解决方式;

(10) 抵押合同订立的时间与地点;

(11) 双方约定的其他事项。

如果以在建工程抵押的,抵押合同还应当载明以下内容:

(1)《国有土地使用权证》、《建设用地规划许可证》和《建设工程规划许可证》编号;

(2) 已交纳的土地使用权出让金或需交纳的相当于土地使用权出让金的款额;

(3) 已投入在建工程的工程款;

(4) 施工进度及工程竣工日期;

(5) 已完成的工作量和工程量。

如果抵押权人要求抵押房地产保险的,以及要求在房地产抵押后限制抵押人出租、转让抵押房地产或者改变抵押房地产用途的,抵押当事人应当在抵押合同中载明。

2．房地产抵押当事人的权利和义务

(1) 抵押人的权利

1) 对抵押物的占有权。因为房地产抵押作为不动产抵押,根据我国民事法律规定,是不转移抵押物的占有权的,房地产仍为抵押人所占有,并享有使用和收益的权利。

2) 对抵押物的处分权。抵押权设定后,抵押人并不丧失对物的所有权或使用权。因此,抵押人可以将抵押物转移给他人。但为了保证抵押权人行使权利,在转让房地产时,须事先征得抵押权人同意。

3) 就同一抵押物其剩余的担保价值设定抵押权的权利。抵押人享有同一房地产剩余的担保价值部分设定抵押的权利,但不能就同一担保价值再设定抵押权。抵押人就同一房地产设定数个不同的抵押权时,各个抵押权人应按先后顺序行使抵押权。

4) 对抵押物的处分权。抵押人在将房地产抵押后,仍可有处分该房地产的权利,因此抵押人可将房地产转让给他人,但转让时须事先征得抵押权人同意,否则,其转让行为无效。

(2) 抵押人的义务

1) 对抵押的房地产负有保护其完整性的义务。抵押人有权合理利用所抵押的房地产,但不能做出有损房屋或土地价值的行为。如果因抵押管理疏忽而造成损害,应提供相当于损失价值的其他财产充抵抵押。在抵押的房地产因自然力灭失、损毁的情况下,抵押人可以赔偿请求充抵抵押,或将赔偿请求转让给抵押权人。

2) 保障抵押权人充分实现其抵押权的义务。当发生其他债务人对抵押人提出追索或主张权利时抵押人应及时通知抵押权人,以维护抵押权人的优先受偿权。

(3) 抵押权人的权利

1) 保全抵押权。在抵押人或第三人的行为可能造成房地产价值的减少时,抵押权人有权要求侵害行为人停止侵害,或者申请司法部门限制侵害行为人的侵害行为,如果已造成损失的,抵押权人有权要求恢复原状,赔偿损失。

2) 优先受偿权。即债务人不履行债务时,抵押权人有从抵押物的价值中优先受偿的权利。

3) 物上代位权。如果被抵押的房地产受到损害,抵押权人可以根据抵押人让与的赔偿或补偿请求权,代替抵押人直接向第三人或保险公司请求损害赔偿或者要求保险公司给付保险金。

4) 处分抵押权。抵押权人有处分抵押权的权利,可以将抵押权让与他人,但应连同债务一起让与,不得分割,不得只让与债权不让与抵押权;也不得只让与抵押权不让与债权。因为抵押权是从属于债权的。在让与抵押权时,应通知抵押人。

(4) 抵押权人的义务

主要是在抵押权实现后,如果拍卖房地产的价款高于所担保的债权,抵押权人应当将剩余部分返还抵押人;如果债权得到履行,抵押权人应将抵押的房屋或土地返还抵押人。

(四) 房地产抵押登记

我国对房地产抵押采取登记制度,《城市房地产抵押管理办法》第30、31条规定:"房地产抵押合同自签订之日起30日内,抵押当事人应当到房地产所在地的房地产管理部门办理房地产抵押登记。房地产抵押合同自抵押登记之日起生效。"

办理房地产抵押登记,当事人应当向登记机关交验下列文件:

1．抵押当事人的身份证明或法人资格证明;
2．抵押登记申请书;
3．抵押合同;
4．《国有土地使用权证》、《房屋所有权证》或《房地产权证》,共有的房屋还必须提交《房屋共有权证》和其他共有人同意抵押的证明;
5．可以证明抵押人有权设定抵押权的文件与证明材料;
6．可以证明抵押房地产价值的资料;
7．登记机关认为必要的其他文件。

登记机关对申请人的申请进行审核后,凡权属清楚、证明材料齐全的,应在受理登记之日起7日内决定是否予以登记,还不予登记的,应当书面通知申请人;以依法取得的房屋所有权证书的房地产抵押的,登记机关应当在原《房屋所有权证》上作他项权利记载后,由抵押人收执,并向抵押权人颁发《房屋他项权证》;以预售商品房或者在建工程抵押的,登记机关应当在抵押合同上作记载,如果抵押的房地产在抵押期间竣工,当事人应当在抵押人领取房地产权属证书后,重新办理房地产抵押登记。

抵押合同发生变更或者抵押关系终止时,抵押当事人应当在变更或者终止之日起15日内,到原登记机关办理变更或者注销抵押登记;因依法处分抵押房地产而取得土地使用权和土地建筑物、其他附着物所有权的,抵押当事人应当自处分行为生效之日起30日内,到县级以上地方人民政府房地产管理部门申请房屋所有权转移登记,并凭变更后的房屋所有权证书向同级人民政府土地管理部门申请土地使用权变更登记。

(五)抵押房地产的处分

有下列情况之一的,抵押权人有权要求处分抵押的房地产:

1．债务履行期满,抵押权人未受清偿的,债务人又未能与抵押权人达成延期履行协议的;
2．抵押人死亡,或者被宣告死亡而无人代为履行到期债务的;或者抵押人的合法继承人、受遗赠人拒绝履行到期债务的;
3．抵押人被依法宣告解散或者破产的;
4．抵押人违反本办法的有关规定,擅自处分抵押房地产的;
5．抵押合同约定的其他情况。

处分的方式一般是抵押当事人双方协商后拍卖或采用其他合法方式,若协商不成,抵押权人则可以向人民法院提起诉讼。

抵押权人处分抵押房地产时,应当事先书面通知抵押人;抵押房地产为共有或者出租的,还应当同时书面通知共有人或承租人;在同等条件下,共有人或承租人依法享有优先购买权。

处分抵押房地产所得金额,依下列顺序分配:(1)支付处分抵押房地产的费用;(2)扣除抵押房地产应缴纳的税款;(3)偿还抵押权人债权本息及支付违约金;(4)赔偿由债务人违反合同而对抵押权人造成的损害;(5)剩余金额交还抵押人。若处分抵押房地产所得金额不足以支付债务和违约金、赔偿金,抵押权人有权向债务人追偿不足部分。

五、房地产中介服务

(一) 房地产中介服务的概念和特征

房地产中介服务是指为房地产开发交易活动提供各种中介代理和相关服务的行为。房地产中介服务的范围广泛,形式种类繁多,具体包括房地产咨询、策划、广告、测量、会计、法律、仲裁、物业估价、管理、工程监理、劳务等等。《城市房地产管理法》第56条规定:"房地产中介服务机构包括房地产咨询机构、房地产价格评估机构、房地产经纪机构等"。这只是目前我国房地产中介服务的三种主要形式,今后,随着我国市场经济的不断发展,房地产业发展势头强劲,房地产中介服务的形式必然会日趋多样。

房地产中介服务具有如下特征:

第一,房地产中介服务主要是通过提供登记处、技术、劳务等方式取得经济效益,因此只需投入少量资金,风险也低。

第二,房地产中介服务主要是充当房地产开发和房地产交易的媒介,为房地产开发和房地产交易提供相关配套服务,离开了房地产开发和房地产交易就不能独立存在。因此房地产中介服务具有独立性差、附属性强的特征。

第三,从事房地产中介服务需要有广泛的房地产知识,熟知我国有关房地产业的法律和政策。在具体的房地产开发和房地产交易中还有大量专业性和技术性较强的事务,这是由于房地产市场是个较为特殊的市场决定的。因此,房地产中介服务还具有较强的政策性、专业性和技术性的特征。

(二) 房地产中介服务机构管理

1. 房地产中介服务机构的种类

根据2001年8月15日建设部修订的《城市房地产中介服务管理规定》第10条规定:"从事房地产中介业务,应当设立相应的房地产中介服务机构"。目前我国的房地产中介服务机构主要有房地产咨询机构、房地产价格评估机构和房地产经纪机构三大类。

(1) 房地产咨询机构。是指专门为房地产交易提供商品信息、价格信息、介绍交易程序、规则以及提供其他帮助的组织。房地产咨询机构的有效服务,对我国房地产业的健康发展起着十分重要的作用。

(2) 房地产价格评估机构。是指依法设立的专门从事房地产价格评估业务的组织。价格评估,就是按照国家规定的评估原则,评估程序,采用科学的评估方法,并结合估价经验,对特定房地产可以实现的价值进行合理的推测和判断。它是房地产买卖、赠与、抵押、房屋租赁、保险、征税等的重要依据。通过房地产价格评估,可使国家从宏观上对房地产交易价格进行管理和调控,逐步完善我国房地产市场的价格体系。

(3) 房地产经纪机构。是指为房地产交易双方提供房屋买卖、租赁、土地使用权出让、转让以及投资开发信息、咨询、代理等服务的组织。也就是专门为房地产交易人牵线搭桥、促成交易的服务机构。房地产经纪机构的出现,可以解决交易者因不了解房地产行情和对手的情况而达不成交易,为找不到交易对象的交易者提供适合的对象,使房地产交易得以进行。房地产经纪机构的服务对完善我国房地产市场有着十分重要的意义。

2. 房地产中介机构设立的条件

《城市房地产中介服务管理规定》第11条规定,设立房地产中介服务机构必须具备以下条件：
（1）有自己的名称、组织机构；
（2）有固定的服务场所；
（3）有规定数量的财产和经费；
（4）从事房地产咨询业务的，具有房地产及相关专业中等以上学历、初级以上专业技术职称人员须占总人数的50%以上；从事房地产评估业务的，须有规定数量的房地产估价师；从事房地产经纪业务的，须有规定数量的房地产经纪人。

其中，跨省、自治区、直辖市从事房地产估价业务的机构，还应到该业务发生地省、自治区人民政府建设行政主管部门或者直辖市人民政府房地产行政主管部门备案。

3. 房地产中介机构设立的程序

《城市房地产中介服务管理规定》第12条规定："设立房地产中介服务机构，应当向当地的工商行政管理部门申请设立登记。房地产中介服务机构在领取营业执照后的一个月内，应当到登记机关所在地的县级以上人民政府房地产管理部门备案"。根据这一条规定，设立房地产中介机构应按照下列程序进行：

（1）设立申请

拟成立房地产中介机构的，须向当地工商行政部门提交设立申请，同时附交有关的证书和证明文件，主要包括：

1）组建负责人签署的设立申请书；
2）组织章程；
3）验资机构出具的验资证明；
4）拟成立机构负责人的身份证明；
5）专业技术人员的专业证书；
6）经营场所使用证明；
7）其他与成立机构有关的文件和证件。

（2）审批

工商行政管理部门在法定的期限内对收到的文件和证件的真实性进行审查，对符合规定条件的，向申请人发出书面通知，要其及时到工商行政部门登记；对不符合规定条件的，通知申请人限期改正；如果申请人不予改正的，驳回设立申请。

（3）批准发证

在申请人接到通知后，在法定期限内到工商行政管理部门进行登记，交纳注册费，领取营业执照。中介机构的正式成立，即是从发证这一日开始。

（三）房地产中介服务人员资格管理

我国《城市房地产管理法》和《城市房地产中介服务管理规定》均规定，从事房地产中介服务的人员必须具有相应的资格才能从业。具体规定如下：

1. 从事房地产咨询业务的人员，必须是具有房地产及相关专业中等以上学历，有与房地产咨询业务相关的初级以上专业技术职称并取得考试合格证书的专业技术人员；房地产咨询人员的考试办法，由省、自治区人民政府建设行政主管部门和直辖市房地产管理部门制订。

2. 房地产价格评估人员实行资格认证制度。房地产价格评估人员分为房地产估价师和房地产估价员。房地产估价师必须是按照 2001 年 8 月 15 日建设部颁布的《房地产估价师注册管理办法》的规定经国家统一考试、执业资格认证,取得《房地产估价师执业资格证书》,并经注册登记取得《房地产估价师注册证》的人员;房地产估价员必须是经过考试并取得《房地产估价员岗位合格证》的人员。未取得《房地产估价师注册证》和《房地产估价员岗位合格证》的人员,不得从事房地产估价业务。

3. 房地产经纪人必须是经过考试、注册并取得《房地产经纪人资格证》的人员。未取得《房地产经纪人资格证》的人员,不得从事房地产经纪业务。

严禁伪造、涂改、转让《房地产估价师执业资格证书》、《房地产估价师注册证》、《房地产估价员岗位合格证》、《房地产经纪人资格证》等。若遗失上述证件,须向原发证机关申请补发。

(四) 房地产中介业务管理

房地产中介服务人员承办业务,应由其所在中介机构统一受理并与委托人签订书面中介服务合同。

房地产中介服务合同应当包括下列主要内容:(1)当事人姓名或者名称、住所;(2)中介服务项目的名称、内容、要求和标准;(3)合同履行期限;(4)收费金额和支付方式、时间;(5)违约责任和纠纷解决方式;(6)当事人约定的其他内容。

房地产中介服务费用由房地产中介服务机构统一收取,房地产中介服务机构收取费用应当开具发票,依法纳税;房地产中介服务机构开展业务应当建立业务记录,设立业务台账,业务记录和业务台账应当载明业务活动中的收入、支出等费用,以及法律规定的其他内容。

房地产中介服务人员在房地产中介活动中不得有下列行为:(1)索取、收授委托合同以外的酬金或其他财物,或者利用工作之便,牟取其他不正当的利益;(2)允许他人以自己的名义从事房地产中介业务;(3)同时在两个或两个以上中介服务机构执行业务;(4)与一方当事人串通损害另一方当事人利益;(5)法律、法规禁止的其他行为。

因房地产中介服务人员过失,给当事人造成经济损失的,由所在中介服务机构承担赔偿责任。所在中介服务机构可以对有关人员追偿。

第四节 房地产权属管理

一、房地产产权概述

(一) 房地产产权的概念和内容

房地产产权是指以房地产为标的的财产所有权,是一种物权。房地产作为不动产,由于房屋是建筑在土地上,土地是房屋的载体,二者在物理属性上是密不可分的,因此房地产产权既包括对房屋的所有权也包括对房屋所占土地的使用权。关于土地使用权,前已述及,此处不再赘述。

房屋所有权是指在法律规定的范围内,房屋所有人对房屋享有占有、使用、收益和处分的权利。

1. 房屋占有权

占有,是指自然人或法人对房屋的实际控制,即对房屋在事实上的掌握。在一般情况下,房屋所有人也就是房屋事实上的占有人,房屋所有和房屋占有是一致的,这是房屋所有权的基本内容之一。但是对房屋的占有又不等于对房屋的所有权,占有也可能同所有人分离而属于非所有人,但这种分离不能导致所有权的消灭。由此,占有可分为所有人占有和非所有人占有两种,凡占有人不是房屋的所有人,即是房屋的非所有人占有。非所有人依据法律规定或所有人的意思而占有他人的房屋,是合法的占有,受法律的保护。如国家依据法律将国有房屋交给国家机关、企事业单位占有;承租人依据租赁合同占有出租人的房屋等。

2. 房屋使用权

使用,是指按照设计功能和经济用途,对房屋加以合理有效的利用。房屋所有权中的使用权和占有权是紧密相连的,有了房屋,仅仅占有,不使用,不能发挥房屋的作用;反之,对房屋没有占有权,使用权当然也就无法实现。在现实生活中,使用权和占有权一样,可以从所有权中分离出来,与占有权一起独立存在。行使使用权的人,可以是房屋所有人,也可以是非房屋所有人。非房屋所有人行使使用权,必须依据所有人的意志或法律规定,否则,属于非法使用而构成侵权行为。

3. 房屋收益权

收益,是指房屋所有人对房屋的运用、利用所获取的利益。如将房屋出租而收取租金或将房屋投资入股分红等。这种收益权可以由房屋所有人行使,也可由非所有人依照法律规定或按照与房屋所有人的约定合法行使。

4. 房屋处分权

处分权,是指房屋所有人决定房屋在事实上或法律上的命运的处置权力。事实上的处分,是指在事实上消灭房屋,如拆除房屋;法律上的处分,是指通过民事法律行为,在法律上对房屋进行处置,如房屋所有人将其房屋出卖、赠与等。这种法律上的处分,造成了房屋所有权的转移。处分权是房屋所有权的核心,是房屋所有人最基本的权利。一般情况下,处分权只能由房屋所有人行使。特殊情况下,只限于依照法律规定允许时,由非所有人合法行使处分权,如法定监护人依法处分被监护人的房屋。

综上所述,占有权、使用权、收益权和处分权四项权能,构成了房屋所有权的基本内容,是法律赋予房屋所有人的基本权利。这四项权能有时可以暂时离开所有人而独立存在,但并不影响房屋所有人对房屋拥有的所有权。

(二) 国家对房地产权的保护

我国宪法规定,国家保护社会主义公共财产,保护公民的合法收入、储蓄、房屋和其他合法财产的所有权。《城市房地产管理法》也做出了"房地产权利人合法权益受法律保障"的明确规定。保护房地产权利人的合法权益是维护正常的房地产市场秩序,保障社会主义市场的运行,促进社会主义市场经济发展的必要条件。国家可以通过各种法律手段,如依法制裁犯罪者,保护国家和公民的房地产权不受侵犯。但通常是通过民事手段按照民法通则的要求保护房地产权利人的合法权益。主要有:

1. 确认产权,责令停止侵害

当各方当事人之间发生产权纠纷,或产权归属处于不定状态时,首先要确认产权。当事人可请求仲裁机关或人民法院解决有争议的产权归属问题,即申请确认房地产权。确认产权是产权保护措施的前提条件,在确认产权的基础上,由仲裁机关或人民法院责令对方停止侵害。

2. 排除妨碍

他人的非法行为妨碍房地产产权人行使权利时,产权人有权请求排除妨碍,消除不法行为。房地产相邻关系纠纷的案件往往适用于这一方法。

3．恢复原状

当房地产受到侵害被破坏时,在能够修复的情况下,房地产产权人有权要求加害方予以修复,恢复房地产原状。

4．返还房地产

当房地产被他人非法侵占,而原房地产依然存在时,产权人有权依法请求返还房地产。

5．赔偿损失

房地产产权人因其拥有的房地产受到他人不法侵害出现损坏、灭失或根本无法修复的情况时,房地产产权人有权提出赔偿损失的请求,赔偿金额按法律规定计算。

6．返还不当得利

不当得利是指因自己受益,以致他人受损失,并且无法律上的根据。房地产产权人利益遭受损失是由于他人没有法律依据而取得利益时,有权要求非法受益人返还自己应当受领的利益。

必须强调指出的是,国家财产神圣不可侵犯。我国对国有房地产产权实行特殊的保护方法。如返还被非法占有的国有房产,不受时效限制。对被非法侵占的国家房屋,不问占有人是否有过错,是否知情,也不问是直接得到,还是间接受益,国家都有权追索返还或赔偿。还有,当公民、集体与国家在房地产权属发生纠纷时,个人、集体负有证明的义务,而国家则无须负举证责任。事实上无法确定时,推定为国家所有。此外,无主房屋或无人继承的房地产归国家所有。

(三) 房屋代管

房屋代管,是指因城市私有房屋所有人不明或私有房屋所有人不在房屋所在地或者其他原因不能亲自管理房屋,而由国家房管部门依法代为管理或由房屋所有人委托其他公民、法人代为管理其房屋的一种法律行为。

1．委托代管

委托代管的房屋必须是产权清楚,产权人清楚的房屋。产权人委托代理人代其管理房屋是一种双方自愿的民事法律行为,这种基于委托代理关系而发生的代管权一般是由公民(如产权人的亲友)行使,也可以由其他法人单位或者房管部门受委托行使。代理关系结束,代理人应将房产交还给房屋产权人。

2．国家代管

(1) 代管权的发生

国家授权房管部门对房屋产权不清,房屋产权人下落不明的私有房屋,根据法律规定予以强行代管,是单方的行政行为,其代管权只能由国家授权的房屋所在地的房管部门行使。

(2) 代管权的行使

各级房地产管理部门有权对代管房屋实行占有,排除他人的侵犯,并维修养护房屋,保护房屋所有人的合法权益。代管权应在有利于房屋所有人、有利于国家和社会的前提下,对代管房屋进行处分,如代管房屋的出租、拆迁等。代管房屋所得的收益,应减除房地产税、维修费以及其他必要的开支,余额全部存入银行,以备结算。代管机关不负赔偿责任。

(3) 代管权的消灭

当房屋权属确认,房屋的产权人重新出现,将房屋发还后,代管结束。因房屋自然耗损灭失或由于不可抗力致使房屋损毁的,代管权也随之消灭。

二、房地产权属登记管理

(一) 房地产权属登记的概念和作用

房屋权属登记,是指房地产行政主管部门代表政府对房屋所有权以及由此产生的抵押权、典权等房屋他项权利进行登记,并依法确认房屋产权归属关系的行为。

房地产权属登记,是政府房地产管理部门依法实施的行政行为,是加强房地产管理,确认房地产权的法定手续,是房地产权属管理的主要行政手段。房地产权利人凭权利证明管理自己的房地产,其合法权益受法律保护。

房地产权属登记具体作用有:

1. 权利确认作用。房地产权属登记具有确认房地产的权属状态,承认并保障房地产权利人合法权益的作用。经过登记的房地产权利因受到法律的确认具有合法性,从而取得社会公认的权威,可以对抗权利人以外的任何人,受到侵犯时将得到国家运用各种手段乃至强制力加以保护。

2. 权利公示作用。房地产权属登记具有将房地产权利变动的事实向社会公开,用以标示房地产流转的过程和结果,保障房地产交易安全的作用。在房地产交易中,往往出现房地产法定权利人非法交易房地产权利,采取权属登记的方法,将房地产权利和房地产交易向社会公示,以切实保障房地产权利人和第三人的合法权益。

3. 权属管理作用。通过房地产权属登记建立产籍资料,实施产籍管理,对房地产权利的设立、变更、终止的合法性进行审查监督,取缔或处罚违法行为。完整、准确的权属登记资料,能为房地产规划、税收提供依据。

(二) 土地登记

1. 土地登记的概念

土地登记是国家根据法律规定,对国有土地使用权,集体土地所有权,集体土地使用权和土地他项权利的登记发证制度。是国家用以确认土地所有者或土地使用者拥有土地所有权或使用权的法律措施,其目的是为了维护土地的社会主义公有制,保障土地权利人的合法权益,为合理利用土地和征收土地税费等提供法律依据。

2. 土地登记的种类及程序

土地登记分为初始土地登记和变更土地登记。

(1) 初始土地登记

初始土地登记又称为总登记,是指在一定时间内,对辖区全部土地或者特定区域的土地进行的普遍登记。土地登记以县级行政区为单位组织进行,具体工作由县级以上人民政府土地管理部门负责。土地登记以宗地为基本单元。拥有或者使用两宗以上土地的土地使用者或土地所有者,应当分宗申请登记。两个以上土地使用者共同使用一宗土地的,应当分别申请登记。

初始土地登记依照下列程序进行:

1) 初始土地登记通告。由县级以上地方人民政府发布通告。通告的主要内容包括:土地登记区的划分;土地登记的期限;土地登记收件地点;土地登记申请者应当提交的有关证件;其他事项。

2) 土地登记申请。国有土地使用权由使用国有土地的单位及法定代表人或者使用国有土地的个人申请登记。集体土地使用权由使用集体土地的单位及法定代表人或者使用集体土地的个人申请登记。土地他项权利需要单独申请的,由有关权利人申请登记。土地登记申请者必须向土地管理部门提交土地登记申请书;单位、法定代表人证明,个人身份证明或者户籍证明;土地权属来源证明;地上附着物权属证明。

3) 地籍调查。由土地管理部门负责组织辖区内的地籍调查。地籍调查按国家土地管理局制定的规程进行。

4) 权属审核。土地管理部门根据地籍调查和土地定级估价成果,对土地权属、面积、用途、等级、价格等逐宗进行全面审核。经土地管理部门审核,对认为符合登记要求的宗地予以公告。公告的主要内容为:土地使用者、所有者和土地他项权利者的名称、地址;准予登记的土地权属性质、面积、坐落;土地使用者、所有者和土地他项权利者及其他土地权益有关者提出异议的期限、方式和受理机关;其他事项等。

5) 注册登记。公告期满,土地使用者、所有者和土地他项权利者及其他土地权益有关者对土地登记审核结果未提出异议的,经人民政府批准后,由土地管理部门办理注册登记。

6) 颁发土地证书。由县级以上地方人民政府向国有土地使用者、集体土地所有者、集体土地使用者分别颁发《国有土地使用证》、《集体土地所有证》和《集体土地使用证》。县级以上地方人民政府向土地他项权利者颁发土地他项权证明书。

(2) 变更土地登记

变更土地登记,是指初始土地登记以外的土地登记,包括土地使用权、所有权和土地他项权利设定登记,土地使用权、所有权和土地他项权利变更登记,名称、地址和土地用途变更登记,注销土地登记等。未经变更登记的土地所有权、使用权转移,属于非法转让,不具有法律效力。

变更土地登记的程序是:土地权利人提出申请;土地管理部门调查核实,报县级以上人民政府批准;经县级以上人民政府批准后,由土地管理部门变更注册登记,更换或更改证书;改图,将变更后的权属界线,地类界线透绘在地籍图及土地证的附图上,土地归户册也要作相应的修改。注销土地登记的,要吊销土地证书。

3. 土地登记的主要内容

(1) 土地所有者与使用者,是指依法获得土地所有权或使用权的单位或个人;

(2) 土地位置,是指土地的坐落和四至;

(3) 土地权属性质,是指登记土地的权属类型,包括国有土地使用权,集体土地所有权、集体土地建设用地使用权及他项权利等;

(4) 农村集体土地所有权面积及国有土地农业用地使用权面积;

(5) 用地面积,共有使用面积及分摊面积;

(6) 地类面积,是按全国统一的土地分类标准,为权属单位和土地管理部门共同承认的地类面积;

(7) 土地实际用途,是指依法批准的土地实际用途,如商店、学校等;

(8) 土地等级;

(9) 土地权属来源及依据,登记土地权属来源及依据是审定土地权属单位的土地合法性的重要措施;

(10) 土地使用期限,是指政府批准的或登记的规定土地权属使用土地的期限;

(11)家庭人口,是指使用国有土地或集体土地建造住宅的市民或村民户中有正式户口的人数,以检查市民或村民住宅用地是否符合标准。

(三)城镇房屋所有权登记

城镇房屋所有权登记即房屋产权登记。凡是在登记范围内的房产,不论产权属于谁,都必须按照登记办法的规定,向房产所在地的房产管理部门申请产权登记,经审查确认产权后,由房产管理部门发给房屋所有权证。产权人凭证管理自己的房产。

1. 房屋产权登记的地域范围

按照2001年8月15日建设部修订的《城市房地产权属登记管理办法》的规定,产权登记的范围,应是城市、县城、建制镇和工矿区范围内的所有房屋。包括全民所有制行政、军队、企事业单位的房屋;集体所有制房屋;私人房屋;宗教团体房屋等。

2. 房屋产权登记与土地登记的关系

我国法律规定,城镇房屋的产权与该房屋占有土地的使用权实行权利人一致的原则,除法律法规另有规定的外,不得分离。房屋产权转移时,该房屋占用土地的使用权亦同时转移。房屋产权设定抵押等他项权利时,应当包括房屋所占用的土地使用权。由于上述规定,房屋产权登记与土地登记紧密联系,不可分离。进行房屋产权登记的同时,也要进行土地登记。

3. 房屋产权登记的种类

《城市房地产权属登记管理办法》规定,房屋产权登记分为总登记、初始登记、转移登记、变更登记、他项权利登记、注销登记六类。

(1)总登记。是指在一定期间在较大行政区域举办的一次性的、统一的、全面的产权登记。总登记是房屋产权登记中最基本的登记。总登记是检查和整理产权、档案资料,整顿产权秩序的一个重要手段。通过总登记所形成的各种表、卡、册是最完整的档案管理资料。在总登记期间,不论房屋状况、权利状况有无变动,现产权人均有向登记机关进行登记的义务。

(2)初始登记。是指对于新建的房屋,申请人应当在房屋竣工后的3个月内向登记机关申请房屋所有权初始登记,并应当提交用地证明文件或者土地使用权证、建设用地规划许可证、建设工程规划许可证、施工许可证、房屋竣工验收资料以及其他有关的证明文件。集体土地上的房屋转为国有土地上的房屋,申请人应当自事实发生之日起30日内向登记机关提交用地证明等有关文件,申请房屋所有权初始登记。

(3)转移登记。是指因房屋买卖、交换、赠与、继承、划拨、转让、分割、合并、裁决等原因致使其权属发生转移的,当事人应当自事实发生之日起90日内申请转移登记。申请转移登记,权利人应当提交房屋权属证书以及相关的合同、协议、证明等文件。

(4)变更登记。是指当权利人名称变更和房屋现状发生下列情形之一的,权利人应当自事实发生之日起30日内申请变更登记:第一,房屋坐落的街道、门牌号或者房屋名称发生变更的;第二,房屋面积增加或者减少的;第三,房屋翻建的;第四,法律、法规规定的其他情形。申请变更登记,权利人应当提交房屋权属证书以及相关的证明文件。

(5)他项权利登记。是指当设定房屋抵押权、典权等他项权利的,权利人应当自事实发生之日起30日内申请他项权利登记。申请房屋他项权利登记,权利人应当提交房屋权属证书,设定房屋抵押权、典权等他项权利的合同书以及相关的证明文件。

(6)注销登记。因房屋灭失、土地使用年限届满、他项权利终止等,权利人应当自事实发生之日起30日内申请注销登记。申请注销登记时,权利人应当提交原房屋权属证书、他项权利证书,相关的合同、协议、证明等文件。

4．房屋产权登记的程序

根据《城市房地产权属登记管理办法》的规定,房屋产权登记依以下程序进行:

(1) 受理登记申请。城镇房屋的所有人(自然人和法人)都必须在限期内到房屋所在地登记机关申请登记。全民所有的房屋,由国家授权的房产管理单位申请登记;共有的房屋由共有人共同申请登记。公民个人申请登记,必须使用户籍姓名,不得使用别名、化名。法人申请登记,必须使用单位全称,不得使用简称。申请产权登记,必须按规定出示个人身份证件、法人资格证明,交验取得房屋所有权的证件。

(2) 产权审核。首先,由房屋产权登记部门进行初审,查阅产权档案及有关资料,审查申请人提交的各种产权证件,核实房屋的四邻墙界,弄清产权来源及其转移变动的情况。经初审初步确认产权的,进行公告,征询产权有无异议。第二步,复审。经过初审及公告,产权无异议的,交由复审人员进行全面的复核审查。最后的程序是审批,由房产管理部门的领导或部门负责人审查批准。

(3) 公告。适用于登记机关认为有必要进行公告的登记,其他登记勿需此项程序。

(4) 核准登记,颁发房屋权属证书。登记机关依照申请人的申请进行产权审查,凡房屋所有权清楚,没有争议,符合有关法律和政策,证件齐全,手续完备的,应发给房屋所有权证件。房屋所有权证书由县级以上地方人民政府房产管理部门颁发。全民所有的房屋,房屋所有权证发给国家授权的房产管理单位;共有的房屋,除发给房屋所有权证一份由共有人推举的执证人收执外,还对其余每个共有人各发给共有权保持证一份。

三、房地产档案管理

(一) 房地产档案的概念和内容

房地产档案,也称房地产籍,是指城市房地产行政管理部门在房地产权属登记、调查、测绘、权属转移、变更等房地产权属管理工作中直接形成的有保存价值的文字、图表、声像等不同形式的历史记录,是城市房地产权属登记管理工作的真实记录和重要依据,是城市建设档案的组成部分。

根据2001年8月23日建设部颁布的《城市房地产权属档案管理办法》的规定,房地产档案具体包括以下内容:

1．房地产权利人、房地产权属登记确权、房地产权属转移及变更、设定他项权利等有关的证明和文件;

2．房地产权利人(自然人或法人)的身份(资格)证明、法人代理人的身份证明、授权委托书等;

3．建设工程规划许可证,建设用地规划许可证,土地使用权证书或者土地来源证明,房屋拆迁批件及补偿安置协议书,联建或者统建合同,翻改扩建及固定资产投资批准文件,房屋竣工验收有关材料等;

4．房地产买卖合同书、房产继承书、房产赠与书、房产析产协议书、房产交换协议书、房地产调拨凭证、有关房产转移的上级批件、有关房产的判决、裁决、仲裁文书及公证文书等;

5．设定房地产他项权利的有关合同、文件等。

6．房屋及其所占用的土地使用权权属界定位置图;房地产分幅平面图、分层平面图、分层分户平面图等。

7．房地产产权登记工作中形成的各种文件材料,包括房产登记申请书、收件收据存根、权属变更登记表、房地产状况登记表、房地产勘测调查表、墙界表、房屋面积计算表、房地产登记审批表、房屋灭籍申请表、房地产税费收据存根等。

8．反映和记载房地产权属状况的信息资料,包括统计报表、摄影片、照片、录音带、录像带、缩微胶片、计算机软盘、光盘等。

9．其他有关房地产权属的文件资料,包括房地产权属冻结文件、房屋权属代管文件、历史形成的各种房地产权证、契证、账、册、表、卡等。

(二)房地产档案管理的具体要求

1．房地产权属档案应当以丘为单元建档,以房地产权利人(即权属单元)为宗立卷;

2．房地产权属档案应当妥善保存,定期检查和鉴定;对破损或者变质的档案,应当及时修复;档案毁损或者丢失,应当采取补救措施;未经批准,任何人不得以任何借口擅自销毁房地产权属档案;

3．保管房地产权属档案应当配备符合设计规范的专用库房;

4．房地产权属档案管理机构对归档的房地产权属文件材料应当及时进行登记、整理、分类编目、划分密级、编制检索工具;

5．房地产权属档案管理机构应当掌握房地产权属变化情况,及时补充有关权属档案材料,保持房地产权属档案与房地产权属现状的一致;

6．房地产权属档案管理机构应当与城市建设档案管理机构密切联系,加强信息沟通,逐步实现档案信息共享;房屋自然灭失或者依法被拆除后,房地产权属档案管理机构应当自档案整理归档完毕之日起15日内书面通知城市建设档案馆;

7．房地产权属档案管理人员应当严格执行权属档案管理的有关规定,不得擅自修改房地产权属档案。确需变更和修改的,应当经房地产权属登记机关批准,按照规定程序进行;

8．房地产权属档案管理机构的隶属关系及档案管理人员发生变动,应当及时办理房地产权属档案的交接手续;

9．房地产权属档案管理应当逐步采用新技术、新设备,实现管理现代化。

(三)房地产档案的利用

房地产权属档案管理机构应当充分利用现有的房地产权属档案,及时为房地产权属登记、房地产交易、房地产纠纷仲裁、物业管理、房屋拆迁、住房制度改革、城市规划、城市建设等各项工作提供服务。

查阅、抄录和复制房地产权属档案材料应当履行审批手续,并登记备案。涉及军事机密和其他保密的房地产权属档案,以及向境外团体和个人提供的房地产权属档案应当按照国家安全、保密等有关规定保管和利用。

向社会提供利用房地产权属档案,可以按照国家有关规定,实行有偿服务。

第五节 物 业 管 理

一、物业与物业管理

(一)物业的概念

"物业"一词,在十几年前我们对它还很陌生。近年来,经过媒介的介绍从香港到深圳,到沿海城市及内地已被人们了解并采用。《香港房地产法》一书将物业解释为："物业是单元性地产,一住宅单位是一物业,一工厂楼宇是一物业,一农庄也是一物业。故物业可大可小,大物业可分割成小物业。"

房地产的概念有广义和狭义两种解释。广义的房地产是指全部土地和房屋及固着于土地和房屋上不可分离的部分;狭义的房地产是指房屋、屋基地以及附属土地。这些附属土地是指房屋的院落占地、楼间空地、道路占地等空间上与房屋和屋基地紧密结合的土地。从房地产广义和狭义两个不同的概念解释中,可以看出,狭义房地产概念听表达的意思与"物业"的概念是一致的。

(二) 物业管理的概念

物业管理的概念十分广泛,有广义和狭义之分。就广义而言,是指一切有关房地产开发、租赁、销售及售租后的服务。狭义的物业管理的概念,即主要任务是楼宇的维修,其次是管理好各层的机电设备和公共设施,包括治安保卫、分送信报、传唤电话、打扫卫生等项目。

总而言之,归纳物业管理广义和狭义的解释,给物业管理下个定义也就是:物业管理是指由专业机构(物业管理公司)的专业人员依照有关法律、法规和按照合同或契约,运用现代管理科学和先进的维修护技术,以经济手段对已经使用的各类房屋建筑及其附属建筑设施和场地实施多功能、全方位的有偿管理,并对涉及房屋周围区域的环境保护、清洁卫生、治安保卫、环境绿化、道路交通等项目的维护、修缮,为物业的产权人和使用人提供高效、周到的服务,以提高物业的经济价值,创造一个安全方便的居住和工作环境。

(三) 物业管理的基本内容

物业管理的基本内容按服务的性质和提供的方法可分为:常规性的公共服务、针对性的专业服务和委托性的特约服务三类。

常规性的公共服务是物业管理企业面向所有住宅提供的最基本的管理与服务,目的是确保物业完好与正常使用,保证正常的工作生活秩序和美化环境,是物业内所有业主每天都有享受到的服务。其内容具体包括:(1)房屋修缮及其管理、装修管理等;(2)房屋各类设施的日常运营、保养、维修与更新;(3)环境卫生管理;(4)绿化管理;(5)治安管理;(6)消防管理;(7)车辆道路管理;(8)为业主代缴水、电、煤气费等。

针对性的专项服务是物业管理企业为改善和提供业主的工作生活条件,面向广大业主,为满足其中一些住户和单位的一定需要而提供的各项服务,其特点是物业管理企业事先设立服务项目,并将服务内容与质量、收费标准公布,当住户需要这种服务时,可自行选择。主要内容有:(1)为业主收洗缝制衣物、代购日常用品、室内卫生清扫、代购代订车船飞机票、接送小孩上下学等;(2)开办各种商业服务项目,如小型商场、美发厅、修理店等;(3)开办各种文化、教育、卫生、体育类场所;(4)代办各种保险业务,设立银行分支机构等;(5)经济代理中介服务,如物业销售、租赁、评估、公证等;(6)提供带有社会福利性质的各项服务工作。

委托性的特约服务是为满足业主的个别需求,受委托而提供的服务。实际上是专项服务的补充和完善。

二、物业管理公司

(一) 物业管理公司的概念

物业管理公司是指专门从事土地上永久性建筑,基础设施及周围环境的科学管理,为业主提供良好居住或工作环境,实行自主经营,自负盈亏,自我发展,自我约束,具有独立法人地位的经济实体。它的主要职能是遵照国家有关政策和法规,运用现代管理科学和先进的维修养护技术管理物业,妥善处理业主投诉,有效维护业主合法的利益,为业主和物业使用人创造一个整洁、方便、舒适、安全的居住和工作环境。它的特点是按照企业化、专业化、社会化、制度化的要求管理物业。

(二) 物业管理公司的资质要求

由于全国性的物业管理的专项法规和办法尚未出台,所以这里仅以上海为例对物业管理公司的资质条件做一简单介绍。如1998年8月1日上海市房地产管理局发布《上海市物业管理企业资质等级管理暂行办法》,将物业管理公司按资质条件划分为一、二、三级。

1．一级物业管理公司需具备的条件:

(1) 管理物业规模一般在80万 m^2 以上,或者管理涉外物业30万 m^2 以上;

(2) 管理物业的类型3种以上,或管理涉外物业2种以上;物业类型是指多层、高层住宅、公寓、别墅、商住楼、办公楼、商场、广场、厂房等以及其他特种房屋;

(3) 管理物业的窗口规范服务达标率在95%以上,所管小区有3个以上为优秀小区或者大厦;

(4) 企业经理或者常务副经理须从事专业物业管理工作3年以上;

(5) 具有经济类、工程类中级职称管理人员10人以上(不含外聘兼职人员),其中工程类中级职称管理人员不少于5人;

(6) 企业注册资本100万元以上。

2．二级物业管理公司需具备的条件:

(1) 管理物业规模一般在40万 m^2 以上,或者管理涉外物业在15万 m^2 以上;

(2) 管理物业的类型2种以上或管理涉外物业1种以上;

(3) 管理物业的窗口规范服务达标率在85%以上,所管小区有2个以上优秀小区;

(4) 具有经济类、工程类中级职称管理人员6人以上,其中工程类中级职称管理人员不少于2人。

(5) 企业注册资本50万元以上。

3．三级物业管理公司需具备的条件:

(1) 管理物业规模一般在5万 m^2 以上,或者管理涉外物业在2万 m^2 以上;

(2) 管理物业的窗口规范服务达标率在60%以上;

(3) 有中级专业技术职称管理人员3人以上;

(4) 企业注册资本10万元以上。

除以上三级外,管理物业规模5万 m^2 以下或涉外物业2万 m^2 以下的暂不定级。

(三) 物业管理公司的权利和义务

建设部1994年3月颁发的《城市新建住宅小区管理办法》中,对物业管理公司的权利和义务做了如下规定:

1．物业管理公司的权利

(1) 根据有关法规,结合实际情况,制定小区管理办法;

(2) 依照物业管理合同和管理办法对住宅小区实施综合管理;

(3) 依照物业管理合同和有关规定收取管理费用;

（4）有权制止违反规章制度的行为；
（5）有权要求管委会协助管理；
（6）有权选聘专业公司承担专项管理业务；
（7）可以实行多种经营，以其收益补充小区管理经费。

2．物业管理公司的义务
（1）履行物业管理合同，依法经营；
（2）接受管理委员会和住宅小区内居民的监督；
（3）重大的管理措施应当提交管委会审议，并经管委会认可；
（4）接受房地产行政主管部门、有关行政主管部门及住宅小区所在地人民政府的监督指导。

（四）物业管理服务

1．物业管理服务合同

物业管理企业接受聘请，从事物业管理服务，应当与业主或者业主委员会签订物业管理服务合同。物业管理服务合同是明确业主或者业主委员会与物业管理企业之间的权利义务，职责和各项物业管理收费等事项的书面文件，是业主和物业管理企业解决纠纷和矛盾所依据的具有法律效力的文件，它直接关系到双方的权益，是搞好物业管理的一个非常重要的文件。

物业管理服务合同应当载明下列主要内容：(1)物业管理企业的名称、住所；(2)物业管理区域的范围和管理项目；(3)物业管理服务的事项；(4)物业管理服务的要求和标准；(5)物业管理服务的费用；(6)物业管理服务的期限；(7)违约责任；(8)合同终止和解除的约定；(9)当事人双方约定的其他事项。

物业管理服务合同一般为2年。物业管理企业应当自物业管理服务合同生效之日起15日内，将物业管理服务合同报住宅所在地的区、县房地产管理部门备案。

2．物业管理服务的职责与要求

物业管理服务的基本职责是：保持物业和公共设施的完好整洁优美、公共秩序良好，保障物业使用方便、安全。

物业管理企业应有专职人员负责治安工作，配合地区公安机关做好日常治安工作；并建立相应的定期例会制度、安全检查制度、宣传教育制度、治安巡逻制度，改善防范设施，安装防盗铁门、铁栅栏，公共场地、过道应配备必要的防火设施器材，向业主与使用人宣传、普及消防知识，及时发现并消除隐患。物业管理企业还应协助配合有关部门做好暂住人员的登记发证工作，开展法制宣传，及时发现、协查外来暂住人口中的违法犯罪活动等。

三、业主与业主委员会

（一）业主及业主公约

业主是指物业的所有人。

业主公约是指业主承诺的，对全体业主具有约束力的，有关业主在住宅区使用、维护物业及其管理等方面权利义务的行为准则。业主公约由政府住宅主管部门统一制定范本。业主代表大会可以根据本住宅区域的实际情况，参照范本制定业主公约。同时，业主公约应当符合法律、法规、政府有关规定和土地使用权出让合同的规定。

业主公约应当包括下列内容：

(1) 住宅区名称、地点、面积及户数；
(2) 公共场所及公用设施状况；
(3) 业主大会的召集程序及决定住宅区重大事项的方式；
(4) 业主使用其住宅和住宅区内公共场所及公共设施的权益；
(5) 业主参与住宅区物业管理的权利；
(6) 业主对业主委员会及物业管理企业的监督权；
(7) 住宅区物业各项维修、养护和管理费用的缴交；
(8) 业主在住宅区内应遵守的行为准则；
(9) 违反业主公约的责任；
(10) 其他有关事项。

业主公约必须经业主代表大会通过后生效。生效的业主公约对本住宅区内所有业主和非业主使用人具有约束力。

(二) 业主的权利和义务

业主的权利是基于对物业的所有权。因此，从一般意义上讲，业主的首要权利是享有该物业的所有权，即占有、使用、收益和处分等权利；其次，业主有权依法出售、转让、出租、抵押、典当自己的物业而不受任何人干涉；再次，业主有权使用住宅区内公用部位和公用设施，并对该部位和设施的对外营业性使用享有收益权；最后，业主有权参与本住宅小区物业管理，对有关物业管理决议、公约享有投票权，并且对物业管理企业及其管理人员的工作享有监督权、投诉权等。

作为第一业主的开发商，在其开发建设的物业未全部出售之前，还享有一些特殊权利，主要有：(1)住宅小区或大楼的命名权；(2)小区或大楼建筑规划的更改、修订权(规划的更改或修订必须事先获得有关主管部门的批准)；(3)住宅小区或大楼外墙、公共地方的广告权；(4)住宅小区或大楼内任何部位的检修权；如有必要，可进入任何已售单元的内部，但除紧急情况外，应事先通知有关的业主和使用人；(5)前期物业管理聘请权，前期物业管理是指住宅出售后至业委员会成立前的物业管理，此时，第一业主有选聘物业管理企业的权利，待业主委员会成立后，该项聘请权由业主委员会享有。

业主的义务主要有：依法缴纳税金及物业管理费；依照业主公约和房屋使用公约的规定使用房屋；对违反各项公约的行为依法承担法律责任等。

(三) 业主委员会

业主委员会是由业主代表组成，代表业主利益，向社会各方反映业主意愿和要求并监督物业管理公司管理行为的一个民间性组织。一个物业管理区域应成立一个业委员会。

业主委员会由业主大会选举产生。业主大会由物业管理区域内全体业主组成。业主人数较多的，应当按照比例推选业主代表大会。业主大会或业主代表大会，应当有过半数的业主或者业主代表出席。业主大会或者业主代表大会作出的决定，应当经全体业主过半数或业主代表过半数通过。业主大会或者业主代表大会可以行使下列职权：(1)选举、罢免业主委员会组成人员；(2)审议通过业主委员会章程和业主公约；(3)听取和审议物业管理服务工作报告；(4)决定物业管理的其他重大事项。

第一次业主大会或业主代表大会一般由区县房产管理部门会同开发建设单位负责召集。业主委员会成立后，应每年至少召开一次业主大会或业主代表大会。业主委员会应负责在大会召开前若干天将大会召开的日期、议题内容送达每位业主。经一定比例的业主提议亦可召开业主大会或临时大会。业主大会或业主代表大会应当邀请居委会和使用人代表列席。

业主委员会设立的前提条件是物业管理区域内的业主必须达到一定数量和比例。目前，国家法律、法规尚未明确的比例数，但北京、深圳、上海等地的地方性法规和规章根据本地的具体情况作了明确规定。如《上海市居住物业管理条例》中规定，有下列情况之一的，应当设立业主委员会：(1)公有住宅出售建筑面积达到30%以上；(2)新建商品住宅出售建筑面积达到50%以上；(3)住宅出售已满2年。

业主委员会一般由3~7人组成。如物业管理区域规模较大，业主人数较多，可适当扩大，由5~15人组成。业主委员会的成员必须是对物业具有产权的业主，物业管理企业的代表、物业的非所有人等均不得进入业主委员会。

业主委员会的权利基础是其对物业的所有权和使用权。根据组成原则，业主委员会代表着该物业的全体业主，对与该物业有关的一切重大事项拥有决定权。业主委员会向业主大会负责并报告工作，履行下列职责：(1)制定管委会章程；(2)召开业主大会或者业主代表大会，报告物业管理的实施情况；(3)选聘或者解聘物业管理企业，与物业管理企业订立、变更或者解除物业管理服务合同；(4)依照法律规定设立物业维修基金并负责该基金的筹集、使用和管理；(5)审定物业管理企业提出的物业管理服务年度计划、财务预算和决算；(6)听取业主、使用人的意见和建议，监督物业管理企业的管理服务活动；(7)监督公共建筑、公共设施的合理使用；(8)督促业主遵守业主公约，协调业主与物业管理企业之间的关系，协商社区管理与物业管理的关系；(9)业主大会或业主代表大会赋予的其他职责。

住宅出售单位应当按照规定提供物业管理区域必需的物业管理服务用房，包括业主委员会办公用房，产权属全体业主共有。物业管理服务用房的收益用于业主委员会的活动经费和补充物业维修基金。

(四) 业主与开发商、物业管理企业的关系

1. 业主与开发商的法律关系

开发商是物业的大业主、第一业主，在房产的开发建设阶段，开发商是房屋的惟一业主。在房屋销售阶段，房屋产权按单元逐步地转移到小业主手中，在此阶段，小业主必然与开发商发生多方面的法律关系。正确理解这些关系就能正确处理两者之间发生的矛盾与纠纷，维护双方的合法权益。它包括：

(1) 平等的买卖关系

开发商将单元物业所有权转归买受即业主，业主支付约定的价款从而取得单元物业的所有权。双方的买卖关系是由"房屋买卖合同"体现出来。买卖合同一经生效，买卖关系就确定。双方必须承担合同中载明的义务，同时享有权利。开发商交付单元物业，必须按质、按量、按时，否则，将对业主承担违约责任。

(2) 平等的业主共处关系

开发商在所开发的房屋未全部出售之前，是未出售部分物业的所有人。此时的开发商除了与一般业主具有平等的买卖关系之外，还和一般业主一样，也具有业主的身份。开发商和单元物业所有人之间的关系是第一业主与一般业主之间的关系。这一关系是平等的，开发商作为业主，与一般业主享有同等的权利和承担同等的义务，而不应有任何可以损害一般

业主利益、侵犯一般业主权利的特权。当然,在业主委员会尚未成立的前期物业管理期间,开发商作为第一业主有先行聘请物业管理企业等权利,但这些权利本身是服从于全体业主利益的,而绝不是说第一业主有高于其他业主的任何权利。只有正确认识两者之间是业主与业主的关系,才能正确处理两者之间发生的纠纷和矛盾,才能和谐地发展彼此的平等共处关系,共同把物业管理得更好。

2. 业主与物业管理企业的法律关系

业主入住,对物业享有完全产权以后,特别是业主委员会成立以后,物业管理的决定权由开发商转移给业主(其代表是业主委员会)。依照法律规定,业主委员会有权选聘物业管理企业。业主与物业管理企业的关系是聘用与被聘用的合同关系。这一关系决定业主和物业管理企业必须遵循以下原则:

(1) 平等原则。业主与物业管理企业是两个平等的民事主体,双方均应遵循聘用合同所约定的权利和义务。

(2) 服务原则。物业管理企业接受业主委员会聘请后承担住宅区物业管理,其全部工作目的和宗旨就是为业主提供优质物业管理服务,为创建优美、文明的住宅区服务。

典型案例一:王女士诉深圳某经济发展公司等房屋买卖纠纷案

【案情】

原告:王女士

被告一:深圳某经济发展公司

被告二:上海某房地产总公司

王女士于1993年4月8日与两被告签订了《上海某小区房屋预售合同书》,合同约定:原告向两被告认购小区D公寓4号楼甲单元402室,房屋为复式跃层结构,售价为70万元,交房日期为1994年3月31日;房屋装修标准是外墙为美国进口宝石彩涂料,厨房采用"亚森"进口高档厨房设备,房门采用"亚森"进口实心板,房内铺柳桉木小条拼花地板,卫生间采用法国"凡丽"80系列高级卫生洁具,内墙为多彩喷涂,卫生间铺贴大理石。

1994年5月被告深圳某经济发展公司(下称:深圳公司)通知原告可在同年5月28日入住,6月29日原告领到房屋钥匙,并在深圳公司的房屋设备验收单上签字。原告入住时小区的电话、电、煤气未通,深圳公司为用户免费提供液化气并配置了临时用电,但临时用电尚不能保证正常的用电需要。同年7月1日电和电话接通,次年1月煤气接通。王女士入住后发现被告的房屋装修与合同约定不一致,且房屋装修质量较差,内墙起壳剥落,地板折裂,复式跃层没有煤气热水装置,原告燧起诉至法院,要求被告给付延期交房利息7万元;对未按合同装修的房屋予以相应补偿,包括外墙补差价并赔偿3000元,门、厨房、吊橱和柜子、地板按合同制作或补差价,卫生洁具按合同补偿进口产品与中外合资产品间的差价13600元,跃层面积的房价下浮10%为24397.48元,内墙涂料补差价,赔偿大理石瑕疵1500元。

【审判】

审理中,法院委托上海市房屋质量检测站按合同中约定的装修标准,对房屋质量进行鉴定。鉴定结论为:外墙采用的是国产釉面砖,与美国进口宝石彩涂料差价为每平方米建筑面积6.5元,房门采用的是杂木拼板门,厨房设备非"亚森"牌,地板为长条地板,内墙喷涂起壳剥落,卫生洁具为中外合资企业生产的"丹丽"牌80系列,卫生间大理石无裂缝但有瑕疵。由于调解不成,法院遂依据《中华人民共和国民法通则》第一百一十一条,做出判决:

一、被告深圳蛇口经济发展公司应支付原告王女士延期交房利息18790.37元；

二、被告深圳蛇口经济发展公司应按《房屋预售合同书》规定的装修标准对原告王女士房屋内的房门、厨房设备、地板予以更换，对内墙起壳剥落处进行修复；

三、被告深圳蛇口经济发展公司应给付原告王女士外墙差价款1057.16元、补偿款3000元，共计4057.16元；

四、原告其余诉讼请求不予支持。

一审判决后，双方均未上诉。

【评析】

本案是因房屋开发商违约交房，且交付的房屋违反合同的装修标准而引发的房屋买卖纠纷案。本案的关键问题主要有以下两个方面：

1. 违约交房的责任承担。首先，被告深圳公司除应承担延期交房的责任外，还应承担公建配套不全的责任。其次，是如何确定原告的损失，其关键是违约损失发生的时间问题。原、被告合同约定的交房时间是1994年3月31日，被告深圳公司交付原告房屋钥匙的时间是同年6月29日，小区的电话及电的接通时间是同年7月1日，公建配套全部到位的时间是次年1月。那么，违约损失发生的时间究竟是1994年4月至1995年1月，还是1994年4月1日至6月30日？我们认为应把后者作为违约损失的发生时间。因为在这期间既有被告违反合同约定延期交房给原告造成的损失，也有被告不完全履行交房义务致使原告无法正常生活而受到的损失。至于1994年7月至次年1月，由于在此期间被告已为原告免费提供了液化气，虽然管道煤气未通但并不影响原告的正常生活，故原告在此期间不存在损失。据此，法院将原告的损失时间定为3个月（1994年4月1日至6月30日），判令被告补偿原告这3个月的房款利息损失。

2. 房屋装修瑕疵的责任承担。虽然本案原告在领取钥匙时已签收了被告的房屋设备验收单，但是商品房的买卖不同于一般的消费行为，通常情况下购房人对房屋装修质量及相关设备，不具有专业验收部门的技术水平，况且现行购房人在入住前对房屋的验收往往是根据开发商提供的验收单，对合同约定的房屋内设备如厨房设备、浴室设施等进行数量上的核对。在这种情况下对非专业房屋验收人员的原告，要求其在签收开发商的验收单时就对房门的用料、卫生洁具的生产厂家等专业性极强的技术问题做出准确判断，是对原告的苛求，也有悖公平交易原则。相反，被告作为开发商应严格按照合同约定的装修质量履行合同义务，不能以原告已"验收"为由推卸合同责任。现经鉴定表明被告深圳公司未按合同要求提供合格的装修设施，故被告应承担相应的违约责任。据此，法院判令被告更换原告房屋内房门、厨房设备、地板。至于不符合合同的房屋外墙装修，考虑到该外墙虽未采用约定的进口涂料，但现采用的釉面砖并不影响房屋质量，且外墙为整幢房屋的产权人共有，其他共有人又未对此提出异议，故外墙不宜铲除重做。所以，通过补差价方式，即将合同约定的进口涂料与现用的釉面砖的市场差价乘以原告外墙面积所得价款，赔偿了原告的损失。

典型案例二：海南自力投资有限公司诉海南华鑫物业管理有限公司

住宅小区物业管理承包合同案

【案情】

原告：海南自力投资有限公司（以下简称自力公司）

被告：海南华鑫物业管理有限公司（以下简称华鑫公司）

1994年1月31日,原告为其投资开发的顺发新村的物业管理问题与被告签订了一份《顺发新村物业管理承包合同》。双方约定:原告将其开发的顺发新村的物业管理承包给被告管理,面积约10万m^2,承包期10年,承包金每月每平方米一元(以实际住房面积计算);合同签订后10日内,被告应向原告支付履行保证金50万元。同年5月12日,原、被告又签订了《维修承包合同》,约定顺发新村在保修期内的维修任务由原告总承包给被告维修,总承包工程款31万元。合同签订后,被告向原告支付了履行保证金50万元。原告从1993年9月起,陆续向被告交付物业管理房产面积61028.25m^2及有关附属设施(先接手管理后签合同)。被告也依约履行了物业管理方面的义务,向物业业主收取了物业管理费、维修基金、水电费等,但未依约支付承包金给原告。双方因此成讼。

【审判】

海口市新华区人民法院经审理认为:原、被告签订的《顺发新村物业管理承包合同》,违反了国家和海南省的有关物业管理和收费的规定,损害了顺发新村全体客户的利益,应确认为无效合同,双方依据合同取得的财物应相互返还。原、被告签订的《维修承包合同》所产生的纠纷,与本案是两个不同的法律关系,不予合并审理。原、被告之间的承包关系虽属无效,但鉴于被告已对顺发新村管理多年,为维护该新村的管理秩序和便于收回客户所拖欠的管理费、维修基金、水、电费等,可限期被告将顺发新村的管理权及维修基金交原告代管。据此,依照《中华人民共和国民法通则》的相关规定,判决如下:1.原告返还给被告保证金50万元;2.被告将已收取的维修基金和顺发新村的有关附属设施(按移交清单所列)交付原告代管;3.驳回原告的其他诉讼请求和被告的请求。

一审判决后,被告不服,向海口市中级人民法院提出上诉。海口市中级人民法院经审理查明:海南省《关于缴纳物业管理承包金问题的批复》中明确指出,物业管理会向发展商缴纳物业管理承包金违反物价政策法规,是损害业主利益的行为。住宅小区物业管理权属全体业主所有,不属开发建设单位所有;开发建设单位将住宅小区的物业管理权转让收取承包金的行为,是违反政府规章的行为;业主管委会成立后,由该会决定是否由上诉人管理。另外,法院还查明:1997年5月27日,顺发新村小区业主管委会经海口市房产管理局批准成立。同月30日,该管委会与上诉人签订了《住宅区聘用管理合同》,委托上诉人对顺发新村住宅区进行物业管理。

因此,海口市中级人民法院认为:上诉人与被上诉人签订的《顺发新村物业管理承包合同》,违反了国家及海南省有关物业管理的收费的规定,损害了顺发新村全体业主的利益,应确认为无效合同。根据国家建设部《城市新建住宅小区管理办法》和海南省《海南经济特区城镇住宅区物业管理规定》,住宅小区物业管理权属全体业主所有。现顺发新村小区业主管委会已批复成立,并与上诉人签订了《住宅区聘用管理合同》,这是顺发新村小区业主管委会行使业主权利的行为。而被上诉人由于没有依法取得小区的物业管理权,因此,无权对小区进行物业管理。故原审在处理合同无效时,将上诉人收取的维修基金和顺发新村的有关附属设施判令由被上诉人代管,没有法律依据,应予撤销。依据《中华人民共和国民法通则》和《中华人民共和国民事诉讼法》的相关规定,判决如下:1.维持原审法院判决第一项;2.撤销原审法院判决第二项;3.变更第三项为:驳回被上诉人自力公司要求上诉人华鑫公司偿付承包金和承担违约责任的诉讼请求;驳回华鑫公司要求自力公司偿付因少交付物业管理面积造成的经济损失的请求。

【评析】

本案是一起新型的物业管理承包合同纠纷。城镇住宅小区物业管理是近年来住房商品化过程中出现的新行业。物业管理是指物业管理机构统一对住宅小区提供公共性服务,包括社会治安和环境秩序的维护和管理,根据其管理事实和服务行为,依照规定标准向住户收取一定费用的一种活动,是合理合法的经济现象。因此,我们既要支持、保护合法的物业管理行为,又要打击非法、违法的物业管理行为,以保障物业管理的健康发展。本案的判决,对当今有增无减的物业管理活动,有很大的影响。法院在审理时,从维护业主的合法权益出发,将开发建设单位擅自将住宅小区的物业管理权转让谋利的行为认定无效,依法规范了物业管理秩序。

建设部颁布的《城市新建住宅小区管理办法》第六条规定:"住宅小区应当成立住宅小区管理委员会。"海南省人民政府颁布的《海南经济特区城镇住宅区物业管理规定》也明确规定:"业主有参加住宅区物业管理的权利,并有合理利用房屋和公共设施、维护住宅区公共秩序、遵守住宅区物业管理规定的义务。业主大会是住宅区物业管理的最高决策机构,管委会是业主大会的执行机构,有权选聘物业管理公司、物业管理人员或其他专业服务机构对本住宅区进行物业管理,并与其签订物业管理合同。"因此,住宅小区物业管理权属全体业主所有。本案中,开发建设单位(原告)擅自将住宅小区的物业管理权转让收取承包金的行为,是违反上述法律规定的行为,应确认为无效,并根据无效合同确定各方的责任。鉴于顺发新村业主管理委员会在本案审理期间已成立,并与被告签订了《住宅区聘用管理合同》,将顺发新村范围内的物业委托被告实行统一、专业化的物业管理,二审法院依法撤销了一审法院将顺发新村物业由原告代管的判决,是正确的。

复习思考题

1. 什么叫房地产开发?房地产开发时须坚持哪些原则?
2. 简述城镇单位房地产开发与个人建房的不同程序。
3. 房地产转让时应具备哪些条件?如何转让?
4. 房屋租赁时须具备哪些条件?转租时应注意哪些问题?
5. 如何理解房地产法中的"买卖不破除租赁"原则?
6. 什么叫房地产抵押?房地产抵押有哪些特征?
7. 房地产抵押权如何设定?有哪些限制条件?
8. 房地产抵押为什么必须登记?登记时有哪些具体要求?
9. 如何理解房地产中介服务?目前我国对房地产中介服务机构和人员有哪些基本要求?
10. 简述房地产权属登记管理的作用和意义。
11. 什么叫物业管理?物业管理有哪些具体内容?
12. 物业管理公司的地位如何界定?它有哪些权利和义务?
13. 什么叫业主、业主委员会和业主公约?
14. 简述在物业管理中业主与开发商、物业管理公司之间的关系。

第九章　市政公用事业管理

第一节　市政公用事业概述

一、市政公用事业的概念

市政公用事业是指与城市生产、生活、环境等密切相关的包括城市道路、桥梁、供水、排水、供热、供气、公共交通、园林绿化、市容与环境卫生等行业的总称。

市政公用事业可划分为市政工程、公用事业、园林绿化、市容与环境卫生四大行业。其中市政工程主要包括城市道路、桥梁、排水、防洪等工程;公用事业主要包括城市供水、供热、供气、公共交通(公共汽车、出租车、电车、地铁、轮渡及索道缆车等)等四部分;园林绿化业主要是指从事城市各类园林、苗圃、树木、花草等城市绿化建设与管理的行业;市容与环境卫生业是指从事城市的市容市貌、环境卫生设施、城市生活垃圾及卫生填埋、城市公共厕所等建设与管理的行业。

二、市政公用事业的特点

(一) 基础性和公共性

市政公用事业是一个城市的物质基础。市政公用事业的建设,是形成和完善城市多种功能、发挥城市中心作用的基础性工作。实践证明,市政公用事业建设与经济建设相辅相成,相互促进又相互制约。没有经济的发展,市政公用事业建设就谈不上;市政公用事业发展了,对经济甚至文化、科技、教育的发展又会起到巨大的推动作用。市政公用事业带有极强的公共性,因为它的服务对象不是特定的单位和个人,而是整个城市。

(二) 建设的规划性和计划性

市政公用事业建设要实行"统一规划、合理布局、配套建设",特别是城市供排水、供热、供气、供电等管线和设施要统一规划布局。同时,这些建设项目要纳入城市中长期或年度计划,并由城市建设管理部门统一组织实施和管理。

(三) 管理的复杂性和协调性

市政公用事业涉及许多部门,各部门之间既相对独立,又互有交叉、互相制约,因此在管理的过程中,尤其是对各种设施的管理就显得纷乱复杂,这就要求各部门之间与其他部门之间,必须协调一致,保证城市生产、生活的正常运行和发展。

(四) 效益的间接性和综合性

市政公用事业是为整个城市的生产、生活服务的,虽然其一次性投资和维护费用很大,但大都不直接收费,即使收费一般也是政府定价而很少采用市场的方式定价,因此,直接的经济效益一般很小,甚至是暂时亏损的。但是,从社会整体和长期的角度看,市政公用事业却为城市经济的发展、居民的生产生活创造了条件,所表现出来的是巨大的社会效益、环境效益和间接的经济效益。

三、市政公用事业立法概况

市政工程方面,主要有1982年8月城乡建设环境保护部颁布的《市政工程设施管理条例》,1996年6月国务院颁布的《城市道路管理条例》,1997年7月全国人大常委会颁布的《中华人民共和国公路法》,除此之外,还有建设部1992年11月发布的《城市道路照明设施管理规定》,1993年5月发布的《城市道路占用挖掘收费管理办法》以及相关内容的规章及地方性法规、规章等。

城市公共交通方面,有1981年城乡建设环境保护部颁布的《城市公共交通安全管理的暂行办法》,1991年11月建设部颁布的《关于地下铁道与轻轨交通建设标准的若干规定》,1993年12月颁布的《城市公共交通车船乘坐规则》,及1997年12月颁布的《城市出租汽车管理办法》等。

城市供水方面,主要有1988年1月全国人大常委会颁布的《中华人民共和国水法》,1988年12月国务院颁布的《城市节约用水管理规定》,1994年7月国务院颁布的《城市供水条例》,以及有关主管部门颁布的《城市地下水资源管理规定》、《饮用水水源保护区污染防治管理规定》、《城市节约用水奖励暂行办法》等。

城市供热、供燃气方面,主要有1986年2月国务院批复的《关于加强城市集中供热管理工作报告》,1992年2月建设部印发的《城市集中供热当前产业政策实施办法》,1995年3月建设部、国家计委联合发布的《关于加强城市供热规划管理工作的通知》,1996年7月建设部颁布的《城市燃气和集中供热企业资质管理规定》,1991年3月颁布的《城市燃气安全管理规定》,1997年12月颁布的《城市燃气管理办法》等。

城市排水和防洪方面,主要有全国人大常委会1984年5月制订,1996年5月修订的《中华人民共和国水污染防治法》,1997年8月颁布的《中华人民共和国防洪法》,建设部1992年12月颁布的《城市排水监测工作管理规定》,以及《市政工程设施管理条例》、《关于加强城市防洪工作意见的通知》等。

城市园林绿化方面,主要有1982年12月城乡建设环境保护部颁布的《城市园林绿化管理暂行条例》,1992年6月国务院颁布的《城市绿化条例》和《公园管理条例》,1994年8月建设部颁布的《城市动物园管理规定》和2001年2月23日颁布的《游乐园管理规定》等。

城市市容与环境卫生方面,主要有1992年6月国务院颁布的《城市市容与环境卫生管理条例》,1993年8建设部颁布的《城市生活垃圾管理办法》,1994年4月颁布的《城市道路和公共场所清扫保洁管理办法》等。

综上所述,市政公用事业方面的立法纷繁散乱,且效力较低,主要以规章为主。随着《中华人民共和国立法法》于2000年7月1日生效实施以及我国社会主义法制建设的进一步推进,市政公用事业立法不论是从内容上还是效力上都会更加规范和完善。

第二节 市政工程管理

一、城市道路管理

(一) 城市道路的概念

根据《城市道路管理条例》的规定,城市道路是指城市供车辆、行人通行的,具备一定技术条件的道路、桥梁及其附属设施。具体包括:

1．机动车道、非机动车道、人行道、广场、公共停车场、街头空地、隔离带、路肩、路坡、路堤、边沟等；

2．城市的各种桥涵，包括桥梁、涵洞、立交桥、高架桥、过街天桥、人行地下通道、城市道路与铁路两用桥等；

3．路灯、路标、路牌以及城市道路的其他附属设施；

4．已征用的道路建设用地。

（二）城市道路的规划和建设

1．规划和建设的一般要求

（1）县级以上城市人民政府应当组织市政工程、城市规划、公安交通等部门，根据城市总体规划编制城市道路发展规划；市政工程行政主管部门再根据城市道路发展规划，制定道路年度建设计划，经城市人民政府批准后实施。

（2）政府投资建设城市道路的，应当根据城市道路发展规划和年度建设计划，由市政工程行政主管部门组织建设；单位投资的，应当符合城市道路发展规划，并经市政工程行政主管部门批准；城市住宅小区、开发区内的道路建设，应当分别纳入其开发建设计划配套建设。

（3）城市供水、排水、燃气、热力、供电通讯、消防等依附于城市道路的各种管线、杆线等设施的建设计划，应当与城市道路发展规划和年度建设计划相协调，坚持先地下、后地上的施工原则，与城市道路同步建设。

（4）城市道路的建设应当符合城市道路技术标准；城市道路与铁路相交的道口建设应当符合国家有关铁路的技术标准；跨越江河的桥梁和隧道的建设，应当符合国家规定的防洪、通航标准及其他相关技术标准。

2．城市道路的设计和施工

（1）承担城市道路设计、施工的单位，应当具有相应的资质等级，并在其资质等级许可的范围内承揽相应的城市道路的设计、施工任务。

（2）城市道路的设计和施工，应当严格执行有关城市道路设计施工的强制性技术标准。

（3）城市道路施工，实行工程质量监督制度。

（4）城市道路工程竣工，实行竣工验收制度。经验收合格后，方可交付使用；未经验收或者验收不合格的，不得交付使用。

（5）城市道路实行工程质量保修制度。保修期为1年，自交付之日起计算；保修期内出现工程质量问题，由有关责任单位负责保修。

（6）城市道路工程的设计施工还应遵守国家和地方有关工程设计施工的其他规定。

（三）城市道路的养护和维修

1．养护和维修的原则

（1）城市建设行政主管部门应当按照养护与维修并重，预防和维修相结合的原则，加强城市道路的养护和维修工作，保证城市道路经常处于完好状态。

（2）城市道路养护维修部门应当制订有效的养护维修制度，按照大中小修的养护维修周期，安排好计划，定期进行养护和维修。

2．养护和维修的职责

城市道路养护维修单位负责城市道路的养护维修工作。城市建设行政主管部门建设的广场、停车场，由城市道路养护维修单位负责管理和养护维修；其他部门建设的广场、停车场由建设单位负责管理和维修;经城市人民政府批准作封闭集贸市场的城市道路,由市场管理部门按照城市道路的养护标准负责养护维修,也可委托城市道路养护维修单位负责养护维修。

3．养护和维修的施工管理

(1) 养护维修施工应当规定修复期限,施工作业现场必须设置明显标志和安全防护措施,保障行人和交通车辆安全。影响交通的,养护维修单位必须与公安机关协商,共同采取维护。临时不能通行的,应当事先发布通告。

(2) 城市道路养护维修工程质量必须符合《城市道路养护技术规范》和有关的技术标准。

(3) 从事城市道路检查、维修的专用车辆,应当使用统一标志。执行任务或者进行特殊施工作业时,在保证交通安全畅通的原则下,不受行驶路线、行驶方向的限制。

(四) 城市道路的路政管理

1．路政管理的概念

城市道路路政管理是指城市道路行政主管部门制订城市道路管理规章,进行道路的日常管理并制止破坏道路和妨碍道路正常使用的活动的总称。

城市道路的路政管理一般由城市建设行政主管部门负总责,城建监察部门具体执行路政管理的各项工作,制止各种违反路政管理的行为。

2．路政管理的一般规定

(1) 城市建设行政主管部门执行路政管理的人员执行公务,应当按照有关规定佩带标志,持证上岗。

(2) 履带车、铁轮车或者超重、超高、超长车辆不得擅自在城市道路上行驶;如果确需在城市道路上行驶的,事先须征得行政主管部门同意,并按照公安交通管理部门指定的时间、路线行驶。

(3) 军用车辆执行任务需要在城市道路上行驶的,可以不受前述规定的限制,但是,应当按照规定采取安全保护措施。

(4) 依附于城市道路建设各种管线、杆线等设施的,应当经城市建设行政主管部门批准,方可建设。

(5) 在城市道路范围内,禁止下列行为:

1) 擅自占用或者挖掘城市道路;

2) 机动车在桥梁或者非指定的城市道路上试刹车;

3) 擅自在城市道路上建设建筑物、构筑物;

4) 在桥梁上架设压力在 0.4MPa 以上的燃气管道、10kV 以上的高压电力线和其他易燃易爆管线;

5) 擅自在桥梁或路灯设施上设置广告牌或者其他挂浮物;

6) 其他损害侵占城市道路的行为。

3．城市道路的占用、挖掘管理

(1) 城市道路占用管理

未经市政工程行政主管部门和公安交通管理部门批准,任何单位和个人不得占用城市道路;因特殊情况需要临时占用城市道路的,须经市政工程行政主管部门和公安交通管理部门批准后,方可占用,但是不得损坏城市道路,占用期满后,应当及时清理占用现场,恢复城市道路原状;损坏城市道路的,应当修复或者给予赔偿。

集贸市场占用城市道路应严格限制。确需占用城市道路作为集贸市场的,应当经县级以上城市人民政府批准;未经批准,擅自占用城市道路作为集贸市场的,市政工程行政主管部门应当责令限期清退,恢复城市道路功能。

占用由市政工程行政主管部门管理的城市道路的,应当向其缴纳城市道路占用费。收费标准由省级人民政府建设行政主管部门拟定,报同级财政、物价主管部门核定。当市政工程行政主管部门根据城市建设或者其他特殊需要,对临时占用城市道路的单位或个人决定缩小占用面积、缩短占用时间或者停止占用的,应根据具体情况退还部分城市道路费。

(2) 城市道路的挖掘管理

《城市道路管理条例》第30条规定:"未经市政工程行政主管部门和公安交通管理部门批准,任何单位和个人不得挖掘城市道路"。

因工程建设需要挖掘城市道路的,应当持城市规划部门批准签发的文件和有关设计文件,到市政工程行政主管部门和公安交通管理部门办理审批手续,方可按照规定挖掘。新建、扩建、改建的城市道路交付使用后5年内,大修的城市道路竣工后3年内不得挖掘,因特殊情况需要挖掘的,须报县级以上城市人民政府批准。

经批准挖掘城市道路的,应当按照批准的位置、面积、期限挖掘,需要移动位置、扩大面积、延长时间的,应当提前办理变更审批手续。在施工过程中,现场应当设置明显标志和安全保护设施;竣工后,应当及时清理现场,通知市政工程行政主管部门检查验收。

当埋设在城市道路下的管线发生故障需要紧急抢修的,可以先行破路抢修,并同时通知市政工程行政主管部门和公安交通管理部门,在24小时内按照规定补办批准手续。

挖掘由市政工程行政主管部门管理的城市道路的,应当向市政工程行政主管部门缴纳城市道路挖掘修复费。收费标准由省级人民政府建设行政主管部门制定,报同级财政、物价主管部门备案。

(五) 城市道路照明设施管理

1. 城市道路照明设施的概念

城市道路照明设施是指用于城市道路、不售票的公园和绿地等处的路灯配电室、变压器、配电箱、灯杆、地上地下管线、灯具、工作井以及照明附属设备等。

县级以上城市人民政府城市建设行政主管部门负责本行政区域的城市道路照明设施管理工作,也可以委托有关机构负责日常管理。

2. 城市道路照明设施的规划和建设

(1) 城市道路照明设施规划、建设和改造计划,应当纳入城市道路建设、改造规划和年度建设计划,并与其同步实施。城市建设行政主管部门负责制定城市道路照明设施规划和建设计划,报同级人民政府批准后,由城市道路照明设施管理机构负责具体实施。

(2) 需要改造的城市道路照明设施,由城市道路照明设施机构负责编制改造规划,报城市建设行政主管部门批准后,由城市道路照明设施管理机构负责具体实施。

(3) 城市新建和改建的城市道路照明设施必须符合有关设计安装规程规定,并积极采用新光源、新技术、新设备;城市道路照明设施的新建、改建工程必须符合国家有关标准规范,并经验收合格后交付使用。

(4) 城市道路照明设施的改建和维护,应当按照现有资金渠道安排计划。住宅小区和旧城改造中的城市道路照明设施建设应当纳入城市建设综合开发计划。

3. 城市道路照明设施的维护和管理

(1) 城市道路照明设施的维护和管理应当坚持安全第一,认真执行各项规章制度,保证城市道路照明设施的完好、运行正常。

(2) 城市建设行政主管部门必须对道路照明设施管理机构建立严格的检查和考核制度,及时督促更换和修复破损的照明设施,使亮灯率不低于95%。

(3) 任何单位和个人在进行可能触及、迁移、拆除城市道路照明设施或者影响其安全运行的地上、地下施工时,应当经城市建设行政主管部门审核同意后,由城市道路照明设施管理机构负责其迁移或拆除工作,费用由申报单位承担。

(4) 城市道路照明设施附近的树林距带电物体的安全距离不得小于1m。因自然生长而不符合安全距离标准影响照明效果的树木,由城市道路照明设施管理机构与城市园林绿化管理部门协调后剪修;因不可抗力以使树木严重危及城路照明设施安全运行的,城市道路照明设施管理机构应当采取紧急措施进行剪修,并同时通知城市园林绿化管理部门。

(5) 任何单位和个人在损坏道路照明设施后,应当保护事故现场,防止事故扩大,并立即通知城市道路照明设施管理机构及有关单位。

二、城市排水工程管理

(一) 城市排水的概念

城市排水是指城市生活污水、工业废水、大气降水径流和其他弃水的收集、输送、净化、利用和排放。城市排水设施包括城市污水和雨水输送管网的管道、暗渠、泵站、出水口、窨井及附属设施、污水处理厂、污泥处理场和调蓄排水的湖塘排污河道等。

(二) 城市排水工程的规划和建设

城市排水行政主管部门应当根据规划和城市经济发展计划及经济发展的需要编制城市排水设施建设规划和年度建设计划,报城市人民政府批准后实施。

城市排水行政主管部门应委托有相应资质的设计和施工单位承担城市排水设施建设任务,严禁无证越级承担设计和施工任务。城市排水设施施工必须严格执行国家和地方的技术规范和标准,工程竣工后经城市排水行政主管部门验收合格后,方可投入使用。城市排水设施资金的筹措可采用国家和地方投资、受益者集资、银行贷款、依法征收税费以及实行排水设施有偿使用等多种渠道筹措。

(三) 城市排水设施的维护和管理

1. 不准在排水设施的防护区内修建建筑物、构筑物或者设置有碍维护作业的设施;严禁拆动、破坏、堵、占压、窃取排水设施的行为。

2. 严禁其他管道、电缆穿越排水管道和附属设施;城市内各项建设项目在施工时,必须注意保护排水设施;建设工程管线与排水管道交叉或者近距平行时,必须报经城市建设行政主管部门审查同意后,方可施工;因敷设地下管线损坏排水设施时,由建设单位负责修复赔偿。

3. 凡在城市规划区范围内直接或者间接使用城市排水设施的各种企事业单位,应当缴纳排水设施有偿使用费,作为城市排水设施维修养护、运行管理和更新改造的专项资金,由城市建设行政主管部门提出使用计划,经审核后安排使用,专款专用。

4．使用城市排水设施的单位(以下简称排水单位)，其专用排水设施需要与城市排水设施连接的，应当报经城市建设行政主管部门批准，发给排放污水许可证后，方可排放。

5．排水单位应当采取有利于减水污水量和污染物的技术和措施，推行雨污分流体制，发展高效低耗能源的污水处理技术，积极发展污水综合治理，在缺水地区发展污水净化和海水利用技术。

6．排水单位排放污水，应当遵照国家规定的水质排放标准排水。因特殊情况需要超标准排放污水的单位，应当报经城市建设行政主管部门批准并限期治理。

7．严禁向城市排水设施内排放腐蚀物质、剧毒物质、易燃易爆物质和有害气体。排水单位因发生事故和意外事故，排放或泄漏有毒有害污水、物料，造成或者可能造成影响排水设施正常运行的事故时，应当及时采取治理措施，并向当地城市建设行政主管部门和环境保护部门报告。

三、城市防洪工程管理

(一) 城市防洪概述

防治洪水，防御、减轻洪涝灾害，对于维护人民的生命和财产安全、保障社会主义现代化建设顺利进行至关重要。城市防洪是防洪工作的重要环节，同时也是城市建设的有机组成部分，因此，做好城市防洪工作，加强城市防洪管理十分必要。

目前，规范城市防洪工作的法律法规有：1982年8月城乡建设环境保护部颁布的《市政工程设施管理条例》，1997年8月全国人大常委会颁布的《中华人民共和国防洪法》，以及《城市规划法》、《水法》、《河道管理条例》等。除此之外，国务院建设行政主管部门、水行政主管部门及其他相关部门，还多次发布关于加强城市防洪工作的通知、办法等，对城市防洪管理作了详细规定。

(二) 城市防洪工程的规划和建设

《中华人民共和国防洪法》第10条规定："城市防洪规划，由城市人民政府组织水行政主管部门、建设行政主管部门和其他有关部门依据流域防洪规划和上一级人民政府区域防洪规划编制，按照国务院规定的审批程序批准后纳入城市总体规划。"《城市规划法》第15条也规定，编制城市规划应当符合防洪的要求，在可能发生严重水害的地区，必须在规划中采取相应的防洪措施。

城市防洪工程的建设必须防洪规划和城市规划，要根据轻重缓急，近远期相结合，分期分批建设城市防洪工程，真正起到防洪、防灾的作用。同时要注意综合效益，将防洪工程建设和城市道路建设、园林绿化建设结合起来，做到社会效益、环境效益、经济效益相统一。

城市防洪工程属于市政工程，因此，城市防洪工程的建设还应符合有关市政工程设计、施工、竣工、保修等方面的法律规定。

(三) 城市防洪工程设施的管理

城市防洪工程设施包括：城市防洪堤岸、河坝、防洪墙、排涝泵站、排洪道及其附属设施。其管理应做到以下五个方面：

1．在城市防洪工程设施防护带内，禁止乱挖、乱填、搭盖、摊放物料，不准进行有损防洪设施的任何活动。任何单位和个人不得擅自利用堤坝进行与防洪无关的活动和修建作业。

2．在城市防洪工程设施保护带内，禁止在非码头区装卸或堆放货物。机械装卸设备需要装设在护岸、防水墙或排洪道上时，应经当地城市建设行政主管部门和防汛部门同意。

3. 在城市防洪堤和护堤地,禁止建房、放牧、开渠、打井、挖窖、葬坟、晒粮、存放物料以及开展集市贸易活动。

4. 城市内河的故道、旧堤、原有防洪设施等,非经城市建设行政主管部门批准,不得填堵、占用或者拆毁。

5. 城市建设行政主管部门应当根据《防洪法》、《水法》、《城市规划法》及《河道管理条例》等制定各种管理制度,建立健全管理机构,并根据需要建立执法队伍,依法进行管理。

第三节　城市公用事业管理

一、城市供水与节水管理

(一) 城市供水水源管理

1. 县级以上城市人民政府应当组织城市规划行政主管部门、水利行政主管部门、城市供水行政主管部门和地质矿产行政主管部门等共同编制城市供水水源开发利用规划,作为城市供水发展规划的组成部分,纳入城市总体规划。

2. 编制城市供水水源开发利用规划,应当从城市发展的需要出发,并与水资源统筹规划和水长期供求计划相协调;应当根据当地情况,合理安排利用地表水和地下水;应当优先保证城市生活用水,统筹兼顾工业用水和其他各项建设用水。

3. 县级以上地方人民政府环境保护部门应当会同城市供水行政主管部门、水行政主管部门和卫生行政主管部门等共同划定饮用水水源保护区,经本级人民政府批准后公布;规定跨省、市、县的饮用水水源保护区,应当由有关人民政府共同商定并经其共同的上级人民政府批准后公布。

4. 在饮用水水源保护区内,禁止一切污染水质的活动。

(二) 城市供水的经营管理

1. 城市供水企业的经营管理

城市供水企业包括城市自来水供水企业和自建设施对外供水的企业,其经营管理应遵守下列规定:

(1) 必须经资质审查合格并经工商行政管理机关登记注册后,方可从事经营活动;

(2) 应当建立健全水质检测制度,确保城市供水的水质符合国家规定的饮用水卫生标准;

(3) 应当按照国家有关规定设置管网测压点,做好水压监测工作,确保供水管网的压力符合国家规定的标准;

(4) 禁止在城市公共供水管道上直接装泵抽水;

(5) 应当保持不间断供水。若由于工程施工、设备维修等原因确需停止供水的,应当经城市供水行政主管部门批准提前24小时通知用水单位和个人,因发生灾害或紧急事故,不能提前通知的,应当在抢修的同时通知用水单位和个人,尽快恢复正常供水,并报告城市供水行政主管部门;

(6) 应当实行持证上岗制度。

2. 城市供水经营管理的其他规定

(1) 用水单位和个人应当按照规定的计量标准和水价标准按时缴纳水费;

（2）禁止盗用或者转供城市公共供水；

（3）城市供水价格应当按照生活用水保本微利、生产和经营用水合理计价的原则制定，各城市供水价格制定办法由省、自治区、直辖市人民政府规定。

（三）城市供水工程建设

1．城市供水工程的建设应当按照城市供水发展规划及其年度建设计划进行。要执行国家规定的基本建设程序，建立健全并执行工程立项、设计文件和开工报告审批、施工监督检查及竣工验收制度。

2．城市供水工程的设计、施工，应当委托持有相应资质证书的设计、施工单位承担，并遵守国家有关技术标准和规范。禁止无证或超越资质证书规定的经营范围承担城市供水工程的设计、施工任务。

3．城市供水工程竣工后，应当按照国家规定组织验收；未经验收或者验收不合格的，不得投入使用。

4．城市新建、扩建、改建工程项目需要增加用水的，其工程项目总概算应当包括供水工程建设投资；需要增加城市公共供水量的，应当将其供水工程建设投资交付城市供水行政主管部门，由其统一组织城市公共供水工程建设。

（四）城市供水设施的维护和管理

1．城市自来水供水企业和自建设施对外供水的企业对其管理的城市供水的专用水库、引水渠道、取水口、泵站、井群、输（配）水管网、进户总水表、净（配）水厂、公用水厂等设施，应当定期检查维修，确保安全运行。

2．用水单位自行建设的与城市公共供水管道相连接的户外管道及其附属设施，必须经城市自来水供水企业验收合格并交其统一管理后，方可使用。

3．在规定的城市公共供水管道及其附属设施的地面和地下的安全保护范围内，禁止挖坑取土或者修建建筑物、构筑物等危害供水设施安全的活动。

4．因工程建设确需改装、拆除或者迁移城市公共供水设施的，建设单位应当报经县级以上人民政府城市规划行政主管部门和城市供水行政主管部门批准，并采取相应的补救措施。

5．涉及城市公共供水设施的建设工程开工前，建设单位或者施工单位应当向城市自来水供水企业查明地下水管网情况。施工影响城市公共供水设施安全的，建设单位或者施工单位应当与城市自来水供水企业商定相应的保护措施，由施工单位负责实施。

6．禁止擅自将自建设施供水管网系统与城市公共供水管网系统连接；因特殊情况确需连接的，必须经城市供水企业同意，报城市供水行政主管部门和卫生行政主管部门批准，并在管道连接处采取必要的防护措施。

7．禁止产生或者使用有毒有害物质的单位将其生产用水管网系统与城市公共供水管网系统直接连接。

（五）城市节水管理

1．城市节水管理的一般原则

（1）城市实行计划用水和节约用水；

（2）国家鼓励城市节约用水科学技术研究，推广先进技术，提高城市节约用水科学技术水平，并对在城市节约用水工作中做出显著成绩的单位和个人给予奖励；

(3) 城市人民政府应当在制定城市供水发展规划的同时,制定节约用水发展规划,并根据节约用水发展规划制定节约用水年度计划;

(4) 各级统计部门、城市建设行政主管部门应当做好城市节约用水统计工作;

(5) 国务院建设行政主管部门主管全国的城市节约用水工作,省、自治区人民政府和县级以上城市人民政府城市建设行政主管部门和其他有关行业行政主管部门,按照同级人民政府规定的职责分工,负责城市节约用水管理工作。

2．城市节水管理的具体规定

(1) 工业用水重复利用率低于40%(不包括热电厂用水)的城市,新建供水工程时,未经上一级城市建设行政主管部门同意,不得新增工业用水量;

(2) 单位自建供水设施取用地下水,必须经城市建设行政主管部门核准后,依照国家规定申请取水许可;

(3) 城市的新建、扩建和改建工程项目,应当配套建设节约用水设施,城市建设行政主管部门应当参加节约用水设施的竣工验收;

(4) 城市用水计划由城市建设行政主管部门根据水资源统筹规划和长期供水计划制定,并下达执行;超计划用水必须缴纳超计划用水加价水费;超计划用水加价水费必须按规定的期限缴纳,逾期不缴纳的,由城市建设行政主管部门责令其限期缴纳,并按日加收超计划用水加价水费5‰的滞纳金;

(5) 生活用水按户计量收费;新建住宅应当安装分户计量水表,现有住户未装分户计量水表的,应当限期安装;拒不安装生活用水分户计量水表的,城市建设行政主管部门应当责令其限期安装;逾期不安装的,由城市建设行政主管部门限制其用水量,可以并处罚款;

(6) 各用水单位应当在用水设备上安装计量水表,进行用水单耗考核,降低单位产品用水量;应当采取循环用水、一水多用等措施,在保证用水质量标准的前提下,提高水的重复利用率;

(7) 水资源紧缺的城市,应当在保证用水质量标准的前提下,采取措施提高城市污水利用率;沿海城市应当积极开发利用海水资源;有咸水资源的城市,应当合理开发利用咸水资源;

(8) 城市供水企业、自建供水设施的单位应当加强供水设施的维修管理,减少水的漏损量;

(9) 城市新建、扩建和改建工程项目未按规定配套建设节约用水设施或者节约用水设施验收不合格的,由城市建设行政主管部门限制其用水量,并责令其限期完善节约用水设施,可以并处罚款。

二、城市供热管理

(一) 城市集中供热概述

根据国务院《关于当前产业政策要点的决定》和建设部《城市集中供热当前产业政策实施方法》的规定,城市供热应推行集中供热的方针,坚持因地制宜、广开热源、技术先进的原则。严格限制新建分散锅炉房,对现有分散锅炉房要限制并逐步改造,提高城市集中供热的普及率。今后,集中供热要根据工业用热和生活用热的需要,采取热电联产,建设集中供热的锅炉房,充分利用工业余热和开发地热等多种方式,在城市总体规划的指导下,有计划、有步骤地分步实施。凡是新建住宅、公共设施和工厂用热,在技术经济合理的条件下,都应采取集中供热，一般不再建分散的锅炉房。

所谓城市集中供热是指由集中热源所产生的蒸汽、热水，通过管网供给一个城市或者部分地区生产和生活使用的供热方式。集中供热方式包括热电联产、集中锅炉房、工业余热、地热、核能等。

城市集中供热是城市重要的基础设施，是节约能源、减少环境污染的重要措施之一。实行集中供热有利生产、方便生活，有利于实现经济效益、环境效益、社会效益的统一。

（二）城市集中供热的管理体制

按照国务院关于各部委业务分工的规定，城市集中供热由建设部归口管理，负责拟定城市供热工作的方针、政策和法规，指导城市供热的管理工作，会同国家计委、能源部、国家环保总局等对城市集中供热进行统一规划、统一计划，并组织实施。

凡生活用热规模较大的城市可以设立热力公司，负责城市热网、集中锅炉房的建设和管理工作。各单位建设各类供热锅炉房，应由计划部门组织规划、环保、供热管理、劳动、煤炭等部门审查批准。各城市人民政府要加强对集中供热工作的领导，协调各方面的工作。

以工业用热为主的蒸汽供热设施的管理工作，可采取企业自管、电力部门管理和地方管理等各种形式；以供热为主的小型热电厂，其供电对电网影响不大的，经双方协商后，可以下放地方管理或改为企业的自备电厂。

各部门管理的热电厂向热网供电，供需双方应签订合同，并各自纳入计划，热网管理部门要按照热源的供热能力发展用户，避免盲目扩大。

（三）城市集中供热的发展序列

1. 城市集中供热发展的重点是直辖市、省会城市、自治区首府、计划单列市、风景旅游城市、重点环境保护城市、沿海开放城市、边境、口岸城镇。

2. 在基本建设方面，重点支持热电联产及配套的城市管网设施项目，现有热电厂的挖潜、革新、改造配置锅炉扩大供热能力的项目以及小型火电厂改造为以供热为主的热电厂项目；优先发展城市规划区内的新建小区、旧城改造、公共建筑集中锅炉房建设项目；支持利用工业余热、地热实行集中供热项目；稳妥发展核能供热。

3. 在技术改造方面，重点支持新技术、新材料、新工艺和新设备的研制、开发和应用，在确保技术先进、质量安全可靠、经济合理的前提下，提高热网和热力站的技术装备水平和现代化管理手段。对能耗高、效率低、性质差的供热设备要有计划、有步骤地进行更新改造和淘汰。

4. 在生产供应方面，重点支持热电厂向市区供热，优先发展城市规划区内的新建小区、旧城改造区、公共建筑实行集中供热，大力支持利用工业余热、地热就近供热。

5. 在专用设备的生产上，支持高效节能供热产品和设备的生产制造、研制与应用。

（四）城市集中供热的规划管理

1. 城市供热专业规划是城市总体规划的组成部分。各个城市在制定城市总体规划时，应结合实际需要编制城市供热专业规划，其内容深度要符合《城市规划编制办法实施细则》对各专业规划的要求。

2. 要在城市总体规划的指导下，严格按照《城市供热规划技术要求》和《城市供热规划内容深度》的规定编制城市供热规划，并与城市规划部门进行协调。

3. 为了提高城市供热规划质量，必须委托具有相当资质和级别的城市规划或供热专业设计单位编制城市供热规划。直辖市、省会城市、自治区首府、计划单列市和规划供热面积在1000万 m² 以上(含 1000 万 m²)的城市供热计划,应当由具有甲级资质的供热专业设计单位承担;规划供热面积在 1000 万 m² 以下的城市供热规划,应当由具有乙级资质的供热专业设计单位承担。

4. 城市供热规划编制工作完成后,要组织进行相当级别的从事供热和城市规划工作的专家论证。

5. 城市供热规划的审批。直辖市、省会城市、自治区首府、计划单列市和规划供热面积在 1000 万 m² 以上(含 1000 万 m²)的城市供热规划,要报请省级人民政府建设行政主管部门批准;规划供热面积在 100 万 m² 以下的城市供热规划,要报请市人民政府建设行政主管部门批准。

6. 城市建设行政主管部门主持城市供热规划的编制工作,并监督实施,当地计划、电力、环保等有关部门要参与城市供热规划编制工作。

7. 调整、修改城市总体规划时,城市供热规划也要作相应的调整。城市供热工程建设中出现热源和热网主干线等有较大的变化时,城市供热规划应相应调整。由于热负荷变化较快,城市供热规划一般 5 年左右应进行一次调整。

三、城市燃气管理

(一) 城市燃气概述

城市燃气,也称城镇燃气,是指城、镇或居民点中,从地区性的气源点,通过输配系统供给居民生活、公共建筑和工业企业使用的,并且具有一定指标的气体燃料。包括天然气、液化石油气、人工燃气和生物气等。

城市燃气的发展要贯彻多种气源、多种途径、因地制宜和合理利用能源的方针,优先使用天然气,大力发展煤制气,积极回收工矿煤气,合理利用液化石油气,适当发展油制气。各地应根据当地财力、物力和资源情况,遵照国家资源综合利用政策,治理城市环境污染的要求,加强基础设施建设,促进社会经济发展和精神文明建设,积极促进城市燃气事业的发展。

国务院是城市燃气行业的主管部门,各地政府城市建设或市政公用主管部门为地方燃气行业的主管机关。主管部门应负责制定城市燃气工作的方针、政策和法规、规章,指导城市燃气的发展工作,对城市燃气企业以及从事燃气产品生产和经营的企业实施监督和管理,做好城市燃气的安全管理工作和提高行业管理、服务水平。主管部门应根据国务院明确的部门分工规定,与各有关部门加强协调,积极配合,共同努力,促进城市燃气事业的健康发展。

(二) 城市燃气的规划和建设

1. 县级以上地方人民政府应当组织规划、城建等部门根据城市总体规划编制本地区燃气发展规划;城市燃气新建、改建、扩建项目以及经营网点的布局要符合城市燃气发展规划,并经城市建设行政主管部门批准后,方可实施。

2. 燃气工程的设计、施工,应当由持有相应资质证书的设计、施工单位承担,并应当符合国家有关技术标准和规范;禁止无证或超越资质证书规定的经营范围承担燃气工程设计、施工任务。

3. 住宅小区内的燃气工程施工可以由负责小区施工的具有相应资质的单位承担;民用建筑的燃气设施,应当与主体工程同时设计、同时施工、同时验收;燃气表的安装应当符合规范,兼顾室内美观,方便用户。

4. 燃气工程施工实行工程质量监督制度和竣工验收制度;燃气工程竣工后,应当由城市建设行政主管部门组织有关部门验收;未经验收或者验收不合格的,不得投入使用。

5. 在燃气设施的地面和地下规定的安全保护范围内,禁止修建建筑物、构筑物,禁止堆放物品和挖坑取土等危害供气设施的活动。

6. 确需改动燃气设施的,建设单位应当报经县级以上地方人民政府城市规划行政主管部门和城市建设行政主管部门批准;改动燃气设施所发生的费用由建设单位承担。

7. 城市新区建设和旧区改造时,应当依照城市燃气发展规划,配套建设燃气设施;高层建筑应当安装燃气管道配套设施。

(三) 城市燃气的经营管理

1. 用管道供应城市燃气的,实行区域统一经营;瓶装燃气可以多家经营。

2. 燃气供应企业,必须经资质审查合格并经工商行政管理机关登记注册,方可从事经营活动;资质审查办法按《城市燃气和供热企业资质管理规定》执行。

3. 燃气供应企业应当遵守下列规定:

(1) 燃气的气质和压力应当符合国家规定的标准,保证安全稳定供气,不得无故停止供气;

(2) 禁止向无城市燃气企业资质证书的单位提供经营性气源;

(3) 不得强制用户到指定的地点购买制定的燃气器具;

(4) 禁止使用超过检验期限和检验不合格的钢瓶;

(5) 禁止用槽车直接向钢瓶充装液化石油气;

(6) 其他应当遵守的规定。

4. 燃气供应企业和燃气用具安装维修单位的职工应当实行持证上岗制度;具体办法由国务院建设行政主管部门会同有关部门制定。

5. 燃气供应企业及分销站点需要变更、终止、分立或者合并的,必须提前30日向城市建设行政主管部门提出申请,经批准后,方可实施。

6. 燃气价格的确定和调整,由城市建设行政主管部门提出,物价部门审核,经批准后组织实施。

(四) 城市燃气的使用管理

1. 燃气供应企业应当建立燃气用户档案,与用户签订供气用气合同,明确双方的权利和义务。

2. 燃气用户未经燃气供应企业批准,不得擅自接通管道使用燃气或者改变燃气使用性质、变更地址和名称。

3. 燃气计量应当采用符合国家计量标准的燃气计量装置,按照规定定期进行校验。

4. 燃气用户应当遵守下列规定:

(1) 按照使用规则,正确使用燃气;

(2) 禁止盗用或者转供燃气;

(3) 禁止对液化石油气钢瓶加热;

(4) 禁止倒灌瓶装气和倾倒残液,残液由燃气供应企业负责倾倒;

(5) 禁止擅自改换钢瓶检验标记;

(6) 禁止自行拆卸、安装、改装燃气计量器具和燃气设施等；

(7) 以管道燃气为燃料的热水器、空调等设备，必须报经燃气供应企业同意，由持有相应资质证书的单位安装；

(8) 法律、法规规定的其他行为。

5. 燃气用户应当按时缴纳气费；逾期不缴的，燃气供应企业可以从逾期之日起向不缴纳气费的用户收取应缴气费1‰～3‰的滞纳金；情节严重的，可以中止对其供气。

6. 燃气用户有权就燃气经营的收费和服务向燃气供应企业查询，对不符合收费和服务标准的，可以向其行政主管部门投诉。

（五）城市燃气器具管理

1. 燃气器具的生产实行产品生产许可或者安全质量认证制度。燃气器具必须取得国家燃气器具产品生产许可证或者安全质量认证后，方可生产。

2. 燃气器具必须经销售地城市建设行政主管部门指定的检测机构的气源适配性检测，符合销售地燃气使用要求，颁发准销证后方可销售；获得准销证的产品由城市建设行政主管部门列入当地《燃气器具销售目录》，并向用户公布。

3. 燃气器具安装、维修单位，必须经城市建设行政主管部门资质审核合格，方可从事燃气器具的安装、维修业务。

4. 燃气器具生产、经营企业在销售地必须有产品售后维修保证措施。

（六）城市燃气安全管理

燃气是一种易燃、易爆、有毒的气体，一旦管道、设备等发生泄漏，极易发生火灾爆炸及中毒事故，使人民的生命财产遭受巨大损失。因此，它的管理必须坚持安全第一、预防为主的方针，1997年12月建设部颁布的《城市燃气管理办法》中设专章对此做出规定，具体如下：

1. 燃气供应企业必须建立安全检查、维修维护、事故抢修等制度，及时报告、排除、处理燃气设施故障和事故，确保正常供气。

2. 燃气供应企业必须向社会公布抢修电话，设置专职抢修队伍，配备防护用品、车辆器材、通讯设备等；燃气供应企业应当实行24小时值班制度，发现燃气事故或者接到燃气事故报告时，应当立即组织抢修、抢险。

3. 燃气供应企业必须制定有关安全使用规则，宣传安全使用常识，对用户进行安全使用燃气的指导。

4. 燃气供应企业应当按照有关规定，在重要的燃气设施所在地设置统一、明显的安全警示标志，并配置专职人员进行巡回检查；严禁擅自移动、覆盖、涂改、拆除、毁坏燃气设施的安全警示标志。

5. 任何单位和个人发现燃气泄漏或者燃气引起的中毒、火灾、爆炸等事故，有义务通知燃气供应企业以及消防等部门；发生燃气事故后，燃气供应企业应当立即向城市建设行政主管部门报告，重大燃气事故要及时报国务院建设行政主管部门。

6. 对燃气事故应当依照有关法律、法规的规定处理；发生重大燃气事故，应当在事故发生地的人民政府统一领导下，由城市建设行政主管部门会同公安、消防、劳动等有关部门组成事故调查组，进行调查处理。

7. 除消防等紧急情况外，未经燃气供应企业同意，任何人不得开启或者关闭燃气管道上的公共阀门。

四、城市公共交通管理

(一) 城市公共交通概述

城市公共交通包括公共汽车、电车、出租汽车、地铁、轮渡、索道缆车、轻轨交通及其他公共交通工具。城市公共交通是城市建设的重要组成部分,是城市社会经济活动的动脉,也是城市生产、生活必不可少的基础设施。

国务院建设行政主管部门主管全国的城市公共交通管理工作,县级以上地方人民政府城市建设行政主管部门主管本行政区域内的城市公共交通管理工作。一般按公共汽车、电车、出租汽车、地铁、轮渡等系统划分为几个公司分别进行管理,有的城市将公司隶属公用事业局,归口城市建设行政主管部门。

(二) 城市公共交通的经营管理

1. 经营审批制度

城市建设行政主管部门对经营城市公共交通营运、维修的单位和个人实行经营审批制度。未经批准,任何单位和个人不得经营城市公共交通。凡申请经营城市公共交通的单位和个人,必须经过当地市建设行政主管部门的资质审查,合格后方可到公安、工商、税务等部门办理车(船)检验及其他登记手续,并报物价部门核定运价。办理上述手续后,才可以在确定的范围内营业。经营者停业、歇业或者变更注册项目,应当经原批准机关同意,并办理有关手续。

2. 线路专营权制度

为了维护交通秩序,保证城市公共交通主干线路的营运,城市人民政府可以对公共汽车、电车实行线路专营权制度,即由城市人民政府授权有经营资格的经营者,在一定线路一定期限内享有专项经营公共汽车、电车的权利。实行专营管理,是由政府与经营者签订专营合同,规定政府和经营者各自享有的权利、义务和责任,并保证专营经营者能获得合理的经济收益及规定线路站点等设施的专有使用权,同时要求其保证为社会提供优质的服务。

3. 城市公共交通经营权的有偿出让

城市公共交通经营权的有偿出让是指城市人民政府以所有者的身份将城市公共交通经营权在一定期限内有偿出让给经营者的行为。实行经营权有偿出让应当坚持公开、公平、公正的原则,不得搞双重标准和内部照顾。除城市出租车外,小公共汽车经营权必须实施定线管理,公共汽车、电车、地铁、轻轨和轮渡等实施专营管理后,方可实行经营权有偿出让。经营权可以招标、拍卖、协议和政府规定的其他形式出让。经营权有偿出让的期限由地方人民政府规定,不得搞永久经营权。实行经营权有偿出让的城市应具备下列条件:

(1) 有城市公共交通规划和行业现状调查及发展预测的详细报告;

(2) 有健全的行业管理机构;

(3) 有城市建设行政主管部门颁发的经营权有偿出让实施办法和资质审查规定。

4. 城市公共交通经营权的转让

城市公共交通经营权的转让是指获得经营权的经营者将经营权再转移的行为。经营权的转让应当在城市建设行政主管部门的组织下进行。获得经营权转让费的增值部分上缴城市建设行政主管部门的比例不得少于40%。

(三) 城市公共交通车船乘坐管理

1. 城市公共交通车船的概念

城市公共交通车船是指在城市中供公众乘用的公共汽车(含中小型公共汽车)、电车、出租汽车、旅游客车、地铁列车、轮渡、索道缆车以及城市水上客运船只。乘客乘坐城市公共交通车船要遵守一定的乘坐秩序,以保证城市交通安全和畅通,从而进一步加强城市公共交通管理。

2. 城市公共交通车船乘规则

乘客乘坐城市公共交通车船应当遵守社会公德,讲究文明礼貌,服从承运人员的管理,共同维护乘坐秩序。乘客必须遵守下列乘坐秩序:

(1) 乘坐车船,须在站台、码头或者指定的地点依次候乘,不准在车行道上招呼出租车,待车船停稳后先下后上,依次登乘,不准强行上下;

(2) 赤膊者、醉酒者、无人监护的精神病患者及无成年人带领的学龄前儿童,不准乘坐车船;

(3) 老、幼、病、残、孕及怀抱婴儿者优先上车船,其他乘客应该主动给他们让座;

(4) 乘坐车船时,不得将身体的任何部位伸出车船外,不准躺、卧、占据和蹬踏坐席,不准打闹、斗殴,不准自行开关车船门,不准损坏车船设备、设施或者其他妨碍车船行驶、停靠和乘客安全的行为;

(5) 在车船运行中,不准进入驾驶部位和其他有碍安全的部位,不得与驾驶员闲谈;

(6) 在车船内禁止吸烟,不准向车船内外吐痰、乱扔杂物;

(7) 车船因故不能继续运行时,应当服从乘运人员的安排或者换乘其他车船;

(8) 到达票额规定的站或者终点站后,必须离开车船,不准越站乘坐或者随车船返乘。

3. 票务管理

乘客乘坐城市公共交通车船,必须遵守下列票务管理规定:

(1) 主动照章购票或者出示月票,并接受乘运人员的查验;

(2) 身高110cm(含110cm)以上的儿童必须购票,每一名乘客可以免费携带一名身高不足110cm的儿童乘车船,超过一名的按超过人数购票;儿童集体乘车船,应当按实际人数购票;

(3) 车船票限当次乘坐有效,但由乘运人员安排换乘的,所持车船票有效;

(4) 车船票售出后,不予退票。

(四) 城市出租汽车管理

1. 城市出租汽车管理概述

出租汽车是城市公共交通的重要组成部分。出租汽车的发展,应当与城市建设和城市经济、社会发展水平相适应,并与其他公共交通客运方式相协调。出租汽车行业实行统一管理、合法经营、公平竞争的原则。

出租汽车的发展规划和计划,由城市建设行政主管部门会同有关部门编制,纳入城市总体规划,报当地人民政府批准后实施。

国务院建设行政主管部门负责全国的城市出租汽车管理工作,县级以上地方人民政府城市建设行政主管部门主管本行政区域内出租汽车的管理工作。出租汽车的具体管理工作可以委托客运管理机构负责。

2. 出租汽车经营资质资格管理

(1) 出租汽车经营企业应当具备下列条件:

1）有符合规定要求的客运车辆和相应的资金；
2）有符合规定要求的经营场所；
3）有符合规定要求的管理人员和驾驶员；
4）有与经营方式相配套的经营管理制度；
5）有独立承担民事责任的能力；
6）符合其他有关规定的条件。
（2）出租汽车个体工商户应当符合下列条件：
1）有符合规定要求的客运车辆和相应的资金；
2）有符合规定要求的停车场地；
3）符合其他有关规定的条件。
（3）出租汽车驾驶员应当符合下列条件：
1）有常住户口或者暂住证；
2）有当地公安部门核发的机动车驾驶证并有两年以上驾龄；
3）经客运服务职业培训，并考核合格；
4）遵纪守法。被取消营运资格的驾驶员，从取消之日起的一定年限内不得从事客运服务。
（4）出租汽车经营的申请和审核
申请从事出租汽车经营的企业和个体工商户（以下简称经营者），应当向客运管理机构提交下列文件：
1）书面申请；
2）经营方案和可行性报告；
3）资信证明；
4）经营管理制度；
5）有关经营场地、场所的文件和资料；
6）符合其他有关规定的条件。
客运管理机构应当在收到上述申请文件之日起的 30 日内，根据出租汽车的发展计划及申请者的条件做出审核决定。核准的发给许可凭证；不核准的，书面通知申请人。经营者持许可凭证，向有关部门办理经营执照、税务登记、车辆牌照等手续。已按前述规定办妥手续的，由客运管理机构发给经营资格证书，并发给车辆营运证和驾驶员营运资格证件后，方可营业。
（5）经营者资格复审
客运管理机构应当定期对经营者的资格进行复审。经复审合格的，可继续经营；资格复审不合格的，责令限期整改；逾期仍不合格的，注销其资格证书，并提请工商部门吊销其营业执照。
（6）出租汽车和驾驶员的资格审验
客运管理机构应当定期对出租汽车和驾驶员的客运资格进行审验。经审验合格的，准予继续从事营运；审验不合格或者逾期 6 个月以上不参加审验的，注销其车辆营运证和营运资格证件。
3．出租汽车客运服务管理

(1) 客运服务方式

出租汽车实行扬手招车、预约定车和站点租乘等客运服务方式；经营者及其从业人员应当为乘客提供方便、及时安全、文明的规范化服务，对病人、产妇、残疾人以及急需抢救的人员优先供车；遇有抢险救灾、主要客运集散点供车严重不足、重大活动等特殊情况时，经营者应当服从客运管理机构调集车辆的统一指挥。

(2) 经营者应当遵守下列规定：

1) 执行由城市物价部门会同同级建设行政主管部门制定的收费标准，并且使用由城市客运管理机构会同税务部门印制的车费发票；

2) 按时如实向城市客运管理机构填报出租汽车统计报表；

3) 按照规定缴纳税费和客运管理费；

4) 不得将出租汽车交给无营运资格证件的人员驾驶；

5) 未经客运管理机构批准，不得将出租汽车转让或者移作他用；

6) 符合其他有关规定。

(3) 出租汽车应当符合下列要求：

1) 车辆技术性能、设施完好，车容整洁；

2) 出租汽车应当装置由客运管理机构批准的，并经技术监督部门鉴定合格的顶灯；

3) 小客车应当装置经公安机关鉴定合格的防劫安全设施；

4) 出租汽车应当固定装置统一的顶灯和显示空车待租的明显标志；

5) 在车身明显部位标设经营者全称及投诉电话，张贴标价牌；

6) 携带建设部统一样式的营运证正本，在车前挡风玻璃处张贴建设部统一样式的营运证副本；

7) 符合客运服务规范的其他要求。

(4) 出租汽车驾驶员应当遵守下列规定：

1) 携带营运资格证件；

2) 按照合理路线或者乘客要求的路线行驶，不得绕道和拒载，营运途中无正当理由不得中断服务；

3) 执行收费标准并且出具车费发票，按照规定使用顶灯、计价器等客运服务设施；

4) 不得将车辆交给无营运资格证件的人员使用；

5) 不得利用车辆进行违法犯罪活动；

6) 发现违法犯罪嫌疑人员，应当及时报告公安机关，不得知情不报；

7) 遵守客运服务规范的其他规定。

(5) 乘客应遵守的规定：

乘客需要出市境或者夜间去郊县、偏僻地区时，出租汽车驾驶员可以要求乘客随同到就近的公安机关或者出租汽车营业站办理验证登记手续，并报告驾驶员所属的出租汽车经营企业。乘客应当予以配合。

乘客应当遵守有关法律、法规的规定，在下列情况下，乘客不得拦车：第一，车辆在载客运营中；第二，车辆在遇红灯停驶时；第三，所在地点或者路段禁止停车时；第四，所经道路无法行驶时。

乘客应当按照规定的标准支付车费和应乘客及路线需要而发生的过桥、过路、过渡等费用。但是,遇有下列情况时,乘客可以拒绝支付车费:第一,租乘的出租汽车无计价器或者计价器不使用的;第二,驾驶员不出具车费发票的。

4. 对出租汽车的检查和投诉

(1) 城市建设行政主管部门或者其委托的城市客运管理机构应当加强对城市出租汽车的监督和检查。城市客运管理人员在客流集散点和道路上对出租汽车执行检查任务时,应当穿着统一的识别服装,佩带值勤标志。

(2) 客运管理机构和出租汽车经营企业应当建立投诉受理制度,接受各种违法、违章行为的投诉和社会监督;投诉者应当提供车费发票、车辆牌照号码等有关证据和情况。

(3) 出租汽车企业受理投诉后,应当在受理之日起 10 日内做出答复;投诉者对答复有异议的,可以再向客运管理机构投诉;客运管理机构受理投诉后,应当在受理之日起一个月内处理完毕,情况复杂的可以在三个月内处理完毕。

(4) 乘客与驾驶员对客运服务有争议时,可以到客运管理机构处理;乘客投诉计价器失准的,客运管理机构应当立即封存该计价器及其附设装置,并送技术监督部门校验,由此发生的费用由责任者承担。

第四节 城市园林绿化管理

一、城市园林管理

(一) 城市园林的概念和范围

城市园林是指在城市区域内运用工程技术和艺术手段,通过改造地形、种植树木花草、营造建筑和布置园路等途径创造而成的美的自然环境和游憩境域。园林包括庭院、宅园、小游园、花园、公园、植物园、动物园、游乐园等。

城市园林绿地,包括下列六类:

1. 公共绿地。指供人们游憩观赏的各种公园、植物园、动物园、陵园以及小游园、街道广场的绿地。

2. 专用绿地。指工厂、机关、学校、医院、部队等单位和居住区内的绿地。

3. 生产绿地。指为城市园林绿化提供苗木、花草、种子的苗圃、花圃、草圃等。

4. 防护绿地。指城市中用于隔离、卫生、安全等防护目的的林带和绿地。

5. 风景林地。指具有一定景观价值,对城市整体风貌和环境起作用,但尚未完善游览、休息、娱乐等设施的绿地。

6. 居住区绿地。是指居住区内除公园以外的其他绿地。

(二) 城市园林的规划

1. 城市园林绿化规划是城市总体规划的组成部分,由城市规划部门会同园林部门共同编制,园林部门组织实施。凡规划确定的绿地,不得改作他用。如确需变动时,应报经原审批部门批准。

2. 城市园林绿化规划要根据当地特点和条件,合理布局,远、近期结合,点、线、面结合,构成完整的绿地系统。每个城市都要有与人口相应的绿地面积,不断提高绿化覆盖率。

3. 城市新建区的绿化用地,应不低于总用地面积的 30%;旧城改建区的绿化用地,应不低于总用地面积的 25%。

（三）城市园林的建设

1. 城市园林绿化建设，必须按规划有计划地进行。各类绿地在施工前要做出设计，并按基本建设程序经过审查批准。绿化建设所需投资应纳入基本建设计划。各单位新建、扩建项目和统建小区的投资，应包括绿化费用。城市给水规划和建设计划中，应包括绿化用水的管网和计入绿化用水量。

2. 城市园林建设要继承和发扬我国优秀园林艺术传统，注意吸收国外先进经验，努力创造适应现代生活的新型园林风格。要从实际出发，按照园林的性质、要求和当地条件，精心设计，精心施工。要提倡主要以植物材料造园，园林建筑和其他设施应安排适度，不要过多。园林建设既要讲求艺术，又要经济合理，做到投资省、效果好。

3. 动物园的建设要严格控制。新建或扩建动物园必须具备饲养、医疗、防疫等物资设备和技术条件，不可盲目发展，不要片面追求动物品种数量。笼舍建设要朴素自然，尽量适应动物的生活习惯，不要华而不实。

4. 有条件的城市应建设和发展植物园，作为园林植物研究和科普教育的基地，也可开放供观赏游览。要大力收集植物品种，搞好引种驯化，培育适宜本地生长的优良品种，丰富园林绿化的植物材料。

5. 苗木是园林绿化建设的物质基础，要重视城市园林苗圃建设，逐步做到草木自给。园林苗圃用地面积应为城市建成区面积的 2%~3%。园林部门在搞好专业苗圃建设的同时，还应支持和帮助有条件的工厂、机关、学校、部队等单位开展群众育苗。

6. 绿化工程要加强技术管理，严格按技术规范施工，保证栽植质量，提高树木花草的成活率和保存率。

（四）城市园林绿地的管理

1. 城市的公共绿地、生产绿地、防护绿地、风景名胜区由城市园林部门经营管理，专用绿地和其他单位营造、管理的防护林带，由各单位自行管理，园林部门在业务上进行指导、检查和监督。绿化任务大的单位，应有专业队伍或专职人员负责专用绿地的养护管理工作。

2. 城市园林绿地，不准任何单位和个人占用，已被占用的绿地，要限期退还。

3. 城市公共绿地是广大群众游憩观赏的场所，必须保护树木花草繁茂，园容整洁美观，设施完好，并不断充实植物品种，提高园艺水平。为保证公共绿地有良好的秩序，确保游人及园林设施的安全，园林部门要建立健全各项管理办法和游览制度，并严格执行。

4. 公共绿地内的饮食、照相、小卖部等服务业由园林部门经营管理，业务上接受商业服务部门的指导。

5. 园林绿地内的文物古迹，要认真加以保护，要保持历史特点，维持其原有风貌，不得随意改建、拆迁。文物古迹及古典园林的周围，不准建设高度、色彩、风格等不协调的建筑物及其他设施。

（五）城市园林植物的养护和管理

1. 园林绿地内的植物应妥善保护。任何单位和个人都不许在园林绿地内毁损花木、倾倒污物、堆置物品、挖砂采石、割草取土、放牧捕猎、开荒垦植。为保证园林植物生长繁茂，要切实搞好养护管理，适时松土、灌溉、施肥、修剪和防治病虫害。

2. 百年以上的树木和稀有、名贵树种以及具有历史价值和纪念意义的树木，统称古树名木。古树名木是活的文物，是国家的宝贵财富，树权为国家所有。要建立档案和标志，进行重点保护,严禁砍伐破坏。城市中的古树名木,由园林部门负责管理。散生于各单位范围内的,由各单位负责保护,园林部门负责监督和技术指导。

3. 城市园林部门管辖范围内的树木,归园林部门所有。各单位在其管界内自行种植养护的树木,树权和收益归单位所有。居住区内的树木,树权和收益归负责此居住区绿化的部门所有。私有庭院个人种植养护的树木,树权和收益归个人所有。

4. 城市植树的主要目的是维护生态平衡、改善环境、美化城市,所有树木都要加以保护。无论公有还是私有树木的砍伐,均需报园林部门审查批准;未经园林部门许可,任何单位和个人都不得砍伐。

5. 行道树及干道上的绿化带,由园林部门负责管理。行道树与架空线路、地下管线发生矛盾需要修剪时,由线路管理单位与园林部门协商进行修剪。

6. 建设单位经申请批准砍伐非本单位所有的树木时,应按园林部门规定的标准补偿绿化费。申请伐树单位,须按规定补植树木。

7. 引进种苗必须进行检疫,不符合检疫标准的种苗不准引进。珍稀和濒于灭绝的苗木及其种子资源的交换、引进,须按国家有关规定办理。

(六)城市动物园管理及动物的保护

1. 动物园管理机构应当加强动物园的科学化管理,建立健全必要的职能部门,配备相应的人员,建立和完善各项规章制度;科技人员应达到规定的比例。

2. 动物园管理机构应当备有卫生防疫、医疗救护、麻醉保证设施,定时进行防疫和消毒;有条件的动物园要设有动物疾病检疫隔离场。

3. 动物园管理机构应当完善各项安全设施,加强安全管理,确保游人、管理人员和动物的安全;动物园管理机构应当加强对游人的管理,严禁游人在动物展区内惊扰动物和大声喧哗,闭园后禁止在动物展区内进行干扰动物的各种活动。

4. 动物园管理机构应当加强园容和环境卫生的管理,完善环卫设施,妥善处理垃圾、排泄物和废弃物,防止污染环境。

5. 动物园管理机构应当制定野生动物种群发展计划,动物园间应当密切配合和协作,共同做好濒危物种的保护繁育研究工作,有条件的动物园应当建立繁育研究基地;国家重点保护的野生动物因自然或者人为灾害受到威胁时,动物园管理机构有责任进行保护和拯救。

6. 动物园饲养繁殖国家重点保护的野生动物要持有驯养繁殖许可证,动物园饲养繁殖国家重点保护的野生动物的,由野生动物行政主管部门委托建设行政主管部门审批和核发驯养繁殖许可证。

7. 动物园运输、携带国家重点保护野生动物或其产品到国内其他地方的,由省、自治区、直辖市人民政府野生动物行政主管部门授权同级建设行政主管部门审批。

8. 动物园与国外进行"濒危野生动植物种进出口国际贸易公约"附录Ⅰ、Ⅱ野生动物的交换、展览、赠送等,涉及进出口边境口岸的,经国务院建设行政主管部门审核同意后,报国务院野生动物行政主管部门批准,并取得国家濒危物种进出口管理机构核发的允许进出口证明书;大熊猫的进出口须报国务院批准。

(七)城市游乐园管理

游乐园是指在独立地段专以游艺机、游乐设施开展游乐活动的经营性场所或在公园内设有游艺机、游乐设施的场所。对于游乐园的管理,建设部2001年2月23日颁布的《游乐园管理规定》中作了如下规定：

1．游乐园经营单位应当加强管理，健全安全责任制度等各项规章制度，配备相应的操作、维修、管理人员，保证安全运营；应当建立游艺机和游乐设施的技术档案和运行状况档案。

2．游乐园经营单位应当设置游乐引导标志，保持游览路线和出入口的畅通，及时做好游览疏导工作。同时，应在每项游艺机和游乐设施的入口处向游人做出安全保护说明和警示，每次运行前应当对乘坐游人的安全防护加以检查确认，设施运行时应当注意游客动态，及时制止游客的不安全行为。

3．游乐园经营单位应当建立紧急救护制度。一旦发生人身伤亡事故，应立即停止设施运行，积极抢救，保护现场，并按照有关规定报告所在地城市人民政府园林、质量技术监督、公安等有关部门。

4．游乐园经营单位对各种游艺机、游乐设施要分别制定操作规程，运行管理人员守则。操作、管理、维修人员应当经过培训，操作维修人员应当按照国家质量技术监督局的有关规定，进行考核，持证上岗。

5．游艺机和游乐设施应当符合《游艺机和游乐设施安全标准》和质量技术监督行政部门有关特种设备质量监督与安全监察规定；对游艺机和游乐设施，游乐园经营单位应当按照特种设备质量监督和安全监察的有关规定，进行安全运行检查，并应按照特种设备质量监督和安全监察的有关规定，申报游艺机和游乐设施检验计划；严禁使用检修或者检验不合格及超过使用期限的游艺机和游乐设施。

二、城市绿化管理

（一）城市绿化管理体制

国务院设立全国绿化委员会，统一组织领导全国城乡绿化工作，其办公室设在国务院林业行政主管部门。

国务院建设行政主管部门和林业行政主管部门等，按照国务院规定的职权划分，负责全国城市绿化工作。

地方绿化管理体制，由省、自治区、直辖市人民政府根据本地实际情况规定；城市人民政府城市绿化行政主管部门主管本行政区域内城市规划区的城市绿化工作；在城市规划区内，有关法律、法规规定由林业行政主管部门等管理的绿化工作，依照有关法律、法规执行。

（二）城市绿化的规划和建设

1．城市人民政府应当组织城市规划行政主管部门和城市绿化行政主管部门等共同编制城市绿化规划，并纳入城市总体规划。

2．城市绿化规划应当从实际出发，根据城市发展需要，合理安排同城市人口和城市面积相适应的城市绿化用地面积；城市人均公共绿地面积和绿化覆盖率等规划指标，由国务院建设行政主管部门根据不同城市的性质、规模和自然条件等实际情况规定。

3．城市绿化规划应当根据当地的特点，利用原有的地形、地貌、水体、植被和历史文化遗迹等自然、人文条件，以方便群众为原则，合理设置公共绿地、居住区绿地、防护绿地、生产绿地和风景林地等。

4．城市绿化工程的设计，应当委托持有相应资质证书的设计单位承担；工程建设项目的附属绿化工程设计方案，按照基本建设程序审批时，必须有城市人民政府城市绿化行政主管部门参加审查;城市的公共绿地、居住区绿地、风景林地和干道绿化带等绿化工程的设计方案,必须按照规定报城市人民政府城市绿化行政主管部门或者其上级行政主管部门审批;建设单位必须按照批准的设计方案进行施工,设计方案确需修改时,须经原批准机关审批。

5. 城市绿化工程的设计,应当借鉴国内外先进经验,体现民族风格和地方特色。城市公共绿地和居住区绿地的建设,应当以植物造景为主,选用适合当地自然条件的树木花草,并适当配置泉、石、雕塑等景物。

6. 城市绿化工程的施工,应当委托持有相应资质证书的单位承担。绿化工程竣工后,应当经城市人民政府城市绿化行政主管部门或者该工程的主管部门验收合格后,方可交付使用。

7. 城市新建、扩建、改建工程项目和开发住宅区项目,需要绿化的,其基本建设投资中应当包括配套的绿化建设投资,并统一安排绿化工程施工,在规定的期限内完成绿化任务。

(三) 城市绿化的保护和管理

1. 城市的公共绿地、风景林地、防护绿地、行道树及干道绿化带的绿化,由城市人民政府城市绿化行政主管部门管理;各单位管界内的防护绿地的绿化,由该单位按照国家有关规定管理;单位自建的公园和单位附属绿地的绿化,由该单位管理;居住区绿地的绿化,由城市人民政府城市绿化行政主管部门根据实际情况确定的单位管理;城市苗圃、草圃和花圃等,由其经营单位管理。

2. 任何单位和个人都不得擅自改变城市绿化规划用地性质或者破坏绿化规划用地的地形、地貌、水体和植被;不得擅自占用城市绿化用地,占用的城市绿化用地,应当限期归还;因建设或者其他特殊需要临时占用城市绿化用地,需经城市人民政府城市绿化行政主管部门同意,并按照有关规定办理临时用地手续。

3. 任何单位和个人都不得损坏城市树木花草和绿化设施;砍伐城市树木,必须经城市人民政府城市绿化行政主管部门批准,并按照国家有关规定补植树木或者采取其他补救措施。

4. 在城市的公共绿地内开设商业、服务摊点的,必须向公共绿地管理单位提出申请,经城市人民政府城市绿化行政主管部门或者其授权的单位同意后,持工商行政管理部门批准的营业执照,在公共绿地管理单位指定的地点从事经营活动,并遵守公共绿地和工商行政管理的规定。

5. 城市的绿地管理单位,应当建立健全管理制度,保持树木花草繁茂及绿化设施完好;为保证管线的安全使用需要修剪树木时,必须经城市人民政府城市绿化行政主管部门批准,按照兼顾管线安全使用和树木正常生长的原则进行修剪;因不可抗力致使树木倾斜危及管线安全时,管线管理单位可以先行修剪、扶正或者砍伐树木,但是,应当及时报告城市人民政府城市绿化行政主管部门和绿地管理单位。

6. 百年以上树龄的树木,稀有、珍贵树木,具有历史价值和纪念意义的树木,统称古树名木;对城市古树名木实行统一管理,分别养护;城市人民政府城市绿化行政主管部门,应当建立古树名木的档案和标志;划定保护范围,加强养护管理;在单位管界内或者私人庭院内的古树名木,由该单位或者居民负责养护,城市人民政府城市绿化行政主管部门负责监督和技术指导;严禁砍伐或者迁移古树名木,因特殊需要迁移古树名木,必须经城市人民政府城市绿化行政主管部门审查同意,并报同级或者上级人民政府批准。

第五节　城市市容和环境卫生管理

一、城市市容和环境卫生管理概述

城市市容和环境卫生工作,实行统一领导、分区负责、专业人员管理与群众管理相结合的原则。

国务院建设行政主管部门主管全国城市市容和环境卫生工作,省、自治区、直辖市人民政府建设行政主管部门负责本行政区域的城市市容和环境卫生工作,城市人民政府市容和环境卫生行政主管部门负责本行政区域的城市市容和环境卫生管理工作。

城市人民政府应当把城市市容和环境卫生事业纳入国民经济和社会发展计划,并组织实施;应当加强城市市容和环境卫生科学知识的宣传,提高公民的环境卫生意识,养成良好的卫生习惯;鼓励城市市容和环境卫生的科学技术研究,推广先进技术,提高市容和环境卫生水平,并对在市容和环境卫生工作中成绩显著的单位和个人给予奖励;一切单位和个人都应当尊重市容和环境卫生工作人员的劳动,不得阻碍、阻挠其履行职务。

二、城市市容管理

（一）建筑物和设施的市容管理

1．城市中的建筑物和设施,应当符合国家规定的城市容貌标准;对外开放城市、风景旅游城市和有条件的其他城市,可以结合本地具体情况,制定严于国家规定的城市容貌标准;建制镇可以参照国家规定的城市容貌标准执行。

2．一切单位和个人都应当保持建筑物的整洁、美观;在城市人民政府规定的街道的临街建筑物的阳台和窗外,不得堆放、吊挂有碍市容的物品;搭建或者封闭阳台必须符合城市人民政府市容和环境卫生行政主管部门的有关规定。

3．一切单位和个人,都不得在城市建筑物和设施以及树木上涂写、刻划;单位和个人在城市建筑物和设施张挂、张贴宣传品等,须经城市人民政府市容和环境卫生行政主管部门或者其他有关部门批准。

4．城市中的市政公用设施,应当与周围环境相协调,并维护和保持设施完好、整洁。

（二）街道和公共场地的市容管理

1．主要街道两侧的建筑物前,应当根据需要与可能,选用透景、半透景的围墙、栅栏或者绿篱、花坛（池）、草坪等作为分界。

2．临街树木、绿篱、花坛（池）、草坪等应当保持整洁、美观;栽培、整修或者其他作业留下的渣土、树叶等,管理单位、个人或者作业者应当及时清除。

3．任何单位和个人都不得在街道两侧和公共场地堆放物料,搭建建筑物、构筑物或者其他设施;因建设等特殊需要,在街道两侧和公共场地临时堆放物料,搭建非永久性建筑物、构筑物或者其他设施的,必须征得城市人民政府市容和环境卫生行政主管部门同意后,按照有关规定办理审批手续。

4．在城市中设置户外广告、标语牌、画廊、橱窗等,应当内容健康、外形美观,并定期维修、油饰或者拆除;大型户外广告的设置必须征得城市人民政府市容和环境卫生行政主管部门同意后,按照有关规定办理审批手续。

（三）工程施工现场场容、场貌的管理

1．城市的工程施工现场的材料、机具，应当堆放整齐，渣土、垃圾等应当及时清运。

2．临街工地应当设置护栏或者围布遮挡。

3．在车辆、行人通行的地方施工，应当设置沟、井、坎、穴的覆盖物和施工标志。

4．停工场地应当及时整理并作必要的覆盖。

5．竣工后，应当及时清理和平整场地。

（四）交通运输工具的市容管理

1．在市区运行的交通运输工具，应当保持外形完好、整洁，货运车辆运输的液体、散装货物，应当密封、包扎、覆盖，避免泄漏、遗撒。

2．凡车身有污迹、有明显浮土，车底、车轮附有大量泥沙，影响市区环境卫生和市容观瞻的，驾驶员应服从城建监察人员的监督管理，在进入市区前自觉将车辆清洗干净。清洗方式坚持自愿原则，可以自己清洗或到清洗站自助清洗，也可以由清洗站代办清洗。对于符合标准的清洁车辆，以及执行任务的军车、警车、救护车、消防车、工程抢险车、警卫车以及装载易燃、易爆、有毒等危险品和有特殊防潮要求物品的车辆，免予清洗。

3．畜力车应当挂带粪兜，洒落的粪便应及时清理。

三、城市环境卫生管理

（一）城市环境卫生设施的规划和建设

城市环境卫生设施包括楼内垃圾道、楼外化粪池、垃圾站、垃圾箱、公共厕所、小区环卫专用车辆停放场地及工人休息室等。根据国务院颁布的《城市市容和环境卫生管理条例》和建设部《关于把城市环境卫生设施的建设纳入城市总体规划的通知》，对环境卫生设施的规划和建设具体规定如下：

1．在制定城市总体规划时，应把环境卫生专项规划作为不可缺少的内容纳入其中；在制定详细规划时，要把垃圾收集、转运设施，公共厕所和环境卫生工作网点等做出安排，合理布局。城市环境卫生部门要配合规划部门，提出环境卫生设施规划的内容和要求，要按照城市总体规划安排环境卫生设施的建设，并纳入城市建设计划，使环境卫生设施体系逐步完善以创造清洁优美的城市环境。

2．环境卫生设施建设，应当符合国家规定的城市环境卫生标准。

3．城市人民政府在进行城市新区开发或者旧区改造时，应当依照国家有关规定，建设生活废弃物的清扫、收集、运输和处理等环境卫生设施，所需经费应当纳入建设工程概算。在新区开发和旧区改建中环境卫生设施建设的经费应当在整个工程概算中保持适当的比例。

4．多层和高层建筑应当设置封闭式垃圾通道或者垃圾储存设施，并修建清运车辆通道。城市街道两侧、居住区或者人流密集地区，应当设置封闭式垃圾容器、果皮箱等设施。

5．一切单位和个人都不得擅自拆除环境卫生设施；因建设需要必须拆除的，建设单位必须事先提出拆迁方案，报城市人民政府市容和环境卫生行政主管部门批准。

（二）城市公厕管理

1．城市公厕的规划

(1) 城市公厕应当按照"全面规划、合理布局、改建并重、卫生适用、方便群众、水厕为主、有利排运"的原则，进行规划建设。

(2) 城市公厕规划是城市环境卫生规划的组成部分，应当由城市人民政府环境卫生行政主管部门会同城市规划行政主管部门,依照《城市公共厕所规划和设计标准》及公共建筑设计规范进行编制。

(3) 下列城市公共场所应当设置公厕,并应当设立明显的标志或者指路牌:第一,广场和主要交通干道两侧;第二,车站、码头、展览馆等公共建筑附近。

(4) 城市公厕应当修建在明显易找、便于粪便排放或机器抽运的地段,新建的公厕外观应当与环境相协调。

(5) 任何单位和个人不得擅自占用城市公厕规划用地或者改变其性质;建设单位批准征用的土地含有城市公厕规划用地的,建设单位应当按照城市公厕规划和城市人民政府环境卫生行政主管部门的要求修建公厕,并向社会开放使用。

2. 城市公厕的建设和维修管理

(1) 城市公厕的建设和维修管理,按照下列分工,分别由城市环境卫生单位和有关单位负责:

1) 城市主次干道两侧的公厕由城市人民政府环境卫生行政主管部门指定的管理单位负责;

2) 城市各类集贸市场的公厕由集贸市场经营管理单位负责;

3) 新建、改建居民楼群和住宅小区的公厕由其管理单位负责;

4) 风景名胜、旅游点的公厕由其主管部门或者经营管理单位负责;

5) 公共建筑附近的公厕由产权单位负责。

其中2)、3)、4)项中的单位,可以与城市环境卫生单位商签协议,委托其代建和维修管理。

(2) 新建的公厕应当以水冲式厕所为主,对于原有不符合卫生标准的旱厕,应当逐步进行改造。

(3) 影剧院、商店、饭店、车站等公共建筑没有附设公厕或者原有公厕及其卫生设施不足的,应当按照城市人民政府环境卫生行政主管部门的要求进行新建、扩建或者改造。

(4) 公共建筑附近的公厕及其卫生设施的设计和安装,应当符合国家和地方的有关标准。

(5) 独立设置的城市公厕竣工时,建设单位应当通知城市人民政府环境卫生行政主管部门或者其指定的部门参加验收;凡验收不合格的,不准交付使用。

3. 城市公厕的保洁和使用管理

(1) 城市公厕的保洁工作,依照前述规定,分别由有关单位负责或者与城市环境卫生单位商签协议,委托代管。

(2) 城市公厕的保洁,应当逐步做到规范化、标准化,保持公厕的清洁卫生和设备、设施完好;城市公厕的保洁标准,由城市人民政府环境卫生行政主管部门制定。

(3) 城市人民政府环境卫生行政主管部门应当对公厕的卫生及设备、设施进行检查,对于不符合规定的,应当予以纠正。

(4) 在旅游景点、车站、繁华商业区等公共场所独立设置的较高档次公厕,可以适当收费;具体收费办法,由省、自治区人民政府建设行政主管部门和直辖市人民政府环境卫生行政主管部门提出方案,报同级人民政府物价、财政部门批准;所收费用专项用于公厕的维修和管理。

(三) 城市生活垃圾管理

城市生活垃圾,是指城市中的单位和居民在日常生产及为生活服务中产生的废弃物,以及建筑施工活动中产生的垃圾。根据国务院颁布的《城市市容和环境卫生管理条例》及建设部颁布的《城市生活垃圾管理办法》,对城市生活垃圾管理具体规定如下:

1. 城市生活垃圾的倾倒

(1) 城市居民必须按当地规定的地点、时间和其他要求,将生活垃圾倒入垃圾容器或者指定的生活垃圾场所。

(2) 对城市生活废弃物应当逐步做到分类收集、运输和处理;在城市生活垃圾实行分类、袋装收集的地区,应当按当地规定的分类要求,将生活垃圾装入相应的垃圾袋内投入垃圾容器或者指定的生活垃圾场所;废旧家具等大件废弃物应当按规定时间投放在指定的收集场所,不得随意投放。

(3) 单位处理产生的生活垃圾,必须向城市市容环境卫生行政主管部门申报,按批准指定的地点存放、处理,不得任意倾倒;无力运输、处理的,可以委托城市市容环境卫生管理单位运输、处理。

(4) 单位和个人不得将有害废弃物混入生活垃圾中。

(5) 城市中的所有单位和居民都应当维护环境卫生,遵守当地有关规定,不得乱倒、乱丢垃圾。

2. 城市生活垃圾的存放、运输和处理

(1) 城市应当根据《城市环境卫生设施设置标准》,设置垃圾箱(桶)、转运站等设施;单位内部上述设施的建设和管理由各单位负责。

(2) 存放生活垃圾的设施、容器必须保持完好,外观和周围环境应当整洁;未经城市市容环境卫生行政主管部门批准,任何单位和个人不得任意搬动、拆除、封闭和损坏。

(3) 生活垃圾运输车辆必须做到密闭化,经常清洗,保持整洁、卫生和完好状态,城市生活垃圾运输途中,不得扬、撒、遗漏。

(4) 国家鼓励发展城市生活垃圾的回收利用;城市生活垃圾应当逐步实行分类收集、运输和处理,逐步实行生活垃圾治理的无害化、资源化和减量化,搞好综合利用。

3. 城市生活垃圾的经营和收费

(1) 凡从事城市生活垃圾经营性清扫、收集、运输和处理服务的单位和个人,必须经城市市容环境卫生行政主管部门审核批准后,方可从事经营,并接受其监督检查。

(2) 凡从事城市生活垃圾经营性收集、运输服务的单位和个人,必须将生活垃圾运往城市市容环境卫生行政主管部门指定的生活垃圾转运站、处理场,不得任意倾倒。

(3) 国家对城市生活垃圾的清扫、收集、运输和处理服务实行收费制度,城市市容环境卫生行政主管部门对委托其清扫、收集、运输和处理生活垃圾的单位和个人收取服务费,并逐步向居民征收生活垃圾管理费;服务收费管理办法由省级人民政府制定,所收专款专用于生活垃圾处理设施的维修和建设。

(四) 城市道路和公共场所清扫保洁管理

1. 城市道路和公共场所清扫保洁管理的一般性规定

根据建设部发布的《城市道路和公共场所清扫保洁管理办法》,城市道路和公共场所是指城市建成区内的车行道、人行道、街巷、桥梁(包括立交桥、高架桥、隧道、人行过街天桥等)、地下通道、广场、停车场、公共绿地和各类车站、机场、码头、市场以及文化、体育、娱乐等活动场所。

国务院建设行政主管部门负责全国城市道路和公共场所清扫保洁的监督管理,省、自治区人民政府建设行政主管部门负责本行政区域内,城市人民政府市容环境卫生行政主管部门负责全市的城市道路和公共场所的清扫保洁管理,并实施监督管理。

城市道路和公共场所的清扫、保洁应当与城市道路和公共场所的建设、改造相协调,清扫保洁所需经费应纳入城市维护建设资金使用计划,并根据需要,每年适当增加或调整。

市容环境卫生行政主管部门应当不断改善道路和公共场所清扫作业条件,积极开展机械化清扫,有条件的城市要对道路、公共场所的地面实行水洗和建立进城车辆清洗站。在炎热季节,适时组织对重点道路实行洒水、降温、压尘。并与有关科研单位进行协作,对城市道路清扫、冲洗,除雪机械化等技术进行研究和开发。

城市道路和公共场所的清扫保洁,应当符合国家规定的《城市道路清洁质量评定标准》和《城市主要公共场所环境卫生质量评定标准》。

2．城市道路和公共场所清扫保洁管理的分工负责制

城市道路和公共场所清扫保洁管理实行专业管理和群众管理相结合,并按下列规定分工负责:

(1) 城市主、次干道、桥梁、地下通道、广场等公共场所,由环境卫生专业单位清扫、保洁;

(2) 城市其他道路(含街巷、居住区内的道路)由街道办事处负责组织清扫、保洁;

(3) 城市中的所有单位均应按照城市人民政府市容环境卫生行政主管部门划分的卫生责任区,自行负责清扫、保洁;

(4) 飞机场、各类车站、停车场、隧道、体育及文化娱乐等公共场所的规定用地范围和卫生责任区及公园、风景点的门前道路、广场和公共场地绿地,由各主管单位负责清扫、保洁;

(5) 集贸市场、商亭、摊点(流动商贩)的经营场地,由经营管理单位或经营者负责清扫、保洁;

(6) 城市水域的码头、装卸作业区的专用道路和场地,由使用或管理单位负责清扫、保洁。

3．对城市中的单位和个人清扫保洁的具体要求

负责清扫、保洁本责任区的道路和公共场所的单位,应当配备足够的垃圾容器和运输工具。城市清扫的垃圾、冰雪,应当运到指定的堆放场地。城市中的所有单位和居民,应按照城市人民政府市容环境卫生行政主管部门划分的卫生责任区,承担扫雪等义务劳动。

凡从事城市道路和公共场所经营性清扫、保洁和进城车辆清洗等经营性服务的单位和个人,必须向城市市容环境卫生行政主管部门申请资质审查,经批准后方可从事经营性服务。

城市中的单位和个人,必须维护城市道路和公共场所的清洁,并严格遵守下列规定:

(1) 不随地吐痰、便溺,不乱丢烟蒂、纸屑、瓜果皮核及各类包装等废弃物;

(2) 不在道路和公共场所堆放杂物;

(3) 车辆运载散体、流体物资时,不准沿街撒落;

(4) 凡在道路和公共场所作业产生的废弃物、渣土等,必须及时清除,并运到指定地点;

(5)施工现场的运输车辆禁止夹带泥土,保持道路清洁。

典型案例一:因违反市容与环境卫生管理而引起的行政处罚案

【案情】

原告:西北电业管理局机关工作部(以下简称电业局)

被告:西安市市容环卫监察大队(以下简称环卫监察大队)

1996年7月17日中午12时左右,电业局的一部东风自卸车从某砂石场拉砂石送往某施工工地,因该路段为土路,又值雨后,因而道路泥泞。原告司机卸车后返回时,被环卫监察大队人员发现,并当即令其停车,司机停车后,被告告知其车轮带泥,并欲对其处罚。但未等执法人员走近,司机突然启动车加大油门向东疾驶,被告即驾车追赶,同时用喊话器喊话令其停车,不久车被追上。环卫监察大队的两执法人员向司机出示执法证,并罚款两千元,但司机未交,被告遂将原告车开回队部,办理审批手续后将车扣押,同时通知原告两日内去处理问题。原告在18日致信省、市领导,反映车被扣一事,承认司机驾车逃跑一节。7月23日,原告请西安市公证处对被扣车进行证据保全,遭被告拒绝,24日市公证处对该车车轮带泥情况进行证据保全,并应原告之请求从被告院内和车轮上各取土样二份封存交给原告。7月26日,被告向原告发出处罚决定书,罚款2000元。原告不服,于7月30日向西安市雁塔区人民法院提起诉讼。

原告诉称:其车轮没有带泥进入城市道路,认为被告将车扣押后作假,让车在院内泥坑中行驶,这一行为是其车轮无泥的证据;再者被告没有权力扣车;西安市的市容条例有关可以扣车一条与国务院市容条件不一致,应以国务院颁布条例为准,故被告扣车违法,应赔偿扣车20天造成的经济损失34170元,撤销罚款决定。

被告答辩称,原告违法事实清楚,扣车合法,所作出的行政处罚决定,程序合法,证据确凿,适用法规正确,请求人民法院予以维持。

【审判】

本案在审理中,办案人员会同原、被告共同到现场进行实地勘验,证实该段土路坑洼不平,泥坑随处可见,该土路内有五、六家施工工地,出入车辆频繁,经常有会车。法院委托西安地质学院测试中心对送检的被告院内泥坑土样、被扣车土样、工地土路的土样进行土质分析,发现被告院内泥路土样与被扣车土样、工地土路土样是不一致的。

法院经审理认为:原告的东风自卸车从泥路上行驶进入市区时应作清扫处理,但其未作并在被发现后,企图驾车逃跑,其行为错误,违法事实清楚,原告怀疑被告在被扣车辆作假已被分析报告否定。根据《西安市城市市容和环境卫生管理条件》和国务院颁布的《城市市容和环境卫生管理条例》,被告所作处罚决定符合法律规定,原告所持理由不能成立,扣车所引起损失自理。被告处罚决定事实清楚,证据确凿,适用法规正确,程序合法,应予支持。依据《中华人民共和国行政诉讼法》第54条之规定,判决如下:

一、维持环卫监察大队对原告的处罚决定。

二、原告赔偿损失之请求驳回。

宣判后,原告表示服判,不提起上诉,并当即交清了罚款。

【评析】

本案是一起典型的因违反市容与环境卫生管理而引起的行政处罚案。本案在事实认定上没有什么异议,争议的焦点主要在处罚的依据和处罚的方式(扣留车辆)上。

《西安市城市市容和环境卫生管理条例》第四十三条规定:"违反本条例规定,有下列行为之一的,责令改正,并处五百元以上二千元以下罚款;拒不改正的,可以扣押其违法活动的物品,待改正违法行为后发还。(三)……车辆轮胎带泥进入城市道路,……"被告是依据本条进行处罚的。但原告认为此规定与国务院颁布的《城市市容和环境卫生管理条例》有冲突,因而据此对其处罚是非法的。

《城市市容和环境卫生管理条例》中没有对"拒不改正的,可以扣押其违法活动的物品"作出规定,但这并不意味着冲突。我们认为,"可以扣押违法活动物品"是一种强制措施,并不是实体上设定的处罚方式,一旦管理相对人改正了违法行为,就应立即发还所扣押的违法活动物品,故两者无抵触之处。再者,各地区在城市市容和环境卫生管理方面具体情况有差异,可以制定严于国务院《城市市容和环境卫生管理条件》的条例,以促进城市的管理与发展。所以,被告采取暂扣违法车辆的行为是合法的。法院的判决也是完全正确的。

典型案例二:因违反节水规定而引发的行政处罚案

【案情】

原告:某工程承包公司(以下简称工程公司)

被告:某节约用水办公室(以下简称节水办)

1984年5月,某区计划委员会与原告工程公司协议双方联合建宿舍。协议规定:由原告负责拆迁工作。1987年2月,建设单位在区房管局办理征用撤管手续。房管局撤管后,原房管局与居民住房的租赁管理关系解除。属于拆迁地区的房屋及附属设施的维修管理均由负责拆迁的原告承担。

在拆迁过程中,某居民院中一水龙头由于拆迁而暴露在街面上,不久该水龙头滑扣,开始跑漏水。但此事一直无人管理,直到区节水办接到举报,于1990年4月18日派两名执法人员来到现场,并进行了勘察、记录,同时,原告的工作人员也在现场,并在勘察笔录上签了字。4月20日原告将水龙头修复。

1990年4月21日,被告节水办以原告对属于其管理的水龙头失修失养,致使漏水为由,根据《城镇用水浪费处罚规定》的相关规定,决定对原告处以1382.40元的罚款。原告不服,于同年11月9日向法院提起行政诉讼。

【审判】

法院经审理认为:被告认定该处漏水由原告承担责任并无不当,但该处水龙头系居民生活用水设备,应比照《城镇用水浪费处罚规定》中居民用水龙头漏水处罚之规定处罚,被告适用法律不当。据此,法院判决撤销了被告对原告的处罚决定,并令其重新做出具体行政行为。

被告不服一审判决,上诉至中级人民法院。中院审理认为:浪费用水的责任主体是原告,原告应承担失修失养之责,对其罚款数额计算准确;另外,鉴于本市水资源紧缺,应全力支持行政机关对水资源浪费行为的查处。因此,判决如下:撤销原判,维持被告对原告的行政处罚。

【评析】

本案中涉及的水龙头设施,在拆迁期间转由原告负责。因此,原告不仅有对该地区进行拆迁的权利,同时又负有管理、养护、维修一切设备的义务。被告认定原告在拆迁期间对水龙头设备失修失养、漏水造成水资源浪费负有责任是正确的。一审法院认定被告适用法律不当,并据此撤销其具体行政行为不妥。二审法院认定被告的行政行为证据确凿,适用法律正确,并决定撤销原判,维护行政机关合法的具体行政行为是完全正确的。

复习思考题

1. 简述市政公用事业管理的特点和立法情况。
2. 什么叫路政管理？城市道路的路政管理有哪些具体规定？
3. 如何对城市排水及防洪设施进行维护和管理？
4. 简述城市节水管理的具体规定及相应的法律责任。
5. 什么叫城市集中供热？其规划和管理有哪些具体规定？
6. 什么叫城市燃气？城市燃气的安全管理应注意哪些问题？
7. 简述城市公共交通的运营管理。
8. 城市游乐园的管理应注意哪些问题？并指出目前管理中存在的主要问题。
9. 简述城市绿化的保护和管理及相应的法律责任。
10. 简述城市市容与环境卫生管理的一般规定。

第十章 工程建设与环境保护

第一节 环境法概述

一、环境与环境问题

(一) 环境的概念和分类

根据《中华人民共和国环境保护法》第二条之规定,环境是指影响人类生存和发展的各种天然的和经过人工改造的自然因素的总体,包括大气、水、海洋、土地、矿藏、森林、草原、野生动物、自然遗迹、人文遗迹、自然保护区、风景名胜区、城市和乡村等。

环境是一个复杂的综合体,目前尚无统一的分类方法。若根据环境的范围以及与人类活动联系的程度可将其分为宇宙环境、地质环境、区域环境和聚落环境;根据环境要素可将其分为大气环境、水环境、土壤环境、生物环境等;根据环境的功能可将其分为农业环境、工业环境、交通环境、生产环境、生活环境等。我国的环境立法中将环境分为自然环境和人工环境两大类,前者是指在地球的发展演化过程中自然形成的、未受人类活动干预或只受人类轻微干预的环境,如野生动植物、原始森林等;后者是指在自然环境的基础上经过人类改造或人类创造的、体现了人类文明的环境,如道路、城市、乡村等。

(二) 人类与环境的关系

环境是人类赖以生存的物质基础,人类是环境的产物。人类需要环境作为其生存的基本条件,需要通过新陈代谢与环境进行物质和能量交换,与自然界保持平衡关系。事实上人体内各种化学元素的平均含量与地壳中各种化学元素的程度相适应,人体总是通过自身的内部调节去适应外界环境的变化等也说明了人类对环境的适应关系。

人类作为一切动物中最社会化的种群,具有社会的属性,他能不断的认识环境,发现环境新的属性,并利用环境为自身的生存和发展服务。因此,人类自产生以来,不仅摆脱了单纯地靠身体来适应环境的被动情况,而且通过自己的劳动有目的地改变环境,利用环境,逐步创造了高度的人类文明,变成了环境的主导力量,今天,随着科学技术的迅速发展,人类对环境的影响更加深刻。然而,我们也看到了人类长期以来不合理开发利用环境而引起自然界无情报复的后果,并且这些后果已对人类的继续生存和发展构成了威胁。因此,人类能够能动地改变环境,环境又反作用于人类,对人类的生存和发展造成影响。

人类是不断发展的,环境也是不断发展的,环境的发展有着自身的规律,并不会因为人类的活动而停留在一个水平上。人类只有通过与环境的相互作用,不断认识和适应自然规律,认识人类对环境的长远影响,才能与环境在相互作用、相互制约的过程中共同前进。

(三) 环境问题

1. 环境问题的概念

环境问题是由于人类活动作用于环境所引起的环境质量不利于人类的变化,以及这些变化危及人类的生存和发展的问题。环境问题大致可分为两大类：一是指人类在生产和生活过程中违背客观规律，任意排放的各种污染物超过了环境容量，破坏了环境的自净能力所造成的环境污染，如大气污染、水体污染、土壤污染等；二是指人类对自然不合理地开发利用，超过其恢复和增值能力地向自然环境索取物质和能量所造成的自然环境破坏，如水土流失、草原退化、土壤盐碱化、水源枯竭、物种灭绝等。

人类的生产和生活所产生的各种废弃物质，不加限制的排入大气、水体和土壤中，因为物质循环和生物链的作用，终将危害人体健康；这是环境问题的一个方面。另一方面，由于人类对土地、森林、草原的滥垦滥伐，造成水土流失、气候失调或对于矿藏资源的不合理开采，造成生态环境的破坏，给人类造成难以挽回的损失。这两方面的环境问题是互相联系、互相作用的，严重的环境污染会造成生态失调，破坏自然环境，而自然环境的破坏又会降低自净能力，进一步加剧污染。因此，对两方面的环境问题都必须非常重视，不可重此轻彼。

2．城市环境问题

城市是工业、商业和人口集中的地区，是国家和地方的政治、经济、文化中心，城市的社会经济建设在我国社会经济发展中占据极为重要的位置。随着国民经济的不断发展，我国城市化水平明显提高，主要表现为：城市数目大量增加，城市人口急剧膨胀，城市土地面积占全国土地总面积的比重大幅度提高，但是，伴随着我国城市经济的迅速发展和城市规模的急剧扩大，对城市环境带来急剧增大的压力，城市环境问题相当尖锐和突出，其主要表现如下：

(1) 城市环境污染严重。据1998年对全国74个城市的统计，有38个城市的大气悬浮物的年日平均值超过国家二级标准，占统计城市数的51%；有15个城市的二氧化硫的年日平均值超过国家二级标准，占统计城市数的20%。另外，全国城市的水污染普遍比较严重；城市湖泊普遍富营养化，部分湖泊的重金属污染较重；城市固体废弃物的卫生处理和处置的问题日益严重；城市的交通、工业和建筑噪声比较严重。

(2) 城市基础设施不足。全国城市的排水设施约有1/3处于老化状态，80%以上的城市污水未经处理直接排入水体，城市燃气和集中供热普及率低，城市垃圾处理设施不足，垃圾粪便无害化处理率低，城市道路建设滞后，交通拥挤等等。城市环境质量恶化和城市基础设施建设的严重滞后已对城市的经济和社会发展产生明显的制约。许多城市出现"水荒"，生产用水供水不足，生活饮用水质量下降。城市环境问题已成为影响社会安定的一个重要问题。

3．村镇环境问题

村镇是村庄和集镇的合称。村镇环境问题虽不如城市环境那样尖锐和突出，但也不容忽视。目前我国村镇的环境问题主要是村镇建设缺乏规划，饮用水水质低下，耕地面积减少，土地肥力下降，村镇卫生状况差，村镇工业污染蔓延，农药、化肥和农业废弃物对生态环境的影响加剧等。

二、环境保护与可持续发展

(一) 环境保护的概念

1983年在第二次全国环境保护工作会议上，国务院宣布："环境保护是我国现代化建设中的一项战略任务，是一项重大国策"。此后，在多次国际环境保护会议上我国政府一再重申这一政策，表明我国已将环境保护作为涉及整个国家和民族长远的、全局的利益和应优先考虑的基本国策。

所谓环境保护,是指以协调人与自然的关系、保障经济社会和环境的持续发展为目的,而实施的有关防治环境问题,保护和改善环境行政的、经济的、法律的、科学技术的、工程的、宣传教育的各种措施和活动的总称。简言之,环境保护主要包括两个方面:一是保护和改善环境质量,保护人体健康,防止人类在环境的各种有害影响下生存受到威胁;二是合理利用自然资源,维护生态系统的平衡,以保证自然资源的永续利用,保证可持续发展。

(二) 环境保护的主要途径

环境保护是一项社会性强、技术性强、综合性强的活动,其内容涉及社会生活的各个方面和生产活动的各个环节,归纳起来,环境保护的途径主要有两个:一是"治";二是"管"。

所谓"治",是指对已经出现的环境污染和破坏问题进行治理、整治。通过"治",可使污染降到最低,使环境质量大大改善,但却无法从根本上解决问题,因为"治"不胜治,老的环境问题还未解决,新的环境问题又不断出现。所以,除了"治"之外,还需有另一条途径,即"管",通过国家采取行政的、经济的、法律的、科学技术的等各种手段,管理环境,防止环境污染和破坏,对污染和破坏环境的当事人给予制裁,才能实现协调人类发展与环境保护关系的目的。因此,在环境保护过程中必须是"管""治"结合,通过"管"防止环境问题的产生,并维护"治"的成果,通过"治"改善环境质量,奠定"管"的基础,实现"管"的目的。

(三) 可持续发展

1987年4月,世界环境与发展委员会发表了《我们共同的未来》的报告,正式提出了"可持续发展"的战略和理论。随后,1992年在巴西里约热内卢召开的联合国环境与发展会议,通过了一揽子体现"可持续发展"观点的文件,其中被称为"地球宪章"的《关于环境与发展的里约宣言》是一个关于环境同经济、社会协调发展的"可持续发展"宣言,《二十一世纪议程》则是一个在全球和各区域范围内实现"可持续发展"的行动纲领。由于有183个国家和地区的代表团、102位政府首脑和国家元首参加会议,所以,可以认为,"可持续发展"已在全世界取得共识和合法地位。

可持续发展是既满足当代需要、又满足后代需要的发展,是一种长久、稳定的发展,是从纵向历史过程对发展提出的需求;同时,可持续发展也是一种协调发展,是既满足经济社会需要、又满足环境保护的多头的、横向的发展。它是"对环境无害和少害的发展",是环境保护与经济、社会的协调发展,是保护人类与自然之间和谐、平衡的稳定发展。环境保护是可持续发展的不可分割的内容,离开或削弱环境保护的发展只能是不可持续的发展。

三、环境法的基本理论

(一) 环境法的概念和特征

环境法,是指国家为了协调人与环境的关系、防治环境问题而规定的,调整因开发、利用、保护、改善环境所发生的社会关系的法律规范或法律规定的总称。

环境法的基本特征如下:

1. 调整对象的特殊性。环境法既调整人与人之间的关系,又调整人与环境的关系;它既保护有利于执政阶级的社会环境,也保护人类共享的自然环境。这是环境法的根本特征,也是区别于其他法律的基本标志。

2. 综合性。环境问题的综合性、环境保护对象的广泛性和保护方法的多样性,决定了环境法必然具有高度的综合性。

3. 科学技术性。现代环境问题既是经济问题,又是社会问题、生态问题。现代环境保护工作是一种科学技术性很强的活动,因而,旨在解决环境问题、为环境工作服务的环境法必然建立在科学理论和科学技术的基础之上。

4. 公益性。环境法保护的环境,是人类生存、经济发展、社会繁荣的物质基础,整体环境不可能为某个阶级、阶层或个人独占,是人类共同的环境。环境法所支持、保障的环境保护工作,基本上是一种公益事业,是人道主义的大业;搞好环境保护工作既对当代人有利,也对后代子孙有利;环境质量的改善,不仅会对执政阶级带来好处而且会损害非执政阶级的利益。因此,环境法具有极强的公益性。

(二)环境法的目的和作用

制定环境法的目的是为了保护和改善生活环境和生态环境,防治污染和破坏环境资源,合理开发、利用环境资源,保障人体健康,促进经济和社会的持续发展。

环境法最基本的作用是调整因开发、利用、保护、改善环境所发生的社会关系,包括人与环境的关系和人与人的关系。具体表现在如下几个方面:

1. 环境法是国家进行环境管理的法律依据,是推动我国环境保护事业和环境资源工作发展的强大力量。环境法对环境管理部门及其职责、环境监督管理措施和制度、环境管理范围和管理关系以及各项环境保护工作作了全面规定。环境行政管理就是依法行政,就是实行环境法治管理。

2. 环境法是防治污染和其他公害、保护生活环境和生态环境、合理开发和利用环境资源、保障人体健康的法律武器。环境法规定了开发、利用、保护、治理环境的各种行为规范,对各级人民政府及其所属部门、一切单位和个人规定了环境资源保护方面的权利和义务以及相应的法律责任和补救措施,是他们享受权利、履行义务、与污染破坏环境资源的行为做斗争的有力武器。

3. 环境法是协调经济、社会发展和环境保护的重要调控手段。环境法把协调经济、社会发展和环境保护的经济手段、行政手段和科学技术手段上升到法律的高度,既确定了环境规划、布局、价格、税收、信贷等宏观调控方式的地位,又规定了现场检查、申报登记、行政处罚等微观调控方式的地位,是在社会主义市场经济体制下协调经济、社会发展和环境保护的有效手段。

4. 环境法是提高公民环境意识和环境法制观念、促进公众参与环境管理、倡导良好的环境道德风尚、普及环境科学知识和环境保护政策的好教材。环境法向全社会提出了保护环境的行为规范和政策措施,明确了法律提倡什么、禁止什么,以法律为准绳在环境资源领域树立起了判断是非善恶的标准,是最好的环境保护宣传材料和"教科书"。

5. 环境法是处理我国与外国的环境关系、维护我国环境权益的重要工具。我国环境法注意了与有关国际条约的协调,纳入了有关国际环境法规范,宣布了我国的基本环境政策,明确了环境法的适用范围,有利于防止外国向我国转嫁污染以及侵犯我国的环境权益。

(三)我国的环境法体系

环境法是一个独立的法律部门,是我国九大部门法之一,环境法体系的基本组成如下:

1. 综合性环境法律。综合性环境法律又称环境基本法,是从全局出发,对整体环境以及合理开发、利用和保护、改善环境和自然资源的重大问题做出规定的法律。其内容侧重于原则性的规定,主要包括:环境法的目的、任务、对象和适用范围;国家环境基本政策、基本原则、基本制度和基本管理体制;环境法律关系主体的基本权利、义务和法律责任。如《环境保护法》就是一个综合性的环境法律。综合性环境法律是本世纪六十年代的产物,被认为是当代环境法成为一个独立的法律部门的主要标志,在整个环境法律体系中处于龙头地位。但是,目前只有部分国家制定了综合性的环境法律,有许多国家没有综合性的环境法律;即使在综合性的环境法律中,其法律名称以及法律调整的范围和内容也有区别。

2．单行性专门环境法规。单行性专门环境法规,是相对综合性环境法律而言,专门对某种环境要素或对合理开发、利用和保护、改善环境的某个方面的问题做出规定的法规。从立法体制的角度看,单行性专门环境法规包括:环境法律,环境行政法规、部门规章,地方环境法规、规章及其他规范性文件。从内容看,主要有如下几个方面的单行性专门环境法规:(1)防治某种环境污染或其他公害的法规;(2)合理开发、利用和保护、改善某种环境要素和自然资源的法规;(3)城市、乡村等区域环境综合开发整治法规;(4)环境监督管理措施和制度方面的法规;(5)环境组织法规;(6)有关环境法律责任和环境纠纷的法规。

3．环境标准和有关环境标准的法律规定。

4．环境规划、计划和有关环境规划、计划的法律规定。

5．我国缔结或者参加的国际环境条约。

6．民法、刑法、经济法等其他法律部门的法律法规中有关合理开发、利用和保护、改善环境、资源的法律规定。

第二节 建设项目环境保护管理

一、建设项目环境保护的一般性规定

根据1998年12月29日国务院颁布的《建设项目环境保护管理条例》,工程项目在建设时必须遵守下列规定:

1．建设项目一般不得产生新的污染,破坏生态环境。

2．建设产生污染的建设项目(必须经严格审批)时,必须遵守污染物排放的国家标准和地方标准;在实施重点污染物排放总量控制的区域内,还必须符合重点污染物排放总量控制的要求。

3．工业建设项目应当采用能耗物耗小、污染物产生量少的清洁生产工艺,合理利用自然资源,防止环境污染和生态破坏。

4．改建、扩建项目和技术改造项目必须采取措施,治理与该项目有关的原有环境污染和生态破坏。

二、建设项目环境影响评价

(一) 环境影响评价的概念

《建设项目环境保护管理条例》第六条、《中华人民共和国环境保护法》第十三条均规定:"国家实行建设项目环境影响评价制度"。

所谓环境影响评价,也称环境质量预断评价,是指某项人为活动之前,对实施该活动可能给环境质量造成的影响进行调查、预测和估价,并做出分析、处理意见和对策。

环境影响评价是防止、控制产生新的环境问题,协调经济社会发展与环境保护的重要手段。通过环境影响评价,可以使人们认识、预见有关人为活动的环境影响,提供有针对性的指导意见和决策依据;可以为建设项目的环境管理提供科学依据,保证地区发展方向正确、

建设项目选址合理、预防措施得力;可以提高公众的环境意识,为公众参与提供途径和机会;从而实现经济效益、社会效益和环境效益的统一。

(二) 建设项目环境影响评价的内容

环境影响评价的文字表现形式是环境影响报告书、环境影响报告表和环境影响登记表。

1. 环境影响报告书

建设项目对环境可能造成重大影响的,应当编制环境影响报告书,对建设项目产生的污染和对环境的影响进行全面、详细的评价,其内容一般包括:

(1) 建设项目概况;
(2) 建设项目周围环境情况;
(3) 建设项目对环境可能造成影响的分析和预测;
(4) 环境保护措施及其经济、技术论证;
(5) 环境影响经济损益分析;
(6) 对建设项目实施环境监测的建议;
(7) 涉及水土保持的建设项目,须有水行政主管部门审查同意的水土保持方案;
(8) 环境影响评价结论。

2. 环境影响报告表

建设项目对环境可能造成轻度影响的,应当编制环境影响报告表,对建设项目产生的污染和对环境的影响进行分析或者专项评价,其内容一般包括:

(1) 项目建设地点及占地面积;
(2) 建设项目的总投资;
(3) 建设项目的给排水情况;
(4) 建设项目的年能耗情况;
(5) 污染源及治理情况分析;
(6) 建设项目对环境影响的分析;
(7) 其他需要说明的问题。

3. 环境影响登记表

建设项目对环境影响很小,不需要进行环境影响评价的,应当填报环境影响登记表。登记表的内容和格式,根据不同行业,不同类型,由国务院环境保护行政主管部门分别制定。

(三) 建设项目环境影响评价程序

1. 在项目建议书阶段或可行性研究阶段,建设单位应结合选址,对建设项目建成投产后可能造成的环境影响,进行简要说明或环境影响初步分析。

2. 建设单位在可行性研究阶段报批建设环境影响报告书或表。但是,铁路、交通等建设项目,经有审批权的环境保护行政主管部门同意,可以在初步设计完成前报批环境影响报告书或表;对于不需要进行可行性研究的建设项目,建设单位应当在开工前报批环境影响报告书或表;需要办理营业执照的,建设单位应当在办理营业执照前报批环境影响报告书或表。

3. 建设项目环境影响报告书或表,由建设单位报有审批权的环境保护行政主管部门审批;建设项目有行业主管部门的,应当先经行业主管部门预审后,报有审批权的环境保护行政主管部门审批;对于海岸工程建设项目,应当先经海洋行政主管部门审核并签署意见后,报环境保护行政主管部门审批。

4．环境保护行政主管部门应当自收到建设项目环境影响报告书之日起60日内，收到环境影响报告表30日内，收到环境影响报登记表15日内，分别做出审批决定，并书面通知建设单位。

5．建设项目环境影响报告书或表经批准后，建设项目的性质、规模、地点或者采用的生产工艺发生重大变化的，建设单位应当重新报批。建设项目环境影响报告书或表自批准之日起满5年，建设项目方开工建设的，应当报原审批机关重新审核；原审批机关应当自收到环境影响报告书或表之日起10日内，将审核意见书面通知建设单位，逾期未通知的，视为审核同意。

(四) 建设项目环境影响报告书或表的审批权限

根据《建设项目环境保护管理条例》第十一条的规定，国务院环境保护行政主管部门负责审批下列建设项目环境影响报告书、报告表或者环境影响登记表：

1．核设施、绝密工程等特殊性质的建设项目；
2．跨省、自治区、直辖市行政区域的建设项目；
3．国务院审批的或者国务院授权有关部门审批的建设项目。

前述规定以外的建设项目环境影响报告书、报告表或者环境影响登记表的审批权限，由省、自治区、直辖市人民政府规定；建设项目造成跨行政区域环境影响，有关环境保护行政主管部门对环境影响评价结论有争议的，其环境影响报告书或报告表由共同上一级环境保护行政主管部门审批。

(五) 建设项目环境影响评价工作的管理

《建设项目环境保护管理条例》第十三条规定，国家对从事建设项目环境影响评价工作的单位实行资格审查制度。

从事建设项目环境影响评价工作的单位必须取得国务院环境保护行政主管部门颁发的资格证书，按照资格证书规定的等级和范围，从事建设项目环境影响评价工作，并对评价结论负责。

建设单位可以采取公开招标的方式，选择从事环境影响评价工作的单位，对建设项目进行环境影响评价。任何行政机关不得为建设单位指定从事环境影响评价工作的单位，进行环境影响评价。

建设单位编制环境影响报告书或表时，还应当依照有关法律规定，征求建设项目所在地有关单位和居民的意见。

三、建设项目环境保护设施建设

(一) 建设项目环境保护设施建设的基本原则

建设项目需要配套建设的环境保护设施，必须与主体工程同时设计、同时施工、同时投产使用。这是建设项目环境保护设施建设的基本原则，简称"三同时"原则。

"三同时"原则是防止建设项目产生新的环境污染和生态破坏、防止环境质量恶化的有效措施。它是加强建设项目环境管理的主要手段。它与环境影响评价制度相结合共同形成完整的建设项目环境保护管理制度。

(二) 建设项目环境保护设施建设的具体规定

1．建设项目的初步设计，应当按照环境保护设计规范的要求，编制环境保护篇章，并依据经批准的建设项目环境影响报告书或者环境影响报告表,在环境保护篇章中落实防治环境污染和生态破坏的措施以及环境保护设施投资概算。

2．建设项目的主体工程完工后,需要进行试生产的,其配套建设的环境保护设施必须与主体工程同时投入试运行;试生产期间,建设单位应当对环境保护设施运行情况和建设项目对环境的影响进行监测。

3．建设项目竣工后,建设单位应当向审批该建设项目环境影响报告书或表的环境保护行政主管部门,申请该建设项目需要配套建设的环境保护设施竣工验收,而且应当与主体工程的竣工验收同时进行;对于需要进行试生产的建设项目,则应当在该项目投入试生产之日起3个月内,申请竣工验收;分期建设、分期投入生产或使用的建设项目,其相应的环境保护设施应当分期验收。

4．环境保护行政主管部门应当自收到环境保护设施竣工验收申请之日起30日内,完成验收;验收合格,该建设项目方可正式投入生产或者使用。

四、建设工程施工现场环境保护管理

(一)施工现场环境保护管理的一般要求

施工单位应当遵守国家有关环境保护的法律规定,采取措施控制施工现场的各种粉尘、废气、废水、固体废弃物以及噪声、振动等对环境的污染和危害。

建设工程施工由于受技术、经济条件限制,对环境的污染不能控制在规定范围内的,建设单位应当会同施工单位事先报请当地人民政府建设行政主管部门和环境保护行政主管部门批准,并采取相应的有效措施。

(二)施工现场环境保护管理的具体措施

1．妥善处理泥浆水,未经处理不得直接排入城市排水设施和河流;

2．除设有符合规定的装置外,不得在施工现场熔融沥青或者焚烧油毡、油漆以及其他会产生有毒有害烟尘和恶臭气体的物质;

3．使用密封式的圈筒或者采取其他措施处理高空废弃物;

4．采取有效措施控制施工过程中的扬尘;

5．禁止将有毒有害废弃物用作土方回填;

6．对产生噪声、振动的施工机械,应采取有效控制措施,减轻噪声扰民;

7．其他保护环境、防止污染的有效措施。

五、违反环境保护管理的法律责任

有下列行为之一的,由负责审批建设项目环境影响报告书或表的环境保护行政主管部门责令限期补办手续;逾期不补办手续,擅自开工建设的,责令停止建设,可以处10万元以下的罚款:

(1)未报批建设项目环境影响报告书、报告表或者登记表的;

(2)建设项目的性质、规模、地点或者采用的生产工艺发生重大变化,未重新报批环境影响报告书、报告表或者登记表的;

(3)建设项目环境影响报告书、报告表或者登记表自批准之日起满5年,建设项目方开工建设,而未报原审批机关重新审核的。

建设项目环境影响报告书、报告表或者登记表未经批准或者未经原审批机关重新审核同意,擅自开工建设的,由负责审批的环境保护行政主管部门责令停止建设,限期恢复原状,

可以处 10 万元以下的罚款。

试生产建设项目配套建设的环境保护设施未与主体工程同时投入试运行的,由审批机关责令限期改正;逾期不改正的,责令停止试生产,可以处 5 万元以下的罚款。

建设项目投入试生产超过 3 个月,建设单位未申请环境保护设施竣工验收的,由审批机关责令限期办理环境保护设施竣工验收手续;逾期未办理的,责令停止试生产,可以处 5 万元以下的罚款。

建设项目需要配套建设的环境保护设施未建成、未经验收或者验收不合格,主体工程正式投入生产或使用的,由审批机关责令停止生产或使用,可以处 10 万元以下的罚款。

从事建设项目环境影响评价工作的单位,在环境影响评价工作中弄虚作假的,由国务院环境保护行政主管部门吊销其资格证书,并处所收费用 1 倍以上 3 倍以下的罚款。

施工单位违反施工现场环境保护管理规定,未采取有效措施防止环境污染的,由县级以上地方人民政府建设行政主管部门根据情节轻重,给予警告、通报批评、责令限期改正、责令停止施工整顿、吊销施工许可证,并可处以罚款;造成损失的,应依法赔偿损失。

环境保护行政主管部门及建设行政主管部门的工作人员徇私舞弊、滥用职权、玩忽职守,构成犯罪的,依法追究刑事责任;尚不构成犯罪的,依法给予行政处分。

典型案例:施工噪声致使饲养鸡群产蛋下降赔偿纠纷案。

【案情】

原告:庞某

被告:乌鲁木齐矿务局铁厂沟露天煤矿建设指挥部(以下简称指挥部)

1983 年,新疆维吾尔自治区决定开发铁厂沟地下煤炭资源。1985 年 6 月,由新疆煤矿设计院编制了《铁厂沟露天煤矿可行性研究报告》,肯定该露天煤矿爆破引起的噪声和振动会对周围环境产生影响,但对如何采取预防措施未加论述。1988 年 5 月,指挥部成立,并于 1991 年开始建设。在指挥部计划建设露天煤矿期间,米泉县煤矿劳动服务公司在该露天煤矿东南界线的边缘建立了养鸡场,并于 1991 年 4 月将养鸡场承包给了庞某。1992 年 2 月至 6 月,庞某分四次购进雏鸡 6970 只,同年 8 月至 10 月,这些鸡先后进入产蛋期。与此同期,指挥部在露天煤矿进行爆破施工,其振动和噪声惊扰鸡群,使鸡群的产蛋率突然大幅度下降,并有部分鸡死亡。由此使庞某受到损失计 120411.78 元。

后庞某的鸡群经兽医研究所诊断、检验,结论为:因长期的噪声和振动造成鸡群"应激产蛋下降综合症。"另外,在爆破施工期间,附近有些居民的房屋墙壁出现裂损,其正常的生活秩序也受到一定影响。但指挥部委托地震局、环保局等对爆破施工的振动和噪声进行监测,其结论是振动速度和噪声均未超出国家规定的标准。

庞某于 1993 年 4 月向乌鲁木齐市中级人民法院提起诉讼,要求被告赔偿其损失。

【审判】

法院受理后,经审理认为:被告开始施工建设时,原告的养鸡场已经建成并投入生产,养鸡场的建立并没有违反有关规定。指挥部长期开矿爆破施工,其振动和噪声惊扰鸡群,造成鸡群"应激产蛋下降综合症",应当承担赔偿责任。因此,判决指挥部赔偿庞某损失 120411.78 元。

指挥部不服,向新疆高级人民法院提起上诉。高院经过审理认为:原判事实清楚,证据确凿,适用法律正确,驳回上诉,维持原判。对于指挥部提供的地震、环保部门的鉴定结论,法院认为，因用作监测的对象与当时的客观情况不相一致，爆破地点也发生了变化，加之养鸡场的鸡不复存在，故该监测结论不能作为推翻兽医研究所诊断结论的证据。

【评析】

本案是工程施工的噪声污染导致损害而引起的诉讼。《建筑法》第41条规定："建筑施工企业应当遵守有关环境保护和安全生产方面的法律、法规的规定，采取控制和处理施工现场的各种粉尘、废气、废水、固体废物以及噪声、振动对环境的污染和危害的措施。"建设部颁布的《建设工程施工现场管理规定》中也规定："对产生噪声、振动的施工机械，应采取有效控制措施，减轻噪声扰民。"另外，在《民法通则》和《环境保护法》中也有类似的规定："造成环境污染损害的，有责任排除危害，并对直接受到损害的单位或个人赔偿损失。"因此，本案中两级法院均判决由被告赔偿原告的损失，是完全正确的。

复习思考题

1. 简述环境问题及环境保护的重要性。
2. 什么叫可持续发展？怎样才能实现可持续发展？
3. 为什么说环境法是一个独立的法律部门？并简述我国的环境法体系。
4. 什么叫建设项目环境影响评价？评价的内容有哪些？
5. 简述建设项目环境保护设施建设的基本原则。
6. 对建设工程施工现场的环境怎样进行保护？
7. 简述违反环境保护管理的法律责任。

第十一章 工程建设税收管理

第一节 税法概述

一、税法的概念和调整对象

税法是国家制定的调整税务关系的法律规范的总称。

税务关系的内容广泛,概括起来可分为两类:(1)税收分配关系,即国家与纳税人之间在税收征纳过程中形成的分配关系;(2)税收征收管理关系,即在税收征收管理过程中,国家与纳税人及其他税务当事人之间形成的管理关系。

二、税收法律关系

税收法律关系,是指通过税法确认和调整的国家与纳税人及有关当事人之间所形成的权利义务关系。

税收法律关系由三大要素构成:(1)税法法律主体。它是指参加税收法律关系并享有权利和承担义务的当事人,分为征税主体和纳税主体两大类。(2)税收法律关系的内容。它是指税收法律关系主体双方依法所享有的权利和应承担的义务,也是税收法律关系的实质和核心。(3)税收法律关系的客体。它是指税收法律关系主体双方的权利义务共同指向的对象。它主要包括应税货币、实物和应税行为等。

三、税法的构成要素

税法是由税法主体、征税对象、税目、计税依据、税率、纳税环节、纳税期限、纳税地点、税收和违章处理等要素构成的。

(一) 税收主体

是指税法规定的享有权利和承担义务的当事人,包括征税主体和纳税主体。

(二) 征税对象

也称征税客体和纳税主体共同指向的对象。

(三) 税目

也称课税品目,是征税客体的具体化,代表着征税界限或征税范围的广度。

(四) 计税依据

也称税基,是指计算应纳税额的依据。

(五) 税率

是应纳税额与计税依据之间的比例。它是计算税额的尺度,代表着征税的深度。我国税率基本形式有三种:1.定额税率又称固定税额,是按照单位征税对象直接规定固定的税额;2.比例税率,是指对同一征税对象,不分数额大小,均规定相同的征收比例;3.累进税率,是指同一征税对象,随数额的增大征收比例也随之提高的税率,表现为将征税对象按照数额大小划分成若干等级,不同等级适用由低到高的不同税率。

(六)纳税环节

是指法律、行政法规规定,商品从生产到消费的过程中应当缴纳税款的环节。纳税环节的确定,关系着税制结构、税负平衡和税收体系的布局,关系着国家税款能否及时的足额入库。

(七)纳税地点

是指法律、行政法规规定的纳税人申报缴纳税款的地点。一般地实行属地管辖,纳税地点为纳税人的所在地,但有些情况下,纳税地点为口岸地,财产所在地等。

(八)纳税期限

法律、行政法规规定的或征税机关依据法律、行政法规核定的纳税人应当缴纳税款的期限。

(九)税收优惠

是指对某些纳税人或征税对象给予鼓励或照顾的一种特殊规定。目前,我国税法规定的税收优惠形式主要包括:减税、免税、退税、再投资抵免、加速折旧、亏损弥补和延期纳税等。

(十)违章处理

对于征税机关、征税人员、纳税人以及其他当事人违反税法应承担的法律后果。

四、我国的现行税种

1994年我国通过进行大规模的工商税制改革,形成了工商税制的整体格局。现阶段,我国主要有如下税种:增值税、消费税、营业税、关税、企业所得税、外商投资企业和外国企业所得税、个人所得税、资源税、土地增值税、印花税、城镇土地使用税、房产税、车船税、固定资产方向调节税、城市维护建设税、城市房地产税、车船使用牌照税、屠宰税、筵席税、农业税(包括农村特产税)、牧业税、耕地占用税、契税、船舶吨位税共24个税种。

五、税收征收管理

税收征收是税务机关根据税收法规对征税活动所实施的组织、指挥、控制和监督,是对纳税人履行纳税义务采取的一种管理、征收和检查行为,是税收管理的重要组成部分和基本环节。

(一)税务管理

税务管理是税务机关在税收征收管理中对征纳过程实施的基础性的制度和管理行为。

1. 税务登记

税务登记又称纳税登记,是指纳税人按照税法规定,在指定税务机关将其基本情况和有关纳税事项,填写在规定的表册中,以便税务机关对纳税人实施管理的一项制度。税务登记分为三种:开业登记、变更税务登记和注销登记。

2. 账簿、凭证管理

从事生产经营的纳税人,扣缴义务人应按照国家财政税务主管部门的规定;自领取营业执照之日起15日内设置账簿。凭证管理主要表现为发票管理。发票的印刷、发票的领购、发票的使用及发票的缴销,都必须按法律、行政法规的规定办理。

3. 纳税申报

纳税申报,是指纳税人履行纳税义务和代征人履行代征、代扣、代缴税款义务的认定手续。

（二）税款的征收

税款征收是税务机关在法律法规规定的期限内依法对纳税人、扣缴义务人按一定的征收方式征收税款的管理活动的总称。

1．税款征收方式

包括：查账征收、查定征收、查验征收和定期定额征收四种方式。

2．税款缴纳管理

纳税人、扣缴义务人应当按时缴纳或解缴税款，如果纳税人、扣缴义务人未按照规定期限交纳或解缴税款的，税务机关除责令限期缴纳或解缴外，从滞纳之日起，每日加收2‰的滞纳金。

3．税收保全

税务机关认为从事生产、经营的纳税人有逃避纳税义务行为的，可以在规定的纳税期之间，责令限期缴纳应纳税款。

4．税款的退还、补缴和追征

纳税人超过应纳税额缴纳的税款，税务机关发现后应立即退还。因税务机关的责任致使纳税人、扣缴义务人未缴或少缴税款的，税务机关在3年内可以要求他们补缴。因纳税人扣缴义务计算错误等失误，未缴或少缴税款的，税务机关可以在3年内追征。

（三）税务检查

税务检查，是税务部门，财政部门和审计部门依法对纳税人、扣缴义务人履行缴纳或解缴税款情况进行监督检查活动的统称。

1．税务检查方式

从实施主体上区分，可分为纳税人自查，税务机关的专业检查和各部门的联合检查；从时间上讲，分为日常检查和定期检查。

2．税务检查范围

（1）检查纳税义务人的账簿、记账凭证、报表和有关材料；

（2）到纳税人的生产、经营场所和货物存放地检查应纳税人应纳税商品、货物或其他财产；

（3）责成纳税人提供与纳税有关的证明材料、文件；

（4）询问纳税人与纳税有关的情况；

（5）到车站、码头、机场、邮政企业检查纳税人拖运、邮寄、应纳税商品、货物或其他财产的有关单据、凭证和有关资料；

（6）经县以上税务局局长批准，凭全国统一格式的检查存款账户许可证明，查核从事生产、经营的纳税人、扣缴义务人在银行或者其他金融机构的存款账户。

税务机关和税务人员必须依照《税收证管法》及其实施细则的规定，行使税务检查职权，税务人员必须为被检查人员保守秘密。

3．税务检查的方法和程序

税务检查的方法分为具体方法和基本方法。具体方法系指检查某个环节、某项具体问题时所采取的特定方法，包括复核、对账、调查、审阅、盘点、比较分析等；基本方法主要有：(1)全查法与抽查法；(2)顺查法和逆查法；(3)联系查法与侧面查法；(4)比较分析法与控制计算法。以上几种方法各有优缺点，在实际运用中应有选择地结合起来运用。

税务检查必须遵循一定的程序。一般来说,税务检查包括查前准备、实施检查、分析定案、上级审批、送达执行、立卷归档等六个环节。税务检查的定案是税务检查的终结性工作。在定案时,必须以事实为依据,按照有关法律规定提出处理意见,并起草处理意见审批报告,经审批后,即可送达当事人执行。当事人对处理决定不服时,必须先按规定执行处理决定,然后在规定的时间内向上级税务机关申请复议。对于复议决定仍然不服的,可以在接到复议决定之日到15日内向人民法院起诉。当事人也可以直接向人民法院提起诉讼。在复议和诉讼期间,强制执行措施和税收保全措施不停止执行。

第二节 工程建设领域的主要税种

一、土地增值税

土地增值税是对转让国有土地使用权、地上建筑物及其附着物并取得收入的单位和个人,就其转让房地产所取得的增值额征收的一种税。1993年12月1日国务院颁布了《中华人民共和国土地增值税暂行条例》,并自1994年1月1日起施行。

（一）土地增值税的纳税人

是指转让国有土地使用权、地上建筑物及其附着物并取得收入的单位和个人。单位包括各类企、事业单位、国家机关和社会团体及其他组织。区分土地增值税的纳税人与非纳税人关键在于看其是否因转让房地产的行为而取得了收益。

（二）土地增值税的征税范围

《土地增值税暂行条例》及其实施细则规定,土地增值税的征税范围包括:1.转让国有土地使用权。这里所说的"国有土地",是指按国家法律规定属于国家所有的土地。2.地上的建筑物及其附着物连同国有土地使用权一并转让。

（三）土地增值税计税依据

土地增值税的计税依据是纳税人转让房地产所取得的增值额。增值额是纳税人转让房地产所取得的收入,减去取得土地使用权时所支付的土地价额、土地开发成本、地上建筑物成本及有关费用、销售税金等后的余额。

（四）土地增值税减免税规定

1.纳税人建造普通标准住宅出售,增值额未超过扣除项目金额20%的;

2.因国家建设需要、依法征用、收回的房地产;

3.因城市规划、国家建设的需要而搬迁,由纳税人自行转让原房地产的,比照有关规定免征土地增值税;

4.个人因工作调动或改善居住条件而转让原自用住房,经向税务机关申报核准凡居住满5年或5年以上的,免予征收土地增值税;居住满3年未满5年的,减半征收土地增值税;居住未满3年的,按规定征收土地增值税。

（五）土地增值税的纳税程序

纳税人应当自转让房地产合同签订之日起7日内,向房地产所在地税务机关办理纳税申报。申报时,纳税人应如实填写"土地增值税纳税报表"。土地增值税报表经税务机关审核确认无误后,纳税人应该在核定的期限内交清税款。

二、企业所得税

(一) 概念

企业所得税,是以企业(或公司)为纳税义务人,对其一定经营期间的所得额征收的一种税。

企业所得税法,是指国家制定的调整征收与缴纳企业所得税权利义务关系的法律规范的总称。我国现行企业所得税法主要有《中华人民共和国企业所得税暂行条例》及其《实施细则》等。

(二) 企业所得税法的基本内容

1. 纳税人

企业所得税的纳税人,为中华人民共和国境内设立的取得应税所得、实行独立核算的企业或者组织,但外商投资企业和外国企业除外。

2. 征税对象

企业所得税的征税对象,是指纳税人从中国境内、外取得的生产、经营所得和其他所得。

3. 计税依据

企业所得税的计税依据为企业纳税所得额。应纳税所得额,是纳税人每一纳税年度的收入总额减去准予扣除项目的余额。纳税人的收入总额包括:生产经营收入、财产转让收入、利息收入、租赁收入、特许权使用费收入、股息收入和其他合法收入。

4. 税率

《企业所得税暂行条例》第3条规定,企业所得税税率为33%。

5. 亏损弥补

《企业所得税暂行条例》第11条规定,纳税人发生年度亏损的,可以用下年度的所得弥补;下一纳税年度的所得不足弥补的,可以逐年连续弥补,但延续弥补期最长不得超过5年。

6. 境外已纳税款抵扣

为鼓励对外贸易发展,我国企业所得税法规定纳税人来源于中国境外的所得,已在境外缴纳的所得税款,准予在汇总纳税时,从其纳税额中扣除,但是扣除不得超过其境外所得依照《企业所得税暂行条例》规定计算的应纳税额。

三、房产税法律制度

房产税是以房产为征税对象,按照房产的计税价值或房产的租金收入,向产权所有人征收的一种税。

(一) 房产税纳税人、课税对象及征税范围

1. 房产税的纳税人

凡在我国城市、县城、建制镇和工矿区内拥有房屋产权的单位和个人,都是房产税的纳税人。具体包括:产权所有人、经营管理单位、承典人、房产代管人或者使用人。产权属于国家所有的,其经营管理的单位为纳税人;产权属集体和个人所有的,集体单位和个人为纳税人;产权出典的,承典人为纳税人。

2. 房产税的课税对象

房产税的课税对象是房产,所谓房产,是以房屋形态表现的财产。房屋是指有屋面和围护结构,能够遮风避雨,可供人们在其中生产、工作、学习、娱乐、居住或储藏物资的场所。独立于房屋之外的建筑物,不在纳税之列。

3. 房产税的征税范围

房产税的征税范围是城市、县城、建制镇和工矿区的房屋。城市是指国务院批准设立的市,其范围为市区、郊区和市辖县城,不包括农村。县城是指未设立建制镇的县人民政府所在地。建制镇是经省、自治区、直辖市人民政府批准设立的建制镇。工矿区是指工商业比较发达,人口比较集中,尚未建立建制镇的大中型工矿企业所在地。

(二) 房产税的征收管理

房产税在房产所在地缴纳。房产不在同一地方的纳税,应按房产的坐落地点分别向房产所在地的税务机关纳税。房产税按年计征,分期缴纳。

四、契税

契税是国家在土地、房屋权属转移时,按照当事人双方签订的合同,以及所确定价格的一定比例,向权属承受人一次性征收的一种行为税。

(一) 契税纳税人及课税对象

1. 纳税人

在我国境内承受土地、房屋权属转移的单位和个人,为契税纳税人。这里所称的承受,是指以受让、购买、受赠、交换等方式得土地、房屋权属的行为。

2. 课税对象

契税以在我国境内转移的土地、房屋权属作为课税对象。土地、房屋权属未发生转移的,不征收契税。

契税的课税对象具体包括以下五项内容:

(1) 国有土地使用权出让。是指土地使用者向国家交付土地使用权出让费用,国家将国有土地使用权在一定年限内让予土地使用者的行为。

(2) 土地使用权转让。是指土地使用者以出售、赠予、交换或者其他方式将土地使用权转移给其他单位和个人的行为。土地使用权的转让不包括农村集体土地承包经营权的转移。

(3) 房屋买卖。是指房屋所有者将其房屋出售,由承受者交付货币、实物、无形资产或者其他经济利益的行为。

(4) 房屋赠予。是指房屋所有者将其房屋无偿转让给受赠予者的行为。

(5) 房屋交换。是指房屋所有者之间相互交换房屋的行为。

(二) 契税税率

契税的税率为 3%~5% 的幅度税率。具体税率由省、自治区、直辖市人民政府在幅度税率规定范围内,按本地区的实际情况确定。

(三) 契税的计税依据

按照土地、房屋权属转移的形式、定价方法的不同,确定了不同的计税依据:

1. 国有土地使用权出让、土地使用权出售、房屋买卖,以成交价格作为计税依据。

2. 土地使用权赠予、房屋赠予,由征收机关参照土地使用权出售、房屋买卖的市场价格核定。使用权交换、房屋交换,为所交换土地使用权、房屋的价格差额。

3. 以划拨方式取得土地使用权应补缴的契税,应以补缴的土地使用权出让费或者土地收益为计税依据。

(四) 契税纳税申报及缴纳

契税在纳税义务发生之后,权属承受人在办理有关土地、房屋的权属变更登记手续之前交纳。纳税人应当自纳税义务发生之日起10日内向土地房屋所在地的契税征收机关办理纳税申报,并在契税征收机关确定的期限内交纳税款。纳税人办理纳税事宜后,征收人向纳税人开具契税凭证。

纳税人持契税完税凭证和其他的文件材料依法向土地管理部门、房产管理部门办理有关土地、房屋的权属变更登记手续。

五、印花税

印花税是对经济活动和经济交往中书立、领受税法规定应税凭证征收的一种行为税,凡发生书立、使用、领受应税凭证的行为,就必须履行纳税义务。

(一) 印花税纳税人

在中华人民共和国境内书立、领受税法列举凭证的单位和个人,均为印花税的纳税义务人。这里所说的单位和个人是指国内各类企业、事业、机关、团体、部队及中外合资经营企业、中外合作经营企业、外商独资企业、外国公司和其他经济组织及在华机构等单位和个人。

根据书立、领受应税凭证的不同,纳税人分为立合同人、立账簿人、立据人、领受人和使用人。

(1) 立合同人。是指合同的当事人,即对凭证有直接权利义务关系的单位和个人,不包括合同的担保人,鉴定人。当事人的代理人有代理纳税义务。

(2) 立账簿人。指开立并使用营业账簿的单位和个人。如某一企业因生产需要设立了若干营业账簿,这个企业就是印花税的纳税人。

(3) 立据人。指书立产权转移书据的单位和个人。如果该项凭证是由两方或两方以上单位和个人共同书立的,各方都是纳税人。

(4) 领受人。指领取并持有该项凭证的单位和个人。如某人领取持有政府有关部门发给的房屋产权证,该人就是印花税的纳税人。

(5) 使用人。在国外书立、领受,但在国内使用的应税凭证,其纳税人是使用人。

印花税的纳税人之所以这样规定,主要是根据权利与义务相一致的原则。既然某一单位或个人书立、领受了应税凭证,就具有了该凭证可以享受的权利,也就应该履行所应负的纳税义务。

(二) 印花税征税范围

1. 购销、加工承揽、建设工程承包、财产租赁、货物运输、仓储保管、借款、财产保险、技术合同或者具有合同性质的凭证,如协议、合约、单据、确认书及其他各种名称的凭证。

2. 产权转移书据。包括财产所有权和著作权、商标专用权、专利权、专有技术使用权等转移时所书立的转移书据。

3. 营业账簿。包括单位和个人从事生产经营活动所设立的各种财务会计核算账簿。

4. 权利许可证照。包括政府部门发给的房屋产权证、工商营业执照、商标注册证、专利证、土地使用证。

(三) 印花税的纳税环节

在我国,印花税为有价证券。其票面金额以人民币为单位,分为1角、2角、5角、1元、2元、5元、10元、50元、100元9种,在国内书立或领受的凭证,应在书立或领受时贴花。产权转移书据在立据时贴花,营业账簿在启用时贴花,股票买卖在交割时代扣代缴,权利许可证照在领用时贴花。

六、城镇土地使用税

城镇土地使用税是国家在城市、县城、建制镇和工矿区范围内,对使用土地的单位和个人,以其实际占用土地面积为计税依据,按照规定的税额计算征收的一种税。

(一)城镇土地使用税纳税人和课税对象

1. 纳税人

国家对城镇土地使用税的纳税人,根据用地者的不同情况分别确定为:(1)城镇土地使用税由拥有土地使用权的单位或个人缴纳;(2)拥有土地使用权的纳税人不在土地所在地的,由代管人或实际使用人缴纳;(3)土地使用权未确定或权属纠纷未解决的,由实际使用人纳税;(4)土地使用权共有的,由共有各方分别纳税。

2. 课税对象

根据《城镇土地使用税暂行条例》规定,凡在城市、县城、建制镇、工矿区范围内的土地,不论是属于国家所有的土地,还是集体所有的土地,都是城镇土地使用税的课税对象。但是,下列土地免缴土地使用税:(1)国家机关、人民团体、军队自用的土地;(2)由国家财政部门拨付事业经费的单位自用的土地;(3)宗教寺庙、公园、名胜古迹自用的土地;(4)市政街道、广场、绿化地带等公共用地;(5)直接用于农、林、牧、渔业的生产用地;(6)经批准开山填海整治的土地和改造的废弃土地,从使用的月份起免缴土地使用税5~10年;(7)由财政部另行规定免税的能源、交通、水利设施用地和其他用地。

另外,对于新征用的土地,应依照下列规定缴纳土地使用税:(1)征用的耕地,自批准征用之日起满一年时开始缴纳土地使用税;(2)征用的非耕地,自批准征次月起缴纳土地使用税。

(二)城镇土地使用税的税率

土地使用税以纳税人实际占用的土地面积为计税依据,依照规定税额计算征收。土地使用税每平方米年税额如下:大城市五角至十元;中等城市四角至八元;小城市三角至六元;县城、建制镇、工矿区二角至四元。

省、自治区、直辖市人民政府,应当在前面所列税额幅度内,根据市政建设状况、经济繁荣程度等条件,确定所辖地区的适用税额幅度。

市、县人民政府应当根据实际情况,将本地区土地划分为若干等级,在省、自治区、直辖市人民政府确定的税额幅度内,制定相应的适用税额标准,报省、自治区、直辖市人民政府批准执行。

经省、自治区、直辖市人民政府批准,经济落后地区土地使用税的适用税额标准可以适当降低,但降低额不得超过本条例第四条规定最低税额的30%。经济发达地区土地使用税的适用税额标准可以适当提高,但须报经财政部批准。

(三)城镇土地使用税的征收管理

城镇土地使用税的征收,应依照《中华人民共和国税收征收管理暂行条例》的规定办理。土地使用税按年计算,分期缴纳,缴纳期限由省、自治区、直辖市人民政府确定。土地使用税由土地所在地的税务机关征收,当地的土地管理机关应当向土地所在地的税务机关提供土地使用权属资料。

复习思考题

1. 简述税法的构成要素。
2. 简述我国的现行税种及工程建设领域的主要税种。
3. 什么叫土地增值税？如何缴纳土地增值税？
4. 什么叫房产税？其征收管理应注意哪些问题？
5. 什么叫契税和印花税？各有什么特点？
6. 简述城镇土地使用税的征收管理。

第十二章 工程建设纠纷与法律服务

第一节 工程建设纠纷概述

一、工程建设纠纷的概念和类型

(一) 工程建设纠纷的概念

工程建设纠纷是指在工程建设活动中,各方当事人(建设单位、勘察设计单位、施工单位和工程监理单位等)之间或与行政机关、其他组织和个人之间,因合同、侵权、行政管理或权利归属等问题而发生的各种争议的总称。它可以发生在平等主体的各方当事人之间,也可以发生在行政机关(管理方)和行政相对人(被管理方)之间,也可能发生在工程建设主体与其他组织或个人之间。

(二) 工程建设纠纷的分类

1. 根据工程建设的不同阶段可以分为:
(1) 项目策划、咨询、规划等纠纷;
(2) 工程勘察、设计纠纷;
(3) 工程施工纠纷;
(4) 工程竣工验收纠纷;
(5) 工程质量保修纠纷;
(6) 物业管理纠纷等。

2. 根据工程的性质和内容不同可以分为:
(1) 建筑工程纠纷;
(2) 装饰装修工程纠纷;
(3) 市政工程纠纷;
(4) 其他工程纠纷,如水利工程、电力工程、交通工程等纠纷。

3. 根据纠纷的性质可以分为:
(1) 民事纠纷

民事纠纷是指平等主体的当事人之间发生的纠纷。也是工程建设活动中最常出现的纠纷。这种纠纷又可分为两大类:合同纠纷和侵权纠纷。前者是指当事人之间对合同是否成立、生效、对合同的履行情况和不履行的后果等产生的纠纷,如勘察设计合同纠纷、施工合同纠纷、委托监理合同纠纷、建材采购合同纠纷等;后者是指由于一方当事人对另一方侵权而产生的纠纷,如招标投标中招标人将工程发包给未中标单位从而导致对中标人侵权的纠纷,投标人串通投标而对招标人侵权的纠纷,工程施工中由于施工单位未采取安全措施而对他人造成损害而产生的纠纷等等。

(2) 行政纠纷

行政纠纷是指行政机关与被管理人之间因行政管理而产生的纠纷。如：在办理施工许可证时符合办证条件而不予办理所导致的纠纷，在招投标过程中行政机关进行非法干预而产生的纠纷，等等；其中既有因行政机关滥用职权、越权管理、消极管理等产生的纠纷，也由因被管理人逃避监督管理、非法抗拒管理等产生的纠纷。这类纠纷也是工程建设活动中经常发生的纠纷。

4．纠纷的其他分类方法

如根据纠纷的具体内容不同可分为工程质量纠纷、工期纠纷、工程款纠纷等；根据纠纷的目的不同可分为经济纠纷、权属纠纷、名誉纠纷等；根据纠纷发生的地域不同分为国内工程纠纷、国际工程纠纷等。

二、工程建设纠纷的解决途径

根据我国目前的法律规定，解决工程建设纠纷的途径主要有以下几种：

（一）协商

协商，是指当事人各方在自愿、互谅的基础上，按照法律、政策的规定，通过摆事实讲道理解决纠纷的一种方法。协商的方法是一种简便易行、最有效、最经济的方法，能及时解决争议，消除分歧，提高办事效率，节省费用，也有利于双方的团结和相互的协作关系。

协商解决纠纷应遵循两个原则：一是平等自愿的原则，即在互利、互谅、互让的基础上解决纠纷，任何一方不得以威胁或行政命令等手段强迫对方进行协商，否则，对方有权拒绝；二是合法的原则，即协商必须符合国家的法律、法规、规章和政策，也不得损害国家、集体和第三人的合法权益。协商一般适用于案情较简单、责任分歧不很大的平等主体之间发生的纠纷。

（二）调解

调解，是指第三人（即调解人）应纠纷当事人的请求，以依法或依合同约定，对双方当事人进行说服教育，居中调停，使其在互相谅解、互相让步的基础上解决其纠纷的一种途径。

调解一般有三种形式：一是民间调解，即在当事人以外的第三人或组织的主持下，通过相互谅解，使纠纷得到稳妥的解决；二是行政调解，或称行政调处，是指在有关行政机关的主持下，依据相关法律、行政法规、规章及政策，来处理纠纷的一种方式；三是司法调解，也称诉讼调解，是指在人民法院的主持下，在双方当事人自愿的基础上，以制作调解书的形式，从而解决纠纷的一种方式。司法调解具有一定的法律效力，即在调解书送达双方当事人，并经签收后，产生法律效力，双方必须执行，若一方不执行，另一方有权请求法院强制执行；但若调解未达成协议，或调解书送达前反悔的，则此调解书无法律约束力。

（三）仲裁

仲裁是指纠纷当事人在自愿的基础上达成协议（在合同中事先约定，或在事后达成协议），将纠纷提交非司法机构的仲裁机构审理，由仲裁机构作出对争议各方均有约束力的裁决的一种解决纠纷的方式。仲裁的主要法律依据是1994年8月全国人大常委会颁布的《中华人民共和国仲裁法》。

（四）行政复议

行政复议是解决行政纠纷的一种方式，是指当事人不服行政机关的具体行政行为提出申诉，上一级行政机关或者法律规定的其他机关根据申请，依法对原具体行政行为进行复议并重新做出裁决，从而解决纠纷的一种方式。行政复议的主要法律依据是1999年4月全国人大常委会颁布的《中华人民共和国行政复议法》。

（五）诉讼

诉讼是指人民法院在所有诉讼参与人的参加下，审理和解决各种案件的活动及在活动中产生的各种法律关系的总和。工程建设纠纷也可以通过诉讼，在人民法院的主持下来解决。诉讼有民事诉讼、行政诉讼和刑事诉讼三种。工程建设活动中的纠纷主要是通过民事诉讼和行政诉讼来解决的，其法律依据是《中华人民共和国民事诉讼法》和《中华人民共和国行政诉讼法》。

第二节 工程建设纠纷的仲裁

一、仲裁的基本原则

（一）当事人意思自治原则

这一原则通常也被称为当事人自愿原则，是仲裁最基本的原则。这一原则主要体现在以下几方面：其一，当事人是否将他们之间发生的纠纷提交仲裁，由他们自愿协商决定。仲裁法规定，当事人采取仲裁方式解决纠纷，应当双方自愿，达成仲裁协议，一方申请仲裁的，仲裁委员会不予受理。当事人未达成仲裁协议，一方向人民法院起诉的，人民法院不予受理。其二，当事人将他们之间的纠纷提交哪一个仲裁委员会仲裁，亦由他们自愿协商决定。

（二）以事实为根据，以法律为准绳原则

以事实为根据，以法律为准绳，是我国法制建设的一项基本原则，当然也是仲裁的基本原则。事实和法律是这一原则不可分割、不可偏废的两个方面。以事实为根据，意味着仲裁庭在仲裁过程中，必须全面、客观、深入、细致地查明案件当事人的主体资格；以法律为准绳，意味着仲裁庭在查明事实的基础上必须收集，理解与案件有关的法律，并准确地适用法律，公平合理地确认当事人的权利义务关系。

（三）独立公正仲裁原则

《仲裁法》第8条规定，仲裁依法独立进行。仲裁委员会独立于行政机关，仲裁委员会之间也没有隶属关系，这是实现独立仲裁的组织保证。此外《仲裁法》中关于仲裁员的资格条件的规定、仲裁员回避的规定、仲裁员责任的规定等，也保证了独立公正原则在仲裁实务中的实现。

（四）一裁终局原则

一裁终局原则是世界各国普遍接受的仲裁原则，仲裁法对此原则进行了确认。裁决做出后，当事人就同一纠纷再申请仲裁或者向人民法院起诉的，仲裁委员会或人民法院不予受理。裁决书自做出之日起发生法律效力，一方当事人不履行的，另一方当事人可以依照民事诉讼法的有关规定向人民法院申请执行。

二、仲裁机构

（一）仲裁委员会

1. 仲裁委员会的设立

《仲裁法》第10条规定，仲裁委员会可以在直辖市和省、自治区人民政府所在地的市设立，也可以根据需要在其他设区的市设立，不按行政区划层层设立。仲裁委员会由前述规定的市人民政府组织有关部门和商会统一组建。设立仲裁委员会,应当经省、自治区、直辖市司法行政部门登记。

2．仲裁委员会的条件

《仲裁法》第11条规定,仲裁委员会应当具备下列条件:

(1) 有自己的名称、住所和章程。名称是区别此仲裁委员会与彼仲裁委员会的标志。仲裁委员会以它的主要办事机构所在地为住所。章程由自己制订。

(2) 必要的财产。仲裁委员会作为行使仲裁权的机构必须具备必要的物质条件,有与业务活动相适应的财产,包括适应仲裁工作需要的设施、装备和独立的经费等。

(3) 有该委员会的组成人员。仲裁委员会由主任1人,副主任2～4人,委员7～11人组成。仲裁委员会的主任、副主任和委员是该委员会的组成人员。仲裁委员会主任、副主任和委员应当由法律、经济贸易专家和有实际工作经验的人员担任,其中法律、经济贸易专家不得少于2/3。

(4) 有聘任的仲裁员。仲裁委员会从具备仲裁资格的人员中聘任仲裁员,设立仲裁员名册。

(二) 仲裁员

1．仲裁员资格

仲裁员在思想品德方面要公道正派,同时须具备下列条件之一:

(1) 从事仲裁工作满8年的;

(2) 担任律师满8年的;

(3) 曾经担任审判员满8年的,但现职法院审判员不能担任仲裁员;

(4) 从事法律研究、教学工作且具有高级职称的;

(5) 具有法律知识,从事经济贸易等专业且具有高级职称或者具有同等专业水平的。

2．仲裁员名册

仲裁委员会应当将其聘任的仲裁员造就名册,供当事人选择仲裁员。仲裁委员会可以按不同专业设置专业仲裁员名册,例如按照合同、知识产权、房地产、证券等专业设立仲裁员名册。

三、仲裁协议

仲裁协议是仲裁制度的基石,它既是争议当事人将其争议提交仲裁的依据,也是仲裁机构对某一特定案件取得管辖权的前提。

(一) 仲裁协议的概念

所谓仲裁协议,是指双方当事人自愿把他们之间已经发生或者将来可能发生的财产性权益争议提交仲裁解决的协议。

(二) 仲裁协议的内容

所谓仲裁协议,是指一份完整有效的仲裁协议必须具备的约定事项。当事人可以在不违反法律规定的前提下自由决定将什么样的争议提交仲裁解决,可以自由选择仲裁机构等。我国《仲裁法》第16条规定,仲裁协议应当具有下列内容:

1．请求仲裁的意思表示。在仲裁协议中,当事人应明确表示愿意将争议提交仲裁解决,必须是有利害关系的双方当事人,在协商一致的基础上的共同的、真实的意思表示。

2. 仲裁事项。仲裁事项指双方当事人提交仲裁的争议范围,即双方当事人将何种性质的争议提交仲裁机构仲裁。当事人只有把签订在仲裁协议中的事项提交仲裁时,仲裁机构才予受理,否则仲裁机构不能受理。当然,当事人约定仲裁事项的前提是该事项具有可仲裁性,此类性质的纠纷法律允许通过仲裁加以解决。

3. 选定的仲裁委员会。双方当事人在签订仲裁协议时,应明确写明仲裁事项由哪一个委员会进行仲裁,否则,仲裁协议就无法执行。

四、仲裁庭的组成

仲裁委员会受理了当事人双方的仲裁申请后,向当事人送达仲裁委员会的仲裁规则和仲裁员名册。当事人应当按照约定的仲裁庭的组成形式和仲裁员的选择方式,在仲裁规则规定的期间选出仲裁员。当事人没有约定的,仲裁委员会应当通知当事人在一定期间约定仲裁庭的组成形式和仲裁员的选择方式。

(一)合议仲裁庭的组成

由3名仲裁员组成的仲裁庭,称为合议仲裁庭。《仲裁法》31条第1款规定:"当事人约定由3名仲裁员组成仲裁庭的,应当各自选定或者各自委托仲裁委员会主任指定;第3名仲裁员由当事人共同选定或者共同委托仲裁委员会主任指定;第3名仲裁员是首席仲裁员。"

(二)独任仲裁庭的产生

由1名仲裁员成立的仲裁庭,称为独任仲裁庭。独任仲裁庭应当由当事人共同选定或者共同委托仲裁委员会主任指定仲裁员。当事人没有在仲裁规则规定的期限内约定仲裁庭组成方式或者选定仲裁员的,由仲裁委员会主任指定。

五、和解、调解、裁决

(一)和解

仲裁中的和解,是指双方当事人在没有仲裁员的参与下,自动协商解决纠纷。《仲裁法》第49条规定:"当事人申请仲裁后,可以自行和解。达成和解协议的,可以请求仲裁庭根据和解协议做出裁决书,也可以撤回仲裁申请。如果撤回后反悔的,可以根据仲裁协议申请仲裁。"

(二)调解

仲裁中的调解是指仲裁调解,即在仲裁员主持下,双方当事人协商解决纠纷。《仲裁法》第51条规定:"仲裁庭在做出裁决前,可以先行调解;当事人自愿调解的,仲裁庭应当调解。调解不成应当及时裁决;调解达成协议的,仲裁庭应当制作调解书或者根据协议的结果制作裁决书。调解书与裁决书具有同等法律效力。"

调解书应当写明仲裁请求和当事人协议的结果。调解书由仲裁员签名,加盖仲裁委员会印章,送达双方当事人。调解书经双方当事人签收后,即发生法律效力。在调解书签收前当事人后悔的,仲裁庭应当及时做出裁决。

(三)裁决

裁决应当按照多数仲裁员的意见做出,少数仲裁员的不同意见可以记入笔录。仲裁庭不能形成多数意见时,裁决应当按照首席仲裁员的意见做出。裁决书自做出之日起发生法律效力。

六、申请撤销仲裁裁决

所谓撤销仲裁裁决,是指对符合法定应予撤销情形的仲裁裁决,经由当事人提出申请,人民法院组成合议庭审查核实,裁定撤销仲裁裁决的行为。

我国仲裁法规定,仲裁实行一裁终局的制度。仲裁裁决一经做出,即发生法律效力,当事人不能就同一纠纷再向仲裁委员会申请仲裁,也不能就同一纠纷向人民法院起诉或上诉。由于受到各种因素的影响,有些仲裁裁决可能出现不同程度的偏差或错误,仲裁法中设置申请撤销仲裁裁决程序这样一种监督机制,具有非常重要的意义。

(一)申请撤销仲裁裁决的条件和理由

1. 申请撤销仲裁的条件

(1)提出申请的主体必须是当事人;

(2)必须向有关的人民法院提出申请,当事人提出撤销裁决申请的,必须向仲裁委员会所在地的中级人民法院提出;

(3)必须在规定的期限内提出申请,当事人申请撤销裁决的,应当自收到裁决书之日起6个月内提出;

(4)必须有证据证明裁决有法律规定的应予撤销的情形。

2. 申请撤销仲裁的理由

(1)没有仲裁协议;

(2)仲裁的事项不属于仲裁协议的范围或者仲裁委员会无权仲裁;

(3)仲裁庭的组成或者仲裁的程序违反法定程序;

(4)裁决所依据的证据是伪造的;

(5)对方当事人隐瞒了足以影响公正裁决的证据;

(6)仲裁员在仲裁该案时,有索贿受贿、徇私舞弊、枉法裁决的行为。

根据仲裁法的规定,除上述几项外,如果仲裁裁决违背社会公共利益,人民法院应裁定撤销该裁决。

(二)法院对撤销仲裁裁决申请的处理

人民法院受理当事人提出的撤销裁决的申请后,必须组成合议庭对当事人的申请及仲裁裁决进行审查,经审查,人民法院可能做出三种处理。

1. 撤销仲裁裁决

人民法院受理撤销仲裁裁决的申请后,经审查核实当事人提出申请所依据的理由成立的,应当在2个月内裁定撤销该裁决。裁决被人民法院依法撤销后,当事人之间的纠纷并未解决。当事人可以重新寻求解决纠纷的方法,或重新仲裁,或向有管辖权的人民法院提起诉讼。

2. 驳回撤销仲裁裁决的申请

人民法院经过审查,未发现仲裁裁决具有法定可被撤销的理由的,应在受理申请之日起2个月内做出驳回申请的裁定。

3. 通知仲裁庭重新仲裁

人民法院受理当事人撤销仲裁裁决的申请后,认为可以由仲裁庭重新仲裁的,通知仲裁庭在一定期限内重新仲裁,并裁定中止撤销程序,仲裁庭拒绝重新仲裁的,人民法院应当裁定恢复撤销程序。

第三节 工程建设纠纷的行政复议

一、行政复议概述

行政复议是指公民、法人或其他组织认为行政机关的具体行政行为侵犯其合法权益,按照法定的程序和条件向做出该具体行政行为的上一级行政机关或法定机关提出申请,由受理申请的行政机关对该具体行政行为进行复查并做出复议决定的活动。

(一)行政复议特征

1. 行政复议只能由作为行政相对人的公民、法人或其他组织提起。在行政复议中,做出具体行政行为的行政机关或法律、法规授权的组织只能作为被申请人。

2. 行政复议权只能由法定机关行使。行政复议是行政机关内部解决行政争议,出于司法公正的考虑,行政复议原则上采取由上一级复议的原则,只有在某些特殊情况下,才由原行政机关复议。

3. 行政复议的对象原则上只能是行政机关作出的具体行政行为。行政相对人对行政机关制定的具有普遍约束力的规范性文件不服,只能在对具体行政行为提起行政复议申请时,一并提出,而不能单独提出。

4. 行政复议对于公民、法人和其他组织是维护其合法权益的一种程序性权利,不得被非法剥夺。

(二)行政复议的原则

1. 合法原则。依法行政是行政活动的根本原则,行政复议权的行使必须合法,其一是依据法律,复议机关进行复议活动应当依据法律、法规的规定;其二是符合法律,不但符合程序法的规定,而且要符合实体法的规定。

2. 公正原则。复议机关行使复议权应当公正地对待复议双方当事人,不能有所偏袒。

3. 公开原则。行政复议活动应当公开进行,复议案件的受理、调查、审理、决定等一切活动,都应该尽可能地向当事人及社会公开,避免因"黑箱操作"而可能导致的不合理,甚至腐败现象。

4. 有错必纠原则。行政复议机关对被申请复议的行政行为进行全面审查,不论是违法,还是不当,也不论申请人有否请求,只要是有错误一概予以纠正。

二、行政复议的范围

(一)行政处罚案件

行政处罚案件是指对行政机关作出的警告、罚款、没收违法所得、没收非法财物、责令停产停业、暂扣或吊销许可证、暂扣或吊销执照、行政拘留等行政处罚决定不服而提起的行政复议。行政处罚法明确规定了行政机关设定和实施行政处罚的权限、原则、程序适用等要求。行政机关违法或不当实施行政处罚,侵犯公民、法人或其他组织合法权益的,均属于行政复议法规定的行政复议范围,受害人均可以依法申请行政复议。

(二)行政强制措施案件

行政强制措施案件是指对行政机关作出的限制人身自由或者查封、扣押、冻结财产等行政强制措施决定不服而提起的行政复议。行政机关为了预防,制止违法行为或危害社会的状态,以及为了查明案件事实,根据需要对公民、法人或其他组织的人身或财产采取的强制性手段,其特点在于采取强制手段直接施加于公民、法人或其他组织的人身或财产,行政机关很容易违法或使用不当。

（三）许可证管理案件

许可证管理案件是指对行政机关作出的有关许可证、执照、资质证、资格证等证书变更、中止、撤销的决定不服而提起的行政复议。实践中存在着各种各样,名目繁杂的证书,其中止、撤销、变更关系到被赋权人的合法权益,被赋权人对其不服的,有权申请复议。

（四）行政许可案件

行政许可案件是指公民、法人或其他组织认为符合法定条件,申请行政机关颁发许可证、执照、资质证、资格证等证书,行政机关没有依法办理而提起的行政复议。在此类案件中,行政机关的行为表现有两种:其一是不予答复;其二是拒绝颁发。前者称之为默示的拒绝,后者称之为明示的拒绝。其行为后果是相对人不能从事所申请的活动。针对这两类行为,相对人均有权申请行政复议。

（五）违法要求履行义务案件

违法要求履行义务案件是指认为行政机关违法集资、征收财物、摊派费用或违法要求履行其他义务而提起的行政复议。对于此类行为相对人均有权申请复议。

（六）不履行法定职责案件

不履行法定职责案件是指公民、法人或其他组织申请行政机关保护人身权、财产权、受教育权等,行政机关没有依法履行而提起的行政复议。保护公民、法人或其他组织的人身权、财产权、受教育权等是行政机关的"法定职责"。不履行法定职责的行为表现包括拒绝履行或不予答复。

（七）侵犯法定经营自主权案件

侵犯法定经营自主权案件是指公民、法人或其他组织认为行政机关侵犯合法的经营自主权而提起的行政复议。实践中,行政机关侵犯经营自主权的形式有多种。如强行要求企业或经济组织上缴利润,强制变更企业名称,改变企业性质等。各种企业经济组织认为行政机关侵犯其法定经营自主权范围内的权利,都可以提起行政复议。

三、行政复议的管辖

行政复议管辖,是指行政复议机关受理复议申请的权限和分工,即某一行政争议发生后,应由那一个行政机关来行使行政复议权。

（一）一般管辖

1. 不服县级以上各级人民政府工作部门具体行政行为的,既可以向工作部门所属的本级人民政府申请行政复议,也可以向上一级主管部门申请行政复议。但对海关、金融、国税、外汇管理等实行垂直领导的行政机关和国家安全机关的具体行政行为不服的,向上一级主管部门申请复议。

2. 不服地方各级人民政府具体行政行为的,向上一级人民政府申请行政复议。

3. 不服政府工作部门设立的派出机构依法以自己名义作出的具体行政行为的复议管辖。政府工作部门设立的派出机构比较多,如派出所、工商所、税务所等。对这些机构所作具体行政行为不服申请复议,取决于该派出机构是否依法以自己名义做出。如果这些派出机构是以设立它的行政机关的名义作出的行政行为,则应视为行政委托,按一般管辖的规定确定管辖机关:既可选择设立派出机构的政府工作部门的上一级部门,也可选择向该工作部门所属的本级地方人民政府申请行政复议;如果派出机构是依法以自己的名义作出的具体行政行为,则向设立它的政府工作部门申请复议。

4．共同行为的复议管辖。两个或两个以上的行政机关以共同名义作出的具体行政行为称为共同行为,共同行为是两个以上行政机关共同的意思表示,因此,为共同被申请人,由其共同上一级行政机关管辖。

(二)移送管辖和指定管辖

移送管辖指接受行政复议案件的县级地方人民政府,对不属于自己受理范围的行政复议申请,应当在收到该复议申请之日起,7日内转送有关复议机关,并告知申请人。

指定管辖是指某一行政复议案件,上级行政机关或同级人民政府指定某一行政机关管辖。指定管辖是因为管辖发生争议,且协商不成时,由他们的上级行政机关指定管辖。

四、行政复议的程序

(一)行政复议的申请

行政复议实行"不告不理"的原则,复议机关不能主动复议。因此行政复议程序以相对人申请为前提,申请人申请行政复议的必须满足一定的条件,包括:

1．申请人符合资格。即申请人是认为具体行政行为侵犯其合法权益的公民,法人或其他组织。

2．有明确的被申请人。复议申请人提起复议申请必须明确提出谁做出了具体行政行为,谁侵犯了自己的合法权益,否则,复议机关不予受理。

3．有具体的复议请求和事实根据。具体的复议请求是申请人提出的主张,即要求复议机关保护自己的哪些具体权益和提供哪些救济。明确的事实根据是指能证明行政机关做出具体行政行为的材料,如处罚决定书等。

4．属于复议范围和受理复议的机关管辖。

5．法律、法规规定的其他条件。

申请人申请行政复议,可以书面申请,也可以口头申请;口头申请的,行政复议机关应当场记录申请人的基本情况、行政复议请求、申请行政复议的主要事实、理由和时间。

公民、法人或者其他组织申请行政复议,行政复议机关已经依法受理的,或者法律、法规规定应当先向行政复议机关申请行政复议、对行政复议决定不服再向人民法院提行政诉讼的,在法定行政复议期限内不得向人民法院提起行政诉讼。公民、法人或者其他组织向人民法院提起行政诉讼,人民法院已经依法受理的,不得申请行政复议。

(二)行政复议的受理

行政复议的受理是指复议申请人提出复议申请后,行政复议机关经审查认为符合条件而决定立案受理的活动。

1．审查。受理以复议机关对申请的审查为前提,审查的范围包括:

(1)审查申请是否符合一般条件。

(2)审查是否超过法定的申请时效。如果复议申请超过申请时效,又无正当理由而申请延长期限,复议机关不予受理。

(3)审查是否重复申请。对复议机关已经处理过的行政复议案件或者正在审理的行政复议案件,申请人不能再就同一请求,同一理由向复议机关另行申请复议。

(4)审查是否已起诉。公民、法人或其他组织已经向人民法院起诉的,不得再向行政机关申请行政复议。

(5) 审查复议申请书是否符合格式要求。

2．受理。行政机关接到复议申请后，应当在5日内进行审查。决定是否受理，除不予受理和不属于本机关管辖范围的以外，行政复议申请从复议机关收到申请之日起即为受理，复议机关认为申请人提出的复议申请不符合法定条件的，不予受理。但必须具有法定理由。

(三) 行政复议的审理

1．审理方式

行政复议实行书面复议制度。这意味着复议机关在审理复议案件时，主要依据书面材料进行，不进行公开庭审。当然，书面审理也不排除复议机关进行必要的调查取证，通过一定的方式听取双方当事人意见，听取专家的意见，也不排除复议工作人员对复议案件进行讨论。

2．撤回复议申请

提出复议申请是复议申请人的一项权利，在复议过程中，申请人也有权撤回复议申请，终止复议程序。申请人撤回申请的原因有：一是申请人自认为申请复议不妥当。二是被申请人改变其所作的具体行政行为，申请人同意而撤回复议申请。为了维护复议活动的严肃性，行政复议法规定申请人撤回复议申请，不得以同一事实和理由再申请复议。

3．复议期间具体行政行为的效力

行政复议期间，原具体行政行为不停止执行。但在以下情况可暂停执行：1)被申请人认为需要停止执行；2)复议机关认为需要停止执行；3)申请人申请停止执行，复议机关认为其要求合理，决定停止执行。4)法律规定停止执行，如《治安管理处罚条例》规定的拘留处罚担保程序下的暂缓执行。

4．行政复议证据规则

行政复议案件审理中，实行被申请人对具体行政行为负担举证责任的举证规则，即被申请人要在复议机关规定的时限内提供做出具体行政行为所依据的事实和规范性文件。不能提供的就面临着具体行政行为被复议机关撤销或认为违法或不当的危险。在复议过程中，被申请人不得不自行向申请人和其他有关组织和个人收集证据。根据"先取证，后裁决"的原则，行政主体在做出具体行政行为以前必须收集足够的证据。做出具体行政行为之后，不能再收集证据，否则复议机关不予采纳。

(四) 行政复议决定

复议机关对案件进行初步审查提出意见，给行政复议机关的负责人审查同意或集体讨论通过后，就有关具体行政行为是否合法、适当做出书面裁判，这就是行政复议决定。主要有以下四种：

1．维持决定。复议机关经过审查认为被申请人认定事实清楚，证据确凿，适用依据正确，从而维持原具体行政行为。

2．履行规定。复议机关经过审查，认定被申请人没有履行法律、法规规定的职责，从而做出责令其在一定期限内履行法定职责的活动。

3．变更决定。复议机关经过审查，认为原具体行政行为违法或不当，做出改变原具体行政行为的决定。变更决定实际上是复议机关直接做出了一个新的具体行政行为。

4．撤销决定。复议机关经审查认为具体行政行为违法或不当，做出否定具体行政行为的决定。撤销可以全部撤销也可以部分撤销。可以简单撤销也可责令其重新做出具体行政行为。

第四节 工程建设纠纷的诉讼

"诉"是告诉、控告的意思;"讼"是争辩、为人辩冤及责备等意思。诉讼就是告于司法机关以争辩是非曲直,俗称打官司,根据诉讼任务和诉讼特点的不同,诉讼分为刑事诉讼、民事诉讼和行政诉讼三种。在工程建设活动中很少涉及刑事诉讼,所以本节主要介绍民事诉讼和行政诉讼。

一、民事诉讼

民事诉讼是指法院在当事人和其他诉讼参与人的参加下,以审理、判决、执行等方式解决民事纠纷的活动。

(一) 管辖

民事诉讼中的管辖是指各级人民法院之间和同级法院之间受理第一审民事案件的分工和权限。

1. 级别管辖。级别管辖就是各级人民法院审理第一审民事案件的分工。即基层人民法院管辖第一审民事案件。中级人民法院管辖重大涉外案件,在本辖区有重大影响的案件,海事、海商案件,专利纠纷案件,重大的涉港、澳、台民事案件。

2. 地域管辖:地域管辖就是按照国家的行政区域,划分同级人民法院之间对于第一审民事案件的职权范围。地域管辖有一个原则性的规定即"原告就被告。"原告到被告所在地法院起诉,这是一般地域管辖。一般地域管辖不能完全解决管辖问题,于是就出现了特殊地域管辖。它不以被告所在地,而是以引起诉讼的法律事实的所在地、诉讼标的物所在地作为诉讼的管辖法院。主要有以下三类:

1) 因合同纠纷提起的诉讼,由被告住所地或合同履行地法院管辖;
2) 因票据纠纷提起的诉讼,由支付地或被告人住所地法院管辖;
3) 因侵权行为提起的诉讼,由侵权行为地或被告住所地法院管辖。

(二) 调解

调解是指在民事诉讼中双方当事人在法院审判人员的主持下,就案件争议的问题进行协商,从而解决纠纷的活动。调解有利于纠纷的迅速解决,提高办案效率。有利于双方当事人之间权利义务的实现。由于调解的结果是基于双方当事人的意愿,相对于强制性结果更易于为双方当事人所接受。

法院进行调解要基于当事人的自愿,并不是违反法律。双方当事人达成调解协议的,双方当事人签收后发生法律效力。对调解书不得上诉。

(三) 第一审普通程序

人民法院审理第一审民事案件通常所适用的程序就是普通程序。

1. 起诉受理

当事人的起诉要得到人民法院的受理必须符合四个条件:1)原告必须是与本案有直接利害关系的公民、法人或其他组织;2)有明确的被告;3)有具体的诉讼请求、事实和理由;4)属于人民法院受理民事诉讼的范围和受诉人民法院管辖。

2．审理前的准备

人民法院应当在立案之日起5日内将起诉状副本送达被告,被告应当在收到起诉副本之日起15日内提出答辩状,人民法院在收到"答辩状"之日起5日内将答辩状副本送达原告。法院应当告知当事人诉讼权利义务及合议庭组成人员。

3．开庭审理

人民法院确定开庭日期后,应当在3日之前通知当事人和其他的诉讼参与人。对于公开审理的案件,人民法院应当在开庭审理前3日发布公告,公告当事人的姓名、案由以及开庭的时间、地点,以便群众旁听、记者采访、报道。

开庭审理前书记员应当查明当事人、其他诉讼参与人是否到庭。审判长宣布开庭并口头告知当事人有关的诉讼权利和义务。

法庭审理的一般步骤是:(1)法庭调查,即在法庭上通过展示与案件有关的所有证据,对案件事实进行全面的调查,方式有:当事人陈述、证人出庭作证、出示书证、物证和视听资料、宣读鉴定结论等;(2)法庭辩论,是双方当事人及其诉讼代理人充分行使自己的辩论权,在法庭上就有争议的事实和法律问题进行辩驳和论证;(3)评议和宣判,在法庭调查和法庭辩论的基础上,认定案件事实,确定适用的法律,最后宣告案件的审理结果。

适用普通程序审理的案件,人民法院应当在立案之日起6个月内审结,有特殊情况需要延长的,报法院批准。批准延长的期限,最长不超过6个月,在上述期限内还未审结的,需要延长的,则由受诉法院报请上级法院批准,延长的期限,由上级法院决定。

(四)第二审程序

是指民事诉讼当事人不服地方各级人民法院未生效的第一审裁判而在法定期限内向上级人民法院提起上诉而引起的诉讼程序。根据法律有关规定,不服判决的上诉期间为15日,不服裁定的上诉期间为10日。提起上诉时,上诉人必须首先递交上诉状。二审法院应当对上诉请求的有关事实和适用法律进行审查。当事人没有提出请求的,不予审查。二审法院审理上诉案件,应当由审判员组成合议庭进行审理,原则上应开庭审理。案件的审理,二审法院可以到案件发生地或原审法院所在地进行。开庭审理程序同一审普通程序相同。经过审理,二审法院做出终审裁判。不得再行上诉。

二、行政诉讼

行政诉讼是法院应公民、法人或其他组织的请求,通过法定程序审查具体行政行为的合法性,从而解决一定范围内行政争议的活动。行政诉讼的原告具有恒定性即行政机关。

(一)行政诉讼的基本制度

1．合议制度。人民法院审理行政案件,由审判员组成合议庭,或者是由审判员、陪审员组成合议庭,不能适用独立审理制,这是因为行政案件具有较强的技术性、知识性和专业性,独任制难以胜任。

2．公开审判制度。除涉及国家秘密、个人隐私和法律另有规定的其他情形外,一律应公开审理。

3．两审终审制度。

(二)管辖

1．级别管辖

中级人民法院拥有一审管辖权的案件是:(1)确认发明专利权案件和海关处理的案件;

(2)对国务院各部门或者自治区、直辖市政府具体行政行为提起诉讼的案件;(3)被告为县级人民政府,且基层人民法院不适宜审理的案件;(4)重大涉外或者涉港、澳、台案件。高级人民法院审理本辖区内重大、复杂的第一审行政案件。其余案件由基层人民法院审理。

2. 地域管辖

行政诉讼的地域管辖的确定一般遵循"原告就被告"的原则,但有三种例外:(1)行政案件经过复议,复议机关改变了原具体行政行为的既可由做出原具体行政行为的行政机关所在地人民法院管辖,也可以由复议机关所在地人民法院管辖;(2)因不动产提起诉讼的,由不动产所在地法院管辖;(3)对限制人身自由的行政强制措施不服而提起诉讼的,由被告所在地或原告所在地人民法院管辖。

(三)审理程序

因行政诉讼脱胎于民事诉讼,因而二者有许多诉讼制度和程序规则是共通的。审理程序两种诉讼是一致的,可以参照民事审理的程序来进行,在此就不再赘述。

第五节 工程建设纠纷的律师实务

律师在工程建设活动中起着很重要的作用。不论是在建设项目的前期准备阶段,还是在设计、施工、监理阶段,特别是在各种合同的签订、施工索赔及解决纠纷方面,律师的作用都不容忽视。本节仅就有关律师的一般法律规定作一些介绍。

一、律师的业务

根据《中华人民共和国律师法》的规定,律师的业务范围可以分为以下七个方面:

(一)接受公民、法人和其他组织聘请担任法律顾问。担任法律顾问是律师的一项重要的业务活动。律师可以为机关、企事业单位、社会团体担任法律顾问,也可以为公民个人和各种经济组织担任法律顾问。

(二)接受民事案件、行政案件当事人的委托,担任代理人并参加诉讼。

(三)接受刑事案件犯罪嫌疑人的聘请,提供法律咨询,代理申诉、控告,取保候审;接受犯罪嫌疑人、被告人的委托或者人民法院的指定,担任辩护人;接受自诉案件自诉人、公诉案件被害人或者近亲属的委托,担任代理人,参加诉讼。

(四)代理各类诉讼案件的申诉。

(五)接受当事人的委托,参加调解、仲裁活动。

(六)接受诉讼法律事务当事人的委托,提供法律服务。

(七)解答法律咨询、代写诉讼文书和有关法律事务的其他文书。

二、律师的义务

(一)对律师的执业限制

《律师法》第 36 条规定,曾担任法官、检察官的律师,从人民法院、人民检察院离任后 2 年内,不得担任诉讼代理人或者辩护人。

(二)律师对委托人的义务

1. 律师接受委托后,无正当理由的,不得拒绝辩护或者代理,但委托事项违法,委托人利用律师提供的服务从事违法活动或者委托人隐瞒事实的,律师有权拒绝辩护或者代理。

2. 律师不得在同一案件中,为双方当事人担任代理人。

3. 律师不得利用提供法律服务的便利牟取当事人争议的权益。

4. 律师不得接受对方当事人的财物。

5. 律师不得私自接受委托,向委托人收取费用。

三、律师的法律顾问工作

律师担任法律顾问是指律师接受律师事务所的委托,根据聘请法律顾问合同的约定,以自己的法律知识和技能为聘请方提供法律服务,以维护聘请方合法权益的特定身份和专业性活动。

（一）律师担任法律顾问种类

1. 按照聘请的期限不同,分为常年法律顾问与临时法律顾问。聘期在1年以上的为常年法律顾问。因某一特定事项而聘请法律顾问代为处理或完成的是临时法律顾问。

2. 按照法律顾问范围不同,分为专项法律顾问与综合法律顾问。

3. 按照聘请方自身性质不同,分为政府法律顾问、单位法律顾问、个人法律顾问。

（二）法律顾问的主要工作范围

1. 协助聘请方领导人正确执行国家法律、法规,对聘请方的重大事宜和重大经营决策提出法律意见。

2. 参与起草、审核聘请方重要的规章制度,以实现聘请方经营管理的规范化、法制化。

3. 审核合同,参与重大合同的起草、谈判工作。法律顾问应确保合同的规范性和有效性,及时、准确地为聘请方提供法律意见,争取为聘请方获得法律允许范围内的最大利益。

4. 参与聘请方的重要经济活动,提出法律意见、处理法律事务。

5. 接受委托,办理有关非诉讼法律事务。法律顾问接受聘请方的委托,可以全权代理聘请方办理诸如工商登记、商标注册、专利申请等非诉讼的法律事务,并应当按照聘请方的要求,在法律允许的范围内进行。

6. 接受委托,参加纠纷处理的诉讼和非诉讼的活动。

7. 开展与聘请方业务有关的法律咨询。法律顾问以口头或书面的形式为聘请方提供经常性的法律咨询;向聘请方提供有关信息资料、解释有关法律规定、提出有关法律意见。

8. 配合聘请方有关部门对员工进行法制宣传教育。

四、律师解答法律咨询

律师对于公民、法人或者其他组织就社会生活和经济生活中涉及的法律问题所提出的询问给予解答、做出说明、提出建议与解决办法,这就是律师解答法律咨询。律师解答法律咨询的主要方式有：

1. 口头答询。律师当面听取咨询者的陈述和提问,当场予以解答。

2. 书信答询。

3. 出具法律意见书。法律意见书是律师提供法律服务的一种综合性的书面文件,其内容包括向咨询者提供法律依据、法律建议以及解决问题的方案。为咨询者的决策提供具体、明确、可靠的参考意见。

4. 会议答询。律师应邀参加洽谈会、座谈会、论证会或者谈判,为咨询者处理具体事务时涉及的有关法律问题做出解答、提出建议。

五、律师代书

律师代书是指律师接受委托,就委托人所指定的事件以委托人的名义,根据事实和法律,按照委托人的意见书写有关法律事务文书的一种业务活动。

（一）律师代书的范围

1. 代写诉讼文书:常见的主要有起诉状、答辩状、上诉状、申诉状等。

2. 代写有关法律事务文书。主要是指除诉讼文书以外的其他与法律事务有关的文书,包括各种协议书、委托书、遗嘱等非诉讼法律事务文书。

3. 代写其他文书。主要是指与社会生活有关、具有一定法律意义的文书。包括收养子女申请书、社会救济申请书、公证申请书、声明书、举报信等。

（二）律师代书的基本要求

1. 格式统一,事项齐全。律师代书的不同文书,多有其统一、固定的格式,并有其特定的事项要求,律师不得随意更改。

2. 叙文全面,客观真实。律师代书应当尊重客观事实,无论是文书中表述的内容还是文书所引用的内容,都必须客观地反映现实,不允许有半点虚假,更不能胡编乱造,夸大或缩小;同时,论述事实应当全面不能断章取义。

3. 文字简练,语言朴实。律师代书文字力求简洁,文意不清、文书冗长,都是与律师代书的要求相违背的。

六、代理仲裁

律师代理仲裁是指律师接受仲裁当事人及其法定代理人的委托担任仲裁代理人,参加仲裁程序中的有关活动,以维护当事人合法权益的行为。在代理仲裁中,律师的主要工作是:

（一）指导、协助委托人与对方当事人签订仲裁协议

委托人虽然尚未与对方当事人订立仲裁协议,但双方均有自愿将争议的问题提交机构评判的意向,代理律师可以指导、协助委托人与对方当事人签订仲裁协议。

（二）指导、协助委托人制作仲裁申请书

仲裁申请书是纠纷的一方当事人依据仲裁协议,向仲裁机构提出依法裁决请求的法律文书。代理律师应当指导、协助委托人制作仲裁申请书。

（三）指导、协助委托人制作仲裁答辩书

仲裁答辩书是仲裁被申请人针对仲裁申请人的仲裁申请书中的内容以及主张做出肯定或否定的答复,并运用事实和理由予以辩驳的法律文书。仲裁被申请人的代理律师应当指导、协助被申请人制作仲裁答辩书,以行使答辩的权利。

（四）调查、收集证据

根据仲裁规则的要求,当事人应当对自己的主张提供证据。代理律师应当注重证据的调查、收集。代理律师调查、收集证据、应当尽可能取得原始证据,应当制作调查笔录,并由被调查人签名、盖章。

（五）参加开庭审理

仲裁庭审理的,代理律师应当出庭指导、协助委托人或经委托人授权代理委托人完成以下行为:

1. 对于仲裁员中有回避情形,而本人没有自行回避的,提出回避申请;

2. 对专家报告和鉴定报告提出意见,经仲裁庭许可,可以向鉴定人发问;

3. 认为需要补充证据时,向仲裁庭提出补充证据申请;

4．参加仲裁庭辩论，发表仲裁代理意见；

5．仲裁庭对争议的问题进行调解。

（六）仲裁审理后的工作

仲裁庭做出裁决后，如果对方当事人不履行发生法律效力的仲裁裁决，代理律师应当建议委托人向有管辖权的人民法院提出强制执行申请，以确保委托人合法权益的实现。

七、代理行政复议

当事人向律师事务所提出指派律师代理行政复议的委托时，律师事务所应对有关事项进行审查。经审查确认行政复议当事人主体资格合法，有具体的复议请求和事实根据，属于各地方机关受理范围和管辖范围，提出申请没有超过时效，可以接受当事人的委托请求。律师接受委托后的主要工作是：

（一）指导、协助委托人起草复议申请书

（二）调查取证

代理律师应当开展调查、取证工作，收集足以证明被申请复议的行政行为确有违法或不当的证据。应当制作调查笔录，并由被调查人阅读，确认无误后签名、盖章。

（三）参加行政复议程序

律师应当亲自参加行政复议程序，代理委托人陈述事实、提供证据，并发表代理意见。

（四）复议决定做出后的工作

依照法律的规定，对复议决定不能提起诉讼的，告知委托人该决定为终局决定，应当服从，其中涉及委托人义务的应当履行。对复议决定可以提起诉讼的，如果委托人对该决定无异议，律师代理行为终结。如果委托人对该决定不服，告知委托人可以通过诉讼的途径解决。并说明提起诉讼的时效规定。

八、代理诉讼

我国的诉讼种类分为刑事诉讼、民事诉讼、行政诉讼三类。每类诉讼都有各自的特点，律师在这三种诉讼中发挥的作用也不尽相同。

当接受民事案件、行政案件当事人的委托，担任代理人参加诉讼时，诉讼代理人具备以下特征：

1．以委托人的名义从事活动；

2．在委托人委托的范围内进行活动，尤其对于在行使代为承认、放弃、变更诉讼请求、进行和解，提起反诉或者上诉等实体权利方面；

3．代理诉讼的律师有权调查取证，并可以按照有关规定查阅本案有关材料；

4．律师代理诉讼活动产生的法律后果，委托人应当承担。

复习思考题

1．工程建设纠纷的形式有哪些？应通过何种途径解决？

2．简述仲裁的基本原则。

3．申请仲裁需具备哪些条件？法院在什么情况下才能介入仲裁？

4．什么叫行政复议？行政复议应遵循哪些原则？

5. 什么情况下才能申请行政复议？并简述行政复议的法定程序。
6. 简述民事诉讼与行政诉讼的主要区别。
7. 律师的业务范围有哪些？如何看律师在解决工程建设纠纷中的作用？

第十三章 工程建设相关法律介绍

工程建设是一个外延广泛的概念。它从竞标开始到验收结束涉及众多社会关系。这些社会关系大多由法律调整,这样就使工程建设当然地与法律发生联系。与工程建设相关的法律有刑法、民法、行政法、商法、经济法等。本章将从这些法律部门中选取与工程建设关系较密切的标准化法、公司法、消防法、劳动法等加以介绍。

第一节 标 准 化 法

一、标准的概念和分类

标准,根据国家标准《标准化基本术语第一部分》(GB 3935.1—83)的解释,即是"对重复性事物和概念所作的统一规定"。根据《中华人民共和国标准化法》第二条的规定,对下列需要统一的技术要求,应当制定标准:

(1) 工业产品的品种、规格、质量、等级或者安全、卫生要求;

(2) 工业产品的设计、生产、检验、包装、储存、运输、使用的方法或者生产、储存、运输过程中的安全、卫生要求;

(3) 有关环境保护的各项技术要求和检验方法;

(4) 建设工程的设计、施工方法和安全要求;

(5) 有关工业生产、工程建设和环境保护的技术术语、符号、代号和制图方法。

根据上述规定,可以将标准分为产品标准和建设标准两大类。

根据标准制定的机关不同又可分为:(1)国家标准,指对需要在全国范围内统一的或国家需要控制的技术要求所制定的标准;(2)行业标准,指对需要在某个行业范围内统一的技术要求所制定的标准;(3)地方标准,指对需要在省、自治区、直辖市范围内统一的技术要求所制定的标准;(4)企业标准,指对需要在某个企业范围内统一的技术要求所制定的标准。

另外,根据标准的强制力的不同又可分为强制性标准和推荐性标准。

二、标准的制定

(一) 制定标准的基本要求

制定标准应当有利于促进对外经济技术合作和对外贸易,并发挥行业协会、科学研究机构和学术团体的作用;制定标准应当有利于保障安全和人民的身体健康,保护消费者的利益,保护环境;制定标准应当有利于合理利用国家资源,推广科学技术成果,提高经济效益,并符合使用要求,有利于产品的通用互换,做到技术上先进,经济上合理,同时应做到有关标准的协调配套。

制定标准部门应当组织由专家组成的标准化技术委员会,负责标准的草拟,参加标准草案的审查工作;标准实施后,制定标准的部门应当根据科学技术的发展和经济建设的需要适时进行复审,以确认现行标准继续有效或者予以修订、废止。

(二) 国家标准的制定

需要在全国范围内统一的下列技术要求,应当制定国家标准(含标准样品的制作):

1. 互换配合、通用技术语言要求;
2. 保障人体健康和人身、财产安全的技术要求;
3. 基本原料、燃料、材料的技术要求;
4. 通用基础件的技术要求;
5. 通用的试验、检验方法;
6. 通用的管理技术要求;
7. 工程建设的重要技术要求;
8. 国家需要控制的其他重要产品的技术要求。

国家标准由国务院标准化行政主管部门编制计划,组织草拟,统一审批、编号、发布。工程建设、药品、食品、卫生、兽药、环境保护的国家标准,分别由国务院工程建设主管部门、卫生主管部门、农业主管部门、环境保护主管部门组织草拟、审批;其编号、发布办法由国务院标准化行政主管部门会同国务院有关行政主管部门制定。

(三) 行业标准的制定

对没有国家标准而又需要在全国某个行业范围内统一的技术要求,可以制定行业标准(含标准样品的制作);制定行业标准的项目由国务院有关行政主管部门确定。

行业标准由国务院有关行政主管部门编制计划,组织草拟,统一审批、编号、发布,并报国务院标准化行政主管部门备案;行业标准在相应的国家标准实施后,自行废止。

(四) 地方标准的制定

对没有国家标准和行业标准而又需要在省、自治区、直辖市范围内统一的工业产品的安全、卫生要求,可以制定地方标准;制定地方标准的项目、由省、自治区、直辖市人民政府标准化行政主管部门确定。

地方标准由省、自治区、直辖市人民政府标准化行政主管部门编制计划,组织草拟,统一审批、编号、发布,并报国务院标准化行政主管部门和国务院有关行政主管部门备案;法律对地方标准的制定另有规定的,依照法律的规定执行;地方标准在相应的国家标准或行业标准实施后,自行废止。

(五) 企业标准的制定

企业生产的产品没有国家标准、行业标准和地方标准的,应当制定相应的企业标准,作为组织生产的依据。

企业标准由企业组织制定(农业企业标准制定办法另定),同时应充分听取使用单位、科学技术研究机构的意见,并按省、自治区、直辖市人民政府的规定备案。

对已有国家标准、行业标准或者地方标准的,鼓励企业制定严于国家标准、行业标准或者地方标准要求的企业标准,在企业内部适用。

三、标准的实施与监督

从事科研、生产、经营的单位和个人,必须严格执行强制性标准。不符合强制性标准的产品,禁止生产、销售和进口。

企业生产执行国家标准、行业标准、地方标准或企业标准,应当在产品或其说明书、包装物上标注所执行标准的代号、编号、名称;出口产品的技术要求由合同双方约定,出口产品若在国内销售,属于我国强制性标准管理范围的,应当符合强制性标准的要求;企业研制新产品、改进产品、进行技术改造,应当符合标准化要求。

国务院标准化行政主管部门统一负责全国标准实施的监督。国务院有关行政主管部门分工负责本部门、本行业的标准实施的监督。地方各级标准化行政主管部门统一负责本行政区域内的标准实施的监督。

县级以上人民政府标准化行政主管部门,可以根据需要设置检验机构,或者授权其他单位的检验机构,对产品是否符合标准进行检验和承担其他标准实施的监督检验任务。检验机构的设置应当合理布局,充分利用现有力量。

国家检验机构由国务院标准化行政主管部门会同国务院有关行政主管部门规划、审查。地方检验机构由省、自治区、直辖市人民政府标准化行政主管部门会同省级有关行政主管部门规划、审查。

国家机关、社会团体、企业事业单位及全体公民均有权检举、揭发违反强制性标准的行为。

四、违反《标准化法》的法律责任

有下列情形之一的,由标准化行政主管部门或有关行政主管部门在各自的职权范围内责令限期改进,并可通报批评或给予责任者行政处分:(1)企业未按规定制定标准作为组织生产依据的;(2)企业未按规定要求将产品标准上报备案的;(3)企业的产品未按规定附有标识或与其标识不符的;(4)企业研制新产品、改进产品、进行技术改造,不符合标准化要求的;(5)科研、设计、生产中违反有关强制性标准规定的。

生产不符合强制性标准的产品的,应当责令其停止生产,并没收产品,监督销毁或作必要技术处理;处以该批产品货值金额20%~50%的罚款;对有关责任者处以5000元以下罚款。

销售不符合强制性标准的商品的,应当责令其停止销售,并限期追回已售出的商品,监督销毁或作必要技术处理;没收违法所得;处以该批商品货值金额10%~20%的罚款;对有关责任者处以5000元以下罚款。

进口不符合强制性标准的产品的,应当封存并没收该产品,监督销毁或作必要技术处理;处以进口产品货值金额20%~50%的罚款;对有关责任者给予行政处分,并可处以5000元以下罚款。

生产、销售、进口不符合强制性标准的产品,造成严重后果,构成犯罪的,由司法机关依法追究直接责任人员的刑事责任。

未获得认证证书的产品不符合认证标准而使用认证标志出厂销售的,由标准化行政主管部门责令其停止销售,并处以违法所得2倍以下的罚款;情节严重的,由认证部门撤销其认证证书。

产品未经认证或者认证不合格而擅自使用认证标志出厂销售的,由标准化行政主管部门责令其停止销售,处以违法所得3倍以下的罚款,并对单位负责人处以5000元以下罚款。

标准化工作的监督、检验、管理人员有下列行为之一的,由有关主管部门给予行政处分,构成犯罪的,由司法机关依法追究刑事责任:(1)违反本法规定,工作失误,造成损失的;(2)伪造、篡改检验数据的;(3)徇私舞弊、滥用职权、索贿受贿的。

五、工程建设标准化工作

(一)工程建设标准化的概念

工程建设标准化是国家实现对工程建设技术、经济等实行宏观调控和科学管理的一项基础工作,其目的就是在工程建设领域,对各种活动中的重复性事物和概念,通过制定、发布和实施标准,达到统一,以获得最佳秩序和社会效益。

(二)我国目前工程建设标准化的现状

多年来,工程建设标准化工作在各级建设主管部门以及广大工程技术人员的努力下,取得了很大的成绩,具体表现在:

1. 标准的数量和技术水平有了很大的提高。截止到2000年,我国的工程建设国家标准、行业标准和地方标准总数已达3400余项,比1980年的180余项增加了近20倍,几乎覆盖了工程建设领域的方方面面。同时,标准的质量和技术水平也逐步提高,总体水平已达到我国20世纪90年代中期到末期的工程建设技术水平。

2. 标准化工作的管理制度日趋完善。自《中华人民共和国标准化法》和《标准化法实施条例》颁布后,国家又先后制定并颁布了《工程建设国家标准管理办法》、《工程建设行业标准管理办法》、《工程建设标准局部修订管理办法》、《工程建设标准编写办法》、《工程建设标准出版印刷规定》、《实施工程建设强制性标准监督规定》等规章和规范性文件,同时国务院各部门及各省市建设行政主管部门,根据本部门、本地区的实际情况,也相应组织起草并发布实施了配套的规章和规范性文件,形成了比较完善的工程建设标准化工作的管理制度体系。

3. 标准化的工作队伍日益壮大。据统计,全国约有4000余人专门从事标准的编制工作,同时又有1000余人常年负责标准颁布后的具体解释、宣贯、技术交流等活动。另外,中国工程建设标准化协会也先后成立了36个技术委员会和9个地方性技术委员会,发展会员近5000人。

但是,随着我国经济体制改革的深入,市场经济体制的逐步建立,特别是加入WTO以后,工程建设标准化工作中一些长期存在的问题,日益暴露出来,一些新的矛盾逐渐显现。如:工程建设标准体制上存有缺陷;各类标准的内容交叉重复,有时互相矛盾;标准的结构不规范、不统一;标准的制定、修订周期长、费用少,导致标准的质量低;标准的实施监督不力,强制性标准得不到强制执行等等。

(三)我国工程建设标准体制改革的目标

鉴于目前我国工程建设标准化的现状,国务院于2001年10月成立了标准化管理委员会,统一领导全国的工程建设标准体制改革工作;建设部也将此项改革列入"十五计划"的重要工作之一。根据国外发达国家的经验和WTO的有关规定,未来我国工程建设标准体制将会是工程建设技术法规和标准并行的体制。

工程建设技术法规,由政府建设行政主管部门批准发布,在其管辖的区域之内强制执行,执行情况受政府建设行政主管部门监督。其内容是对工程建设直接关系工程质量、安全、卫生以及环境保护、公共利益,政府需要控制的技术要求所作的规定。

工程建设技术标准,由政府认可的标准化机构组织制定和发布,由参与建设的各方主体自愿采用。其内容是被工程实践证明的、正确有效的技术要求或方法。

第二节 公 司 法

一、公司法概述

(一) 公司的概念与分类

1. 公司的概念

公司是依照公司法设立的以营利为目的的企业法人,公司具有以下特征:
(1)公司必须依法设立;(2)公司必须以营利为目的;(3)公司必须是企业法人。

2. 公司的分类

在法律上,按照股东对公司所负的责任不同,将公司分为有限责任公司、股份有限公司、无限责任公司、两合公司等类型。我国《公司法》规定的公司,包括有限责任公司和股份有限公司两种。

(1) 有限责任公司。是指有两个以上的股东共同出资,每个股东以其认缴的出资额对公司承担有限责任,公司以其全部资产对其债务承担责任的企业法人。有限责任公司不能发行股票,不能公开募股,股东的出资不能随意转让。

(2) 股份有限公司。股份有限公司是指全部资金由等额股份构成并通过发行股票筹集,股东以其所认购的股份对公司承担责任,公司以其全部资产对公司债务承担责任的企业法人。

(二) 公司登记管理

公司登记是指依照《公司登记管理条例》对企业设立、变更、终止等事项,向公司登记机关办理的登记。在我国,公司登记机关为各级工商行政管理部门。公司依法经公司登记机关审核批准登记,领取《企业法人营业执照》,取得企业法人资格,方可以公司名义从事经营活动。

公司登记事项包括:名称、住所、法定代表人、注册资本、企业类型、经营范围、有限责任公司股东或股份有限公司发起人的姓名或名称。公司名称应当符合国家有关规定,并且只能使用一个名称,经核准登记的名称受法律保护,公司的注册资本应当以人民币表示,法律、法规另有规定的除外。

二、有限责任公司的设立与组织机构

(一) 有限责任公司的设立

有限责任公司的设立须具备下列条件:

1. 股东符合法定人数。《公司法》规定,有限责任公司由 2 个以上 50 个以下股东共同出资设立,其法定股东人数必须是 2 个以上 50 个以下。法律另有规定除外。

2. 股东出资达到法定资本最低限额。法定资本又称注册资本,是指公司在公司登记机关登记的,由全体股东实交的出资额之和。法定资本既是公司成为法人的基本特征之一,又是企业承担亏损风险的资本保证。法定资本的最低限额是指国家规定的设立公司所需资本的最低限额。《公司法》根据行业的不同特点,规定了不同的法定资本最低限额,即以生产经营为主的公司为人民币 50 万元;以商业零售为主的公司为人民币 30 万元;以科技开发、咨询、服务性为主的公司为人民币 10 万元。

3. 股东共同制定公司章程。公司章程是关于公司组织及其活动的基本规章。制定公司章程既是公司内部管理的需要,也是外部对公司监督管理以及对外交往的需要。有限公司的章程由股东共同制定,所有股东应当在公司章程上签名、盖章。

4. 有公司名称,建立有符合有限责任公司的组织机构。公司名称是公司的标志。有限责任公司在设定自己的名称时,必须符合法律法规的规定,必须在公司名称中标明有限责任公司字样。

(二)有限责任公司的组织机构

有限责任公司的组织机构主要包括股东会、董事会或者执行董事、经理、监理会或者监事。有限责任公司组织机构的设立必须遵守《公司法》的有关规定,公司的股东会、董事会或者执行董事、监事会或者监事必须依照法律、法规和公司章程的规定行使职权。

1. 有限责任公司的股东会

股东会是公司的权力机构,是公司最高决策机构,对公司的重大问题进行决策。(1)决定公司的经营方针和投资计划;(2)选举和更换董事,决定有关董事的报酬事项;(3)选举和更换有股东代表出任的监事,决定有关监事的报酬事项;(4)审议、批准董事会的报告;(5)审议批准监事会或者监事的报告;(6)审议、批准公司的年度财务预算方案、决算方案;(7)审议、批准公司的利润分配方案和弥补亏损方案;(8)对公司增加或者减少注册资本作出决议;(9)对发行公司债券作出决议;(10)对股东向股东以外的人转让出资作出决议;(11)对公司合并、分离、变更公司形式、解散和清算等事项作出决议;(12)修正公司章程。

有限责任公司的股东会会议分为定期会议和临时会议。定期会议按照公司章程的规定按时召开。代表 1/4 以上表决权的股东、1/3 以上的董事、或者监事,均可以提出召开临时会议。

股东会对公司的重大问题作出决议,需有股东进行表决。根据《公司法》的规定,股东会会议由股东按照出资比例行使表决权。对某些涉及股东根本利益的事项的表决,如股东对公司的分立、合并、变更公司形式或者修正公司章程,必须经代表 2/3 以上表决权的股东通过。

2. 有限责任公司的董事会和经理

董事会是股东会的执行机构,由 3~13 人组成,设董事长 1 人,副董事长 1~2 人。董事长、副董事长的产生办法由公司章程规定。董事长为公司的法定代表人。董事任期每届不得超过 3 年,可以连选连任。董事会行使下列职权:(1)负责召集股东会,并向股东会报告工作;(2)执行股东会的决议;(3)决定公司的经营计划和投资方案;(4)制定公司的年度财务预算方案、决算方案;(5)制定公司的利润分配方案和亏损方案;(6)制定公司增加或减少注册资本的方案;(7)拟定公司合并、分立、变更公司形式、解散的方案;(8)决定公司内部管理机构的设置;(9)聘任或解聘公司经理,根据经理提名,聘任或者解聘公司副经理、财务负责人,决定其报酬事项;(10)制定公司的基本管理制度。

有限责任公司设经理,由董事会聘任或解聘。经理负责公司日常经营管理工作,对董事会负责。经理行使下列职权:(1)主持公司的生产经营管理工作,组织实施董事会决议;(2)组织实施公司年度经营计划和投资方案;(3)拟定公司内部管理机构设置方案;(4)拟定公司的基本管理制度;(5)制定公司的具体规章;(6)提请聘任或者解聘公司副经理、财务负责人;(7)聘任或者解聘应由董事会聘任或解聘以外的负责管理人员;(8)公司章程和董事会授予的其他职权。

董事、经理的职责:(1)遵守公司章程,忠实履行职务,维护公司利益,不得利用在公司的地位和职权为自己牟取私利;(2)不得挪用公司资金或者将公司资金借贷给他人;(3)不得将公司资产以其个人名义或以其他个人名义开立账户存储;(4)不得以公司资本为本公司的股东或者其他个人债务提供担保;(5)不得自营或者为他人经营与其所任职公司同类的营业或者从事损害本公司利益的活动;(6)除了公司章程规定或者股东会同意外,不得同本公司订立合同或者进行交易;(7)不得泄露公司秘密;(8)执行公司职务时违反法律、法规或者公司章程的规定,给公司造成损害的,应当承担赔偿责任。

3. 有限责任公司的监事会或者监事

监事会是公司内部监督机构。经营规模较大的有限责任公司设立监事会,规模较小的可以只设1~2名监事。监事会成员不得少于3人。监事任期3年,可以连选连任。董事、经理、财务人员不得兼任监事,国家公务员也不得兼任监事。

监事会或者监事的职权:(1)检查公司的财务;(2)对董事、经理执行公司职务时违反法律、法规或者公司章程的行为进行监督;(3)当董事和经理的行为损害公司的利益时,要求董事和经理予以纠正;(4)提议召开临时股东会;(5)公司章程规定的其他职权。

三、股份有限公司的设立与组织机构

(一) 股份有限公司的设立

1. 股份有限公司的设立条件

设立股份有限公司应当具备下列条件:

(1) 发起人符合法定人数。设立股份有限公司应当由5人以上为发起人,其中须有过半数的发起人在中国国内有住所。国有企业改建为股份有限公司的发起人可以少于5人,但应采取募集设立方式。

(2) 发起人认交和社会公开募集的股本达到法定资本最低限额,股份有限公司注册资本的最低限额为1000万元。

(3) 股份发行、筹办事项符合法律规定。以发起人设立方式设立公司的发起人应认购公司应发行的全部股份;以募集设立方式设立公司的,发起人认购的股份不得少于公司股份总数的35%,发起人必须承担公司的筹办事务,包括向国务院授权部门或者省级人民政府申请批准,办理公司设立的其他有关事务等。

(4) 发起人制定公司章程,并经创立大会通过。

(5) 有公司名称,建立符合股份有限公司的组织机构。公司的名称中必须表明股份有限公司字样。

2. 股份有限公司的设立程序

股份有限公司的设立,可以采取发起设立或者募集设立的方式。

(1) 发起设立的程序:1)发起人认购公司应发行的全部股份。每一个发起人应当以书面的方式承诺自己将要认购的股份数量,并且所有发起人的承诺的总和应等于公司应发行的全部股份。2)发起人缴纳股款。以实物、工业产权、非专利技术或者土地使用权抵作股款的,应当依法办理其财产权的转移手续。3)选举公司的董事会、监事会。

(2) 募集设立的程序。募集设立是指由发起人认购公司应发行股份的一部分,其余部分向社会公开募集而设立公司。其程序是:1)发起人认购法定数额的股份。《公司法》规定发起人认购的股份不得少于公司股份总数的35%。2)公开募集股份。发起人向社会公开募集股份时,必须报经国务院证券监督管理机构核准,并向社会公告招股说明书。公开募集股份必须由证券经营机构承销。3)缴纳股款。4)召开创立大会。创立大会由认股人组成。发行股份的股款交足并经法定验资机构验资出具证明后,发起人在30日内主持召开创立大会。创立大会应有代表股份总数1/2以上的认股人出席,方可举行。

(二) 股份有限公司的组织机构

股份有限公司的组织机构主要包括股东大会、董事会、经理、监事会。

1．股东大会

股份有限公司股东大会是由公司全体股东共同组成的权力机构,是对公司重大事项行最终决策权的机构。

股东大会享有下列职权:(1)决定公司的经营方针和投资计划;(2)选举和更换董事,决定有关董事的报酬事项;(3)选举和更换由股东代表聘任的监事,决定有关监事的报酬事项;(4)审议批准董事会的报告;(5)审议批准监理会的报告;(6)审议批准公司的年度财务预算方案、决算方案;(7)审议批准公司的利润分配方案和弥补亏损方案;(8)对公司增加或者减少注册资本作出决议;(9)对发行公司债券作出决议;(10)对公司合并、分立、解散和清算等事项作出决议;(11)修改公司章程。

2．董事会和经理

股份有限公司的董事会是公司股东大会的执行机构,对公司股东大会负责。董事会由5～19人组成。董事会设董事长1人,设副董事长1～2人。

根据《公司法》规定,董事会行使下列职权:(1)负责召集股东大会,并向股东大会报告工作;(2)执行股东大会的决议;(3)决定公司的经营计划和投资方案;(4)制订公司的年度财务预算方案、决算方案;(5)制订公司的利润分配方案和弥补亏损方案;(6)制订公司增加或者减少注册资本的方案以及发行公司债券的方案;(7)拟订公司合并、分立、解散的方案;(8)决定公司内部管理机构的设置;(9)聘任或者解聘公司经理,根据经理的提名,聘任或者解聘公司副经理、财务负责人、决定其报酬事项;(10)制订公司的基本管理制度。

股份有限公司的经理由董事会聘任或者解聘。经理依据法律和公司章程的规定,负责公司的日常经营管理工作。根据《公司法》规定,经理对董事会负责,并行使以下几项职权:(1)主持公司的生产经营管理工作,组织实施董事会决议;(2)组织实施公司年度经营计划和投资方案;(3)拟订公司内部管理机构设置方案;(4)拟订公司的基本管理制度;(5)制订公司的具体规章;(6)提请聘任或者解聘公司副经理、财务负责人;(7)聘任或者解聘除应由董事会聘任或者解聘以外的负责管理人员;(8)公司章程和董事会授予的其他职权。

3．监事会

股份有限公司监事会是股份有限公司依照公司法以及公司章程设立的,对公司各项事务进行监督的公司机构。监事会成员不得少于3人,监事会由股东代表和适当比例的公司职工代表组成。董事、经理及财务负责人不得兼任监事。监事的任期为每届3年。监事任期届满,连选可以连任。

监事会主要行使以下几项职权:(1)检查公司财务;(2)对董事、经理执行公司职务时违反法律、法规或者公司章程的行为进行监督;(3)当董事和经理的行为损害公司的利益时,要求董事和经理予以纠正;(4)提议召开临时股东大会;(5)公司章程规定的其他职权。

四、股份有限公司的股份发行与转让

(一) 股份发行

1. 股份与股票

股份有限公司的股份是指按相等金额或者相同比例,平均划分公司资本的基本计量单位,代表股东在公司中的权利和义务。股份有限公司的股票、是公司签发的证明股东所持股份的法律凭证,是股份的法律表现形式。

股票作为股东所持股份的法律证明,应当载明公司名称、公司成立登记的日期、股票种类、票面金额及代表的股份数、股票的编号等事项。股票由董事长签名,公司盖章。

2. 股份的发行

股份发行是指股份有限公司为设立公司或者筹集资金,依照法律规定发售股份的行为。我国股份有限公司股份的发行实行公开、公平、公正的原则,同股同利。其中公开原则是股份发行的核心原则。

根据《股票发行与交易管理暂行条例》的规定,设立股份有限公司申请公开发行股票,应当符合以下条件:(1)其生产经营符合国家产业政策;(2)其发行的普通股限于一种,同股同权;(3)发起人认购的股本数额不少于公司拟发行的股本总额的35%;(4)在公司拟发行的股本总额中、发起人认购的部分不少于人民币3000万元,国家另有规定的除外;(5)向社会公众发行的部分不少于公司拟发行的股本总额的25%,其中公司职工认购的股本总额不得超过拟向社会公众发行的股本总额的10%;(6)发起人在近3年内没有重大违法行为;(7)国务院证券监督管理机构规定的其他条件。

(二) 股份转让

股份转让是指股份有限公司的股份持有人依照法定条件和程序将持有的股份让与他人,从而使他人成为公司股东的行为。

股份转让应符合下列规定:(1)股份转让必须在依法设立的证券交易场所进行;(2)记名股票的转让,必须由股票持有人以背书方式或者法律、行政法规规定的方式转让,并由公司将受让人的姓名或者名称及住所记载于股东名册;(3)无记名股票的转让,只要股东在依法设立的证券交易场所将股票交付给受让人后即发生转让法律效力;(4)股份有限公司的发起人持有的本公司的股份,自公司成立之日起3年内不得转让,公司董事、监事、经理应当向公司申报所持有的本公司的股份,并在任职期间内不得转让;(5)公司不得收购本公司的股票,但为减少公司资本而注销股份或者与持有本公司股票的其他公司合并时除外;(6)国家授权投资的机构可以依法转让其持有的股份,也可以购买其他股东持有的股份;(7)公司不得接受本公司的股票作为抵押权的标的。

(三) 股份有限公司的股票上市

1. 申请股票上市的法定条件:(1)股票经国务院证券监督管理机构核准已向社会公开发行;(2)公司股本总额不少于人民币5000万元;(3)开业时间在3年以上,最近3年连续盈利;(4)持有股票面值达人民币1000元之上的股东人数不少于1000人,向社会公开发行的股份达到公司股份总数的25%以上、公司股本总额超过人民币4亿元的,其向社会公开发行股份的比例为15%以上;(5)公司在最近3年内无重大违法行为,财务会计报告无虚假记载;(6)国务院规定的其他条件。

2. 上市公司的核准。股份有限公司申请其股票上市交易,应当报经国务院证券监督管

理机构核准。股票上市交易申请经国务院证券监督管理机构核准后,公司向证券交易所提交核准文件等有关文件。证券交易所自接到公司提交的有关文件之日起 6 个月内,安排其股票上市交易。公司应当在上市交易的 5 日前公告经核准的股票上市交易的有关文件,并将其置备于指定场所供公众查阅。

3. 上市公司的信息披露。为了充分保护社会公众与投资者的合法权益,保障证券市场的正常秩序,上市公司必须依法进行充分的信息披露。

(1) 招股说明书。招股说明书是股份有限公司公开发行股票时就招募股份事宜以书面形式发布的说明通告。

(2) 上市公告书。股票核准上市后,上市公司应公布上市公告书,除公告上市申请文件外,还应公告股票上市交易日期、持有公司股份最多的前 10 名股东名单和持股数额等。

(3) 定期报告。定期报告包括年度报告和中期报告。上市公司应在每一会计年度的上半年结束之日起 2 个月内,向国务院证券监督管理机构和证券交易所提交中期报告并予以公告;在每一会计年度结束之日起 4 个月内,向国务院证券监督管理机构和证券交易所提交年度报告并予以公告。

(4) 临时报告。临时报告包括重大事件公告和收购与合并公告。上市公司公开披露文件及财务会计、法律、资产评估等事项的,应当由具有从事证券业务资格的会计师事务所,律师事务所和资产评估机构等专业中介机构审查验证,并出具意见。

五、公司债券

(一) 公司债券的概念和特征

公司债券是指公司依照法定条件和程序发行的约定在一定期限还本付息的有价证券。

公司债券是公司依照法定程序发行的有价证券,是到期由公司还本付息的有价证券,是债权证券。

(二) 公司债券的发行

1. 公司债券发行的条件:(1)股份有限公司的净资产额不低于人民币 3000 万元,有限责任公司的净资产额不低于人民币 6000 万元;(2)累计债券总额不超过公司净资产额的 40%;(3)最近 3 年平均可分配利润是以支付公司债券 1 年的利息;(4)筹集的资金投向符合国家产业政策;(5)债券的利率不得超过国务院限定的利率水平。

2. 公司债券发行的程序:(1)由公司的权力机构(股东大会)作出决议;(2)报经国务院授权的部门审批;(3)公告公司债券募集办法;(4)公司债券的承销。

(三) 公司债券的转让

我国《公司法》规定公司债券可以依法进行转让。公司债券的转让应当在依法设立的证券交易所进行,不得私下进行,公司债券的转让价格由转让人与受让人自己约定。

六、公司解散与清算

(一) 公司解散

《公司法》规定公司解散的原因有四种情形:(1)公司章程规定的营业期限届满或者公司章程规定的其他解散事由出现;(2)股东会决议解散;(3)因公司合并或者分立需要解散的;(4)公司因违反法律、行政法规被依法责令关闭的应当解散。

(二) 公司的清算

公司解散时,应当依法进行清算,清算就是了结终止公司的各项财产关系。进行清算必须成立清算组。有限责任公司的清算组由股东组成,股份有限公司的清算组由股东大会确定其人选。

清算组的职权:(1)清理公司财产,分别编制资产负债表和财产清单;(2)通知或者公告债权人;(3)处理与清算有关的公司未了结业务;(4)清缴所欠税款;(5)清理债权、债务;(6)处理公司清偿债务后的剩余财产;(7)代表公司参与民事诉讼活动。

清算工作应按下列程序进行:(1)登记债权。清算组应当自成立之日起10日内通知债权人。(2)清理公司财产、制订清算方案。(3)清偿债务,公司财产能够清偿公司债务的,应优先拨付清算费用。在拨付清算费用后,按下列顺序清偿:职工工资和劳动保险费用;交纳所欠税款;清偿公司债务。(4)公告公司终止。

第三节 劳动法

一、劳动法概述

1. 劳动法的概念

劳动法是调整劳动关系以及与劳动密切联系的其他社会关系的法律规范的总称。

2. 劳动法适用范围

《劳动法》第2条规定:"在中华人民共和国境内的企业、个体经济组织和与之形成劳动关系的劳动者,适用本法。国家机关、事业组织、社会团体和与之建立劳动合同关系的劳动者,依照本法执行。根据这一规定,《劳动法》适用于:(1)在中华人民共和国境内的企业、个体经济组织和与之形成劳动关系的劳动者;(2)国家机关、事业组织、社会团体的工勤人员;(3)实行企业化管理的事业组织的非工勤人员;(4)其他通过劳动合同与国家机关、事业组织、社会团体、建立劳动关系的劳动者。

《劳动法》不适用于公务员和比照实行公务员制度的事业组织和社会团体的工作人员,以及农村劳动者(乡镇企业职工和进城务工、经商的农民除外)现役军人、家庭保姆、在中华人民共和国境内享有外交特权和豁免权的外国人等。

3. 劳动者的基本权利和义务

(1) 劳动者的基本权利

劳动者享有平等就业和选择职业的权利、取得劳动报酬的权利、休息休假的权利、获得劳动安全卫生保护的权利、接受职业技能培训的权利、享受社会保险和福利的权利、提请劳动争议处理的权利以及法律规定的其他劳动权利。

(2) 劳动者的义务

劳动者应当完成劳动任务,提高职业技能,执行劳动安全卫生规程,遵守劳动纪律和职业道德。

二、劳动合同

参见第七章第五节《劳动合同》部分

三、劳动安全卫生

(一) 用人单位在劳动安全卫生方面的主要职责

1. 用人单位必须建立、健全劳动安全卫生制度,严格执行国家劳动安全卫生规程和标准,对劳动者进行劳动安全卫生教育,防止劳动过程中的事故,减少职业危害。

2.用人单位提供的劳动安全卫生设施必须符合国家规定的标准;新建、改建、扩建工程的劳动安全卫生设施必须与主体工程同时设计、同时施工、同时投入生产和使用。

3.用人单位必须为劳动者提供符合国家规定的劳动安全卫生条件和必要的劳动防护用品,对从事有职业危害作业的劳动者应当定期进行健康检查。

(二)劳动者在劳动安全卫生方面的权利

1.劳动者对用人单位管理人员违章指挥、强令冒险作业,有拒绝执行的权利。

2.劳动者对危害生命安全和身体健康的行为,有权提出批评、检举和控告。

(三)劳动者在劳动安全卫生方面的义务

1.劳动者在劳动过程中必须严格遵守安全操作规程。

2.从事特种作业的劳动者必须经过专门培训并取得特种作业资格。

四、女职工和未成年工的特殊保护

《劳动法》第五十八条规定:"国家对女职工和未成年工实行特殊劳动保护。"具体表现为:

1.禁止安排女职工从事矿山井下、国家规定的第四级体力劳动强度的劳动和其他禁忌从事的劳动。

2.不得安排女职工在经期从事高处、低温、冷水作业和国家规定的第三级体力劳动强度的劳动。

3.不得安排女职工在怀孕期间从事国家规定的第三级体力劳动强度的劳动和孕期禁忌从事的劳动;对怀孕7个月以上的女职工,不得安排其延长工作时间和夜班劳动。

4.女职工生育享受不少于90天的产假。

5.不得安排女职工在哺乳未满一周岁的婴儿期间从事国家规定的第三级体力劳动强度的劳动和哺乳期禁忌从事的其他劳动,不得安排其延长工作时间和夜班劳动。

6.不得安排未成年工从事矿山井下、有毒有害、国家规定的第四级体力劳动强度的劳动和其他禁忌从事的劳动。

7.用人单位应当对未成年工定期进行健康检查。

五、社会保险和福利

国家发展社会保险和福利事业,建立社会保险制度,设立社会保险基金,使劳动者在年老、患病、工伤、失业、生育等情况下获得帮助和补偿;国家兴建公共福利设施,为劳动者休息、休养和疗养提供条件;用人单位应当创造条件,改善集体福利,提高劳动者的福利待遇。

劳动者在下列情形下,依法享受社会保险待遇:(1)退休;(2)患病、负伤;(3)因工伤残或者患职业病;(4)失业;(5)生育。

劳动者死亡后,其遗属依法享受遗属津贴。劳动者享受的社会保险金必须按时足额支付。任何组织和个人不得挪用社会保险基金。

六、劳动争议处理

用人单位与劳动者发生劳动争议,当事人可以依法申请调解、仲裁、提起诉讼,也可以协商解决。

(一)协商

劳动争议发生后,当事人应当协商解决,协商一致后,双方可达成和解协议,但和解协议无必须履行的法律效力,而是双方当事人自觉履行。协商不是处理劳动争议的必须程序。

当事人不愿协商或协商不成,可以向本单位劳动争议调解委员会申请调解或向劳动争议仲裁委员会申请仲裁。

(二) 调解

劳动争议发生后,当事人双方愿意调解的,可以书面或口头向调解委员会申请调解。调解委员会调解劳动争议,应当自当事人申请调解之日起 30 日内结束,到期未结束,视为调解不成。调解不是劳动争议解决的必须程序,调解协议也无必须履行的法律效力。当事人不愿调解或调解不成的。可直接向劳动争议仲裁委员会申请仲裁。

(三) 仲裁

劳动争议发生后,当事人任何一方都可直接向劳动争议仲裁委员会申请仲裁。提出仲裁要求的一方应当自劳动争议发生日起 60 日内向劳动争议仲裁委员会提出书面申请。受理申请后,劳动争议仲裁委员会应当在 60 日内做出仲裁裁决。当事人对劳动争议仲裁委员会作出的仲裁裁决不服的,可收到仲裁裁决书 15 日内向人民法院提起诉讼。

(四) 诉讼

对经过仲裁裁决,当事人向法院起诉的劳动争议案件,人民法院必须受理。人民法院的审理是二审终审制。生效的裁决当事人必须履行。

第四节 消 防 法

一、消防法概述

《消防法》共 54 条,分总则、火灾预防、消防组织、灭火救援、法律责任、附则等六章。

消防工作应贯彻预防为主、防消结合的原则,并实行防火安全责任制。

国务院公安部门对全国的消防工作实施监督管理,县级以上地方各级人民公安机关对行政区域内的消防工作实施监督管理,并由本级人民政府公安机关消防机构负责实施。

任何单位、个人都有维护消防安全、保护消防设施、预防火灾、报告火灾、报告火警的义务。任何单位、成年公民都有参加有组织的灭火工作的义务。各级人民政府应当经常进行消防宣传教育,提高公民的消防意识。

二、火灾预防

消防工作的起点是火灾的预防,预防工作在整个消防工作中占重要地位。

(一) 政府的火灾预防职责

城市人民政府应当将包括消防安全布局、消防站、消防供水、消防通信、消防通道、消防装备等内容的消防规划纳入城市总体规划,并负责组织有关主管部门实施。公共消防设施消防装备不足或者不适应实际需要的,应当增建、改建、配置或者进行技术改造。对消防工作,应当加强科学研究,推广、使用先进消防技术、消防装备。

(二) 建筑工程的火灾预防

按照国家工程建筑消防技术标准需要进行消防设计的建筑工程,设计单位应当按照国家工程建筑消防技术标准进行设计,建设单位应当将建筑工程的消防设计图纸及有关资料报送公安消防机构审核;未经审核或者经审核不合格的建设行政主管部门不得发给施工许可证,建设单位不得施工。

经公安消防机构审核的建筑工程消防设计需要变更的,应当报经原审核的公安消防机构核准；未经核准的，任何单位、个人不得变更。

按照国家工程建筑消防技术标准进行消防设计的建筑工程施工时，必须经公安消防机构进行消防验收；未经验收或者验收不合格的，不得投入使用。

建筑构件和建筑材料的防火性能必须符合国家标准或者行业标准。公共场所室内装修、装饰根据国家工程建筑消防技术标准规定，应当使用不燃、难燃等材料的，必须选用依照产品质量法的规定确定的检验机构检验合格的材料。

（三）餐饮、娱乐场所及机关、团体、企事业单位的火灾预防职责

歌舞厅、影剧院、宾馆、饭店、商场、集贸市场等公众聚集的场所，在使用或开业前应当向当地公安消防机构申报，经消防安全检查合格后，方可使用或者开业。

机关、团体、企业、事业单位应当履行下列消防安全职责：(1)制定消防安全制度，消防安全操作规程；(2)实行防火安全责任制，确定本单位和所属各部门、岗位的消防安全责任；(3)针对本单位的特点对职工进行消防宣传教育；(4)组织防火检查，及时消除火灾隐患；(5)按照国家有关规定配置消防设施和器材，设置消防安全标志并定期组织检验、维修，确保消防设施和器材完好有效；(6)保障疏散通道、安全出口畅通，并设置符合国家规定的消防安全疏散标志。

居民住宅的管理单位，应当依照上面的规定，履行消防安全职责，做好住宅区的消防安全工作。

（四）与危险品有关的单位、个人的火灾预防职责

生产、储存、运输、销售或者使用、销毁易燃易爆危险品的单位、个人，必须执行国家有关消防安全的规定。生产易燃易爆物品的单位，对产品应当附有燃点、闪点、爆炸极限等数据的说明书，并且注明防火防爆注意事项。对独立包装的易燃易爆危险物品应贴附危险品标签。

进入生产、储存易燃易爆危险物品的场所，必须执行国家有关消防安全的规定。禁止携带火种进入生产、储存易燃易爆危险物品的场所，禁止非法携带易燃易爆危险物品进入公共场所或者乘坐公共交通工具。

储存可燃物资仓库的管理，必须执行国家有关消防安全的规定。

三、消防组织

各级人民政府应根据经济和社会发展的需要，建立多种形式的消防组织，加强消防组织建设，增强扑救火灾的能力。

（一）专职消防队

城市人民政府应当按照国家规定的消防站建设标准建立公安消防队，承担火灾扑救工作。镇人民政府可以根据当地经济发展和消防工作需要，建立本职消防队、义务消防队，承担火灾扑救工作。另外，核电厂、民用机场、大型港口、生产易燃易爆危险物品的大型企业，应当建立本职消防队。距离当地公安消防队较远的列为全国重点文物保护单位的古建筑群的管理单位也应当建立本职消防队。

本职消防队的建立，应当符合国家有关规定，并报省级人民政府公安机关消防机构验收。

（二）义务消防队

机关、企业、事业单位以及乡村可以根据需要建立由职工或村民组成的义务消防队。公

安消防机构应当对义务消防队进行业务指导。

四、火灾救援

任何人发现火灾,都应当立即报警。任何单位、个人都应当无偿为报警提供便利,不得阻拦报警。严禁谎报火警。公共场所发生火灾时,该公共场所的现场工作人员应有组织引导在场群众疏散的义务。发生火灾的单位必须立即组织力量扑救火灾。临近单位应当给予支援。消防队接到火灾报警后,必须立即赶赴火场,救助遇险人员,排除险情,扑灭火灾。

公安消防机构在统一组织和指挥火灾的现场扑救时,火场总指挥员有权根据扑救火灾的需要规定下列事项:

1. 使用各种水源;
2. 截断电力可燃气体和液体的输送,限制用火用电;
3. 划定警戒区,实行局部交通管制;
4. 利用临近建筑物和有关设施;
5. 为防止火灾蔓延,排除或者破损毗邻火场的建筑物、构筑物;
6. 调动供水、供电、医疗救护、交通运输等有关单位协助灭火救助。

扑救特大火灾时,有关地方人民政府应当组织有关人员调集所需物资支援灭火。消防车、消防艇以及消防器材、装备和设施,不得用与非消防和危险救援工作有关的事项。火灾扑灭后,公安消防机构有权根据需要封闭火灾现场,认定火灾原因,核定火灾损失,查明火灾事故责任。

复习思考题

1. 什么叫标准?标准的类型有哪些?标准与法规有哪些联系与区别?
2. 简述我国目前工程建设标准化的现状及工程建设标准体制改革的目标。
3. 公司的类型有哪些?有限责任公司与股份有限公司的主要区别是什么?
4. 劳动者享有哪些基本权利和义务?
5. 《劳动法》中对女职工和未成年工的劳动保护作了哪些特殊规定?
6. 出现劳动争议应如何解决?
7. 建筑工程的火灾预防应注意哪些问题?

第十四章 国外及港澳台地区工程建设法简介

第一节 世界各国法律制度概述

一、大陆法系

(一) 大陆法系的概念

大陆法系,又称民法法系、罗马一日尔曼法系,是以罗马法为基础,以成文法为主要特征,以《法国民法典》和《德国民法典》为代表的一个世界性法律体系。其成员除法国和德国外,许多欧洲国家如瑞士、意大利、奥地利、比利时、卢森堡、荷兰、西班牙、葡萄牙等国都属于大陆法系;此外,由于近现代资本主义的殖民扩张,整个拉丁美洲、非洲的一部分、近东的某些国家都属于大陆法系;亚洲的日本、印度尼西亚、旧中国等地也引入了大陆法;另外,美国的路易斯安纳州和加拿大的魁北克,也以大陆法为主。

(二) 大陆法系的结构和特点

1. 大陆法的主要渊源是成文法,并在各个部门法领域都建立了比较系统的成文法典,如民法典、刑法典、商法典等等;强调成文法的权威,对于判例和习惯一般不承认其效力。

2. 大陆法各国都把全部法律分为公法与私法两大部分。所谓公法是指与国家状况有关的法律,包括宪法、行政法、刑法、诉讼法和国际公法;私法是与个人利益有关的法律,包括民法、商法等。而且,大陆法各国在这些法律领域中都使用相等的法律制度和法律概念,因此尽管各国语言不同,但他们的法律词汇可以准确地互相对译。

3. 大陆法系一般采用普遍法院与行政法院分离的双轨制,法官经考试后由政府任命;他们比较注重实体法,认为程序法仅仅是适用实体法的工具,一般采用纠问式诉讼程序;法官的作用十分有限,他们被视为严格执行法律的工具,不得擅自创造法律,违背立法者的精神。

4. 大陆法重视法律的理论概括,注重法典的体例排列,讲求规定的逻辑性,概念的抽象性和明确性及语言的精炼。

二、英美法系

(一) 英美法系的概念

英美法系是也称英吉利法系、普遍法法系,是以英国的普遍法、衡平法和制定法为基础,以判例法为主要特征,并融入罗马法、教会法以及中世纪商法的若干原则而逐步形成的一个世界性的法律体系,是在英国对外贸易、军事侵略、殖民统治和强制推行英国法的过程中形成的。其成员除英国、美国外,还包括爱尔兰、加拿大、澳大利亚、新西兰、冈比亚、尼日利亚、加纳、肯尼亚、乌干达、赞比亚等,以及亚洲的印度、新加坡和我国的香港特别行政区。但是,由于历史的原因,英联邦中的苏格兰,美国的路易斯安那州,加拿大的魁北克省,却不属于英美法系,而是大陆法系。

英美法系以英国和美国为代表,两国法律虽然有许可共同之处,例如,两国都以判例作为法的主要渊源,都有普通法与衡平法之分等等,但两国法律在自身的发展过程中,也各自形成了很多不同的特点。

(二)英国法的结构和特点

1. 英国法的主要渊源是判例法,法院通行的原则是"遵循先例",除个别领域外,基本上没有成文法典。

2. 英国法不像大陆法那样把法律明确地分为公法和私法,而是分为普通法和衡平法两部分,这种二元性的结构是英国法的一个主要特点。普通法是指由普通法院创立并发展起来的,适用于整个英格兰的,并区别于大陆法的一套法律规则。衡平法则是在14世纪为了补充和匡正当时不完善的普通法,由枢密大臣法院发展起来的。两者虽然都是判例法,但是却各有特点,不论是从救济方法、诉讼程序,还是法律术语,甚至法院的组织系统都有很大的区别。二者是两套相对独立的法律体系,普通法主要包括刑法、合同法、侵权行为法等,衡平法则包括不动产法、公司法、信托法、破产法、遗嘱与继承法等等。

3. 英国法非常注重程序法,所谓"救济先于权利",而不太注重实体法,实行对抗制诉讼,当事人主义色彩比较浓。

4. 英国法体系十分庞杂,缺乏系统分类,部门法之间缺少逻辑联系,法官居于中心地位,他们既是法的制定者,也是法的解释者,还是法的执行者。

(三)美国法的结构和特点

美国是世界上法制最发达的国家之一,美国法主要是从英国法移植而来的,因而在法律语言、法律概念和推理方法等方面都与英国法有相同之处。但是,在美国独立以后,两国的法律基本上是独立发展的,美国法在其发展过程中,形成了自己的特点,这些特点不仅与大陆法国家不同,而且与英国法也有区别。

1. 美国同英国一样,都属于判例法国家,判例是美国法的主要渊源。但是美国的成文法数量也非常多,在社会生活中的作用也越来越重要,甚至有超过判例法的趋势。所以说,美国法既不是纯粹的判例法,也不是完全的成文法,而是一种混合的制度。

2. 美国法采用英国法的范畴、概念和分类方法,也将法律分为普通法和衡平法。

3. 美国法律分为联邦法与州法两大部分,这是美国法律结构的一大特点。联邦法和50个州法各成体系,互不相同,使得美国的法律体系呈现出复杂多元、立体交叉、不断变化的特点。美国的法院也分为联邦法院系统和各州法院系统,两套法院系统互不隶属,独立行使权力。

4. 美国法注重学理和实践的互补,既强调法院和法官的作用和地位,也注重法学家的作用,如由律师、法官和法学教授共同完成的对法律规则进行抽象的理论表达的"法律重述",对美国的司法实践有着一定的影响力,有的州在判决中如果没有先例可循或者先例不明确,法官往往求助于"重述"。

5. 美国法承认司法解释的效力,美国法院对先例,对制定法条文都有司法解释的权力,当然,这种权力往往造成判例规则和制定法条文含义的极大伸缩性。

三、社会主义法律体系

20世纪以后,世界法律发展的最大变化是社会主义法的诞生。1917年俄国十月革命的胜利,在世界上诞生了第一个社会主义国家,经过十多年的努力,前苏联先后制定了宪法、民法、刑法、民事诉讼法、土地法、森林法和行政法典等,形成了比较系统的法律体系。

二次世界大战后,随着南斯拉夫、罗马尼亚、波兰等东欧一批国家以及中国、朝鲜等亚洲国家走上社会主义道路,社会主义法律体系得到了进一步的扩大和丰富。80年代末,在前苏联解体和东欧剧变的冲击下,社会主义法律体系受到了挫折,但是许多社会主义国家在坚持社会主义基本方向的基础上,结合本国的国情,进行了比较大的改革,使社会主义法律体系,更具备了自己的特色,并在世界法律体系中占有重要的一席。

四、发展中国家的法律体系

亚非拉地区的发展中国家,其法律也有自身的特点。这些国家,有的是以前西方列强的殖民地,其法律基本上是宗主国法律的翻版;有的虽是独立国家,但其法律或者是适用西方两大法系的,或是传统的宗教法(如伊斯兰国家等),但在二战后,这些国家都结合自己的国情,参酌西方的法律,吸收本民族的传统,进行了系统的有成效的法律改革。其中,有些法律,如印度1960年的中央少年法、伊拉克1973年的涉外投资法、古巴1982年的合资企业法、南斯拉夫1984年的社会监督价格制度法、墨西哥1984年的外国投资管理准则,以及我国近年来颁布的很多法律,不仅在第三世界具有相当的权威,而且对西方法律制度也极有影响。

第二节 德国建筑法

一、德国建筑立法概述

德国是联邦制国家,联邦与各州均享有立法权。在建筑法方面,联邦和各州的立法权限是不同的:城市建筑的计划、建筑土地的分配、土地价值评价、土地交通法和开发权利法等方面由联邦立法;联邦各州则是以建筑规划法为其主要立法内容。

德国的建筑立法始于19世纪,如1881年4月30日通过的黑林州的建筑法规,1899年3月13日不伦瑞克州的建筑法规,1900年7月1日的萨克森建筑法,1907年7月1日的奥尔登堡州建筑法规,1910年7月28日的符腾堡州建筑法规,1923年10月31日汉堡的建房设计法则和1938年6月8日通过的建筑警察法规等等。这一时期建筑立法以州立法为主,法律规定既不完整也不统一。直到1960年6月23日,联邦性的建筑法才告出台,之后又于1976年、1979年作了许多修改,使这部建筑法日趋完善,同时1971年7月27日联邦还颁布了城市建筑促进法,作为联邦建筑法的补充。1990年10月23日联邦议会将联邦建筑法和城市建筑促进法合并为联邦建筑法典,至此德国终于有了一部超规模的建筑法律,这也标志着德国建筑立法的法典化、规范化和完备化。

二、德国建筑法典

(一) 建筑法典的立法目标

1. 将城市建筑的法律原则制定在一个统一的法典中,避免部分修改中产生的问题。
2. 法典是以现代和将来的城市建筑发展为其根本任务,所以必须强化环境保护。
3. 简化法律和行政管理,减少或废除可撤消的某些规定,使建筑要求简单化。
4. 不仅在建筑指导计划提出上规定了简单和快速的要求,而且提高了在建筑计划法上对法制要求维护的法律安全感。
5. 强化社会计划的权威。
6. 减除城市建筑领域的混合资助形式。

(二) 建筑法典的主要内容

德国建筑法典共四篇,247条,其主要内容如下:

1．第一篇 城市建筑法总则,共六章,135条

(1) 第一章 建筑指导计划。主要规定了准备性的建筑指导计划(即土地使用计划)和连续性的建筑指导计划(即建房计划)。

(2) 第二章 建筑指导计划的保障。主要包括临时禁止变更和建筑申请的推迟,分配建筑许可和法定的社区先买权等内容。

(3) 第三章 建筑使用和其他使用土地的规定。

(4) 第四章 农用土地管理包括土地如何分配及界限的规定等。

(5) 第五章 征用包括征用的许可、补偿及征用程序。

(6) 第六章 开发包括开发的一般规定及开发费用等。

2．第二篇 城市建筑法分则,共六章,56条。

(1) 第一章 城市建筑的整顿措施。主要规定了整顿的准备、实施和结束,整顿的承担者和委托者,及特别整顿法的规定。

(2) 第二章 城市建筑的发展措施。

(3) 第三章 维护规章和城市建筑的命令。

(4) 第四章 社会规划和艰苦劳动补贴。

(5) 第五章 房屋出租和租赁的关系。

(6) 第六章 与农业结构改善措施相关的城市建筑措施。

3．第三篇 其他规定,共三章,40条。

(1) 第一章 定价。

(2) 第二章 行政程序和管辖的一般规定。

(3) 第三章 建筑土地诉讼前的程序。

4．第四篇 过渡条款和最后决定,共二章,18条。

(1) 第一章 过渡条款。

(2) 第二章 最后决定。

三、德国建筑计划法和建筑规则法

建筑计划法,是确立建筑方案和土地使用及自然保护的宏观要求,将个人的建筑自由与社会的共同福利相结合、作为实施目标、并给予法律措施上限制的法;建筑计划法由联邦来立法。而建筑规则法是规范具体的建筑形状和结构,并规定许可程序的法;建筑规则法是以预防在建筑中可能出现的危险为目标,所以也称建筑警察法,由各州来具体立法。

(一) 建筑计划法

建筑指导计划是建筑计划法中的核心内容,它包括两个方面的内容:一是由社区根据综合情况提出土地使用计划作为准备性的建筑指导计划;二是根据土地使用计划提出建房计划。建筑指导计划的任务是规范城市建筑的发展,保证土地使用与社会公正和为大众谋福利的一致性,并为保护人类环境而努力。

建筑指导计划的制定一般需要下列程序:

(1) 社会管理委员会提出建筑指导计划的草案并公告;

(2) 建筑指导计划草案的听证;

（3）行政管理局和公共利益承担者的参与；
（4）公众的解释说明；
（5）建筑指导计划的认可和通告；
（6）建筑指导计划公告、发布。

建筑方案的许可也是建筑计划法中的重要内容。建筑方案是指一个具体建筑设施的建筑计划，它的许可有很多种情况，一般是由社区管理委员会审查、通告、同意后实施。

（二）建筑规则法

建筑规则法的作用在于保障建筑土地上建立、使用建筑设施时不发生危险和损害，同时对实施建筑计划和方案从程序上限制和管理。也就是说，建筑规则法既有实体方面的规定，也有程序方面的规范。

实体方面，建筑规则法规定的非常详细，甚至有许多条款是涉及技术问题或非技术、非法律的问题。如禁止建筑外观（形）的损毁的规定，广告设施外观（形）的规定，建筑土地的间隔距离，限制尺寸的车库界限，房屋建造的高度，房间窗户的面积等等。

程序方面，主要的规定有：已被列入计划内容的建筑许可，建筑临时决定，建筑设施的拆除，建筑中止，禁止使用以及其他的建筑管理措施等。

四、建筑私法

德国法将法律分为公法和私法，而建筑法则是一个公法和私法相交叉的法律领域，它除了公法范围的建筑计划法，建筑规则法外，还包括了私法中的建筑合同法和建筑侵权法的内容。在德国尽管也有许多国家的建筑计划项目，但在实施时都是通过民事合同的形式，即使用了私法的规定。

所谓建筑私法，"是由建筑计划和建筑物建造的参与者，以及直接服务于建筑物的设施和相连接的建筑自由范围内的法律关系的各种规定的总称"。其中，建筑物是指用材料和劳动关联的在土地上生产出来的产品，内容包括：新建、改建、扩建的建筑，地上及地下建筑，桥梁、纪念物、矿井、道路建筑等。建筑私法当然不是直接为这种建筑服务，而是规范在建筑实施中的人与人之间的关系，这种关系有两种：

一是建筑合同关系。包括建筑项目合同委托者与建筑合同的关系，委托者与建筑施工企业的关系，委托者与特种专业人员（如力学家、岩土学专家、热能专家、电气专家等）之间的关系。此外，建筑私法还涉及委托者与建筑参与者不相关的第三人的关系，如：相邻关系、保险关系。因而所签订的建筑合同即有以下类型：建筑师合同、与特种专业人员的合同、委托建筑企业履行建造合同、总包合同或中介总包合同、建筑参与或咨询参与合同、建筑项目管理合同、保险合同等。

二是建筑侵权责任关系。包括建筑师与建筑企业的关系、建筑师与特种专业人员的关系、特种专业人员与建筑企业的关系、建筑企业之间的关系、建筑企业内部的关系以及在建筑参与中产生的其他侵权关系等。

第三节 法国公共工程法

一、公共工程的概念和含义

法国属大陆法系国家，其法律体系分为公法和私法两大部分。在工程建设领域，也区分为公法和私法。当政府从事的工程建设受公法支配时,这种工程属于公共工程;受私法支配时的工程,称为私工程。本节主要研究公共工程的法律规定。

狭义的公共工程仅指工程活动本身,即公共工程建设;广义的公共工程既包括公共工程建设活动,也包括工程活动的结果即公共建筑物,本书取狭义说,并在后面专门介绍公共建筑物。

根据法国法的规定,公共工程必须具备下述条件:

1. 以不动产为对象

公共工程是一种工程活动,以物质活动为内容,非物质的活动不是工程。这种活动的特点是以不动产为对象,范围很广,包括改变不动产结构的活动,例如建造、修理、改造、拆除不动产的活动,也包括维持不动产的活动以及其他直接和不动产有关的活动,例如对不动产的保护、清洗、打扫、运输不动产工程的器材等。

2. 以公共利益为目的

公共工程以公共利益为目的,这是公共工程与私工程相区别的主要特点。公共工程的这一特点也使得公共工程往往享有特殊的权力。由于公共工程大都按照行政主体的计划实施,一般的理解,往往把公共工程活动和公务活动或公产管理活动等同起来,实际上法国公共工程的公共利益范围超过公务活动和公产管理活动的范围。

首先,公共利益的范围超过公务的范围,公务以外的公共利益也可以作为公共工程的目标。例如:修理属于市政府财产的教堂的工程,这项工程本身不是公务活动(因为法国实行政教分离,教会的活动不是公务),但它符合公共利益,因而属于公共工程;相反,即使是关于不动产公产的活动,如果不是为了公共利益也不是公共工程,例如得到独占利用公共道路特许的私人,为了自己利益对公共道路所进行的工程不是公共工程。

其次,由于公共工程必须以公共利益为目的,所以行政主体纯粹为了财政收入目的的管理私产的工程,不是公共工程。例如:国有森林属于国家私产,管理机构为了森林的安全而进行的工程活动属于公共工程,而为了森林的采伐而修建道路的工程,则不是公共工程。

另外,行政主体由于执行公务,为私人的打算而进行的工程也是公共工程。例如:政府为援助难民,而为难民建造房屋的工程也就属于公共工程。但是,私人为其他私人的打算而进行的工程,即使符合公共利益,也不是公共工程。

3. 由行政主体自己实施的工程或别人为行政主体的打算而实施的工程。

除前述两个条件以外,公共工程必须或者是由行政主体自己实施的工程,例如行政主体备料雇工所进行的工程是公共工程,或者由其他人实施,但以行政主体因此得到的利益作为工程的目的,即为行政主体的打算而进行的工程。为行政主体的打算而进行的工程包括在行政主体不动产上进行的工程,以及工程的结果最后归行政主体所有的工程。例如水力发电,在特许期满后,特许人的全部建设归行政主体所有,这种工程也是公共工程。

二、公共工程的实施

公共工程的实施可以采取不同的方式。主要的方式有:第一,行政主体直接管理施工;第二,公共工程承包合同;第三,公共工程特许合同;第四,私人或其他公法人对行政主体提供捐助的合同。

(一) 行政主体直接管理施工

行政机关自己实施工程,在自己的工程人员或雇用的工程人员指挥下,组织施工队伍,购进材料进行建设。这种方式较少采用,一般适用于:紧急工程、某些需要特殊人员或技术的工程、风险较大无人愿意承包的工程、承包企业索价过高的工程等。这类工程除适用公共工程的法律制度外,还涉及许多有关公务活动的法律制度,此处不再详述。

(二) 公共工程承包合同

1. 公共工程承包合同的概念和特征

公共工程承包合同是行政主体和建筑企业家协议,后者为了前者的打算而实施某项工程建设,前者对后者支付一定价金作为报酬所订立的合同。此合同具有如下特征:

(1) 合同的标的是某项公共工程;

(2) 合同的报酬方式是支付一定的价金;

(3) 合同是行政合同,即合同的一方当事人必须是行政主体。

2. 公共工程承包合同的签订

(1) 公共工程承包合同签订的权限

行政主体签订公共工程合同由有关机关代表进行,有关机关在签订合同之前,往往要有其他机关授权。就国家而言,签订合同的权力随合同金额的大小而不同,一般的合同由部长授权签订,金额较大的合同由政府咨询最高行政法院意见后授权签订。地方团体签订公共工程承包合同,由大区议会主席、省议会主席和市长,在各自议会的授权下签订。除必须具备正当的授权外,行政机关签订合同有时还必须咨询其他机关的意见,对国家来说,合同金额在一定数额以上时,必须咨询政府合同咨询委员会的意见,这种委员会存在于中央各部内部。

(2) 公共工程承包合同签订的方式

公共工程承包合同签订的方式和一般行政合同相同,有招标、邀请报价和直接磋商三种方式。在法律没有特别规定时,行政机关可以自由决定采取哪种方式,但是,当采取招标方式时,如果合同金额达到一定数目以上时,必须在欧盟的指定报刊或其他媒体上发表,以便欧盟其他国家的企业家参加竞争。

(3) 公共工程承包合同的形式

公共工程承包合同,原则上是必须采取书面形式。金额较低的合同,具备承包企业所开出的清单或发票已经足够。对于一般承包合同而言,除必须具备行政合同所共有的文件以外,还必须具备公共工程合同所特有的文件。公共工程承包合同所特有的文件主要有两项:

第一,价格清单。指明每项工程的价格,计算价格的方法。通常有整体价格、按单价计算价格、按定价表计算价格等。对于企业家而言,这是取得报酬最重要的文件。

第二,工资清单。应指明施工地点的一般工资标准,而且根据工资变动的情况修改。承包企业支付职工的工资水平,不能低于清单中所定标准。工资清单是必须有的文件,因为在承包合同中往往规定,承包人应得的报酬随工资清单的修改而变动。

上面两个文件是公共工程承包合同必须具备的文件,行政主体和承包人必须在合同中订明双方遵守以上文件中的规定。除了这些主要文件外,有的可能还有某些次要的文件,不具备合同性质,只有参考价值。例如工程概算说明书、工程数量估计书等,供行政机关参考。

3. 公共工程承包人的权利和义务

(1) 公共工程承包人的权利

第一,取得价金权。价金是承包人的报酬,必须规定在承包合同中,计算价金的方法有:

全部工程总金额方式、单位价格计算法、实际开支计算法、临时价金法等。各种计算价金的方法,可以根据工程情况结合采用,但必须在合同中明确规定。

第二,请求补偿权。主要有五种情况:损害赔偿请求权、统治者行为补偿权、不同预见情况补偿权、必要的或有益的工程补偿权和不可预见的特殊困难补偿权。

第三,请求解除合同权。下面三种情况下承包人可以请求解除合同:一是不可抗力;二是行政主体犯有严重过错,如没有正当理由命令中止工程的进行;三是行政主体对于合同条款单方面作出的修改范围太大,改变了合同的标的或主要性质。

(2) 公共工程承包人的义务

公共工程承包人的义务根据合同的规定而不同,主要有以下几项义务:

第一,承包人自己实施工程的义务;

第二,遵守时间的义务;

第三,遵守合同中各项技术规范的义务。

以上义务是和公共工程有关的一般义务,除此之外,承包人根据社会立法、警察法规、一般行政法规等还负有其他一些义务。承包人违反义务时,行政主体具有制裁权力。

4. 公共工程中行政主体的权力

在公共工程承包合同中,行政主体对于承包人处于一种特权地位,他的权力主要表现以下几个方面:

(1) 对工程实施的监督和指挥权

行政主体是建筑工程的主人,因此工程的真正指挥者是代表行政主体的工程师,承包人只是合作者和执行人。行政主体监督合同的良好执行,行政主体的工程师陪同承包人一起视察工程场地,检查工程中的材料是否符合合同中的规定,是否按照正当的工艺施工。行政主体可以要求采取某种施工方式,规定工程的开始和停止,甚至可以下达超过合同规定的指挥和命令,称为职务命令,承包人必须服从,否则可能引起制裁。

行政主体的工程实施的监督和指挥权不影响承包人对行政主体和第三者的责任。承包人由于行政主体错误的指挥而受到损失时,可以请求赔偿,由于执行行政主体的命令而增加负担时,可以请求赔偿。

(2) 单方面变更和解除合同权

行政主体有单方面变更合同的权力,但有一定的限制,如价金条款、合同标的等一般不能单方面变更。承包人因合同的变更所受到的损失,由行政机关补偿。合同的变更超过一定的范围时,承包人可以请求行政法院判决解除合同。

行政机关有单方面解除合同的权力,这种解除一般是根据公共利益的需要,同时,解除合同应补偿承包人因此所受到的损失。

(3) 制裁权

行政主体在公共工程承包合同中享有制裁权,其主要的制裁手段有:罚款、损害赔偿、代执行和解除合同等。但这些制裁有很多限制条件,如损害赔偿额必须由法院判决,代执行必须是承包人具有严重过错,解除合同(非出于公共利益需要的解除)必须经过催告并经过一定期限后才能解除等等。

5. 公共工程的验收和担保

公共工程完成后,行政主体进行验收,付清余款。具体步骤是:工程完毕以后,合同双方技术人员证实工程状况,作成记录;45天以后,由行政主体的代表,根据工程指挥人员的建议,会同承包人的代表进行验收;工程中如果有缺点应在记录中载明。

工程验收以后,承包人承担两种担保责任:首先,工程良好结束的担保;其次,建筑物的缺点10年担保责任。工程良好结束的担保期间为1年,维修工程和土方工程的期间为6个月,在这期间以内,承包人负责修理工程中不符合合同中规定的缺点;建筑物的缺点10年担保责任,是指对不动产建筑的缺点负责,对于动产制造的缺点不负责任,不动产的范围包括建筑主体部分以及和不动产结合不可分离的设备部分,缺点也只限于严重的缺点,不包括一般的缺点在内,如在验收时可以确定的缺点为一般缺点,对于在验收的不明显或其后果在最后才能显示的缺点以及影响建筑物的坚固性、妨碍建筑物正当利用的缺点都是严重缺点。

(三) 公共工程特许合同

1. 公共工程特许合同的概念

公共工程特许合同是行政主体和受特许人之间所订立的合同,后者以自己的费用实施工程建设,工程完成后受行许人在一定期间内对该公共建筑物取得经营管理权,从公共建筑物的使用人方面收取费用作为报酬,或自己免费使用。在这种方式下,行政主体可免除当初的建设投资,例如铁路建设、高速公路建设等大都采用这种方式,但是对不能收费的公共建筑物,不能采取这种方式。

2. 公共工程特许合同的订立和期限

公共工程特许合同由行政主体和受特许人签订,行政主体由监督特许公共工程的行政机关作为代表,受特许人是法国公民或公务法人及欧盟的其他相关法人,但某些特殊的公共工程仅限于法国特定的公务法人,如煤气、电力工程的特许,只能由法国煤气公司和法国电力公司独占。

合同的期间一般规定在30年到60年,特殊的工程可以缩短或延长。

3. 受特许人的权利和义务

受特许人对建筑物享有使用权利,在受到第三者侵害时,可以提起恢复所有权的诉讼。受特许人除享有一般行政合同所有的权利外,在公共工程进行中,还可以行使役权,特别是邻地的临时占用役权,受特许人为了进行公共工程还可以享有公用征收权。

受特许人除承担一般行政合同的义务外,还承担自己从事工程建设的义务,没有行政主体的同意不能委托第三者实施工程;受特许人有维修建筑物的义务,在特许期满时,交回行政主体的建筑物必须处于良好状态;受特许人的收费标准由行政机关决定,不能任意变更。

4. 行政主体的权力

行政主体除享有行政合同规定的一般权力如工程实施的指挥监督权、单方面修改合同权等之外,当受特许人对建筑物的维修不恰当时,行政主体可以扣留受特许人的部分收入作为维修费用,但行政主体实施制裁的权力必须受行政法院的监督。

5. 公共工程特许合同的终止

(1) 期限届满。合同规定的期限届满时,特许终止,公共工程由行政主体无偿收回。

(2) 赎买。赎买是在合同期限届满前终止特许的行为,一般有两种方式:一是按照合同规定的赎买;二是行政主体单方面决定的赎买,但必须是在行政主体认为符合公共利益时,才可以单方面决定终止特许,同时应补偿受特许人的全部损失和利益。

(3) 解除合同。当受特许人严重违反义务时,行政主体可以解除合同,而且一般不支付补偿费用,但是解除合同一般应由行政法院裁决。

(四) 公共工程捐助合同

公共工程捐助合同是私人或其他公法人对某一行政主体提供捐助,用以进行公共工程建设的合同。这种合同具有以下特点:

1. 捐助是无偿的,不要求受益的行政主体提供相应的给付作为代价。捐助人可以是私人,也可以是一个公法人,捐助的标的多种多样,可以是物质的东西如动产或不动产,也可以是财政的利益,如金钱、无息借贷、利息担保等,也可以是劳务或放弃某种权利等。

2. 捐助的目的是进行公共工程建设,对公共工程以外的捐助,不是公共工程捐助合同。

3. 捐助的对象是行政主体,而不是公共工程承包人或受特许人。

4. 捐助是出于自愿,各种依法律规定必须履行的给付,如租税、使用费等不构成捐助。

公共工程捐助合同是由两个单边的连续行为结合而成,其中一个是提供捐助的行为,另一个是接受捐助的行为,当事人不就合同的内容进行协商。捐助人必须有完全的行为能力,公法人的捐助必须由有权限的机关提出。捐助行为在受益的行政主体接受时成立,在未接受前,捐助人可以撤回或者修改捐助行为,但必须是明白的意思表示。捐助行为一旦被接受以后,捐助人不能撤回,没有得到受益的行政主体的同意,不能变更。行政主体是否接受捐助完全自由,惟一的例外是修理教堂的捐助,如果捐助的金额足以进行修理工程时,行政主体不能拒绝,接受的行为也必须是明白的意思表示,不能修改捐助行为。

三、公共建筑物

(一) 公共建筑物的概念和特点

公共工程是一种活动,而公共建筑物是一件物体,二者既有联系,又不能等同。根据法国行政法院判例中的观点,认为公共建筑物是经过人为的加工,以满足某种公共利益为目的的不动产建筑物。它有如下特点:

1. 公共建筑物只能是不动产建筑物。

不动产包括自然性质属于不动产的物体,还包括作用上属于不动产的物体,以及固定于不动产上不可分离的物体。例如,港口的起重设备、水坝的活动闸门等,表面上看是动产,但它的作用是补充不动产的用途,和不动产在作用上构成一体,因而属于不动产;还有如埋藏于土地中的管道,固定于不动产上的标志等,也属于不动产。

2. 公共建筑物必须是经过加工的不动产

公共建筑物是人为的产物,必须具备一定的人为的加工,未经加工的不动产,如海岸、河川等不是公共建筑物。所谓人为的加工不要求必须具备复杂的结构,只要加工使不动产能够满足某项用途已足,例如在土地上铺上水泥、修建一个垃圾站等都可认为是加工。

3. 公共建筑物必须用于满足某项公共利益目的

公共建筑物用于满足公共利益,所以具有和私建筑物不同的法律地位。公共利益目的依公共建筑物属于公法人和私人而不同,属于公法人时又依公共建筑物属于公产或私产而不同,因而公共建筑物有三种情况:

(1) 属于公产的建筑物

在大部分情况下,公共建筑物属于某一公法人的公产,或者用于某种公务目的,如机场、公共道路、桥梁、公厕等。但行政主体纯粹为了财政收入目的的建筑物,不是公共建筑物。

(2) 属于私产的公共建设物

行政主体和公企业的财产有公产和私产之分。若私产用于公共利益的目的,则属于公共建筑物,如乡间小道属于市镇私产,但是一种公共建筑物,再如在市有土地上建设的集市设施,属于公共建筑物,但土地是市有私产,适用私产制度。

(3) 属于私人所有的公共建筑物

私人所有的建筑物,用于满足公共利益的目的需要特别保护时,也可以被认为是公共建筑物。但不是一切用于公共目的的私人建筑物都是公共建筑物。私人建筑物只在行政主体同意下用于执行公共职务时,或者和行政主体的公共建筑物紧密结合时,才有可能被认为是公共建筑物。如私人所有的开放供公共使用的道路、私人团体所有的提供市政府管理和使用的停车场等。

(二) 公共建筑物的法律制度

由于公共建筑物可以属于不同的类型,所以公共建筑物当然适用其所属类型的各种法律制度。同时由于公共建筑物的公益性,它也适用有关公共工程的法律制度。除此之外,公共建筑物还有一些特有的法律制度,具体表现如下:

1. 公共建筑物不可侵害原则

公共建筑物不可侵害原则是由行政法院判例所产生,是指法院不能做出任何决定,妨碍公共建筑物的完整性和作用,即使公共建筑物的建立不符合法律决定,例如:即使建筑在私人所有土地上,法院也无权判决拆除,是否应当拆除应当由行政机关决定。如果公共建筑物是违法的,给受害人造成损失,那么由行政机关给予赔偿,但是必须保存公共建筑物的存在。

2. 处罚性保护原则

大部分公共建筑物属于行政主体公产,公产管理机关具有警察权力,可以制定保管条例附以处罚制裁,称为违警处罚。但适用违警处罚的公产只限于道路公产,而且其中一部分是公共建筑物,另一部分是非公共建筑物,如海洋、河川等。

除违警处罚外,另外一种是刑罚保护。对于由公共权力建立的或由其授权建立的纪念碑、雕像,以及对作为公共使用或装饰用的物体的毁损破坏,处以刑罚制裁。这种保护适宜于一切公共建筑物,包括属于行政主体公产、私产以及私人财产的公共建筑物在内。

3. 公共建筑物的行政役权

法律为了公共建筑物的保存和运用,对于邻近的不动产所有者规定某种容忍、不作为或作为的义务,这种义务称为行政役权。如在公共道路相交,转弯和危险处,私人不动产的利用不能妨碍公共道路的良好可见度,公墓附近100米内不许建筑和挖井等。

第四节 美国不动产及相关法律制度

一、美国的不动产法律制度概述

(一) 不动产的概念

美国法将财产权的标的分为动产和不动产。不动产是指土地以及与土地相关联并附着于土地的物,如房屋和其他建筑物等,有时土地也包括房屋。动产是指土地房屋以外的任何财产,包括有形物和无形物。

在美国法中,不动产与动产的划分并不像理论上那么简单。比如租赁的土地利益,在继承时通常划分为动产。一个尚未完成的土地转让,比如原所有人与他人签订的土地买卖合同,合同签订以后原所有人去世,对方没有付清钱,土地所有权也没有转移,在法律上该土地所有权属于原所有人,但在继承时自该土地所有权利益划分为动产。如果原所有人在遗嘱里写明动产归甲继承,不动产归乙继承,那么甲乙之间的利益就差别很大。所以动产与不动产的划分在美国法中很有意义。

(二) 不动产的交易

1. 不动产交易的概念

不动产的交易即不动产买卖,通常是通过合同来实现,合同是双方意思表示一致的结果。交易与转让不同,转让是土地所有权人或土地权益人将土地所有权转移的行为,是单方面的法律行为,通常是通过转让书来完成,而交易是一种买卖行为。不动产的交易必须有两个法律文件,一份是合同,另一份转让书。

2. 不动产交易的步骤

不动产交易通常分为两个阶段:第一个阶段是签订合同,第二个阶段是交付转让书。

签订合同是一般的商业上的讨价还价过程,与其他合同相同。合同签订之后,你需要查明该不动产的所有权是否完整干净,别人对该所有权还有没有诉求。如果你需要银行贷款,你就需和银行签订抵押贷款合同。当你付清了全部价款或银行帮你付清了全部贷款,就进入第二阶段,称为合同的交割。合同的交割即一手交钱一手交货,一方交钱,另一方交付转让书和所有权证书,如果卖方没有对转让书和所有权证书进行登记,你就要进行登记。从法律上来说,转让书的交付意味着转让行为生效,在一般情况下你就获得了该不动产的所有权。如果通过银行贷款买房,则当你将分期付款及利息付清之后,才能获得产权。

3. 不动产交易合同

根据美国《防止欺诈法》的规定,不动产交易合同必须为书面形式,并由双方签字。否则,非文字合同在发生纠纷之后,法院将不执行。合同可以是非常正规的书面合同,也可以是双方签字的非正式备忘录,也可以由若干不同的文件共同构成书面合同。

在美国,不动产交易合同主要是通过经纪人来签订的。卖方与经纪人签订一个协议,允许经纪人将欲出售的不动产列入经纪人的出售房屋或土地名单上并向潜在的买方展现。当买方和卖方达成协议后,经纪人就可以从卖方手里获取规定的佣金,当卖方接受了买方的要约以后,一般由律师起草合同,同时律师要检查所有权证书,并起草转让书,最后由买卖双方来签订合同。

不动产交易合同的主要条款包括:双方的身份、不动产的说明、价格、支付方式等。其中,不动产的说明主要是描述出售的土地和房屋的具体情况;价格条款是必要条款,没有价格条款,合同将不发生效力;支付方式是不动产交易中比较特殊的条款,因为许多人是采用贷款的方式支付,对于贷款法院要求合同中写明具体的条款。除前述几项条款之外,合同书里还可以依据双方的意愿规定其他条款,以及合同法规定的一般条款。

4. 不动产交易中常见的几个法律问题

(1) 所有权质量

也称所有权瑕疵担保,是指卖方对该不动产享有合法的所有权,没有侵犯任何第三人的权利,并且任何第三人都不会对该不动产主张任何权利,即该不动产所有权的质量是合格的。由于美国的土地财产权常常是分离的,财产权里的许多权益可能被不同的人所拥有,再加上土地转让的历史至少有上百年的历史,如果第一次转让有问题,那么所有权的质量就有问题。因而,在不动产交易中,所有权质量问题是首要问题,也是个很复杂的问题。

(2) 转让登记

美国土地所有权的每一次转让都有登记,有的州还有一种所有权证书的登记,从原始的转让到交易之时的所有登记,就形成了一个所有权连锁记录,要保证所有权的质量主要是审查这些转让登记。

(3) 占有权和使用权

房地产的交付使用并不意味着所有权的转让。在分期付款的不动产交易中,买方虽然先占有了房地产,但是因为钱没有付完,所以卖方还是握有土地的所有权,只有在买方全部付清之后,所有权才转移。

(4) 抵押贷款

美国的抵押贷款与我国所称的"按揭"很类似,即买方通过银行或其他借贷机构贷款来买房或土地,银行帮买方付款,买方再分期付给银行,此时不动产所有权作为抵押物交给银行,如果买方停付或拒付银行的债务,银行就有权利拍卖抵押的房屋或土地,此时作为买方的房屋或土地的所有权就是不完整和不干净的。如果在这个过程中,买方又将房屋或土地卖给第三人,该第三人就承担房屋或土地被银行拍卖的风险。

(三) 不动产的租赁

1. 租赁关系

租赁关系是指因租赁产生的法律关系,即出租人和承租人之间的关系,包括房东与房客之间的关系及地主与租客之间的关系。因租赁而产生的占有称为租赁占有,这与因所有权而产生的"自由占有"是有很大区别的。

租赁关系在美国不动产法中具有十分重要的地位。租赁关系有四个要素:

(1) 承租人的占有利益;

(2) 出租人的回收权利;

(3) 承租人对房地产的绝对占有和排他性的控制;

(4) 双方之间签订的合同。

前三项属于财产关系,最后一项是合同关系。在这四个要素中,承租人对土地的占有和排他性的控制是最为实质性的要素。因为这项要素的存在,租赁关系才能确立,人们才可以以此确定租赁关系与其他法律关系的区别。

2. 租赁的类型

(1) 定期租赁。是指租赁有一个明确的期限,既有明确的起始时间,又有明确的截止时间,时间的起止通常从当日的子夜起算。

(2) 不定期租赁。是指租赁一年一年或一月一月或一周一周地继续,只有开始的时间,没有终止的时间,终止的时间以收到终止租赁的通知为准,终止的通知应当在一个合理的期限内送达。如果是一年的租期,通知应当在租赁截止的 6 个月前送达。

(3) 任意租赁。是指出租人和承租人双方都可以按其意愿在任何时间终止租赁关系,这实质也是一种不定期租赁。

3. 租赁合同

所有的房地产租赁都要求双方有一个协定,而且双方必须有民事权利能力才能订立,协定的内容主要有下面几项:

(1) 双方的身份；
(2) 关于所租土地或房屋的说明；
(3) 期限；
(4) 租金。

其中，期限一定要载明，否则难以执行，期限主要指租期开始的时间，因为有的租赁无终止的确定的时间；租金有时不是实质性的，这取决于租赁是免费的，还是有偿的；关于土地或房屋的说明，各州规定不一样，有的州规定严格法律上的说明是必要的，有的州则规定只要说明能区别所意欲租赁的标的即可。

前面所说的协定并非要严格的书面文书，缺少书面文书并不能否定租赁关系的存在。在这方面，各州对于不同的租赁类型，其规定差别很大。例如：对于定期租赁合同，很多州规定1年以上的租期应当有文字合同，有的州要求所有的定期租赁合同必须是文字合同，而有的州则规定不要求有文字合同。

4．承租人的权利

(1) 占有权。占有是租赁的实质，只有占有租赁关系才能成立，但是，出租人没有义务保证承租人实际占有出租的土地和房屋，出租人的义务仅仅是提供承租人一种排他性的占有权利。

(2) 使用权。使用权往往受到某些限制，如限定用途的使用，禁止非法使用等，法院一般也是予以承认的。

(3) 安宁享受权。是一种契约的承诺和出租人的保证，指的是出租人保证承租人在占有租赁土地或房屋时不受任何人干扰。在发生干扰的情况下，出租人应当履行保护承租人的义务，同时出租人也不得驱赶承租人。

(4) 可居住性和良好居住条件，即出租人提供的房屋应具有可居住性和良好居住条件，这是出租人的义务，也是承租人的权利。

5．出租人的损害赔偿责任

损害赔偿责任是指出租人因出租的房屋失修或缺陷使承租人或承租人的客人受到身体的伤害而产生的赔偿责任，关于赔偿责任，美国法中规定的极为复杂，但大致有下面几种情况：

(1) 造成伤害的原因是出租人出租的房地产或他所控制的部分；
(2) 出租人对于造成伤害的危险条件知道或应当知道，但没有告知承租人；
(3) 租赁合同规定出租人的维修义务应有利于承租人的损害赔偿的诉求；
(4) 危险状况在签订合同时就存在。

二、土地征收法律制度

征收是指政府依法有偿从私人手中取得财产占有权。征收不同于警察权。美国的警察权不是我们通常所理解的大街上交通警或公安人员们的权力，而是指为保护公众的健康、安全、伦理及福利，在理性指导下，对私有财产加以限制乃至剥夺的权力。征收与警察权非常相似，其区别仅在于取得私有财产时是否有偿。

根据联邦宪法的规定，征收必须具备三项要件：

1．正当法律程序

正当法律程序是指政府对私有财产征收时，必须有宪法的依据，并依据法定的程序来实施。

2. 合理补偿

合理补偿是指赔偿所有人财产的公平市场价格,这一价格既包括财产的现有价值,也包括财产未来盈利的折扣价值。土地征收中,合理补偿问题比较复杂,特别是有关征收对租赁合同的影响上。一般的原则是:若征收全部租赁财产或全部租赁期限,则租赁合同终止;若发生部分财产征收或征收发生在部分财产租赁期限内,如果征收明显地对双方约定的财产使用造成干扰,则合同终止,反之,则合同继续执行;租赁双方另有有效合约的除外。但是无论哪种情况下,承租人均有权获得在征收过程中应得到的补偿,除非租赁合同中另有约定。

3. 公共使用

土地征收必须是为公共使用的目的。所谓公共使用,必须作广义的理解,首先公共使用排除政府利用权力损害某人利益使另一人获利,如政府征收甲的房屋给乙方使用,即不构成公共使用。但公共使用并不意味着政府征收的土地或房屋,只能用以公用或给一般公众使用,政府征收后又立即转给多数私人使用,同样可以构成公共使用。

三、城市规划法律制度

规划是指将城区分区划为特殊的定义区,以及对该区建筑和建筑物的使用加以限制性规定。在美国法中,规划实质上是对财产私有权特别是土地私有权的限制,因此规划权的行使是受很多限制的,根据联邦宪法的规定,规划权的行使必须出于公共目的,并具有宪法所要求的理性。

规划的目的在于将不宜与其他部分协调使用的土地分离出来,以在统一的计划中保护财产的价值,因而对城市和社区的合理发展有着积极的作用,但是规划也可能带来一些副作用,例如有可能把一些穷人从家园赶走,这就出现了发展与公平的矛盾,所以美国法规定,规划的权力必须由议会授予其下属机构。

传统的规划方式是把市区分为小区,每个小区再规定为不同用途,如居住区、办公区、工业区等。问题常出现在,规划之前业已存在的土地的使用与规划不一致的如何处理。在这种情况出现以后,原使用者一般可通过下面的方式来解决:

1. 修订法案。是指议会通过改变立法方式来改变小区的原始用途。

2. 特例。是指根据立法规划而明确准许在规定的小区内使某一土地用于不同用处,如在居民区内修建教堂。在规划法章实施之前业已存在的与规划不协调使用的,如果这种不协调使用不会造成危害,则应给予所有人一段合理时间以改变这种不协调使用。另外还有一种方法来解决,即点状规划,是指在统一规划中划出几块地来作不同使用。

3. 变通。是指实际存在的困难或不必要的麻烦使规划法案不能按照其字面意思来实施。但是,变通必须具备下列条件:

(1) 如完全按规划使用土地,土地无法取得收益,使所有人入不敷出;

(2) 所有人的情况与其邻居相比较为独特,因而使规划显得不合理;

(3) 给予所有人变通待遇将不会给公众造成显著不便或显著改变小区特点。

但是,如果规划过于严厉或不合理,使得财产所有人受到损害,那么财产所有人就可以声明此种规划具有征收的性质,要求赔偿。

四、房地产管理法律制度

前述的土地征收、城市规划等,从广义上讲也属于政府对房地产的管理,除此之外,政府主要通过下列方式对房地产进行管理。

（一）颁发房屋居住许可

有些州颁布住房条例，其中对新建或新近购买的房屋，需颁发居住许可才可居住，而许可的颁发必须满足政府要求，例如在新建公寓住宅内必须安装消火栓、烟雾警报器等。法院一般认为这类对房地产的限制不构成永久性实际占有，亦不构成征收。

（二）监管房产的转移

政府对房产转移加以监管以保证承租人的利益不会因此而受到实质性的影响，如70年代末，成千上万的出租房产转为承租个人所有制，也就是说，承租人如果想继续保持其原租赁房产，必须购买。当然，很多承租人没有这样的经济能力，于是不得不搬出去，这样，一些城市出现了立法保护这种转让环境下的房客，同时也有保护开发商转让房产权的案例。这些立法要求开发商保证房屋达到住房条例规定的标准，而且规定一定数目的房客必须购买其居住的公寓，以使转让能够进行，而暂时无法购买的房客仍有权继续租赁。

（三）监管房屋租赁关系

政府颁发《公平住房法案》、《租赁住房标准法》等，从多方面对房屋租赁关系进行监管，具体表现在以下几个方面：

1．非歧视原则

政府允许房东依据一些合法标准选择房客，如房客过去的租房历史、缴付租金的数额、犯罪历史、信誉历史等。但禁止房东对房客施以某些种类的歧视，如种族、信仰、性别、肤色、家庭状况等，以保证公平住房原则。

2．出租房产的可居住性

各州及地方立法均规定，房东有维修出租房产、避免瑕疵的义务。即使房东不出租其所有的房产，按住房条例要求，他仍有义务将房产保持在规定的标准状况。

3．租金限制

政府可以限制房东出租房产的租金额及涨价幅度。一般来讲，公有住房及曾得到过政府补贴的私有住房均受到租金限制，而对于私有住房，各州及地方的规定则不一致，有的地方有租金限制，有的地方则禁止对租金加以限制。

4．非法租赁合同

美国法中禁止房东租房给房客供非法使用，认为这种租赁关系违反法律或公共政策，租赁合同无效。如果部分租赁条款合法，部分不合法，则租赁合同仍然有效，有些租赁合同表面上合法，而实际上承租人意图将租赁财产用于非法用途，这种情况下，如果出租人不知道承租人的非法意图的，租赁合同仍然有效，而当出租人知道或应当知道这种非法用途时，法院可以判决合同无效。

第五节　香港特别行政区建筑法律制度

一、香港特别行政区的建筑法律体系及特点

对于香港特别行政区（以下简称香港），我国实行的是"一国两制"的政策，即一个国家，两种制度。所谓制度，当然也包括法律制度。根据《香港特别行政区基本法》的规定，香港回归后，其原有法律中除涉及主权、国家安全、外交等方面的并与基本法相抵触的少量法律修

改外，其余绝大多数仍然有效，也就是说，香港法不论是从法律框架、体系还是具体的法律规定，在回归后基本没有太大的变化。

香港法主要源于英国，属英美法系，其法律体系以普通法和衡平法为基础，并辅之以相关条件、附属立法和习惯法。但是，由于香港特殊的历史背景和独特的地理位置，香港法与英美法又有很大的不同。同时，由于我国大陆的法律制度更接近于大陆法系，因此，香港法与我国大陆的法律制度更是截然不同，独具特色。

香港的建筑法律制度，除普通法和衡平法之外，更多的是制定法。如《建筑物条例》、《城市规划条例》、《消防条例》、《水务设施条例》、《工厂及工业经营条例》等。但是这些制定法并不适用所有的工程，因为香港法中，将工程分为政府工程和私人工程两大类，二者分别适用不同的法律，并由不同的政府部门来管理。

政府工程主要由香港政府工务司及房屋委员会（以下简称房委会）负责管理。工务司下设建筑、土木工程、渠务、机电工程、路政、拓展、水务七个专业署，分别负责政府办公楼、学校、医院、图书馆、新市镇、道路、给排水等投资建设的管理；房委会则为统筹公共房屋建设与管理的法定机构，全部委员均由特区行政长官委任，并由房屋司司长兼任房委会的行政负责人。由于工务司和房委会，一般充当的是政府投资的业主角色，因此其管理表现为直接管理，管理的重点主要是对承建商实行资质管理。凡承担工务科工程的承建商，须经工务科批准并列入其承建商名册，该名册分为两类：一类为本港的承建商，按其施工能力、财力等划分为A、B、C三个等级，另一类为境外承建商。承担房委会工程的承建商也有类似专业施工资质要求，也须经批准并列入名册，但该名册分为新建工程和维修工程两类。

私人工程由隶属于政府规划地政环境司的屋宇署负责管理，屋宇署的管理表现为间接管理。屋宇署对承接私人工程的承建商并不实行资质管理，只要该承建商经建造商会或一名"认可人士"（后面将详述）的推荐即可向屋宇署注册，并承揽工程。屋宇署管理的重点为工程的标准及认可专业人员的执业资格，取得执业资格的结构工程师、建筑师、机电工程师、测量工程师等专业技术人员是政府进行工程建设管理的基础。在香港，私人工程管理制度实行的是业主、顾问工程师和承建商三方相互分工，相互制约的制度。其中顾问工程师即指前述取得执业资格的结构工程师、建筑师等专业技术人员。顾问工程师一般由业主聘请，其职责既包括项目设计、估价，也包括施工监管。在工程前期，顾问工程师负责项目的招投标活动，在施工过程中，负责对图纸作具体设计或修改、检查工程质量、计算工程量、决定工期的顺延及参与竣工验收等。

二、认可人士及结构工程师制度

（一）认可人士及结构工程师的概念

《建筑物条例》规定，屋宇署署长为建筑事务监督，在其手中须备存一份所有有资格履行建筑工程管理职责的建筑师、工程师、测量师名册，这一名册称为"认可人士"名册，载于这一名册的专业技术人员即为"认可人士"。此外，建筑事务监督还须备存一份所有有资格履行结构设计职责的人士名册，载于这一名册的为结构工程师。

任何一项私人工程均须委任一名认可人士作为该工程的统筹人，根据工程的不同，有的还必须委托一名注册结构工程师。另外，私人工程的承建商申请列入屋宇署执业名册（只有列入名册，才能承揽工程）时，在相关的申请表格中必须附有一名认可人士、一名注册结构工程师或香港建造商会有限公司批注的意见。

（二）认可人士和结构工程师的职责

1. 为工程拟制发展图则，以及负责在图则审批过程中与政府进行交涉。因为，设计图则必须有认可人士及注册结构工程师的签名才有效，同时，政府也只认可"认可人士"的交涉。

2. 对工程全过程进行监督管理。认可人士及结构工程师在工程建造期间，需根据相关法律和监工计划书来开展监管活动，为工程施工的质量和进度把关。

3. 办理工程竣工验收及其他申报手续。工程竣工后，承建商需向认可人士和结构工程师提交竣工报告和证明，认可人士和结构工程师需对其报告全面认真审查，一旦认可该工程的结构安全稳定，完全符合法律及标准的相关规定，即应联合签署意见呈报屋宇署。

（三）对认可人士与结构工程师的管理

1. 资格审查

由建筑事务监督根据法律规定设立认可人士注册委员会和结构工程师注册委员会，这两个委员会协助建筑事务监督审查所有要求列入名册人士的申请。符合条件的，允许注册，并将名单每年在宪报上刊登。同时，只要符合条件，认可人士也可名列结构工程师名册。

2. 违纪审查

由于认可人士及结构工程师在建筑活动中的重要性，为防止其渎职或过失，《建筑师条例》具体规定了对认可人士、结构工程师纪律处分的组织机构和程序。首先，设立一个由政府行政长官委任的认可人士及注册结构工程师纪律委员团，其成员大部分来自"认可人士名册"及"注册结构工程师名册"，任期为三年，可选举连任；然后，由规划环境地政司根据建筑事务监督邀请相关团体提名的人选，建立相关纪律委员会，其成员中应有3名同时是上述纪律委员团成员，其中至少一名与可能会受到处罚的相对人在同一注册名册中；最后加上建筑事务监督（或其代表）及规划环境地政司委任的一名公职人员共同组成纪律委员会对涉嫌违纪的认可人士及结构工程师进行审查。如果出现下列情况：

(1) 已就一项与执行其专业职责有关的罪行被任何法庭判罪；
(2) 犯有专业上的行为不当或疏忽；
(3) 无合理原因而容许严重偏离其负责的监工计划；
(4) 拟定不符合《建筑物条例》各项重要规定的监工计划书；
(5) 屡次拟定不符合《建筑物条例》各项规定的监工计划书。

那么，纪律委员会将根据案情对相对人做出从"认可人士名册"或"注册结构工程师名册"中除名、罚款等处罚。

三、建筑工程的审批

（一）政府工程的审批

政府工程的建设由香港政府统筹，政府根据市政发展规划和财力，制定出相应规划目的，再经法定的审议程序即交由建筑署和房屋司进行具体策划、实施和管理，无须再进行报建，只需通知有关部门即可。

（二）私人工程的审批

私人工程的审批由屋宇署牵头，规划署、地政署、消防署等相关部门就专门问题审核，并签发意见，收到这些意见后屋宇署汇总，然后回复业主。审批的内容主要看工程项目是否符合《城市规划条例》和《建筑物条例》。具体的审批程序如下：

1. 方案审查。业主提供该报建工程的建筑工程总平面图及详细的建筑计划说明书，政府各有关部门据此判断报建工程的高度、密度、容积率、公建配套等是否符合城市规划的要求和建筑物条例的各项规定，审查期限为60天。

2. 技术审查。主要审查建筑与建筑结构是否达到法定技术标准，其结构体系的选择及基础处理是否合理等。审查周期也为60天。

3. 资质资格审查。屋宇署审查该工程是否已选择了与工程内容和规模相符合的注册承建商，是否聘请了认可人士和注册结构工程师。

4. 监工计划书审查。由屋宇署审查承建商拟定的监工计划书，是否已详细列明各专业人士的职责、地盘安全管理架构、施工方法和保障计划等。

监工计划书获批后，该工程才算获报建批准。对于拒批的工程，屋宇署及相关政府部门须一次性列明拒批的理由，业主报批修改后，可再行报批。再审意见只能在第一次意见的基础上提出看法，而不能提出新的意见，否则，业主有权提出申诉。

四、工程的总包分判制度

总包分判即指由某一承建商取得工程的总承包权后，根据该工程的规模和特点将其分成几个，乃至几十个分项工程再分包给不同的专业承包商。发包的承包商称为判头，分包的承建商称为分判。有的分判商(大分判)还可能将其承接工程的其中一部分再分判给另一个分判商(小分判)，这样就形成了一判、二判甚至三判、四判。

香港的建筑工程一般都是通过这种总包分判制度来实施的。总包承建商的主要职能是统筹施工的组织管理，即使是在政府部门注册的承建商资金雄厚，甚至是上市公司，其职员也都比较少，这些职员大都为专业技术人员及管理人员，所以工程的绝大部分都是靠分判的力量来完成。对分判商的组织形式甚至资质法律都没有明确的规定，因此，分判商可能是正式注册的公司，也可能仅是一个临时群体，他们根据分判合同，向承建商提供技术劳动力和一般职工。

在政府工程中，政府对总包单位的分判活动，一般不加制约。但是，私人工程的分判活动需得到业主的认可，并按合同约定从事；有时，业主也可以根据工程的具体情况，将某些专业分项工程(如机电、通风、消防、保安等)直接指定给某些分判商，总承建商则可据此获得1%～2%的总包管理费，对于特殊的材料、设备，业主也可以在总包合同中直接约定生产商。

分判合约一般没有统一固定的文本和格式，各个公司根据自己的要求和经验制定分判合约，但内容大致相同。一般在分判合约的最后附上一份清单，其中列明总包合约中哪些资料与本分判项目有关。这也是总承建商向分判商发生的招标文件的一部分，目的是为了方便分判商查找资料和计算标价，该部分被称为"与分判工程有关的工程总合约资料"。分判商中标后，该部分也就成了分判合约的组成部分。

五、招投标与建筑工程合同

香港政府规定，凡符合招标条件的工程必须通过每周五出版的政府宪报发布招标公告，实行公开招标，列入工务司或房委会的承建商即可根据自己的资质、资金条件投标，其中造价在1000万元以下工程的招投标由设在政府主管部门的招标委员会负责，造价1000万元以上工程的招投标则由设在香港政府财政司的中央标书批准委员会负责，对于政府工程项目，香港政府规定强制实行公开招标制度。

对于政府工程的所有合同均需使用格式合同文本。主要文本有两种：土木工程标准合同和建筑工程标准合同，但遇到新机场工程之类的特殊工程项目，还会拟定特殊的专用合同。这些格式合同的主要条款非常严格、规范，一般不再作调整。通常这些格式合同还明确规定，承建商在某些情况下（如天气恶劣、工程量大幅度增加等），可申请延长工期，在获得批准后有权要求政府给予费用上的补偿。对于私人工程的合同，可选择适用格式合同文本。

六、建筑工程的质量监管

在香港，屋宇署为工程（私工程）的质量监管部门，建筑事务监督为监管活动的最高行政长官，其监管活动包括以下内容：

（一）开工许可审批

屋宇署规定，除了政府楼房工程（由建筑署负责监管）、新界的小型乡村屋宇（65平方米及3层以下）、现有楼房内而不涉及结构变动的更改工程这三项工程之外，均须取得审批后才可动工兴建。

屋宇建设申请人应当在工程开工日的7天以前，向屋宇署提交同意接受委聘的证明、委任的注册承建商的证明以及遵守法律和规章的承担责任书。同时，屋宇署还要审查申请人所聘请的承建商是否已经在政府注册，是否有足够的经验承担这项工程。

（二）建筑过程巡视

屋宇署设有专门的地盘监察组，专职负责对各个建筑地盘的巡视和监管，其主要职责是：

1. 监察及审查地盘的施工过程；
2. 发现并找出不合规定的事物；
3. 制止地盘工作者从事危险作业；
4. 建议及获取补救方法以及消除危险；
5. 引用法律对违例者进行起诉或纪律处分。

地盘监察组由8位专业工程师及测量师和5名技术人员组成，由于人手较少，因此，监察的重点一般放在对生命安全构成较大威胁的项目或建筑阶段上。

（三）竣工验收并批准使用

工程完工之后，首先由承建商向认可人士和结构工程师提交完工证明，然后由认可人士和结构工程师向屋宇署报告完工，同时，承建商还要通过认可人士和结构工程师向消防局、渠务署等有关部门申请专项工程验收，经这些部门验收合格后，给承建商颁发合格证明书；然后，将这些证明书一并提交给屋宇署。最后，屋宇署对上述报告和证明书进行审查，并派人赴现场实地检查，当认为一切都符合法律和标准之后，给该项工程发出入伙纸。至此，屋宇署对工程的监管即告结束，该项工程竣工并可投入使用。

第六节 台湾地区建筑法律制度

一、概述

我国台湾地区（以下简称台湾）的法律体系属大陆法系，以成文法为主，一般不承认判例的效力。由于人所共知的历史原因，台湾现行的法律与解放前国民党统治时期的法律一脉相承，甚至有些当时颁布的法律沿用至今，如有关工程建设的《建筑法》、《都市计划法》等，均颁布于抗战初期，虽经数次修订，现仍在岛内施行。另外，台湾的很多立法借鉴了德国、法国等大陆法系国家的做法，同时也吸收了英美等国的一些法律特点，因而现行的台湾法总体上可归于大陆法系，但又独具特色，自成体系。

在工程建设领域，主要的法律文件有《建筑法》、《都市计划法》、《区域计划法》等，其建筑执照制度、建筑经理公司制度等颇具特色，下面分述之。

二、建筑执照制度

台湾将建筑工程分为公有建筑和非公有建筑两类。二者适用不同的法律规定，采用不同的程序和方法。对于公有建筑，应由起造机关将核定或决定之建筑计划，工程图样及说明书，向直辖市、县(市)主管建筑机关申领建筑执照；非县(市)政府所在地之乡、镇，非供公共使用的建筑物或杂项工作物，得委由乡、镇(县辖市)公所依规定核发执照，并每半年汇报县(市)政府备案。

建筑执照共分四种：(1)建造执照：适用于建筑物的新建、增建、改建及修建；(2)杂项执照：适用于杂项工作物的建筑；(3)使用执照：适用于建筑物建造完成后使用或变更使用；(4)拆除执照：适用于建筑物的拆除。

起造人申请建筑执照时，应提供申请书、土地权利证明文件、工程图样、说明书、结构计算书、地质钻探报告书、建筑线指定图及其他相关文件；使用共同壁者，还应附协议书；起造人委托建筑师办理申请建筑执照者，则应附委托书。

直辖市、县(市)主管建筑机关收到起造申请建筑执照文件之日起，10日内应审查完毕，合格者即发给执照；不合格者，应将其不合条款之处，详为列举，一次通知起造人，令其改正。对于供公众使用或构造复杂者，得视需要予以延长，但最长不得超过30日。

起造人应依照执照中核定的工程图样及说明书施工，如在施工中变更设计，应重新申请办理相应执照。建筑执照核定之工程图样及说明书置于施工地点，并应影印一份张挂或张贴于施工地点之明显场所，主管机关应随时派员查验。建筑工程的广告物应载明建筑执照字号、设计监造人之姓名、开业证字号及承造人之名称。公有及供公众使用的建筑物应于竣工时将设计人、监造人、承造人及开工、竣工日期标明于建筑物上。

三、营造业资质资格管理

营造业，是指经营建筑与土木工程等之营造厂商。营造业之主管机关，在中央为内政部，在省为省政府建设厅，直辖市为市政府工务局，县(市)为县(市)政府工务局或建设局。

在台湾，营造业必须领有登记证书(相当于资质等级证书)并加入营造业公会方能营业。营造业之登记，根据其技术能力、资金额等，分为甲、乙、丙三等，任何一等企业均须置有专任工程人员一人以上，专任工程人员须具备法律规定的相应资格方能担任；同时每等企业均应具备法定的资本额，并在法律规定的限额内承揽工程，如乙等企业只能承揽新台币3000万元以下之工程，丙等企业只能承揽新台币1500万元以下之工程。

营造业承揽之工程，共主要部分应自行负责施工，不得转包，但专业工程部分得分包有关之专业厂商办，并在施工前将分包合约副本送请起造人备查。营造业于承揽工程时，应将该工程登记于承揽工程手册，由起造人签章证明，并于工程竣工后，同工程合约、竣工文件及承揽工程手册，送交工程所在地之直辖市或县(市)主管相关予以登记，加盖印章后发还。

营造业连续两年承揽工程竣工累计额未达其所属等级最低额之3倍者，省(市)主管机关应报请中央主管机关将该营造业原登记之等级降低一等，其属丙等者撤销其登记证书。

营造业办理登记时，专任工程人员应赴登记机关签名存档，并于承揽工程手册上签名，否则,主管机关不得核发登记证书。同时,在营造业工程施工中,主管机关查验工程时,专任工程人员必须赴现场说明,并于相关文件上签名,否则,主管机关对该工程不予查验。

四、建筑经理公司

台湾的建筑经理公司是指受委托从事下列业务之股份有限公司:

1. 兴建计划审查与咨询;
2. 契约签证;
3. 不动产评估及诚信;
4. 财务稽核;
5. 工程进度查核及营建管理;
6. 代办履约保证手续;
7. 不动产之买卖或其他清理处分事项;
8. 其他有关业务之咨询及顾问事项。

建筑经理公司是一种综合性的公司,应置建筑、土木、营建管理、估价、会计、法律及其他有关专任专业人员,并至少应置专任建筑师或土木技师一人及专任兼任会计师一人。

建筑经理公司作为股份有限公司,共最低资本额为新台币 5000 万元。公司应有银行参与投资,其投资总额不得低于实收股本的 30%,每一银行以投资一家建筑经理公司为限。银行投资应经财政部核准,财政部核准后应洽商内政部办理。

五、建筑施工管理

台湾法中有关建筑施工管理的主要规定如下:

1. 起造人自领得建筑执照之日起,应于 6 个月内开工。开工前,起造人还应会同承造人及监造人将开工日期、名称或姓名、住址、证书字号及承造人之施工计划,申请主管建筑机关备查,起造人因故不能于期限内开工时,应叙明原因,申请展期,展期一般不得超过 3 个月。

2. 施工过程的重大事项变更,如起造人、承造人、监造人发生变更,工程中止或废止等,应即申报主管机关备案。其中,对于中止之工程,其可从使用部分,应由起造人依照规定办理变更设计,申请使用;其不堪使用部分,由起造人拆除。

3. 建筑物由承造人负责承造,监造人负责监造。当监造人认为施工不合规定或承造人擅自施工,导致必须修改、拆除、重建或予补强,从而给起造人造成损失的,经主管机关认定,由承造人负赔偿责任;若承造人未按核准图样施工,而监造人认为合格,经主管建筑机关勘验不合规定,须修改、拆除、重建或补强者,由承造人负赔偿责任,承造人之专任工作人员及监造人负连带责任。

4. 在施工过程中,如有依法必须修改情况时,监造人应分别通知承造人及起造人修改;未依照规定修改者,应即申报主管建筑机关处理。

5. 承造人在建筑物施工过程中,不得损及道路、沟渠等公共设施;如必须损坏时,应先申报各该主管机关批准,并规定施工期间之维护标准与修复责任和期限,始得进行该部分工程。

6. 施工过程中,主管建筑机关认为有必要时,得随时加以勘验,如有违法情形,可依法勒令其停工或修改;必要时,得强行拆除。

7. 主管建筑机关对于建筑工程施工方法或施工设备发生激烈震动或噪音及灰尘散播,

有妨碍附近之安全或安宁者，得令其作必要之措施或限制其作业时间。

六、新建工程使用管理制度

在台湾，建筑工程竣工后，必须申领使用执照，方能接水、接电或申请营业登记及使用。这是台湾的一项特殊法律制度。

（一）使用执照申请人

工程竣工后，应由起造人会同承造人及监造人申请使用执照；若建筑物无承造人或监造人，或承造人、监造人无正当理由，经建筑争议事件评审委员会评审后而拒不会同或无法会同者，由起造人单独申请之。

（二）使用执照申请需具备的条件

申请使用执照，必须在工程竣工或部分竣工（指可独立使用者）并查验合格后进行，并附下列文件：

1．原领之建造执照或杂项执照；
2．建筑物竣工平面图及立面图；
3．建筑物竣工照片（各向方面、屋顶、法定空地、防火间隔、天井、停车空间等）；
4．建筑物申请新建者，应检附门牌证明。

（三）使用执照申请程序

一般建筑物的使用执照申请程序如下：

(1) 申请人提出申请。
(2) 主管建筑机关查验。主管建筑机关自接到申请之日起，10日内派人查验。
(3) 发照及复验。若建筑物的主要构造、室内隔间及主要设备等与设计图样相符者，发给使用执照，并得核发誊本；不相符者，一次通知修改后，再报请复验。

对于供公众使用之建筑物，查验期限可展延为20日；同时，主管建筑机关应会同消防主管机关检查其消防设备，合格后方得发给使用执照；另外，主管建筑机关可随时派员检查其有关公共安全与公共卫生之构造与设备。

复 习 思 考 题

1．简述大陆法系与英美法系的主要区别。
2．简述德国建筑法典的主要内容和特点。
3．法国公共工程法中行政主体的权力有何体现？与我国的行政主管部门有何差别？
4．简述法国法中有关公共建筑物的法律制度。
5．简述美国法中有关城市规划的法律制度。
6．如何理解美国法中房屋租赁的非歧视原则？
7．简述香港建筑法律中的认可人士及结构工程师制度。
8．香港法中工程的总包分判制度有何特点？与我国建筑法中的发承包制度有何差别？
9．简述台湾建筑法律中的建筑执照制度。

附件一

中华人民共和国建筑法

(1997年11月1日第八届全国人民代表大会常务委员会第二十八次会议通过 1997年11月1日中华人民共和国主席令第91号公布)

第一章 总 则

第一条 为了加强对建筑活动的监督管理,维护建筑市场秩序,保证建筑工程的质量和安全,促进建筑业健康发展,制定本法。

第二条 在中华人民共和国境内从事建筑活动,实施对建筑活动的监督管理,应当遵守本法。

本法所称建筑活动,是指各类房屋建筑及其附属设施的建造和与其配套的线路、管道、设备的安装活动。

第三条 建筑活动应当确保建筑工程质量和安全,符合国家的建筑工程安全标准。

第四条 国家扶持建筑业的发展,支持建筑科学技术研究,提高房屋建筑设计水平,鼓励节约能源和保护环境,提倡采用先进技术、先进设备、先进工艺、新型建筑材料和现代管理方式。

第五条 从事建筑活动应当遵守法律、法规,不得损害社会公共利益和他人的合法权益。

任何单位和个人都不得妨碍和阻挠依法进行的建筑活动。

第六条 国务院建设行政主管部门对全国的建筑活动实施统一监督管理。

第二章 建筑许可

第一节 建筑工程施工许可

第七条 建筑工程开工前,建设单位应当按照国家有关规定向工程所在地县级以上人民政府建设行政主管部门申请领取施工许可证;但是,国务院建设行政主管部门确定的限额以下的小型工程除外。

按照国务院规定的权限和程序批准开工报告的建筑工程,不再领取施工许可证。

第八条 申请领取施工许可证,应当具备下列条件:

(一)已经办理该建筑工程用地批准手续;

(二)在城市规划区的建筑工程,已经取得规划许可证;

(三)需要拆迁的,其拆迁进度符合施工要求;

(四)已经确定建筑施工企业;

（五）有满足施工需要的施工图纸及技术资料；

（六）有保证工程质量和安全的具体措施；

（七）建设资金已经落实；

（八）法律、行政法规规定的其他条件。

建设行政主管部门应当自收到申请之日起 15 日内，对符合条件的申请颁发施工许可证。

第九条 建设单位应当自领取施工许可证之日起三个月内开工。因故不能按期开工的，应当向发证机关申请延期；延期以两次为限，每次不超过三个月。既不开工又不申请延期或者超过延期时限的，施工许可证自行废止。

第十条 在建的建筑工程因故中止施工的，建设单位应当自中止施工之日起一个月内，向发证机关报告，并按照规定做好建筑工程的维护管理工作。

建筑工程恢复施工时，应当向发证机关报告；中止施工满一年的工程恢复施工前，建设单位应当报发证机关核验施工许可证。

第十一条 按照国务院有关规定批准开工报告的建筑工程，因故不能按期开工或者中止施工的，应当及时向批准机关报告情况。因故不能按期开工超过六个月的，应当重新办理开工报告的批准手续。

第二节 从业资格

第十二条 从事建筑活动的建筑施工企业、勘察单位、设计单位和工程监理单位，应当具备下列条件：

（一）有符合国家规定的注册资本；

（二）有与其从事的建筑活动相适应的具有法定执业资格的专业技术人员；

（三）有从事相关建筑活动所应有的技术装备；

（四）法律、行政法规规定的其他条件。

第十三条 从事建筑活动的建筑施工企业、勘察单位、设计单位和工程监理单位，按照其拥有的注册资本、专业技术人员、技术装备和已完成的建筑工程业绩等资质条件，划分为不同的资质等级，经资质审查合格，取得相应等级的资质证书后，方可在其资质等级许可的范围内从事建筑活动。

第十四条 从事建筑活动的专业技术人员，应当依法取得相应的执业资格证书，并在执业资格证书许可的范围内从事建筑活动。

第三章 建筑工程发包与承包

第一节 一般规定

第十五条 建筑工程的发包单位与承包单位应当依法订立书面合同，明确双方的权利和义务。

发包单位和承包单位应当全面履行合同约定的义务。不按照合同约定履行义务的，依法承担违约责任。

第十六条 建筑工程发包与承包的招标投标活动，应当遵循公开、公正、平等竞争的原则,择优选择承包单位。

建筑工程的招标投标,本法没有规定的,适用有关招标投标法律的规定。

第十七条 发包单位及其工作人员在建筑工程发包中不得收受贿赂、回扣或者索取其他好处。

承包单位及其工作人员不得利用向发包单位及其工作人员行贿、提供回扣或者给予其他好处等不正当手段承揽工程。

第十八条 建筑工程造价应当按照国家有关规定,由发包单位与承包单位在合同中约定。公开招标发包的,其造价的约定,须遵守招标投标法律的规定。

发包单位应当按照合同的约定,及时拨付工程款项。

第二节 发 包

第十九条 建筑工程依法实行招标发包,对不适于招标发包的可以直接发包。

第二十条 建筑工程实行公开招标的,发包单位应当依照法定程序和方式,发布招标公告,提供载有招标工程的主要技术要求、主要的合同条款、评标的标准和方法以及开标、评标、定标的程序等内容的招标文件。

开标应当在招标文件规定的时间、地点公开进行。开标后应当按照招标文件规定的评标标准和程序对标书进行评价、比较,在具备相应资质条件的投标者中,择优选定中标者。

第二十一条 建筑工程招标的开标、评标、定标由建设单位依法组织实施,并接受有关行政主管部门的监督。

第二十二条 建筑工程实行招标发包的,发包单位应当将建筑工程发包给依法中标的承包单位。建筑工程实行直接发包的,发包单位应当将建筑工程发包给具有相应资质条件的承包单位。

第二十三条 政府及其所属部门不得滥用行政权力,限定发包单位将招标发包的建筑工程发包给指定的承包单位。

第二十四条 提倡对建筑工程实行总承包,禁止将建筑工程肢解发包。

建筑工程的发包单位可以将建筑工程的勘察、设计、施工、设备采购一并发包给一个工程总承包单位,也可以将建筑工程勘察、设计、施工、设备采购的一项或者多项发包给一个工程总承包单位;但是,不得将应当由一个承包单位完成的建筑工程肢解成若干部分发包给几个承包单位。

第二十五条 按照合同约定,建筑材料、建筑构配件和设备由工程承包单位采购的,发包单位不得指定承包单位购入用于工程的建筑材料、建筑构配件和设备或者指定生产厂、供应商。

第三节 承 包

第二十六条 承包建筑工程的单位应当持有依法取得的资质证书,并在其资质等级许可的业务范围内承揽工程。

禁止建筑施工企业超越本企业资质等级许可的业务范围或者以任何形式用其他建筑施工企业的名义承揽工程。禁止建筑施工企业以任何形式允许其他单位或者个人使用本企业的资质证书、营业执照,以本企业的名义承揽工程。

第二十七条 大型建筑工程或者结构复杂的建筑工程,可以由两个以上的承包单位联合共同承包。共同承包的各方对承包合同的履行承担连带责任。

两个以上不同资质等级的单位实行联合共同承包的,应当按照资质等级低的单位的业务许可范围承揽工程。

第二十八条 禁止承包单位将其承包的全部建筑工程转包给他人,禁止承包单位将其承包的全部建筑工程肢解以后以分包的名义分别转包给他人。

第二十九条 建筑工程总承包单位可以将承包工程中的部分工程发包给具有相应资质条件的分包单位;但是,除总承包合同中约定的分包外,必须经建设单位认可。施工总承包的,建筑工程主体结构的施工必须由总承包单位自行完成。

建筑工程总承包单位按照总承包合同的约定对建设单位负责;分包单位按照分包合同的约定对总承包单位负责。总承包单位和分包单位就分包工程对建设单位承担连带责任。

禁止总承包单位将工程分包给不具备相应资质条件的单位。禁止分包单位将其承包的工程再分包。

第四章 建筑工程监理

第三十条 国家推行建筑工程监理制度。

国务院可以规定实行强制监理的建筑工程的范围。

第三十一条 实行监理的建筑工程,由建设单位委托具有相应资质条件的工程监理单位监理。建设单位与其委托的工程监理单位应当订立书面委托监理合同。

第三十二条 建筑工程监理应当依照法律、行政法规及有关的技术标准、设计文件和建筑工程承包合同,对承包单位在施工质量、建设工期和建设资金使用等方面,代表建设单位实施监督。

工程监理人员认为工程施工不符合工程设计要求、施工技术标准和合同约定的,有权要求建筑施工企业改正。

工程监理人员发现工程设计不符合建筑工程质量标准或者合同约定的质量要求的,应当报告建设单位,要求设计单位改正。

第三十三条 实施建筑工程监理前,建设单位应当将委托的工程监理单位、监理的内容及监理权限,书面通知被监理的建筑施工企业。

第三十四条 工程监理单位应当在其资质等级许可的监理范围内,承担工程监理业务。

工程监理单位应当根据建设单位的委托,客观、公正地执行监理任务。

工程监理单位与被监理工程的承包单位以及建筑材料、建筑构配件和设备供应单位不得有隶属关系或者其他利害关系。

工程监理单位不得转让工程监理业务。

第三十五条 工程监理单位不按照委托监理合同的约定履行监理义务,对应当监督检查的项目不检查或者不按照规定检查,给建设单位造成损失的,应当承担相应的赔偿责任。

工程监理单位与承包单位串通,为承包单位谋取非法利益,给建设单位造成损失的,应当与承包单位承担连带赔偿责任。

第五章 建筑安全生产管理

第三十六条 建筑工程安全生产管理必须坚持安全第一、预防为主的方针,建立健全安全生产的责任制度和群防群治制度。

第三十七条 建筑工程设计应当符合按照国家规定制定的建筑安全规程和技术规范,保证工程的安全性能。

第三十八条 建筑施工企业在编制施工组织设计时,应当根据建筑工程的特点制定相应的安全技术措施;对专业性较强的工程项目,应当编制专项安全施工组织设计,并采取安全技术措施。

第三十九条 建筑施工企业应当在施工现场采取维护安全、防范危险、预防火灾等措施;有条件的,应当对施工现场实行封闭管理。

施工现场对毗邻的建筑物、构筑物和特殊作业环境可能造成损害,建筑施工企业应当采取安全防护措施。

第四十条 建设单位应当向建筑施工企业提供与施工现场相关的地下管线资料,建筑施工企业应当采取措施加以保护。

第四十一条 建筑施工企业应当遵守有关环境保护和安全生产的法律、法规的规定,采取控制和处理施工现场的各种粉尘、废气、废水、固体废物以及噪声、振动对环境的污染和危害的措施。

第四十二条 有下列情形之一的,建设单位应当按照国家有关规定办理申请批准手续:

(一) 需要临时占用规划批准范围以外场地的;

(二) 可能损坏道路、管线、电力、邮电通讯等公共设施的;

(三) 需要临时停水、停电、中断道路交通的;

(四) 需要进行爆破作业的;

(五) 法律、法规规定需要办理报批手续的其他情形。

第四十三条 建设行政主管部门负责建筑安全生产的管理,并依法接受劳动行政主管部门对建筑安全生产的指导和监督。

第四十四条 建筑施工企业必须依法加强对建筑安全生产的管理,执行安全生产责任制度,采取有效措施,防止伤亡和其他安全生产事故的发生。

建筑施工企业的法定代表人对本企业的安全生产负责。

第四十五条 施工现场安全由建筑施工企业负责。实行施工总承包的,由总承包单位负责。分包单位向总承包单位负责,服从总承包单位对施工现场的安全生产管理。

第四十六条 建筑施工企业应当建立健全劳动安全生产教育培训制度,加强对职工安全生产的教育培训;未经安全生产教育培训的人员,不得上岗作业。

第四十七条 建筑施工企业和作业人员在施工过程中,应当遵守有关安全生产的法律、法规和建筑行业安全规章、规程,不得违章指挥或者违章作业。作业人员有权对影响人身健康的作业程序和作业条件提出改进意见,有权获得安全生产所需的防护用品。作业人员对危及生命安全和人身健康的行为有权提出批评、检举和控告。

第四十八条 建筑施工企业必须为从事危险作业的职工办理意外伤害保险,支付保险费。

第四十九条 涉及建筑主体和承重结构变动的装修工程,建设单位应当在施工前委托原设计单位或者具有相应资质条件的设计单位提出设计方案;没有设计方案的,不得施工。

第五十条 房屋拆除应当由具备保证安全条件的建筑施工单位承担,由建筑施工单位负责人对安全负责。

第五十一条 施工中发生事故时,建筑施工企业应当采取紧急措施减少人员伤亡和事故损失,并按照国家有关规定及时向有关部门报告。

第六章 建筑工程质量管理

第五十二条 建筑工程勘察、设计、施工的质量必须符合国家有关建筑工程安全标准的要求,具体管理办法由国务院规定。

有关建筑工程安全的国家标准不能适应确保建筑安全的要求时,应当及时修订。

第五十三条 国家对从事建筑活动的单位推行质量体系认证制度。从事建筑活动的单位根据自愿原则可以向国务院产品质量监督管理部门或者国务院产品质量监督管理部门授权的部门认可的认证机构申请质量体系认证。经认证合格的,由认证机构颁发质量体系认证证书。

第五十四条 建设单位不得以任何理由,要求建筑设计单位或者建筑施工企业在工程设计或者施工作业中,违反法律、行政法规和建筑工程质量、安全标准,降低工程质量。

建筑设计单位和建筑施工企业对建设单位违反前款规定提出的降低工程质量的要求,应当予以拒绝。

第五十五条 建筑工程实行总承包的,工程质量由工程总承包单位负责,总承包单位将建筑工程分包给其他单位的,应当对分包工程的质量与分包单位承担连带责任。分包单位应当接受总承包单位的质量管理。

第五十六条 建筑工程的勘察、设计单位必须对其勘察、设计的质量负责。勘察、设计文件应当符合有关法律、行政法规的规定和建筑工程质量、安全标准、建筑工程勘察、设计技术规范以及合同的约定。设计文件选用的建筑材料、建筑构配件和设备,应当注明其规格、型号、性能等技术指标,其质量要求必须符合国家规定的标准。

第五十七条 建筑设计单位对设计文件选用的建筑材料、建筑构配件和设备,不得指定生产厂、供应商。

第五十八条 建筑施工企业对工程的施工质量负责。

建筑施工企业必须按照工程设计图纸和施工技术标准施工,不得偷工减料。工程设计的修改由原设计单位负责,建筑施工企业不得擅自修改工程设计。

第五十九条 建筑施工企业必须按照工程设计要求、施工技术标准和合同的约定,对建筑材料、建筑构配件和设备进行检验,不合格的不得使用。

第六十条 建筑物在合理使用寿命内,必须确保地基基础工程和主体结构的质量。

建筑工程竣工时,屋顶、墙面不得留有渗漏、开裂等质量缺陷;对已发现的质量缺陷,建筑施工企业应当修复。

第六十一条 交付竣工验收的建筑工程,必须符合规定的建筑工程质量标准,有完整的工程技术经济资料和经签署的工程保修书,并具备国家规定的其他竣工条件。

建筑工程竣工经验收合格后,方可交付使用;未经验收或者验收不合格的,不得交付使用。

第六十二条 建筑工程实行质量保修制度。

建筑工程的保修范围应当包括地基基础工程、主体结构工程、屋面防水工程和其他土建工程,以及电气管线、上下水管线的安装工程,供热、供冷系统工程等项目;保修的期限应当按照保证建筑物合理寿命年限内正常使用,维护使用者合法权益的原则确定。具体的保修范围和最低保修期限由国务院规定。

第六十三条 任何单位和个人对建筑工程的质量事故、质量缺陷都有权向建设行政主管部门或者其他有关部门进行检举、控告、投诉。

第七章 法 律 责 任

第六十四条 违反本法规定,未取得施工许可证或者开工报告未经批准擅自施工的,责令改正,对不符合开工条件的责令停止施工,可以处以罚款。

第六十五条 发包单位将工程发包给不具有相应资质条件的承包单位的,或者违反本法规定将建筑工程肢解发包的,责令改正,处以罚款。

超越本单位资质等级承揽工程的,责令停止违法行为,处以罚款,可以责令停业整顿,降低资质等级;情节严重的,吊销资质证书;有违法所得的,予以没收。

未取得资质证书承揽工程的,予以取缔,并处罚款;有违法所得的,予以没收。

以欺骗手段取得资质证书的,吊销资质证书,处以罚款;构成犯罪的,依法追究刑事责任。

第六十六条 建筑施工企业转让、出借资质证书或者以其他方式允许他人以本企业的名义承揽工程的,责令改正,没收违法所得,并处罚款,可以责令停业整顿,降低资质等级;情节严重的,吊销资质证书。对因该项承揽工程不符合规定的质量标准造成的损失,建筑施工企业与使用本企业名义的单位或者个人承担连带赔偿责任。

第六十七条 承包单位将承包的工程转包的,或者违反本法规定进行分包的,责令改正,没收违法所得,并处罚款,可以责令停业整顿,降低资质等级;情节严重的,吊销资质证书。

承包单位有前款规定的违法行为的,对因转包工程或者违法分包的工程不符合规定的质量标准造成的损失,与接受转包或者分包的单位承担连带赔偿责任。

第六十八条 在工程发包与承包中索贿、受贿、行贿,构成犯罪的,依法追究刑事责任;不构成犯罪的,分别处以罚款,没收贿赂的财物,对直接负责的主管人员和其他直接责任人员给予处分。

对在工程承包中行贿的承包单位,除依照前款规定处罚外,可以责令停业整顿,降低资质等级或者吊销资质证书。

第六十九条 工程监理单位与建设单位或者建筑施工企业串通,弄虚作假、降低工程质量的,责令改正,处以罚款,降低资质等级或者吊销资质证书;有违法所得的,予以没收;造成损失的,承担连带赔偿责任;构成犯罪的,依法追究刑事责任。

工程监理单位转让监理业务的,责令改正,没收违法所得,可以责令停业整顿,降低资质等级;情节严重的,吊销资质证书。

第七十条 违反本法规定,涉及建筑主体或者承重结构变动的装修工程擅自施工的,责令改正,处以罚款;造成损失的,承担赔偿责任;构成犯罪的,依法追究刑事责任。

第七十一条 建筑施工企业违反本法规定,对建筑安全事故隐患不采取措施予以消除的,责令改正,可以处以罚款;情节严重的,责令停业整顿,降低资质等级或者吊销资质证书;构成犯罪的,依法追究刑事责任。

建筑施工企业的管理人员违章指挥、强令职工冒险作业,因而发生重大伤亡事故或者造成其他严重后果的,依法追究刑事责任。

第七十二条 建设单位违反本法规定,要求建筑设计单位或者建筑施工企业违反建筑工程质量、安全标准,降低工程质量的,责令改正,可以处以罚款;构成犯罪的,依法追究刑事责任。

第七十三条 建筑设计单位不按照建筑工程质量、安全标准进行设计的,责令改正,处以罚款;造成工程质量事故的,责令停业整顿,降低资质等级或者吊销资质证书,没收违法所得,并处罚款;造成损失的,承担赔偿责任;构成犯罪的,依法追究刑事责任。

第七十四条 建筑施工企业在施工中偷工减料的,使用不合格的建筑材料、建筑构配件和设备的,或者有其他不按照工程设计图纸或者施工技术标准施工的行为的,责令改正,处以罚款;情节严重的,责令停业整顿,降低资质等级或者吊销资质证书;造成建筑工程质量不符合规定的质量标准的,负责返工、修理,并赔偿因此造成的损失;构成犯罪的,依法追究刑事责任。

第七十五条 建筑施工企业违反本法规定,不履行保修义务或者拖延履行保修义务的,责令改正,可以处以罚款,并对在保修期内因屋顶、墙面渗漏、开裂等质量缺陷造成的损失,承担赔偿责任。

第七十六条 本法规定的责令停业整顿、降低资质等级和吊销资质证书的行政处罚,由颁发资质证书的机关决定;其他行政处罚,由建设行政主管部门或者有关部门依照法律和国务院规定的职权范围决定。

依照本法规定被吊销资质证书的,由工商行政管理部门吊销其营业执照。

第七十七条 违反本法规定,对不具备相应资质等级条件的单位颁发该等级资质证书的,由其上级机关责令收回所发的资质证书,对直接负责的主管人员和其他直接责任人员给予行政处分;构成犯罪的,依法追究刑事责任。

第七十八条 政府及其所属部门的工作人员违反本法规定,限定发包单位将招标发包的工程发包给指定的承包单位的,由上级机关责令改正;构成犯罪的,依法追究刑事责任。

第七十九条 负责颁发建筑工程施工许可证的部门及其工作人员对不符合施工条件的建筑工程颁发施工许可证的,负责工程质量监督检查或者竣工验收的部门及其工作人员对不合格的建筑工程出具质量合格文件或者按合格工程验收的,由上级机关责令改正,对责任人员给予行政处分;构成犯罪的,依法追究刑事责任;造成损失的,由该部门承担相应的赔偿责任。

第八十条 在建筑物的合理使用寿命内,因建筑工程质量不合格受到损害的,有权向责任者要求赔偿。

第八章 附 则

第八十一条 本法关于施工许可、建筑施工企业资质审查和建筑工程发包、承包、禁止转包,以及建筑工程监理、建筑工程安全和质量管理的规定,适用于其他专业建筑工程的建筑活动,具体办法由国务院规定。

第八十二条 建设行政主管部门和其他有关部门在对建筑活动实施监督管理中,除按照国务院有关规定收取费用外,不得收取其他费用。

第八十三条 省、自治区、直辖市人民政府确定的小型房屋建筑工程的建筑活动,参照本法执行。

依法核定作为文物保护的纪念建筑物和古建筑等的修缮,依照文物保护的有关法律规定执行。

抢险救灾及其他临时性房屋建筑和农民自建低层住宅的建筑活动,不适用本法。

第八十四条 军用房屋建筑工程建筑活动的具体管理办法,由国务院、中央军事委员会依据本法制定。

第八十五条 本法自1998年3月1日起施行。

附件二

中华人民共和国招标投标法

(1999年8月30日中华人民共和国主席令第21号公布)

第一章 总 则

第一条 为了规范招标投标活动,保护国家利益、社会公共利益和招标投标活动当事人的合法权益,提高经济效益,保证项目质量,制定本法。

第二条 在中华人民共和国境内进行招标投标活动,适用本法。

第三条 在中华人民共和国境内进行下列工程建设项目包括项目的勘察、设计、施工、监理以及与工程建设有关的重要设备、材料等的采购,必须进行招标:

(一)大型基础设施、公用事业等关系社会公共利益、公众安全的项目;

(二)全部或者部分使用国有资金投资或者国家融资的项目;

(三)使用国际组织或者外国政府贷款、援助资金的项目。

前款所列项目的具体范围和规模标准,由国务院发展计划部门会同国务院有关部门制订,报国务院批准。

法律或者国务院对必须进行招标的其他项目的范围有规定的,依照其规定。

第四条 任何单位和个人不得将依法必须进行招标的项目化整为零或者以其他任何方式规避招标。

第五条 招标投标活动应当遵循公开、公平、公正和诚实信用的原则。

第六条 依法必须进行招标的项目,其招标投标活动不受地区或者部门的限制。任何单位和个人不得违法限制或者排斥本地区、本系统以外的法人或者其他组织参加投标,不得以任何方式非法干涉招标投标活动。

第七条 招标投标活动及其当事人应当接受依法实施的监督。

有关行政监督部门依法对招标投标活动实施监督。依法查处招标投标活动中的违法行为。

对招标投标活动的行政监督及有关部门的具体职权划分,由国务院规定。

第二章 招 标

第八条 招标人是依照本法规定提出招标项目、进行招标的法人或者其他组织。

第九条 招标项目按照国家有关规定需要履行项目审批手续的,应当先履行审批手续,取得批准。

招标人应当有进行招标项目的相应资金或者资金来源已经落实,并应当在招标文件中如实载明。

第十条 招标分为公开招标和邀请招标。

公开招标,是指招标人以招标公告的方式邀请不特定的法人或者其他组织投标。

邀请招标,是指招标人以投标邀请书的方式邀请特定的法人或者其他组织投标。

第十一条 国务院发展计划部门确定的国家重点项目和省、自治区、直辖市人民政府确定的地方重点项目不适宜公开招标的,经国务院发展计划部门或者省、自治区、直辖市人民政府批准,可以进行邀请招标。

第十二条 招标人有权自行选择招标代理机构,委托其办理招标事宜。任何单位和个人不得以任何方式为招标人指定招标代理机构。

招标人具有编制招标文件和组织评标能力的,可以自行办理招标事宜。任何单位和个人不得强制其委托招标代理机构办理招标事宜。依法必须进行招标的项目,招标人自行办理招标事宜的,应当向有关行政监督部门备案。

第十三条 招标代理机构是依法设立、从事招标代理业务并提供相关服务的社会中介组织。

招标代理机构应当具备下列条件:

(一) 有从事招标代理业务的营业场所和相应资金;

(二) 有能够编制招标文件和组织评标的相应专业力量;

(三) 有符合本法第三十七条第三款规定条件、可以作为评标委员会成员人选的技术、经济等方面的专家库。

第十四条 从事工程建设项目招标代理业务的招标代理机构,其资格由国务院或者省、自治区、直辖市人民政府的建设行政主管部门认定。具体办法由国务院建设行政主管部门会同国务院有关部门制定。从事其他招标代理业务的招标代理机构,其资格认定的主管部门由国务院规定。

招标代理机构与行政机关和其他国家机关不得存在隶属关系或者其他利益关系。

第十五条 招标代理机构应当在招标人委托的范围内办理招标事宜,并遵守本法关于招标人的规定。

第十六条 招标人采用公开招标方式的,应当发布招标公告。依法必须进行招标的项目的招标公告,应当通过国家指定的报刊、信息网络或者其他媒介发布。

招标公告应当载明招标人的名称和地址、招标项目的性质、数量、实施地点和时间以及获取招标文件的办法等事项。

第十七条 招标人采用邀请招标方式的,应当向三个以上具备承担招标项目的能力、资信良好的特定的法人或者其他组织发出投标邀请书。

投标邀请书应当载明本法第十六条第二款规定的事项。

第十八条 招标人可以根据招标项目本身的要求,在招标公告或者投标邀请书中,要求潜在投标人提供有关资质证明文件和业绩情况,并对潜在投标人进行资格审查;国家对投标人的资格条件有规定的,依照其规定。

招标人不得以不合理的条件限制或者排斥潜在投标人,不得对潜在投标人实行歧视待遇。

第十九条 招标人应当根据招标项目的特点和需要编制招标文件。招标文件应当包括招标项目的技术要求、对投标人资格审查的标准、投标报价要求和评标标准等所有实质性要求和条件以及拟签订合同的主要条款。

国家对招标项目的技术、标准有规定的,招标人应当按照其规定在招标文件中提出相应要求。

招标项目需要划分标段、确定工期的,招标人应当合理划分标段、确定工期,并在招标文件中载明。

第二十条 招标文件不得要求或者标明特定的生产供应者以及含有倾向或者排斥潜在投标人的其他内容。

第二十一条 招标人根据招标项目的具体情况,可以组织潜在投标人踏勘项目现场。

第二十二条 招标人不得向他人透露已获取招标文件的潜在投标人的名称、数量以及可能影响公平竞争的有关招标投标的其他情况。

招标人设有标底的,标底必须保密。

第二十三条 招标人对已发出的招标文件进行必要的澄清或者修改的,应当在招标文件要求提交投标文件截止时间至少15日前,以书面形式通知所有招标文件收受人。该澄清或者修改的内容为招标文件的组成部分。

第二十四条 招标人应当确定投标人编制投标文件所需要的合理时间;但是,依法必须进行招标的项目,自招标文件开始发出之日起至投标人提交投标文件截止之日止,最短不得少于20日。

第三章 投 标

第二十五条 投标人是响应招标、参加投标竞争的法人或者其他组织。

依法招标的科研项目允许个人参加投标的,投标的个人适用本法有关投标人的规定。

第二十六条 投标人应当具备承担招标项目的能力;国家有关规定对投标人资格条件或者招标文件对投标人资格条件有规定的,投标人应当具备规定的资格条件。

第二十七条 投标人应当按照招标文件的要求编制投标文件。投标文件应当对招标文件提出的实质性要求和条件做出响应。招标项目属于建设施工的,投标文件的内容应当包括拟派出的项目负责人与主要技术人员的简历、业绩和拟用于完成招标项目的机械设备等。

第二十八条 投标人应当在招标文件要求提交投标文件的截止时间前,将投标文件送达投标地方。招标人收到投标文件后,应当签收保存,不得开启。投标人少于三个的,招标人应当依照本法重新招标。在招标文件要求提交投标文件的截止时问后送达的投标文件,招标人应当拒收。

第二十九条 投标人在招标文件要求提交投标文件的截止时间前,可以补充、修改或者撤回已提交的投标文件,并书面通知招标人。补充、修改的内容为投标文件的组成部分。

第三十条 投标人根据招标文件载明的项目实际情况,拟在中标后将中标项目的部分非主体、非关键性工作进行分包的,应当在投标文件中载明。

第三十一条 两个以上法人或者其他组织可以组成一个联合体,以一个投标人的身份共同投标。

联合体各方均应当具备承担招标项目的相应能力;国家有关规定或者招标文件对投标人资格条件有规定的,联合体各方均应当具备规定的相应资格条件。由同一专业的单位组成的联合体,按照资质等级较低的单位确定资质等级。

联合体各方应当签订共同投标协议,明确约定各方拟承担的工作和责任,并将共同投标协议连同投标文件一并提交招标人。

联合体中标的,联合体各方应当共同与招标人签订合同,就中标项目向招标人承担连带责任。

招标人不得强制投标人组成联合体共同投标,不得限制投标人之间的竞争。

第三十二条 投标人不得相互串通投标报价,不得排挤其他投标人的公平竞争,损害招标人或者其他投标人的合法权益。

投标人不得与招标人串通投标,损害国家利益、社会公共利益或者他人的合法权益。

禁止投标人以向招标人或者评标委员会成员行贿的手段谋取中标。

第三十三条 投标人不得以低于成本的报价竞标,也不得以他人名义投标或者以其他方式弄虚作假,骗取中标。

第四章 开标、评标和中标

第三十四条 开标应当在招标文件确定的提交投标文件截止时间的同一时间公开进行;开标地点应当为招标文件中预先确定的地点。

第三十五条 开标由招标人主持,邀请所有投标人参加。

第三十六条 开标时,由投标人或者其推选的代表检查投标文件的密封情况,也可以由招标人委托的公证机构检查并公证;经确认无误后,由工作人员当众拆封,宣读投标人名称、投标价格和投标文件的其他主要内容。

招标人在招标文件要求提交投标文件的截止时间前收到的所有投标文件,开标时都应当当众予以拆封、宣读。

开标过程应当记录,并存档备查。

第三十七条 评标由招标人依法组建的评标委员会负责。

依法必须进行招标的项目,其评标委员会由招标人的代表和有关技术、经济等方面的专家组成,成员人数为5人以上单数,其中技术、经济等方面的专家不得少于成员总数的2/3。前款专家应当从事相关领域工作满8年并具有高级职称或者具有同等专业水平,由招标人从国务院有关部门或者省、自治区、直辖市人民政府有关部门提供的专家名册或者招标代理机构的专家库内的相关专业的专家名单中确定;一般招标项目可以采取随机抽取方式,特殊招标项目可以由招标人直接确定。与投标人有利害关系的人不得进入相关项目的评标委员会;已经进入的应当更换。

评标委员会成员的名单在中标结果确定前应当保密。

第三十八条 招标人应当采取必要的措施,保证评标在严格保密的情况下进行。

任何单位和个人不得非法干预、影响评标的过程和结果。

第三十九条 评标委员会可以要求投标人对投标文件中含义不明确的内容作必要的澄清或者说明,但是澄清或者说明不得超出投标文件的范围或者改变投标文件的实质性内容。

第四十条 评标委员会应当按照招标文件确定的评标标准和方法,对投标文件进行评审和比较;设有标底的,应当参考标底。评标委员会完成评标后,应当向招标人提出书面评标报告,并推荐合格的中标候选人。

招标人根据评标委员会提出的书面评标报告和推荐的中标候选人确定中标人。招标人也可以授权评标委员会直接确定中标人。

国务院对特定招标项目的评标有特别规定的,从其规定。

第四十一条 中标人的投标应当符合下列条件之一:

(一)能够最大限度地满足招标文件中规定的各项综合评价标准;

(二)能够满足招标文件的实质性要求,并且经评审的投标价格最低;但是投标价格低于成本的除外。

第四十二条 评标委员会经评审,认为所有投标都不符合招标文件要求的,可以否决所有投标。

依法必须进行招标的项目的所有投标被否决的,招标人应当依照本法重新招标。

第四十三条 在确定中标人前,招标人不得与投标人就投标价格、投标方案等实质性内容进行谈判。

第四十四条 评标委员会成员应当客观、公正地履行职务,遵守职业道德,对所提出的评审意见承担个人责任。

评标委员会成员不得私下接触投标人,不得收受投标人的财物或者其他好处。

评标委员会成员和参与评标的有关工作人员不得透露对投标文件的评审和比较、中标候选人的推荐情况以及与评标有关的其他情况。

第四十五条 中标人确定后,招标人应当向中标人发出中标通知书,并同时将中标结果通知所有未中标的投标人。

中标通知书对招标人和中标人具有法律效力。中标通知书发出后,招标人改变中标结果的,或者中标人放弃中标项目的,应当依法承担法律责任。

第四十六条 招标人和中标人应当自中标通知书发出之日起30日内,按照招标文件和中标人的投标文件订立书面合同。招标人和中标人不得再行订立背离合同实质性内容的其他协议。

招标文件要求中标人提交履约保证金的,中标人应当提交。

第四十七条 依法必须进行招标的项目,招标人应当自确定中标人之日起15日内,向有关行政监督部门提交招标投标情况的书面报告。

第四十八条 中标人应当按照合同约定履行义务,完成中标项目。中标人不得向他人转让中标项目,也不得将中标项目肢解后分别向他人转让。

中标人按照合同约定或者经招标人同意,可以将中标项目的部分非主体、非关键性工作分包给他人完成。接受分包的人应当具备相应的资格条件,并不得再次分包。

中标人应当就分包项目向招标人负责,接受分包的人就分包项目承担连带责任。

第五章 法 律 责 任

第四十九条 违反本法规定,必须进行招标的项目而不招标的,将必须进行招标的项目化整为零或者以其他任何方式规避招标的,责令限期改正,可以处项目合同金额5/1000以上10/1000以下的罚款;对全部或者部分使用国有资金的项目,可以暂停项目执行或者暂停资金拨付;对单位直接负责的主管人员和其他直接责任人员依法给予处分。

第五十条 招标代理机构违反本法规定,泄露应当保密的与招标投标活动有关的情况和资料的,或者与招标人、投标人串通损害国家利益、社会公共利益或者他人合法权益的,处

5万元以上25万元以下的罚款,对单位直接负责的主管人员和其他直接责任人员处单位罚款数额5/100以上10%以下的罚款;有违法所得的,并处没收违法所得;情节严重的,暂停直至取消招标代理资格;构成犯罪的,依法追究刑事责任。给他人造成损失的,依法承担赔偿责任。

前款所列行为影响中标结果的,中标无效。

第五十一条　招标人以不合理的条件限制或者排斥潜在投标人的,对潜在投标人实行歧视待遇的,强制要求投标人组成联合体共同投标的,或者限制投标人之间竞争的,责令改正,可以处1万元以上5万元以下的罚款。

第五十二条　依法必须进行招标的项目的招标人向他人透露已获取招标文件的潜在投标人的名称、数量或者可能影响公平竞争的有关招标投标的其他情况的,或者泄露标底的,给予警告,可以并处1万元以上10万元以下的罚款;对单位直接负责的主管人员和其他直接责任人员依法给予处分;构成犯罪的,依法追究刑事责任。

前款所列行为影响中标结果的,中标无效。

第五十三条　投标人相互串通投标或者与招标人串通投标的,投标人以向招标人或者评标委员会成员行贿的手段谋取中标的,中标无效,处中标项目金额5/1000以上10/1000以下的罚款,对单位直接负责的主管人员和其他直接责任人员处单位罚款数额5/100以上10/100以下的罚款;有违法所得的,并处没收违法所得;情节严重的,取消其1~2年内参加依法必须进行招标的项目的投标资格并予以公告,直至由工商行政管理机关吊销营业执照;构成犯罪的,依法追究刑事责任。给他人造成损失的,依法承担赔偿责任。

第五十四条　投标人以他人名义投标或者以其他方式弄虚作假,骗取中标的,中标无效,给招标人造成损失的,依法承担赔偿责任;构成犯罪的,依法追究刑事责任。

依法必须进行招标的项目的投标人有前款所列行为尚未构成犯罪的,处中标项目金额5/1000以上10/1000以下的罚款,对单位直接负责的主管人员和其他直接责任人员处单位罚款数额5/100以上10/100以下的罚款;有违法所得的,并处没收违法所得;情节严重的,取消其1~3年内参加依法必须进行招标的项目的投标资格并予以公告,直至由工商行政管理机关吊销营业执照。

第五十五条　依法必须进行招标的项目,招标人违反本法规定,与投标人就投标价格、投标方案等实质性内容进行谈判的,给予警告,对单位直接负责的主管人员和其他直接责任人员依法给予处分。

前款所列行为影响中标结果的,中标无效。

第五十六条　评标委员会成员收受投标人的财物或者其他好处的,评标委员会成员或者参加评标的有关工作人员向他人透露对投标文件的评审和比较、中标候选人的推荐以及与评标有关的其他情况的,给予警告,没收收受的财物,可以并处3000元以上5万元以下的罚款,对有所列违法行为的评标委员会成员取消担任评标委员会成员的资格,不得再参加任何依法必须进行招标的项目的评标;构成犯罪的,依法追究刑事责任。

第五十七条　招标人在评标委员会依法推荐的中标候选人以外确定中标人的,依法必须进行招标的项目在所有投标被评标委员会否决后自行确定中标人的,中标无效。责令改正,可以处中标项目金额5/1000以上10/1000以下的罚款;对单位直接负责的主管人员和其他直接责任人员依法给予处分。

第五十八条 中标人将中标项目转让给他人的,将中标项目肢解后分别转让给他人的,违反本法规定将中标项目的部分主体、关键性工作分包给他人的,或者分包人再次分包的,转让、分包无效,处转让、分包项目金额 5/1000 以上 10/1000 以下的罚款;有违法所得的,并处没收违法所得;可以责令停业整顿;情节严重的,由工商行政管理机关吊销营业执照。

第五十九条 招标人与中标人不按照招标文件和中标人的投标文件订立合同的,或者招标人、中标人订立背离合同实质性内容的协议的,责令改正;可以处中标项目金额 5/1000 以下 10/1000 以下的罚款。

第六十条 中标人不履行与招标人订立的合同的,履约保证金不予退还,给招标人造成的损失超过履约保证金数额的,还应当对超过部分予以赔偿;没有提交履约保证金的,应当对招标人的损失承担赔偿责任。

中标人不按照与招标人订立的合同履行义务,情节严重的,取消其 2~5 年内参加依法必须进行招标的项目的投标资格并予以公告,直至由工商行政管理机关吊销营业执照。

因不可抗力不能履行合同的,不适用前两款规定。

第六十一条 本章规定的行政处罚,由国务院规定的有关行政监督部门决定。本法已对实施行政处罚的机关作出规定的除外。

第六十二条 任何单位违反本法规定,限制或者排斥本地区、本系统以外的法人或者其他组织参加投标的,为招标人指定招标代理机构的,强制招标人委托招标代理机构办理招标事宜的,或者以其他方式干涉招标投标活动的,责令改正;对单位直接负责的主管人员和其他直接责任人员依法给予警告、记过、记大过的处分,情节较重的,依法给予降级、撤职、开除的处分。

个人利用职权进行前款违法行为的,依照前款规定追究责任。

第六十三条 对招标投标活动依法负有行政监督职责的国家机关工作人员徇私舞弊、滥用职权或者玩忽职守,构成犯罪的,依法追究刑事责任;不构成犯罪的,依法给予行政处分。

第六十四条 依法必须进行招标的项目违反本法规定,中标无效的,应当依照本法规定的中标条件从其余投标人中重新确定中标人或者依照本法重新进行招标。

第六章 附 则

第六十五条 投标人和其他利害关系人认为招标投标活动不符合本法有关规定的,有权向招标人提出异议或者依法向有关行政监督部门投诉。

第六十六条 涉及国家安全、国家秘密、抢险救灾或者属于利用扶贫资金实行以工代赈、需要使用农民工等特殊情况,不适宜进行招标的项目,按照国家有关规定可以不进行招标。

第六十七条 使用国际组织或者外国政府贷款、援助资金的项目进行招标,贷款方、资金提供方对招标投标的具体条件和程序有不同规定的,可以适用其规定,但违背中华人民共和国的社会公共利益的除外。

第六十八条 本法自 2000 年 1 月 1 日起施行。

附件三

中华人民共和国城市规划法

(1989年12月26日第七届全国人民代表大会常务委员会第十一次会议通过 1989年12月26日
中华人民共和国主席令第23号公布)

第一章 总 则

第一条 为了确定城市的规模和发展方向,实现城市的经济和社会发展目标,合理地制定城市规划和进行城市建设,适应社会主义现代化建设的需要,制定本法。

第二条 制定和实施城市规划,在城市规划区内进行建设,必须遵守本法。

第三条 本法所称城市,是指国家按行政建制设立的直辖市、市、镇。

本法所称城市规划区,是指城市市区、近郊区以及城市行政区域内因城市建设和发展需要实行规划控制的区域。城市规划区的具体范围,由城市人民政府在编制的城市总体规划中规定。

第四条 国家实行严格控制大城市规模、合理发展中等城市和小城市的方针,促进生产力和人口的合理布局。

大城市是指市区和近郊区非农业人口50万以上的城市。

中等城市是指市区和近郊区非农业人口20万以上、不满50万的城市。

小城市是指市区和近郊区非农业人口不满20万的城市。

第五条 城市规划必须符合我国国情,正确处理近期建设和远景发展的关系。

在城市规划区内进行建设,必须坚持适用、经济的原则,贯彻勤俭建国的方针。

第六条 城市规划的编制应当依据国民经济和社会发展规划以及当地的自然环境、资源条件、历史情况、现状特点,统筹兼顾,综合部署。

城市规划确定的城市基础设施建设项目,应当按照国家基本建设程序的规定纳入国民经济和社会发展计划,按计划分步实施。

第七条 城市总体规划应当和国土规划、区域规划、江河流域规划、土地利用总体规划相协调。

第八条 国家鼓励城市规划科学技术研究,推广先进技术、提高城市规划科学技术水平。

第九条 国务院城市规划行政主管部门主管全国的城市规划工作。

县级以上地方人民政府城市规划行政主管部门主管本行政区域内的城市规划工作。

第十条 任何单位和个人都有遵守城市规划的义务,并有权对违反城市规划的行为进行检举和控告。

第二章　城市规划的制定

第十一条　国务院城市规划行政主管部门和省、自治区、直辖市人民政府应当分别组织编制全国和省、自治区、直辖市的城镇体系规划,用以指导城市规划的编制。

第十二条　城市人民政府负责组织编制城市规划。县级人民政府所在地镇的城市规划,由县级人民政府负责组织编制。

第十三条　编制城市规划必须从实际出发,科学预测城市远景发展的需要;应当使城市的发展规模、各项建设标准、定额指标、开发程序同国家和地方的经济技术发展水平相适应。

第十四条　编制城市规划应当注意保护和改善城市生态环境,防止污染和其他公害,加强城市绿化建设和市容环境卫生建设,保护历史文化遗产、城市传统风貌、地方特色和自然景观。

编制民族自治地方的城市规划,应当注意保持民族传统和地方特色。

第十五条　编制城市规划应当贯彻有利生产、方便生活、促进流通、繁荣经济、促进科学技术文化教育事业的原则。

编制城市规划应当符合城市防火、防爆、抗震、防洪、防泥石流和治安、交通管理、人民防空建设等要求;在可能发生强烈地震和严重洪水灾害的地区,必须在规划中采取相应的抗震、防洪措施。

第十六条　编制城市规划应当贯彻合理用地、节约用地的原则。

第十七条　编制城市规划应当具备勘察、测量及其他必要的基础资料。

第十八条　编制城市规划一般分总体规划和详细规划两个阶段进行。大城市、中等城市为了进一步控制和确定不同地段的土地用途、范围和容量,协调各项基础设施和公共设施的建设,在总体规划基础上,可以编制分区规划。

第十九条　城市总体规划应当包括:城市的性质、发展目标和发展规模,城市主要建设标准和定额指标,城市建设用地布局、功能分区和各项建设的总体部署,城市综合交通体系和河湖、绿地系统,各项专业规划,近期建设规划。

设市城市和县级人民政府所在地镇的总体规划,应当包括市或者县的行政区域的城镇体系规划。

第二十条　城市详细规划应当在城市总体规划或者分区规划的基础上,对城市近期建设区域内各项建设做出具体规划。

城市详细规划应当包括:规划地段各项建设的具体用地范围,建筑密度和高度等控制指标,总平面布置、工程管线综合规划和竖向规划。

第二十一条　城市规划实行分级审批。

直辖市的城市总体规划,由直辖市人民政府报国务院审批。

省和自治区人民政府所在地城市、城市人口在100万以上的城市及国务院指定的其他城市的总体规划,由省、自治区人民政府审查同意后,报国务院审批。

本条第二款和第三款规定以外的设市城市和县级人民政府所在地镇的总体规划,报省、自治区、直辖市人民政府审批,其中市管辖的县级人民政府所在地镇的总体规划,报市人民政府审批。

前款规定以外的其他建制镇的总体规划,报县级人民政府审批。

城市人民政府和县级人民政府在向上级人民政府报请审批城市总体规划前,须经同级人民代表大会或者其常务委员会审查同意。

城市分区规划由城市人民政府审批。

城市详细规划由城市人民政府审批;编制分区规划的城市的详细规划,除重要的详细规划由城市人民政府审批外,由城市人民政府城市规划行政主管部门审批。

第二十二条 城市人民政府可以根据城市经济和社会发展需要,对城市总体规划进行局部调整,报同级人民代表大会常务委员会和原批准机关备案;但涉及城市性质、规模、发展方向和总体布局重大变更的,须经同级人民代表大会或者其常务委员会审查同意后报原批准机关审批。

第三章 城市新区开发和旧区改建

第二十三条 城市新区开发和旧区改建必须坚持统一规划、合理布局、因地制宜、综合开发、配套建设的原则。各项建设工程的选址、定点,不得妨碍城市的发展,危害城市的安全,污染和破坏城市环境,影响城市各项功能的协调。

第二十四条 新建铁路编组站、铁路货运干线、过境公路、机场和重要军事设施等应当避开市区。

港口建设应当兼顾城市岸线的合理分配和利用,保障城市生活岸线用地。

第二十五条 城市新区开发应当具备水资源、能源、交通、防灾等建设条件,并应当避开地下矿藏、地下文物古迹。

第二十六条 城市新区开发应当合理利用城市现有设施。

第二十七条 城市旧区改建应当遵循加强维护、合理利用、调整布局、逐步改善的原则,统一规划,分期实施,并逐步改善居住和交通运输条件、加强基础设施和公共设施建设,提高城市的综合功能。

第四章 城市规划的实施

第二十八条 城市规划经批准后,城市人民政府应当公布。

第二十九条 城市规划区内的土地利用和各项建设必须符合城市规划,服从规划管理。

第三十条 城市规划区内的建设工程的选址和布局必须符合城市规划。设计任务书报请批准时,必须附有城市规划行政主管部门的选址意见书。

第三十一条 在城市规划区内进行建设需要申请用地的,必须持国家批准建设项目的有关文件,向城市规划行政主管部门申请定点,由城市规划行政主管部门核定其用地位置和界限,提供规划设计条件,核发建设用地规划许可证。建设单位或者个人在取得建设用地规划许可证后,方可向县级以上地方人民政府土地管理部门申请用地,经县级以上人民政府审查批准后,由土地管理部门划拨土地。

第三十二条 在城市规划区内新建、扩建和改建建筑物、构筑物、道路、管线和其他工程设施,必须持有关批准文件向城市规划行政主管部门提出申请,由城市规划行政主管部门根据城市规划提出的规划设计要求,核发建设工程规划许可证件。建设单位或者个人在取得建设工程规划许可证件和其他有关批准文件后,方可申请办理开工手续。

第三十三条 在城市规划区内进行临时建设,必须在批准的使用期限内拆除。临时建设和临时用地的具体规划管理办法由省、自治区、直辖市人民政府制定。

禁止在批准临时使用的土地上建设永久性建筑物、构筑物和其他设施。

第三十四条 任何单位和个人必须服从城市人民政府根据城市规划作出的调整用地决定。

第三十五条 任何单位和个人不得占用道路、广场、绿地、高压供电走廊和压占地下管线进行建设。

第三十六条 在城市规划区内进行挖取砂石、土方等活动,须经有关主管部门批准,不得破坏城市环境,影响城市规划的实施。

第三十七条 城市规划行政主管部门有权对城市规划区内的建设工程是否符合规划要求进行检查。被检查者应当如实提供情况和必要的资料,检查者有责任为被检查者保守技术秘密和业务秘密。

第三十八条 城市规划行政主管部门可以参加城市规划区内重要建设工程的竣工验收。城市规划区内的建设工程,建设单位应当在竣工验收后6个月内向城市规划行政主管部门报送有关竣工资料。

第五章 法 律 责 任

第三十九条 在城市规划区内,未取得建设用地规划许可证而取得建设用地批准文件、占用土地的,批准文件无效,占用的土地由县级以上人民政府责令退回。

第四十条 在城市规划区内,未取得建设工程规划许可证件或者违反建设工程规划许可证件的规定进行建设,严重影响城市规划的,由县级以上地方人民政府城市规划行政主管部门责令停止建设,限期拆除或者没收违法建筑物、构筑物或者其他设施;影响城市规划,尚可采取改正措施的,由县级以上地方人民政府城市规划行政主管部门责令限期改正,并处罚款。

第四十一条 对未取得建设工程规划许可证件或者违反建设工程规划许可证件的规定进行建设的单位的有关责任人员,可以由其所在单位或者上级主管机关给予行政处分。

第四十二条 当事人对行政处罚决定不服的,可以在接到处罚通知之日起15日内,向做出处罚决定的机关的上一级机关申请复议;对复议决定不服的,可以在接到复议决定之日起15日内,向人民法院起诉。当事人也可以在接到处罚通知之日起15日内,直接向人民法院起诉。当事人逾期不申请复议、也不向人民法院起诉、又不履行处罚决定的,由做出处罚决定的机关申请人民法院强制执行。

第四十三条 城市规划行政主管部门工作人员玩忽职守、滥用职权、徇私舞弊的,由其所在单位或者上级主管机关给予行政处分;构成犯罪的,依法追究刑事责任。

第六章 附 则

第四十四条 未设镇建制的工矿区的居民点,参照本法执行。

第四十五条 国务院城市规划行政主管部门根据本法制定实施条例,报国务院批准后施行。

省、自治区、直辖市人民代表大会常务委员会可以根据本法制定实施办法。

第四十六条 本法自1990年4月1日起施行。国务院发布的《城市规划条例》同时废止。

附件四

中华人民共和国土地管理法

（1986年6月25日第六届全国人民代表大会常务委员会第十六次会议通过
根据1988年12月29日第七届全国人民代表大会常务委员会第五次会议
《关于修改〈中华人民共和国土地管理法〉的决定》修正 1998年8月29日
第九届全国人民代表大会常务委员会第四次会议修订）

第一章 总 则

第一条 为了加强土地管理，维护土地的社会主义公有制，保护、开发土地资源，合理利用土地，切实保护耕地，促进社会经济的可持续发展，根据宪法，制定本法。

第二条 中华人民共和国实行土地的社会主义公有制，即全民所有制和劳动群众集体所有制。

全民所有，即国家所有土地的所有权由国务院代表国家行使。

任何单位和个人不得侵占、买卖或者以其他形式非法转让土地。土地使用权可以依法转让。

国家为公共利益的需要，可以依法对集体所有的土地实行征用。

国家依法实行国有土地有偿使用制度。但是，国家在法律规定的范围内划拨国有土地使用权的除外。

第三条 十分珍惜、合理利用土地和切实保护耕地是我国的基本国策。各级人民政府应当采取措施，全面规划，严格管理，保护、开发土地资源，制止非法占用土地的行为。

第四条 国家实行土地用途管制制度。

国家编制土地利用总体规划，规定土地用途，将土地分为农用地、建设用地和未利用地。严格限制农用地转为建设用地，控制建设用地总量，对耕地实行特殊保护。

前款所称农用地是指直接用于农业生产的土地，包括耕地、林地、草地、农田水利用地、养殖水面等；建设用地是指建造建筑物、构筑物的土地，包括城乡住宅和公共设施用地、工矿用地、交通水利设施用地、旅游用地、军事设施用地等；未利用地是指农用地和建设用地以外的土地。

使用土地的单位和个人必须严格按照土地利用总体规划确定的用途使用土地。

第五条 国务院土地行政主管部门统一负责全国土地的管理和监督工作。

县级以上地方人民政府土地行政主管部门的设置及其职责，由省、自治区、直辖市人民政府根据国务院有关规定确定。

第六条 任何单位和个人都有遵守土地管理法律、法规的义务，并有权对违反土地管理法律、法规的行为提出检举和控告。

第七条 在保护和开发土地资源、合理利用土地以及进行有关的科学研究等方面成绩显著的单位和个人,由人民政府给予奖励。

第二章 土地的所有权和使用权

第八条 城市市区的土地属于国家所有。

农村和城市郊区的土地,除由法律规定属于国家所有的以外,属于农民集体所有;宅基地和自留地、自留山,属于农民集体所有。

第九条 国有土地和农民集体所有的土地,可以依法确定给单位或者个人使用。使用土地的单位和个人,有保护、管理和合理利用土地的义务。

第十条 农民集体所有的土地依法属于村农民集体所有的,由村集体经济组织或者村民委员会经营、管理;已经分别属于村内两个以上农村集体经济组织的农民集体所有的,由村内各该农村集体经济组织或者村民小组经营、管理;已经属于乡(镇)农民集体所有的,由乡(镇)农村集体经济组织经营、管理。

第十一条 农民集体所有的土地,由县级人民政府登记造册,核发证书,确认所有权。

农民集体所有的土地依法用于非农业建设的,由县级人民政府登记造册,核发证书,确认建设用地使用权。

单位和个人依法使用的国有土地,由县级以上人民政府登记造册,核发证书,确认使用权;其中,中央国家机关使用的国有土地的具体登记发证机关,由国务院确定。

确认林地、草原的所有权或者使用权,确认水面、滩涂的养殖使用权,分别依照《中华人民共和国森林法》《中华人民共和国草原法》和《中华人民共和国渔业法》的有关规定办理。

第十二条 依法改变土地权属和用途的,应当办理土地变更登记手续。

第十三条 依法登记的土地的所有权和使用权受法律保护,任何单位和个人不得侵犯。

第十四条 农民集体所有的土地由本集体经济组织的成员承包经营,从事种植业、林业、畜牧业、渔业生产。土地承包经营期限为30年。发包方和承包方应当订立承包合同,约定双方的权利和义务。承包经营土地的农民有保护和按照承包合同约定的用途合理利用土地的义务。农民的土地承包经营权受法律保护。

在土地承包经营期限内,对个别承包经营者之间承包的土地进行适当调整的,必须经村民会议2/3以上成员或者2/3以上村民代表的同意,并报乡(镇)人民政府和县级人民政府农业行政主管部门批准。

第十五条 国有土地可以由单位或者个人承包经营,从事种植业、林业、畜牧业、渔业生产。农民集体所有的土地,可以由本集体经济组织以外的单位或者个人承包经营,从事种植业、林业、畜牧业、渔业生产。发包方和承包方应当订立承包合同,约定双方的权利和义务。土地承包经营的期限由承包合同约定。承包经营土地的单位和个人,有保护和按照承包合同约定的用途合理利用土地的义务。

农民集体所有的土地由本集体经济组织以外的单位或者个人承包经营的,必须经村民会议2/3以上成员或者2/3以上村民代表的同意,并报乡(镇)人民政府批准。

第十六条 土地所有权和使用权争议,由当事人协商解决;协商不成的,由人民政府处理。

单位之间的争议,由县级以上人民政府处理;个人之间、个人与单位之间的争议,由乡级人民政府或者县级以上人民政府处理。

当事人对有关人民政府的处理决定不服的,可以自接到处理决定通知之日起30日内,向人民法院起诉。

在土地所有权和使用权争议解决前,任何一方不得改变土地利用现状。

第三章 土地利用总体规划

第十七条 各级人民政府应当根据国民经济和社会发展规划、国土整治和资源环境保护的要求、土地供给能力以及各项建设对土地的需求,组织编制土地利用总体规划。

土地利用总体规划的规划期限由国务院规定。

第十八条 下级土地利用总体规划应当根据上一级土地利用总体规划编制。

地方各级人民政府编制的土地利用总体规划中的建设用地总量不得超过上一级土地利用总体规划确定的控制指标,耕地保有量不得低于上一级土地利用总体规划确定的控制指标。

省、自治区、直辖市人民政府编制的土地利用总体规划,应当确保本行政区域内耕地总量不减少。

第十九条 土地利用总体规划按照下列原则编制:

(一) 严格保护基本农田,控制非农业建设占用农用地;

(二) 提高土地利用率;

(三) 统筹安排各类、各区域用地;

(四) 保护和改善生态环境,保障土地的可持续利用;

(五) 占用耕地与开发复垦耕地相平衡。

第二十条 县级土地利用总体规划应当划分土地利用区,明确土地用途。

乡(镇)土地利用总体规划应当划分土地利用区,根据土地使用条件,确定每一块土地的用途,并予以公告。

第二十一条 土地利用总体规划实行分级审批。

省、自治区、直辖市的土地利用总体规划,报国务院批准。

省、自治区人民政府所在地的市、人口在100万以上的城市以及国务院指定的城市的土地利用总体规划,经省、自治区人民政府审查同意后,报国务院批准。

本条第二款、第三款规定以外的土地利用总体规划,逐级上报省、自治区、直辖市人民政府批准;其中,乡(镇)土地利用总体规划可以由省级人民政府授权的设区的市、自治州人民政府批准。

土地利用总体规划一经批准,必须严格执行。

第二十二条 城市建设用地规模应当符合国家规定的标准,充分利用现有建设用地,不占或者尽量少占农用地。

城市总体规划、村庄和集镇规划,应当与土地利用总体规划相衔接,城市总体规划、村庄和集镇规划中建设用地规模不得超过土地利用总体规划确定的城市和村庄、集镇建设用地规模。

在城市规划区内、村庄和集镇规划区内,城市和村庄、集镇建设用地应当符合城市规划、村庄和集镇规划。

第二十三条 江河、湖泊综合治理和开发利用规划,应当与土地利用总体规划相衔接。在江河、湖泊、水库的管理和保护范围以及蓄洪滞洪区内,土地利用应当符合江河、湖泊综合治理和开发利用规划,符合河道、湖泊行洪、蓄洪和输水的要求。

第二十四条 各级人民政府应当加强土地利用计划管理,实行建设用地总量控制。

土地利用年度计划,根据国民经济和社会发展计划、国家产业政策、土地利用总体规划以及建设用地和土地利用的实际状况编制。土地利用年度计划的编制审批程序与土地利用总体规划的编制审批程序相同,一经审批下达,必须严格执行。

第二十五条 省、自治区、直辖市人民政府应当将土地利用年度计划的执行情况列为国民经济和社会发展计划执行情况的内容,向同级人民代表大会报告。

第二十六条 经批准的土地利用总体规划的修改,须经原批准机关批准;未经批准,不得改变土地利用总体规划确定的土地用途。

经国务院批准的大型能源、交通、水利等基础设施建设用地,需要改变土地利用总体规划的,根据国务院的批准文件修改土地利用总体规划。

经省、自治区、直辖市人民政府批准的能源、交通、水利等基础设施建设用地,需要改变土地利用总体规划的,属于省级人民政府土地利用总体规划批准权限内的,根据省级人民政府的批准文件修改土地利用总体规划。

第二十七条 国家建立土地调查制度。

县级以上人民政府土地行政主管部门会同同级有关部门进行土地调查。土地所有者或者使用者应当配合调查,并提供有关资料。

第二十八条 县级以上人民政府土地行政主管部门会同同级有关部门根据土地调查成果、规划土地用途和国家制定的统一标准,评定土地等级。

第二十九条 国家建立土地统计制度。

县级以上人民政府土地行政主管部门和同级统计部门共同制定统计调查方案,依法进行土地统计,定期发布土地统计资料。土地所有者或者使用者应当提供有关资料,不得虚报、瞒报、拒报、迟报。

土地行政主管部门和统计部门共同发布的土地面积统计资料是各级人民政府编制土地利用总体规划的依据。

第三十条 国家建立全国土地管理信息系统,对土地利用状况进行动态监测。

第四章 耕 地 保 护

第三十一条 国家保护耕地,严格控制耕地转为非耕地。

国家实行占用耕地补偿制度。非农业建设经批准占用耕地的,按照"占多少,垦多少"的原则,由占用耕地的单位负责开垦与所占用耕地的数量和质量相当的耕地;没有条件开垦或者开垦的耕地不符合要求的,应当按照省、自治区、直辖市的规定缴纳耕地开垦费,专款用于开垦新的耕地。

省、自治区、直辖市人民政府应当制定开垦耕地计划,监督占用耕地的单位按照计划开垦耕地或者按照计划组织开垦耕地,并进行验收。

第三十二条 县级以上地方人民政府可以要求占用耕地的单位将所占用耕地耕作层的土壤用于新开垦耕地、劣质地或者其他耕地的土壤改良。

第三十三条 省、自治区、直辖市人民政府应当严格执行土地利用总体规划和土地利用年度计划,采取措施,确保本行政区域内耕地总量不减少;耕地总量减少的,由国务院责令在规定期限内组织开垦与所减少耕地的数量与质量相当的耕地,并由国务院土地行政主管部门会同农业行政主管部门验收。个别省、直辖市确因土地后备资源匮乏,新增建设用地后,新开垦耕地的数量不足以补偿所占用耕地的数量的,必须报经国务院批准减免本行政区域内开垦耕地的数量,进行易地开垦。

第三十四条 国家实行基本农田保护制度。下列耕地应当根据土地利用总体规划划入基本农田保护区,严格管理:

(一)经国务院有关主管部门或者县级以上地方人民政府批准确定的粮、棉、油生产基地内的耕地;

(二)有良好的水利与水土保持设施的耕地,正在实施改造计划以及可以改造的中、低产田;

(三)蔬菜生产基地;

(四)农业科研、教学试验田;

(五)国务院规定应当划入基本农田保护区的其他耕地。

各省、自治区、直辖市划定的基本农田应当占本行政区域内耕地的80%以上。

基本农田保护区以乡(镇)为单位进行划区定界,由县级人民政府土地行政主管部门会同同级农业行政主管部门组织实施。

第三十五条 各级人民政府应当采取措施,维护排灌工程设施,改良土壤,提高地力,防止土地荒漠化、盐渍化、水土流失和污染土地。

第三十六条 非农业建设必须节约使用土地,可以利用荒地的,不得占用耕地;可以利用劣地的,不得占用好地。

禁止占用耕地建窑、建坟或者擅自在耕地上建房、挖砂、采石、采矿、取土等。

禁止占用基本农田发展林果业和挖塘养鱼。

第三十七条 禁止任何单位和个人闲置、荒芜耕地。已经办理审批手续的非农业建设占用耕地,1年内不用而又可以耕种并收获的,应当由原耕种该幅耕地的集体或者个人恢复耕种,也可以由用地单位组织耕种;1年以上未动工建设的,应当按照省、自治区、直辖市的规定缴纳闲置费;连续2年未使用的,经原批准机关批准,由县级以上人民政府无偿收回用地单位的土地使用权;该幅土地原为农民集体所有的,应当交由原农村集体经济组织恢复耕种。

在城市规划区范围内,以出让方式取得土地使用权进行房地产开发的闲置土地,依照《中华人民共和国城市房地产管理法》的有关规定办理。

承包经营耕地的单位或者个人连续2年弃耕抛荒的,原发包单位应当终止承包合同,收回发包的耕地。

第三十八条 国家鼓励单位和个人按照土地利用总体规划,在保护和改善生态环境、防止水土流失和土地荒漠化的前提下,开发未利用的土地;适宜开发为农用地的,应当优先开发成农用地。

国家依法保护开发者的合法权益。

第三十九条 开垦未利用的土地,必须经过科学论证和评估,在土地利用总体规划划定的可开垦的区域内,经依法批准后进行。禁止毁坏森林、草原开垦耕地,禁止围湖造田和侵占江河滩地。

根据土地利用总体规划,对破坏生态环境开垦、围垦的土地,有计划有步骤地退耕还林、还牧、还湖。

第四十条 开发未确定使用权的国有荒山、荒地、荒滩从事种植业、林业、畜牧业、渔业生产的,经县级以上人民政府依法批准,可以确定给开发单位或者个人长期使用。

第四十一条 国家鼓励土地整理。县、乡(镇)人民政府应当组织农村集体经济组织,按照土地利用总体规划,对田、水、路、林、村综合整治,提高耕地质量,增加有效耕地面积,改善农业生产条件和生态环境。

地方各级人民政府应当采取措施,改造中、低产田,整治闲散地和废弃地。

第四十二条 因挖损、塌陷、压占等造成土地破坏,用地单位和个人应当按照国家有关规定负责复垦;没有条件复垦或者复垦不符合要求的,应当缴纳土地复垦费,专项用于土地复垦。复垦的土地应当优先用于农业。

第五章 建设用地

第四十三条 任何单位和个人进行建设,需要使用土地的,必须依法申请使用国有土地;但是,兴办乡镇企业和村民建设住宅经依法批准使用本集体经济组织农民集体所有的土地的,或者乡(镇)村公共设施和公益事业建设经依法批准使用农民集体所有的土地的除外。

前款所称依法申请使用的国有土地包括国家所有的土地和国家征用的原属于农民集体所有的土地。

第四十四条 建设占用土地,涉及农用地转为建设用地的,应当办理农用地转用审批手续。

省、自治区、直辖市人民政府批准的道路、管线工程和大型基础设施建设项目、国务院批准的建设项目占用土地,涉及农用地转为建设用地的,由国务院批准。

在土地利用总体规划确定的城市和村庄、集镇建设用地规模范围内,为实施该规划而将农用地转为建设用地的,按土地利用年度计划分批次由原批准土地利用总体规划的机关批准。在已批准的农用地转用范围内,具体建设项目用地可以由市、县人民政府批准。

本条第二款、第三款规定以外的建设项目占用土地,涉及农用地转为建设用地的,由省、自治区、直辖市人民政府批准。

第四十五条 征用下列土地的,由国务院批准:

(一) 基本农田;

(二) 基本农田以外的耕地超过35公顷的;

(三) 其他土地超过70公顷的。

征用前款规定以外的土地的,由省、自治区、直辖市人民政府批准,并报国务院备案。

征用农用地的,应当依照本法第四十四条的规定先行办理农用地转用审批。其中,经国务院批准农用地转用的,同时办理征地审批手续,不再另行办理征地审批;经省、自治区、直辖市人民政府在征地批准权限内批准农用地转用的,同时办理征地审批手续,不再另行办理征地审批,超过征地批准权限的,应当依照本条第一款的规定另行办理征地审批。

第四十六条 国家征用土地的,依照法定程序批准后,由县级以上地方人民政府予以公告并组织实施。

被征用土地的所有权人、使用权人应当在公告规定期限内,持土地权属证书到当地人民政府土地行政主管部门办理征地补偿登记。

第四十七条 征用土地的,按照被征用土地的原用途给予补偿。

征用耕地的补偿费用包括土地补偿费、安置补助费以及地上附着物和青苗的补偿费。征用耕地的土地补偿费,为该耕地被征用前3年平均年产值的6~10倍。征用耕地的安置补助费,按照需要安置的农业人口数计算。需要安置的农业人口数,按照被征用的耕地数量除以征地前被征用单位平均每人占有耕地的数量计算。每一个需要安置的农业人口的安置补助费标准,为该耕地被征用前3年平均年产值的4~6倍。但是,每公顷被征用耕地的安置补助费,最高不得超过被征用前3年平均年产值的15倍。

征用其他土地的土地补偿费和安置补助费标准,由省、自治区、直辖市参照征用耕地的土地补偿费和安置补助费的标准规定。

被征用土地上的附着物和青苗的补偿标准,由省、自治区、直辖市规定。

征用城市郊区的菜地,用地单位应当按照国家有关规定缴纳新菜地开发建设基金。

依照本条第二款的规定支付土地补偿费和安置补助费,尚不能使需要安置的农民保持原有生活水平的,经省、自治区、直辖市人民政府批准,可以增加安置补助费。但是,土地补偿费和安置补助费的总和不得超过土地被征用前3年平均年产值的30倍。

国务院根据社会、经济发展水平,在特殊情况下,可以提高征用耕地的土地补偿费和安置补助费的标准。

第四十八条 征地补偿安置方案确定后,有关地方人民政府应当公告,并听取被征地的农村集体经济组织和农民的意见。

第四十九条 被征地的农村集体经济组织应当将征用土地的补偿费用的收支状况向本集体经济组织的成员公布,接受监督。

禁止侵占、挪用被征用土地单位的征地补偿费用和其他有关费用。

第五十条 地方各级人民政府应当支持被征地的农村集体经济组织和农民从事开发经营,兴办企业。

第五十一条 大中型水利、水电工程建设征用土地的补偿费标准和移民安置办法,由国务院另行规定。

第五十二条 建设项目可行性研究论证时,土地行政主管部门可以根据土地利用总体规划、土地利用年度计划和建设用地标准,对建设用地有关事项进行审查,并提出意见。

第五十三条 经批准的建设项目需要使用国有建设用地的,建设单位应当持法律、行政法规规定的有关文件,向有批准权的县级以上人民政府土地行政主管部门提出建设用地申请,经土地行政主管部门审查,报本级人民政府批准。

第五十四条 建设单位使用国有土地,应当以出让等有偿使用方式取得;但是,下列建设用地,经县级以上人民政府依法批准,可以以划拨方式取得:

(一)国家机关用地和军事用地;
(二)城市基础设施用地和公益事业用地;
(三)国家重点扶持的能源、交通、水利等基础设施用地;
(四)法律、行政法规规定的其他用地。

第五十五条 以出让等有偿使用方式取得国有土地使用权的建设单位,按照国务院规定的标准和办法,缴纳土地使用权出让金等土地有偿使用费和其他费用后,方可使用土地。

自本法施行之日起,新增建设用地的土地有偿使用费,30%上缴中央财政,70%留给有关地方人民政府,都专项用于耕地开发。

第五十六条 建设单位使用国有土地的,应当按照土地使用权出让等有偿使用合同的约定或者土地使用权划拨批准文件的规定使用土地;确需改变该幅土地建设用途的,应当经有关人民政府土地行政主管部门同意,报原批准用地的人民政府批准。其中,在城市规划区内改变土地用途的,在报批前,应当先经有关城市规划行政主管部门同意。

第五十七条 建设项目施工和地质勘查需要临时使用国有土地或者农民集体所有的土地的,由县级以上人民政府土地行政主管部门批准。其中,在城市规划区内的临时用地,在报批前,应当先经有关城市规划行政主管部门同意。土地使用者应当根据土地权属,与有关土地行政主管部门或者农村集体经济组织、村民委员会签订临时使用土地合同,并按照合同的约定支付临时使用土地补偿费。

临时使用土地的使用者应当按照临时使用土地合同约定的用途使用土地,并不得修建永久性建筑物。

临时使用土地期限一般不超过2年。

第五十八条 有下列情形之一的,由有关人民政府土地行政主管部门报经原批准用地的人民政府或者有批准权的人民政府批准,可以收回国有土地使用权:

(一)为公共利益需要使用土地的;

(二)为实施城市规划进行旧城区改建,需要调整使用土地的;

(三)土地出让等有偿使用合同约定的使用期限届满,土地使用者未申请续期或者申请续期未获批准的;

(四)因单位撤销、迁移等原因,停止使用原划拨的国有土地的;

(五)公路、铁路、机场、矿场等经核准报废的。

依照前款第(一)项、第(二)项的规定收回国有土地使用权的,对土地使用权人应当给予适当补偿。

第五十九条 乡镇企业、乡(镇)村公共设施、公益事业、农村村民住宅等乡(镇)村建设,应当按照村庄和集镇规划,合理布局,综合开发,配套建设;建设用地,应当符合乡(镇)土地利用总体规划和土地利用年度计划,并依照本法第四十四条、第六十条、第六十一条、第六十二条的规定办理审批手续。

第六十条 农村集体经济组织使用乡(镇)土地利用总体规划确定的建设用地兴办企业或者与其他单位、个人以土地使用权入股、联营等形式共同兴办企业的,应当持有关批准文件,向县级以上地方人民政府土地行政主管部门提出申请,按照省、自治区、直辖市规定的批准权限,由县级以上地方人民政府批准;其中,涉及占用农用地的,依照本法第四十四条的规定办理审批手续。

按照前款规定兴办企业的建设用地,必须严格控制。省、自治区、直辖市可以按照乡镇企业的不同行业和经营规模,分别规定用地标准。

第六十一条 乡(镇)村公共设施、公益事业建设,需要使用土地的,经乡(镇)人民政府审核,向县级以上地方人民政府土地行政主管部门提出申请,按照省、自治区、直辖市规定的批准权限,由县级以上地方人民政府批准;其中,涉及占用农用地的,依照本法第四十四条的规定办理审批手续。

第六十二条 农村村民一户只能拥有一处宅基地,其宅基地的面积不得超过省、自治区、直辖市规定的标准。

农村村民建住宅,应当符合乡(镇)土地利用总体规划,并尽量使用原有的宅基地和村内空闲地。

农村村民住宅用地,经乡(镇)人民政府审核,由县级人民政府批准;其中,涉及占用农用地的,依照本法第四十四条的规定办理审批手续。

农村村民出卖、出租住房后,再申请宅基地的,不予批准。

第六十三条 农民集体所有的土地的使用权不得出让、转让或者出租用于非农业建设;但是,符合土地利用总体规划并依法取得建设用地的企业,因破产、兼并等情形致使土地使用权依法发生转移的除外。

第六十四条 在土地利用总体规划制定前已建的不符合土地利用总体规划确定的用途的建筑物、构筑物,不得重建、扩建。

第六十五条 有下列情形之一的,农村集体经济组织报经原批准用地的人民政府批准,可以收回土地使用权:

(一) 为乡(镇)村公共设施和公益事业建设,需要使用土地的;

(二) 不按照批准的用途使用土地的;

(三) 因撤销、迁移等原因而停止使用土地的。

依照前款第(一)项规定收回农民集体所有的土地的,对土地使用权人应当给予适当补偿。

第六章 监 督 检 查

第六十六条 县级以上人民政府土地行政主管部门对违反土地管理法律、法规的行为进行监督检查。

土地管理监督检查人员应当熟悉土地管理法律、法规,忠于职守、秉公执法。

第六十七条 县级以上人民政府土地行政主管部门履行监督检查职责时,有权采取下列措施:

(一) 要求被检查的单位或者个人提供有关土地权利的文件和资料,进行查阅或者予以复制;

(二) 要求被检查的单位或者个人就有关土地权利的问题做出说明;

(三) 进入被检查单位或者个人非法占用的土地现场进行勘测;

(四) 责令非法占用土地的单位或者个人停止违反土地管理法律、法规的行为。

第六十八条 土地管理监督检查人员履行职责,需要进入现场进行勘测、要求有关单位或者个人提供文件、资料和做出说明的,应当出示土地管理监督检查证件。

第六十九条 有关单位和个人对县级以上人民政府土地行政主管部门就土地违法行为进行的监督检查应当支持与配合,并提供工作方便,不得拒绝与阻碍土地管理监督检查人员依法执行职务。

第七十条 县级以上人民政府土地行政主管部门在监督检查工作中发现国家工作人员

的违法行为,依法应当给予行政处分的,应当依法予以处理;自己无权处理的,应当向同级或者上级人民政府的行政监察机关提出行政处分建议书,有关行政监察机关应当依法予以处理。

第七十一条　县级以上人民政府土地行政主管部门在监督检查工作中发现土地违法行为构成犯罪的,应当将案件移送有关机关,依法追究刑事责任;不构成犯罪的,应当依法给予行政处罚。

第七十二条　依照本法规定应当给予行政处罚,而有关土地行政主管部门不给予行政处罚的,上级人民政府土地行政主管部门有权责令有关土地行政主管部门作出行政处罚决定或者直接给予行政处罚,并给予有关土地行政主管部门的负责人行政处分。

第七章　法　律　责　任

第七十三条　买卖或者以其他形式非法转让土地的,由县级以上人民政府土地行政主管部门没收违法所得;对违反土地利用总体规划擅自将农用地改为建设用地的,限期拆除在非法转让的土地上新建的建筑物和其他设施,恢复土地原状,对符合土地利用总体规划的,没收在非法转让的土地上新建的建筑物和其他设施;可以并处罚款;对直接负责的主管人员和其他直接责任人员,依法给予行政处分;构成犯罪的,依法追究刑事责任。

第七十四条　违反本法规定,占用耕地建窑、建坟或者擅自在耕地上建房、挖砂、采石、采矿、取土等,破坏种植条件的,或者因开发土地造成土地荒漠化、盐渍化的,由县级以上人民政府土地行政主管部门责令限期改正或者治理,可以并处罚款;构成犯罪的,依法追究刑事责任。

第七十五条　违反本法规定,拒不履行土地复垦义务的,由县级以上人民政府土地行政主管部门责令限期改正;逾期不改正的,责令缴纳复垦费,专项用于土地复垦,可以处以罚款。

第七十六条　未经批准或者采取欺骗手段骗取批准,非法占用土地的,由县级以上人民政府土地行政主管部门责令退还非法占用的土地,对违反土地利用总体规划擅自将农用地改为建设用地的,限期拆除在非法占用的土地上新建的建筑物和其他设施,恢复土地原状,对符合土地利用总体规划的,没收在非法占用的土地上新建的建筑物和其他设施,可以并处罚款;对非法占用土地单位的直接负责的主管人员和其他直接责任人员,依法给予行政处分;构成犯罪的,依法追究刑事责任。

超过批准的数量占用土地,多占的土地以非法占用土地论处。

第七十七条　农村村民未经批准或者采取欺骗手段骗取批准,非法占用土地建住宅的,由县级以上人民政府土地行政主管部门责令退还非法占用的土地,限期拆除在非法占用的土地上新建的房屋。

超过省、自治区、直辖市规定的标准,多占的土地以非法占用土地论处。

第七十八条　无权批准征用、使用土地的单位或者个人非法批准占用土地的,超越批准权限非法批准占用土地的,不按照土地利用总体规划确定的用途批准用地的,或者违反法律规定的程序批准占用、征用土地的,其批准文件无效,对非法批准征用、使用土地的直接负责的主管人员和其他直接责任人员,依法给予行政处分;构成犯罪的,依法追究刑事责任。非法批准、使用的土地应当收回,有关当事人拒不归还的,以非法占用土地论处。

非法批准征用、使用土地,对当事人造成损失的,依法应当承担赔偿责任。

第七十九条 侵占、挪用被征用土地单位的征地补偿费用和其他有关费用,构成犯罪的,依法追究刑事责任;尚不构成犯罪的,依法给予行政处分。

第八十条 依法收回国有土地使用权当事人拒不交出土地的,临时使用土地期满拒不归还的,或者不按照批准的用途使用国有土地的,由县级以上人民政府土地行政主管部门责令交还土地,处以罚款。

第八十一条 擅自将农民集体所有的土地的使用权出让、转让或者出租用于非农业建设的,由县级以上人民政府土地行政主管部门责令限期改正,没收违法所得,并处罚款。

第八十二条 不依照本法规定办理土地变更登记的,由县级以上人民政府土地行政主管部门责令其限期办理。

第八十三条 依照本法规定,责令限期拆除在非法占用的土地上新建的建筑物和其他设施的,建设单位或者个人必须立即停止施工,自行拆除;对继续施工的,做出处罚决定的机关有权制止。建设单位或者个人对责令限期拆除的行政处罚决定不服的,可以在接到责令限期拆除决定之日起15日内,向人民法院起诉;期满不起诉又不自行拆除的,由做出处罚决定的机关依法申请人民法院强制执行,费用由违法者承担。

第八十四条 土地行政主管部门的工作人员玩忽职守、滥用职权、徇私舞弊,构成犯罪的,依法追究刑事责任;尚不构成犯罪的,依法给予行政处分。

第八章 附 则

第八十五条 中外合资经营企业、中外合作经营企业、外资企业使用土地的,适用本法;法律另有规定的,从其规定。

第八十六条 本法自1999年1月1日起施行。

附:

《刑法》有关条文

第二百二十八条 以牟利为目的,违反土地管理法规,非法转让、倒卖土地使用权,情节严重的,处3年以下有期徒刑或者拘役,并处或者单处非法转让、倒卖土地使用权价额5%以上20%以下罚金;情节特别严重的,处3年以上7年以下有期徒刑,并处非法转让、倒卖土地使用权价额5%以上20%以下罚金。

第三百四十二条 违反土地管理法规,非法占用耕地改作他用,数量较大,造成耕地大量毁坏的,处5年以下有期徒刑或者拘役,并处或者单处罚金。

第四百一十条 国家机关工作人员徇私舞弊,违反土地管理法规,滥用职权,非法批准征用、占用土地,或者非法低价出让国有土地使用权,情节严重的,处3年以下有期徒刑或者拘役;致使国家或者集体利益遭受特别重大损失的,处3年以上7年以下有期徒刑。

附件五

中华人民共和国城市房地产管理法

(1994年7月5日第八届全国人民代表大会
常务委员会第八次会议通过 1994年7月5日
中华人民共和国主席令第29号公布)

第一章 总 则

第一条 为了加强对城市房地产的管理,维护房地产市场秩序,保障房地产权利人的合法权益,促进房地产业的健康发展,制定本法。

第二条 在中华人民共和国城市规划区国有土地(以下简称国有土地)范围内取得房地产开发用地的土地使用权,从事房地产开发、房地产交易,实施房地产管理,应当遵守本法。

本法所称房屋,是指土地上的房屋等建筑物及构筑物。

本法所称房地产开发,是指在依据本法取得国有土地使用权的土地上进行基础设施、房屋建设的行为。

本法所称房地产交易,包括房地产转让、房地产抵押和房屋租赁。

第三条 国家依法实行国有土地有偿、有限期使用制度。但是,国家在本法规定的范围内划拨使用国有土地的除外。

第四条 国家根据社会、经济发展水平,扶持发展居民住宅建设,逐步改善居民的居住条件。

第五条 房地产权利人应当遵守法律和行政法规,依法纳税。房地产权利人的合法权益受法律保护,任何单位和个人不得侵犯。

第六条 国务院建设行政主管部门、土地管理部门依照国务院规定的职权划分,各司其职,密切配合,管理全国房地产工作。

县级以上地方人民政府房产管理、土地管理部门的机构设置及其职权由省、自治区、直辖市人民政府确定。

第二章 房地产开发用地

第一节 土地使用权出让

第七条 土地使用权出让,是指国家将国有土地使用权(以下简称土地使用权)在一定年限内出让给土地使用者,由土地使用者向国家支付土地使用权出让金的行为。

第八条 城市规划区内的集体所有的土地,经依法征用转为国有土地后,该幅国有土地的使用权方可有偿出让。

第九条 土地使用权出让,必须符合土地利用总体规划、城市规划和年度建设用地计划。

第十条　县级以上地方人民政府出让土地使用权用于房地产开发的,须根据省级以上人民政府下达的控制指标拟订年度出让国有土地总面积方案,按照国务院规定,报国务院或者省级人民政府批准。

第十一条　土地使用权出让,由市、县人民政府有计划、有步骤地进行。出让的每幅地块、用途、年限和其他条件,由市、县人民政府土地管理部门会同城市规划、建设、房产管理部门共同拟定方案,按照国务院规定,报经有批准权的人民政府批准后,由市、县人民政府土地管理部门实施。

直辖市的县人民政府及其有关部门行使前款规定的权限,由直辖市人民政府规定。

第十二条　土地使用权出让,可以采取拍卖、招标或者双方协议的方式。

商业、旅游、娱乐和豪华住宅用地,有条件的,必须采取拍卖、招标方式;没有条件,不能采取拍卖、招标方式的,可以采取双方协议的方式。

采取双方协议方式出让土地使用权的出让金不得低于按国家规定所确定的最低价。

第十三条　土地使用权出让最高年限由国务院规定。

第十四条　土地使用权出让,应当签订书面出让合同。

土地使用权出让合同由市、县人民政府土地管理部门与土地使用者签订。

第十五条　土地使用者必须按照出让合同约定,支付土地使用权出让金;未按照出让合同约定支付的,土地管理部门有权解除合同,并可以请求违约赔偿。

第十六条　土地使用者按照出让合同约定支付土地使用权出让金的,市、县人民政府土地管理部门必须按照出让合同约定,提供出让的土地;未按照出让合同约定提供出让的土地的,土地使用者有权解除合同,由土地管理部门返还土地使用权出让金,土地使用者并可以请求违约赔偿。

第十七条　土地使用者需要改变土地使用权出让合同约定的土地用途的,必须取得出让方和市、县人民政府城市规划行政主管部门的同意,签订土地使用权出让合同变更协议或者重新签订土地使用权出让合同,相应调整土地使用权出让金。

第十八条　土地使用权出让金应当全部上缴财政,列入预算,用于城市基础设施建设和土地开发。土地使用权出让金上缴和使用的具体办法由国务院规定。

第十九条　国家对土地使用者依法取得的土地使用权,在出让合同约定的使用年限届满前不收回;在特殊情况下,根据社会公共利益的需要,可以依照法律程序提前收回,并根据土地使用者使用土地的实际年限和开发土地的实际情况给予相应的补偿。

第二十条　土地使用权因土地灭失而终止。

第二十一条　土地使用权出让合同约定的使用年限届满,土地使用者需要继续使用土地的,应当至迟于届满前一年申请续期,除根据社会公共利益需要收回该幅土地的,应当予以批准。经批准准予续期的,应当重新签订土地使用权出让合同,依照规定支付土地使用权出让金。

土地使用权出让合同约定的使用年限届满,土地使用者未申请续期或者虽申请续期但依照前款规定未获批准的,土地使用权由国家无偿收回。

第二节 土地使用权划拨

第二十二条 土地使用权划拨,是指县级以上人民政府依法批准,在土地使用者缴纳补偿、安置等费用后将该幅土地交付其使用,或者将国有土地使用权无偿交付给土地使用者使用的行为。

依照本法规定以划拨方式取得土地使用权的,除法律、行政法规另有规定外,没有使用期限的限制。

第二十三条 下列建设用地的土地使用权,确属必需的,可以由县级以上人民政府依法批准划拨:

(一) 国家机关用地和军事用地;
(二) 城市基础设施用地和公益事业用地;
(三) 国家重点扶持的能源、交通、水利等项目用地;
(四) 法律、行政法规规定的其他用地。

第三章 房地产开发

第二十四条 房地产开发必须严格执行城市规划,按照经济效益、社会效益、环境效益相统一的原则,实行全面规划、合理布局、综合开发、配套建设。

第二十五条 以出让方式取得土地使用权进行房地产开发的,必须按照土地使用权出让合同约定的土地用途、动工开发期限开发土地。超过出让合同约定的动工开发日期满1年未动工开发的,可以征收相当于土地使用权出让金20/100以下的土地闲置费;满2年未动工开发的,可以无偿收回土地使用权;但是,因不可抗力或者政府、政府有关部门的行为或者动工开发必需的前期工作造成动工开发延迟的除外。

第二十六条 房地产开发项目的设计、施工,必须符合国家的有关标准和规范。

房地产开发项目竣工,经验收合格后,方可交付使用。

第二十七条 依法取得的土地使用权,可以依照本法和有关法律、行政法规的规定,作价入股,合资、合作开发经营房地产。

第二十八条 国家采取税收等方面的优惠措施鼓励和扶持房地产开发企业开发建设居民住宅。

第二十九条 房地产开发企业是以营利为目的,从事房地产开发和经营的企业。设立房地产开发企业,应当具备下列条件:

(一) 有自己的名称和组织机构;
(二) 有固定的经营场所;
(三) 有符合国务院规定的注册资本;
(四) 有足够的专业技术人员;
(五) 法律、行政法规规定的其他条件。

设立房地产开发企业,应当向工商行政管理部门申请设立登记。工商行政管理部门对符合本法规定条件的,应当予以登记,发给营业执照;对不符合本法规定条件的,不予登记。

设立有限责任公司、股份有限公司,从事房地产开发经营的,还应当执行公司法的有关规定。

房地产开发企业在领取营业执照后的一个月内,应当到登记机关所在地的县级以上地方人民政府规定的部门备案。

第三十条 房地产开发企业的注册资本与投资总额的比例应当符合国家有关规定。

房地产开发企业分期开发房地产的,分期投资额应当与项目规模相适应,并按照土地使用权出让合同的约定,按期投入资金,用于项目建设。

第四章 房 地 产 交 易

第一节 一 般 规 定

第三十一条 房地产转让、抵押时,房屋的所有权和该房屋占用范围内的土地使用权同时转让、抵押。

第三十二条 基准地价、标定地价和各类房屋的重置价格应当定期确定并公布。具体办法由国务院规定。

第三十三条 国家实行房地产价格评估制度。

房地产价格评估,应当遵循公正、公平、公开的原则,按照国家规定的技术标准和评估程序,以基准地价、标定地价和各类房屋的重置价格为基础,参照当地的市场价格进行评估。

第三十四条 国家实行房地产成交价格申报制度。

房地产权利人转让房地产,应当向县级以上地方人民政府规定的部门如实申报成交价,不得瞒报或者作不实的申报。

第三十五条 房地产转让、抵押,当事人应当依照本法第五章的规定办理权属登记。

第二节 房 地 产 转 让

第三十六条 房地产转让,是指房地产权利人通过买卖、赠与或者其他合法方式将其房地产转移给他人的行为。

第三十七条 下列房地产,不得转让:

(一)以出让方式取得的土地使用权,不符合本法第三十八条规定的条件的;

(二)司法机关和行政机关依法裁定、决定查封或者以其他形式限制房地产权利的;

(三)依法收回土地使用权的;

(四)共有房地产,未经其他共有人书面同意的;

(五)权属有争议的;

(六)未依法登记领取权属证书的;

(七)法律、行政法规规定禁止转让的其他情形。

第三十八条 以出让方式取得土地使用权的,转让房地产时,应当符合下列条件:

(一)按照出让合同约定已经支付全部土地使用权出让金,并取得土地使用权证书的;

(二)按照出让合同约定进行投资开发,属于房屋建设工程的,完成开发投资总额的25/100以上,属于成片开发土地的,形成工业用地或者其他建设用地条件。

转让房地产时房屋已经建成的,还应当持有房屋所有权证书。

第三十九条 以划拨方式取得土地使用权的,转让房地产时,应当按照国务院规定,报有批准权的人民政府审批。有批准权的人民政府准予转让的,应当由受让方办理土地使用权出让手续,并依照国家有关规定缴纳土地使用权出让金。

以划拨方式取得土地使用权的,转让房地产报批时,有批准权的人民政府按照国务院规定决定可以不办理土地使用权出让手续的,转让方应当按照国务院规定将转让房地产所获收益中的土地收益上缴国家或者作其他处理。

第四十条 房地产转让,应当签订书面转让合同,合同中应当载明土地使用权取得的方式。

第四十一条 房地产转让时,土地使用权出让合同载明的权利、义务随之转移。

第四十二条 以出让方式取得土地使用权的,转让房地产后,其土地使用权的使用年限为原土地使用权出让合同约定的使用年限减去原土地使用者已经使用年限后的剩余年限。

第四十三条 以出让方式取得土地使用权的,转让房地产后,受让人改变原土地使用权出让合同约定的土地用途的,必须取得原出让方和市、县人民政府城市规划行政主管部门的同意,签订土地使用权出让合同变更协议或者重新签订土地使用权出让合同,相应调整土地使用权出让金。

第四十四条 商品房预售,应当符合下列条件:

(一)已交付全部土地使用权出让金,取得土地使用权证书;

(二)持有建设工程规划许可证;

(三)按提供预售的商品房计算,投入开发建设的资金达到工程建设总投资的 25/100 以上,并已经确定施工进度和竣工交付日期;

(四)向县级以上人民政府房产管理部门办理预售登记,取得商品房预售许可证明。

商品房预售人应当按照国家有关规定将预售合同报县级以上人民政府房产管理部门和土地管理部门登记备案。

商品房预售所得款项,必须用于有关的工程建设。

第四十五条 商品房预售的,商品房预购人将购买的未竣工的预售商品房再行转让的问题,由国务院规定。

第三节 房地产抵押

第四十六条 房地产抵押,是指抵押人以其合法的房地产以不转移占有的方式向抵押权人提供债务履行担保的行为。债务人不履行债务时,抵押权人有权依法以抵押的房地产拍卖所得的价款优先受偿。

第四十七条 依法取得的房屋所有权连同该房屋占用范围内的土地使用权,可以设定抵押权。

以出让方式取得的土地使用权,可以设定抵押权。

第四十八条 房地产抵押,应当凭土地使用权证书、房屋所有权证书办理。

第四十九条 房地产抵押,抵押人和抵押权人应当签订书面抵押合同。

第五十条 设定房地产抵押权的土地使用权是以划拨方式取得的,依法拍卖该房地产后,应当从拍卖所得的价款中缴纳相当于应缴纳的土地使用权出让金的款额后,抵押权人方可优先受偿。

第五十一条 房地产抵押合同签订后,土地上新增的房屋不属于抵押财产。需要拍卖该抵押的房地产时,可以依法将土地上新增的房屋与抵押财产一同拍卖,但对拍卖新增房屋所得,抵押权人无权优先受偿。

第四节 房屋租赁

第五十二条 房屋租赁,是指房屋所有权人作为出租人将其房屋出租给承租人使用,由承租人向出租人支付租金的行为。

第五十三条 房屋租赁,出租人和承租人应当签订书面租赁合同,约定租赁期限、租赁用途、租赁价格、修缮责任等条款,以及双方的其他权利和义务,并向房产管理部门登记备案。

第五十四条 住宅用房的租赁,应当执行国家和房屋所在城市人民政府规定的租赁政策。租用房屋从事生产、经营活动的,由租赁双方协商议定租金和其他租赁条款。

第五十五条 以营利为目的,房屋所有权人将以划拨方式取得使用权的国有土地上建成的房屋出租的,应当将租金中所含土地收益上缴国家。具体办法由国务院规定。

第五节 中介服务机构

第五十六条 房地产中介服务机构包括房地产咨询机构、房地产价格评估机构、房地产经纪机构等。

第五十七条 房地产中介服务机构应当具备下列条件:
（一）有自己的名称和组织机构；
（二）有固定的服务场所；
（三）有必要的财产和经费；
（四）有足够数量的专业人员；
（五）法律、行政法规规定的其他条件。
设立房地产中介服务机构,应当向工商行政管理部门申请设立登记,领取营业执照后,方可开业。

第五十八条 国家实行房地产价格评估人员资格认证制度。

第五章 房地产权属登记管理

第五十九条 国家实行土地使用权和房屋所有权登记发证制度。

第六十条 以出让或者划拨方式取得土地使用权,应当向县级以上地方人民政府土地管理部门申请登记,经县级以上地方人民政府土地管理部门核实,由同级人民政府颁发土地使用权证书。

在依法取得的房地产开发用地上建成房屋的,应当凭土地使用权证书向县级以上地方人民政府房产管理部门申请登记,由县级以上地方人民政府房产管理部门核实并颁发房屋所有权证书。

房地产转让或者变更时,应当向县级以上地方人民政府房产管理部门申请房产变更登记,并凭变更后的房屋所有权证书向同级人民政府土地管理部门申请土地使用权变更登记,经同级人民政府土地管理部门核实,由同级人民政府更换或者更改土地使用权证书。

法律另有规定的,依照有关法律的规定办理。

第六十一条 房地产抵押时,应当向县级以上地方人民政府规定的部门办理抵押登记。

因处分抵押房地产而取得土地使用权和房屋所有权的,应当依照本章规定办理过户登记。

第六十二条　经省、自治区、直辖市人民政府确定,县级以上地方人民政府由一个部门统一负责房产管理和土地管理工作的,可以制作、颁发统一的房地产权证书,依照本法第六十条的规定,将房屋的所有权和该房屋占用范围内的土地使用权的确认和变更,分别载入房地产权证书。

第六章　法　律　责　任

第六十三条　违反本法第十条、第十一条的规定,擅自批准出让或者擅自出让土地使用权用于房地产开发的,由上级机关或者所在单位给予有关责任人员行政处分。

第六十四条　违反本法第二十九条的规定,未取得营业执照擅自从事房地产开发业务的,由县级以上人民政府工商行政管理部门责令停止房地产开发业务活动,没收违法所得,可以并处罚款。

第六十五条　违反本法第三十八条第一款的规定转让土地使用权的,由县级以上人民政府土地管理部门没收违法所得,可以并处罚款。

第六十六条　违反本法第三十九条第一款的规定转让房地产的,由县级以上人民政府土地管理部门责令缴纳土地使用权出让金,没收违法所得,可以并处罚款。

第六十七条　违反本法第四十四条第一款的规定预售商品房的,由县级以上人民政府房产管理部门责令停止预售活动,没收违法所得,可以并处罚款。

第六十八条　违反本法第五十七条的规定,未取得营业执照擅自从事房地产中介服务业务的,由县级以上人民政府工商行政管理部门责令停止房地产中介服务业务活动,没收违法所得,可以并处罚款。

第六十九条　没有法律、法规的依据,向房地产开发企业收费的,上级机关应当责令退回所收取的钱款;情节严重的,由上级机关或者所在单位给予直接责任人员行政处分。

第七十条　房产管理部门、土地管理部门工作人员玩忽职守、滥用职权,构成犯罪的,依照追究刑事责任;不构成犯罪的,给予行政处分。

房产管理部门、土地管理部门工作人员利用职务上的便利,索取他人财物,或者非法收受他人财物为他人谋取利益,构成犯罪的,依照惩治贪污罪贿赂罪的补充规定追究刑事责任;不构成犯罪的,给予行政处分。

第七章　附　　则

第七十一条　在城市规划区外的国有土地范围内取得房地产开发用地的土地使用权,从事房地产开发、交易活动以及实施房地产管理,参照本法执行。

第七十二条　本法自1995年1月1日起施行。

附件六

中华人民共和国合同法（节选）

（一九九九年三月十五日）

第十六章 建设工程合同

第二百六十九条 建设工程合同是承包人进行工程建设，发包人支付价款的合同。建设工程合同包括工程勘察、设计、施工合同。

第二百七十条 建设工程合同应当采用书面形式。

第二百七十一条 建设工程的招标投标活动，应当依照有关法律的规定公开、公平、公正进行。

第二百七十二条 发包人可以与总承包人订立建设工程合同，也可以分别与勘察人、设计人、施工人订立勘察、设计、施工承包合同。发包人不得将应当由一个承包人完成的建设工程肢解成若干部分发包给几个承包人。

总承包人或者勘察、设计、施工承包人经发包人同意，可以将自己承包的部分工作交由第三人完成。第三人就其完成的工作成果与总承包人或者勘察、设计、施工承包人向发包人承担连带责任。承包人不得将其承包的全部建设工程转包给第三人或者将其承包的全部建设工程肢解以后以分包的名义分别转包给第三人。禁止承包人将工程分包给不具备相应资质条件的单位。禁止分包单位将其承包的工程再分包。建设工程主体结构的施工必须由承包人自行完成。

第二百七十三条 国家重大建设工程合同，应当按照国家规定的程序和国家批准的投资计划、可行性研究报告等文件订立。

第二百七十四条 勘察、设计合同的内容包括提交有关基础资料和文件（包括概预算）的期限、质量要求、费用以及其他协作条件等条款。

第二百七十五条 施工合同的内容包括工程范围、建设工期、中间交工工程的开工和竣工时间、工程质量、工程造价、技术资料交付时间、材料和设备供应责任、拨款和结算、竣工验收、质量保修范围和质量保证期、双方相互协作等条款。

第二百七十六条 建设工程实行监理的，发包人应当与监理人采用书面形式订立委托监理合同。发包人与监理人的权利和义务以及法律责任，应当依照本法委托合同以及其他有关法律、行政法规的规定。

第二百七十七条 发包人在不妨碍承包人正常作业的情况下，可以随时对作业进度、质量进行检查。

第二百七十八条 隐蔽工程在隐蔽以前，承包人应当通知发包人检查。发包人没有及时检查的，承包人可以顺延工程日期，并有权要求赔偿停工、窝工等损失。

第二百七十九条 建设工程竣工后,发包人应当根据施工图纸及说明书、国家颁发的施工验收规范和质量检验标准及时进行验收。验收合格的,发包人应当按照约定支付价款,并接收该建设工程。建设工程竣工经验收合格后,方可交付使用;未经验收或者验收不合格的,不得交付使用。

第二百八十条 勘察、设计的质量不符合要求或者未按照期限提交勘察、设计文件拖延工期,造成发包人损失的,勘察人、设计人应当继续完善勘察、设计,减收或者免收勘察、设计费并赔偿损失。

第二百八十一条 因施工人的原因致使建设工程质量不符合约定的,发包人有权要求施工人在合理期限内无偿修理或者返工、改建。经过修理或者返工、改建后,造成逾期交付的,施工人应当承担违约责任。

第二百八十二条 因承包人的原因致使建设工程在合理使用期限内造成人身和财产损害的,承包人应当承担损害赔偿责任。

第二百八十三条 发包人未按照约定的时间和要求提供原材料、设备、场地、资金、技术资料的,承包人可以顺延工程日期,并有权要求赔偿停工、窝工等损失。

第二百八十四条 因发包人的原因致使工程中途停建、缓建的,发包人应当采取措施弥补或者减少损失,赔偿承包人因此造成的停工、窝工、倒运、机械设备调迁、材料和构件积压等损失和实际费用。

第二百八十五条 因发包人变更计划,提供的资料不准确,或者未按照期限提供必需的勘察、设计工作条件而造成勘察、设计的返工、停工或者修改设计,发包人应当按照勘察人、设计人实际消耗的工作量增付费用。

第二百八十六条 发包人未按照约定支付价款的,承包人可以催告发包人在合理期限内支付价款。发包人逾期不支付的,除按照建设工程的性质不宜折价、拍卖的以外,承包人可以与发包人协议将该工程折价,也可以申请人民法院将该工程依法拍卖。建设工程的价款就该工程折价或者拍卖的价款优先受偿。

第二百八十七条 本章没有规定的,适用承揽合同的有关规定。

附件七

建设工程质量管理条例

(2000年1月30日国务院令第279号发布)

第一章 总 则

第一条 为了加强对建设工程质量的管理,保证建设工程质量,保护人民生命和财产安全,根据《中华人民共和国建筑法》,制定本条例。

第二条 凡在中华人民共和国境内从事建设工程的新建、扩建、改建等有关活动及实施对建设工程质量监督管理的,必须遵守本条例。

本条例所称建设工程,是指土木工程、建筑工程、线路管道和设备安装工程及装修工程。

第三条 建设单位、勘察单位、设计单位、施工单位、工程监理单位依法对建设工程质量负责。

第四条 县级以上人民政府建设行政主管部门和其他有关部门应当加强对建设工程质量的监督管理。

第五条 从事建设工程活动,必须严格执行基本建设程序,坚持先勘察、后设计、再施工的原则。

县级以上人民政府及其有关部门不得超越权限审批建设项目或者擅自简化基本建设程序。

第六条 国家鼓励采用先进的科学技术和管理方法,提高建设工程质量。

第二章 建设单位的质量责任和义务

第七条 建设单位应当将工程发包给具有相应资质等级的单位。

建设单位不得将建设工程肢解发包。

第八条 建设单位应当依法对工程建设项目的勘察、设计、施工、监理以及与工程建设有关的重要设备、材料等的采购进行招标。

第九条 建设单位必须向有关的勘察、设计、施工、工程监理等单位提供与建设工程有关的原始资料。

原始资料必须真实、准确、齐全。

第十条 建设工程发包单位,不得迫使承包方以低于成本的价格竞标,不得任意压缩合理工期。

建设单位不得明示或者暗示设计单位或者施工单位违反工程建设强制性标准,降低建设工程质量。

第十一条 建设单位应当将施工图设计文件报县级以上人民政府建设行政主管部门或者其他有关部门审查。施工图设计文件审查的具体办法,由国务院建设行政主管部门会同国务院其他有关部门制定。

施工图设计文件未经审查批准的,不得使用。

第十二条 实行监理的建设工程,建设单位应当委托具有相应资质等级的工程监理单位进行监理,也可以委托具有工程监理相应资质等级并与被监理工程的施工承包单位没有隶属关系或者其他利害关系的该工程的设计单位进行监理。

下列建设工程必须实行监理:

(一)国家重点建设工程;

(二)大中型公用事业工程;

(三)成片开发建设的住宅小区工程;

(四)利用外国政府或者国际组织贷款、援助资金的工程;

(五)国家规定必须实行监理的其他工程。

第十三条 建设单位在领取施工许可证或者开工报告前,应当按照国家有关规定办理工程质量监督手续。

第十四条 按照合同约定,由建设单位采购建筑材料、建筑构配件和设备的,建设单位应当保证建筑材料、建筑构配件和设备符合设计文件和合同要求。

建设单位不得明示或者暗示施工单位使用不合格的建筑材料、建筑构配件和设备。

第十五条 涉及建筑主体和承重结构变动的装修工程,建设单位应当在施工前委托原设计单位或者具有相应资质等级的设计单位提出设计方案;没有设计方案的,不得施工。

房屋建筑使用者在装修过程中,不得擅自变动房屋建筑主体和承重结构。

第十六条 建设单位收到建设工程竣工报告后,应当组织设计、施工、工程监理等有关单位进行竣工验收。

建设工程竣工验收应当具备下列条件:

(一)完成建设工程设计和合同约定的各项内容;

(二)有完整的技术档案和施工管理资料;

(三)有工程使用的主要建筑材料、建筑构配件和设备的进场试验报告;

(四)有勘察、设计、施工、工程监理等单位分别签署的质量合格文件;

(五)有施工单位签署的工程保修书。

建设工程经验收合格的,方可交付使用。

第十七条 建设单位应当严格按照国家有关档案管理的规定,及时收集、整理建设项目各环节的文件资料,建立、健全建设项目档案,并在建设工程竣工验收后,及时向建设行政主管部门或者其他有关部门移交建设项目档案。

第三章 勘察、设计单位的质量责任和义务

第十八条 从事建设工程勘察、设计的单位应当依法取得相应等级的资质证书,并在其资质等级许可的范围内承揽工程。

禁止勘察、设计单位超越其资质等级许可的范围或者以其他勘察、设计单位的名义承揽工程。禁止勘察、设计单位允许其他单位或者个人以本单位的名义承揽工程。

勘察、设计单位不得转包或者违法分包所承揽的工程。

第十九条 勘察、设计单位必须按照工程建设强制性标准进行勘察、设计,并对其勘察、

设计的质量负责。

注册建筑师、注册结构工程师等注册执业人员应当在设计文件上签字,对设计文件负责。

第二十条 勘察单位提供的地质、测量、水文等勘察成果必须真实、准确。

第二十一条 设计单位应当根据勘察成果文件进行建设工程设计。

设计文件应当符合国家规定的设计深度要求,注明工程合理使用年限。

第二十二条 设计单位在设计文件中选用的建筑材料、建筑构配件和设备,应当注明规格、型号、性能等技术指标,其质量要求必须符合国家规定的标准。

除有特殊要求的建筑材料、专用设备、工艺生产线等外,设计单位不得指定生产厂、供应商。

第二十三条 设计单位应当就审查合格的施工图设计文件向施工单位做出详细说明。

第二十四条 设计单位应当参与建设工程质量事故分析,并对因设计造成的质量事故,提出相应的技术处理方案。

第四章 施工单位的质量责任和义务

第二十五条 施工单位应当依法取得相应等级的资质证书,并在其资质等级许可的范围内承揽工程。

禁止施工单位超越本单位资质等级许可的业务范围或者以其他施工单位的名义承揽工程。禁止施工单位允许其他单位或者个人以本单位的名义承揽工程。

施工单位不得转包或者违法分包工程。

第二十六条 施工单位对建设工程的施工质量负责。

施工单位应当建立质量责任制,确定工程项目的项目经理、技术负责人和施工管理负责人。

建设工程实行总承包的,总承包单位应当对全部建设工程质量负责;建设工程勘察、设计、施工、设备采购的一项或者多项实行总承包的,总承包单位应当对其承包的建设工程或者采购的设备的质量负责。

第二十七条 总承包单位依法将建设工程分包给其他单位的,分包单位应当按照分包合同的约定对其分包工程的质量向总承包单位负责,总承包单位与分包单位对分包工程的质量承担连带责任。

第二十八条 施工单位必须按照工程设计图纸和施工技术标准施工,不得擅自修改工程设计,不得偷工减料。

施工单位在施工过程中发现设计文件和图纸有差错的,应当及时提出意见和建议。

第二十九条 施工单位必须按照工程设计要求、施工技术标准和合同约定,对建筑材料、建筑构配件、设备和商品混凝土进行检验,检验应当有书面记录和专人签字;未经检验或者检验不合格的,不得使用。

第三十条 施工单位必须建立、健全施工质量的检验制度,严格工序管理,作好隐蔽工程的质量检查和记录。隐蔽工程在隐蔽前,施工单位应当通知建设单位和建设工程质量监督机构。

第三十一条 施工人员对涉及结构安全的试块、试件以及有关材料,应当在建设单位或者工程监理单位监督下现场取样,并送具有相应资质等级的质量检测单位进行检测。

第三十二条 施工单位对施工中出现质量问题的建设工程或者竣工验收不合格的建设工程,应当负责返修。

第三十三条 施工单位应当建立、健全教育培训制度,加强对职工的教育培训;未经教育培训或者考核不合格的人员,不得上岗作业。

第五章 工程监理单位的质量责任和义务

第三十四条 工程监理单位应当依法取得相应等级的资质证书,并在其资质等级许可的范围内承担工程监理业务。

禁止工程监理单位超越本单位资质等级许可的范围或者以其他工程监理单位的名义承担工程监理业务。禁止工程监理单位允许其他单位或者个人以本单位的名义承担工程监理业务。

工程监理单位不得转让工程监理业务。

第三十五条 工程监理单位与被监理工程的施工承包单位以及建筑材料、建筑构配件和设备供应单位有隶属关系或者其他利害关系的,不得承担该项建设工程的监理业务。

第三十六条 工程监理单位应当依照法律、法规以及有关技术标准、设计文件和建设工程承包合同,代表建设单位对施工质量实施监理,并对施工质量承担监理责任。

第三十七条 工程监理单位应当选派具备相应资格的总监理工程师和监理工程师进驻施工现场。

未经监理工程师签字,建筑材料、建筑构配件和设备不得在工程上使用或者安装,施工单位不得进行下一道工序的施工。未经总监理工程师签字,建设单位不拨付工程款,不进行竣工验收。

第三十八条 监理工程师应当按照工程监理规范的要求,采取旁站、巡视和平行检验等形式,对建设工程实施监理。

第六章 建设工程质量保修

第三十九条 建设工程实行质量保修制度。

建设工程承包单位在向建设单位提交工程竣工验收报告时,应当向建设单位出具质量保修书。质量保修书中应当明确建设工程的保修范围、保修期限和保修责任等。

第四十条 在正常使用条件下,建设工程的最低保修期限为:

(一)基础设施工程、房屋建筑的地基基础工程和主体结构工程,为设计文件规定的该工程的合理使用年限;

(二)屋面防水工程、有防水要求的卫生间、房间和外墙面的防渗漏,为5年;

(三)供热与供冷系统,为2个采暖期、供冷期;

(四)电气管线、给排水管道、设备安装和装修工程,为2年。

其他项目的保修期限由发包方与承包方约定。

建设工程的保修期,自竣工验收合格之日起计算。

第四十一条 建设工程在保修范围和保修期限内发生质量问题的,施工单位应当履行保修义务,并对造成的损失承担赔偿责任。

第四十二条 建设工程在超过合理使用年限后需要继续使用的,产权所有人应当委托具有相应资质等级的勘察、设计单位鉴定,并根据鉴定结果采取加固、维修等措施,重新界定使用期。

第七章 监 督 管 理

第四十三条 国家实行建设工程质量监督管理制度。

国务院建设行政主管部门对全国的建设工程质量实施统一监督管理。国务院铁路、交通、水利等有关部门按照国务院规定的职责分工,负责对全国的有关专业建设工程质量的监督管理。

县级以上地方人民政府建设行政主管部门对本行政区域内的建设工程质量实施监督管理。县级以上地方人民政府交通、水利等有关部门在各自的职责范围内,负责对本行政区域内的专业建设工程质量的监督管理。

第四十四条 国务院建设行政主管部门和国务院铁路、交通、水利等有关部门应当加强对有关建设工程质量的法律、法规和强制性标准执行情况的监督检查。

第四十五条 国务院发展计划部门按照国务院规定的职责,组织稽查特派员,对国家出资的重大建设项目实施监督检查。

国务院经济贸易主管部门按照国务院规定的职责,对国家重大技术改造项目实施监督检查。

第四十六条 建设工程质量监督管理,可以由建设行政主管部门或者其他有关部门委托的建设工程质量监督机构具体实施。

从事房屋建筑工程和市政基础设施工程质量监督的机构,必须按照国家有关规定经国务院建设行政主管部门或者省、自治区、直辖市人民政府建设行政主管部门考核;从事专业建设工程质量监督的机构,必须按照国家有关规定经国务院有关部门或者省、自治区、直辖市人民政府有关部门考核。经考核合格后,方可实施质量监督。

第四十七条 县级以上地方人民政府建设行政主管部门和其他有关部门应当加强对有关建设工程质量的法律、法规和强制性标准执行情况的监督检查。

第四十八条 县级以上人民政府建设行政主管部门和其他有关部门履行监督检查职责时,有权采取下列措施:

(一)要求被检查的单位提供有关工程质量的文件和资料;

(二)进入被检查单位的施工现场进行检查;

(三)发现有影响工程质量的问题时,责令改正。

第四十九条 建设单位应当自建设工程竣工验收合格之日起15日内,将建设工程竣工验收报告和规划、公安消防、环保等部门出具的认可文件或者准许使用文件报建设行政主管部门或者其他有关部门备案。

建设行政主管部门或者其他有关部门发现建设单位在竣工验收过程中有违反国家有关建设工程质量管理规定行为的,责令停止使用,重新组织竣工验收。

第五十条 有关单位和个人对县级以上人民政府建设行政主管部门和其他有关部门进行的监督检查应当支持与配合,不得拒绝或者阻碍建设工程质量监督检查人员依法执行职务。

第五十一条 供水、供电、供气、公安消防等部门或者单位不得明示或者暗示建设单位、施工单位购买其指定的生产供应单位的建筑材料、建筑构配件和设备。

第五十二条 建设工程发生质量事故,有关单位应当在 24 小时内向当地建设行政主管部门和其他有关部门报告。对重大质量事故,事故发生地的建设行政主管部门和其他有关部门应当按照事故类别和等级向当地人民政府和上级建设行政主管部门和其他有关部门报告。

特别重大质量事故的调查程序按照国务院有关规定办理。

第五十三条 任何单位和个人对建设工程的质量事故、质量缺陷都有权检举、控告、投诉。

第八章 罚 则

第五十四条 违反本条例规定,建设单位将建设工程发包给不具有相应资质等级的勘察、设计、施工单位或者委托给不具有相应资质等级的工程监理单位的,责令改正,处 50 万元以上 100 万元以下的罚款。

第五十五条 违反本条例规定,建设单位将建设工程肢解发包的,责令改正,处工程合同价款 0.5% 以上 1% 以下的罚款;对全部或者部分使用国有资金的项目,并可以暂停项目执行或者暂停资金拨付。

第五十六条 违反本条例规定,建设单位有下列行为之一的,责令改正,处 20 万元以上 50 万元以下的罚款:

(一) 迫使承包方以低于成本的价格竞标的;
(二) 任意压缩合理工期的;
(三) 明示或者暗示设计单位或者施工单位违反工程建设强制性标准,降低工程质量的;
(四) 施工图设计文件未经审查或者审查不合格,擅自施工的;
(五) 建设项目必须实行工程监理而未实行工程监理的;
(六) 未按照国家规定办理工程质量监督手续的;
(七) 明示或者暗示施工单位使用不合格的建筑材料、建筑构配件和设备的;
(八) 未按照国家规定将竣工验收报告、有关认可文件或者准许使用文件报送备案的。

第五十七条 违反本条例规定,建设单位未取得施工许可证或者开工报告未经批准,擅自施工的,责令停止施工,限期改正,处工程合同价款 1% 以上 2% 以下的罚款。

第五十八条 违反本条例规定,建设单位有下列行为之一的,责令改正,处工程合同价款 2% 以上 4% 以下的罚款;造成损失的,依法承担赔偿责任:

(一) 未组织竣工验收,擅自交付使用的;
(二) 验收不合格,擅自交付使用的;
(三) 对不合格的建设工程按照合格工程验收的。

第五十九条 违反本条例规定,建设工程竣工验收后,建设单位未向建设行政主管部门或者其他有关部门移交建设项目档案的,责令改正,处 1 万元以上 10 万元以下的罚款。

第六十条 违反本条例规定、勘察、设计、施工、工程监理单位超越本单位资质等级承揽工程的,责令停止违法行为,对勘察、设计单位或者工程监理单位处合同约定的勘察费、设计费或者监理酬金1倍以上2倍以下的罚款；对施工单位处工程合同价款2%以上4%以下的罚款；可以责令停止整顿，降低资质等级；情节严重的，吊销资质证书；有违法所得的，予以没收。

未取得资质证书承揽工程的，予以取缔，依照前款规定处以罚款；有违法所得的，予以没收。

以欺骗手段取得资质证书承揽工程的，吊销资质证书，依照本条第一款规定处以罚款；有违法所得的，予以没收。

第六十一条 违反本条例规定，勘察、设计、施工、工程监理单位允许其他单位或者个人以本单位名义承揽工程的，责令改正，没收违法所得，对勘察、设计单位和工程监理单位处合同约定的勘察费、设计费和监理酬金1倍以上2倍以下的罚款；对施工单位处工程合同价款2%以上4%以下的罚款；可以责令停止整顿，降低资质等级；情节严重的，吊销资质证书。

第六十二条 违反本条例规定，承包单位将承包的工程转包或者违法分包的，责令改正，没收违法所得，对勘察、设计单位处合同约定的勘察费、设计费25%以上50%以下的罚款；对施工单位处工程合同价款0.5%以上1%以下的罚款；可以责令停止整顿，降低资质等级；情节严重的，吊销资质证书。

工程监理单位转让工程监理业务的，责令改正，没收违法所得，处合同约定的监理酬金25%以上50%以下的罚款；可以责令停止整顿，降低资质等级；情节严重的，吊销资质证书。

第六十三条 违反本条例规定，有下列行为之一的，责令改正，处10万元以上30万元以下的罚款：

（一）勘察单位未按照工程建设强制性标准进行勘察的；

（二）设计单位未根据勘察成果文件进行工程设计的；

（三）设计单位指定建筑材料、建筑构配件的生产厂、供应商的；

（四）设计单位未按照工程建设强制性标准进行设计的。

有前款所列行为，造成工程质量事故的，责令停止整顿，降低资质等级；情节严重的，吊销资质证书；造成损失的，依法承担赔偿责任。

第六十四条 违反本条例规定，施工单位在施工中偷工减料的，使用不合格的建筑材料、建筑构配件和设备的，或者有不按照工程设计图纸或者施工技术标准施工的其他行为的，责令改正，处工程合同价款2%以上4%以下的罚款；造成建设工程质量不符合规定的质量标准的，负责返工、修理、并赔偿因此造成的损失；情节严重的，责令停业整顿，降低资质等级或者吊销资质证书。

第六十五条 违反本条例规定，施工单位未对建筑材料、建筑构配件、设备和商品混凝土进行检验，或者未对涉及结构安全的试块、试件以及有关材料取样检测的，责令改正，处10万元以上20万元以下的罚款；情节严重的，责令停业整顿，降低资质等级或者吊销资质证书；造成损失的，依法承担赔偿责任。

第六十六条 违反本条例规定，施工单位不履行保修义务或者拖延履行保修义务的，责令改正，处10万元以上20万元以下的罚款，并对在保修期内因质量缺陷造成的损失承担赔偿责任。

第六十七条 工程监理单位有下列行为之一的，责令改正，处50万元以上100万元以下的罚款，降低资质等级或者吊销资质证书；有违法所得的，予以没收；造成损失的，承担连带赔偿责任：

（一）与建设单位或者施工单位串通、弄虚作假、降低工程质量的；

（二）将不合格的建设工程、建筑材料、建筑构配件和设备按照合格签字的。

第六十八条　违反本条例规定，工程监理单位与被监理工程的施工承包单位以及建筑材料、建筑构配件和设备供应单位有隶属关系或者其他利害关系承担该项建设工程的监理业务的，责令改正，处5万元以上10万元以下的罚款，降低资质等级或者吊销资质证书；有违法所得的，予以没收。

第六十九条　违反本条例规定，涉及建筑主体或者承重结构变动的装修工程，没有设计方案擅自施工的，责令改正，处50万元以上100万元以下的罚款；房屋建筑使用者在装修过程中擅自变动房屋建筑主体和承重结构的，责令改正，处5万元以上10万元以下的罚款。

有前款所列行为，造成损失的，依法承担赔偿责任。

第七十条　发生重大工程质量事故隐瞒不报、谎报或者拖延报告期限的，对直接负责的主管人员和其他责任人员依法给予行政处分。

第七十一条　违反本条例规定，供水、供电、供气、公安消防等部门或者单位明示或者暗示建设单位或者施工单位购买其指定的生产供应单位的建筑材料、建筑构配件和设备的，责令改正。

第七十二条　违反本条例规定，注册建筑师、注册结构工程师、监理工程师等注册执业人员因过错造成质量事故的，责令停止执业1年；造成重大质量事故的，吊销执业资格证书，5年以内不予注册；情节特别恶劣的，终身不予注册。

第七十三条　依照本条例规定，给予单位罚款处罚的，对单位直接负责的主管人员和其他直接责任人员处单位罚款数额5%以上10%以下的罚款。

第七十四条　建设单位、设计单位、施工单位、工程监理单位违反国家规定，降低工程质量标准，造成重大安全事故，构成犯罪的，对直接责任人员依法追究刑事责任。

第七十五条　本条例规定的责令停业整顿，降低资质等级和吊销资质证书的行政处罚，由颁发资质证书的机关决定；其他行政处罚，由建设行政主管部门或者其他有关部门依照法定职权决定。

依照本条例规定被吊销资质证书的，由工商行政管理部门吊销其营业执照。

第七十六条　国家机关工作人员在建设工程质量监督管理工作中玩忽职守、滥用职权、徇私舞弊，构成犯罪的，依法追究刑事责任；尚不构成犯罪的，依法给予行政处分。

第七十七条　建设、勘察、设计、施工、工程监理单位的工作人员因调动工作、退休等原因离开该单位后，被发现在该单位工作期间违反国家有关建设工程质量管理规定，造成重大工程质量事故的，仍应当依法追究法律责任。

第九章　附　　则

第七十八条　本条例所称肢解发包，是指建设单位将应当由一个承包单位完成的建设工程分解成若干部分发包给不同的承包单位的行为。

本条例所称违法分包，是指下列行为：

（一）总承包单位将建设工程分包给不具备相应资质条件的单位的；

（二）建设工程总承包合同中未有约定，又未经建设单位认可，承包单位将其承包的部

分建设工程交由其他单位完成的;

（三）施工总承包单位将建设工程主体结构的施工分包给其他单位的;

（四）分包单位将其承包的建设工程再分包的。

本条例所称转包,是指承包单位承包建设工程后,不履行合同约定的责任和义务,将其承包的全部建设工程转给他人或者将其承包的全部建设工程肢解以后以分包的名义分别转给其他单位承包的行为。

第七十九条 本条例规定的罚款和没收的违法所得,必须全部上缴国库。

第八十条 抢险救灾及其他临时性房屋建筑和农民自建低层住宅的建设活动,不适用本条例。

第八十一条 军事建设工程的管理,按照中央军事委员会的有关规定执行。

第八十二条 本条例自发布之日起施行。

附： 刑法有关条款

第一百三十七条 建设单位、设计单位、施工单位、工程监理单位违反国家规定,降低工程质量标准,造成重大安全事故的,对直接责任人员处5年以下有期徒刑或者拘役,并处罚金;后果特别严重的,处5年以上10年以下有期徒刑,并处罚金。

参 考 文 献

1. 杨紫烜 主编.经济法.北京:北京大学出版社及高等教育出版社,2000
2. 魏振瀛 主编.民法.北京:北京大学出版社及高等教育出版社,2000
3. 罗豪才 主编.行政法学.北京:北京大学出版社,1996
4. 中华人民共和国建设部.人事教育劳动司与体改法规司 编.建设法规教程.北京:中国建筑工业出版社,1996
5. 建筑业与房地产企业工商管理培训教材编审委员会 编.建设法律概论.北京:中国建筑工业出版社,1998
6. 李 峻 主编.建筑法概论.北京:中国建筑工业出版社,1999
7. 王立久 主编.建设法规.北京:中国建材工业出版社,2000
8. 叶胜川 主编.工程建设法规.北京:武汉工业大学出版社,1999
9. 孙连生、孙 红 主编.建设法律实用指南.北京:中国建材工业出版社,2000
10. 朱树英 著.建设工程法律实务.北京:法律出版社,2001
11. 都芳芳 主编.建筑法律法规实用手册.合肥:安徽科学技术出版社,1999
12. 孙镇平 主编.建设工程合同.北京:人民法院出版社,2000